소설로 읽는 **한국문학사2**: 현대문학편

서연비람은 조선 시대 왕궁 내, 강론의 자리였던 서연(書筵)에서 강관(講官)이 왕세자에게 가르치던 경전의 요지를 수집하여 기록한 책(비람備覽)을 말합니다. 서연비람 출판사는 민주주의 국가의 주인인 시민들 역시 지속 가능한 과거와 현재, 미래의 이치를 깨우치고 체현해야 한다는 믿음으로 엄착한 도서를 발간합니다.

소설로 읽는 한국문화사 시리즈

소설로 읽는 **한국문학사2**: 현대문학편

초판 1쇄 2023년 12월 29일

지은이 이진 · 정우련 · 박선욱 · 김종성 · 박숙희 · 김찬기 · 김주성 · 김현주 · 김세인
편집주간 김종성
편집장 이상기
펴낸이 윤진성
펴낸곳 서연비람
등록 2016년 6월 29일 제2016-000147호
주소 서울시 강남구 남부순환로 2909, 2층 201-2호
전자주소 birambooks@daum.net

ⓒ 이진 · 정우련 · 박선욱 외, 2023, Printed in Korea.

ISBN 979-11-89171-70-4 04910
ISBN 979-11-89171-68-1 (세트)

값 16,500원

소설로 읽는

한국문학사 2
현대문학편

(사) 한국작가회의 소설분과 위원회 편

서연비람

차례

머리말

영국의 역사학자 트레벨리언(George M. Trevelyan)은 "역사의 변하지 않는 본질은 이야기에 있다"고 말하면서 역사의 설화성을 강조했다. 설화의 근간은 서사(narrative)이다. 1990년대 이후 한국 소설에서 서사가 사라졌다는 이야기가 유령처럼 떠돈다. 우리는 서사가 문학 작품뿐만 아니라 역사서의 기술에도 많이 사용해 왔다는 사실에 주목했다. 사마천(司馬遷)이 지은 『사기(史記)』의 상당 부분은 인물의 전기로 채워져 있고, 김부식의 『삼국사기』도 전기를 풍부하게 싣고 있다. 일연의 『삼국유사』는 불교 설화를 비롯한 여러 가지 서사가 풍부하게 실려 있다.

한국사를 총체적으로 살펴보려면 정치사뿐만 아니라 경제사·사회사·문학사·음악사·미술사·철학사·종교 사상사·교육사·과학 기술사·상업사·농업사·환경 생태사·민중 운동사·여성사·전쟁사 등 한국문화사를 들여다봐야 한다. 마침 한국문화사를 소설가들이 소설로 접근하면 어떻겠느냐는 논의를 진행해 온 ㈜서연비람이 ㈔한국작가회의 소설분과 위원회 소속 소설가들에게 집필을 의뢰하여 '소설로 읽는 한국문화사' 시리즈의 첫 번째 기획물인 『소설로 읽는 한국 여성사1: 고대·중세편』·『소설로 읽는 한국 여성사2: 근세·현대편』, 두 번째 기획물인 『소설로 읽는 한국 음악사1: 고대·중세편』·『소설로 읽는 한국 음악사2: 근세·현대편』에 이어 세 번째 기획물인 『소설로 읽는 한국문학사1: 고전문학편』과 『소설로 읽는 한국문학사 2: 현대문학편』을 출간하게 되었다. ㈔한국작가회의 소설분과 위원회 회원들이 열심히 작품을 쓴 결과 총 18편의 신작 중단편 소설이 모이게 되었다. 이 작품들 가운데 3편의 중편소설과 6편의 단편소설을 편집하여 『소설로 읽는 한국 문학사2: 현대문학편』을 출간하게 되었다.

『소설로 읽는 한국문학사 2: 현대문학편』에는 이진·박선욱·김종성

소설가가 집필한 중편소설 3편과 정우련·박숙희·김찬기·김주성·김현주·김세인 소설가가 집필한 6편의 단편소설이 수록되어 있다. (사)한국작가회의 소설분과 위원회 소속 9명의 소설가들이 한국사 속에서 치열한 삶을 살아갔던 한용운·염상섭·김소월·최서해·이상·김동리·황순원·최인훈·이문구를 언어라는 존재의 집으로 초대해 그들의 삶과 사상을 탄탄한 문장으로 형상화했다. 권말에 실은 '한국현대문학사 연표'는 김종성 소설가가 집필했다.

많은 난관을 이겨내고 모은 원고를 아름다운 책으로 만들어 준 (주)서연비람 윤진성 대표와 이상기 편집장을 비롯한 편집진의 노고도 컸다. 끝으로 내외 환경이 나날이 어려워져 가는 이때 안간힘을 쏟아 창작 활동을 하는 (사)한국작가회의(이사장 윤정모) 회원 여러분들과 『소설로 읽는 한국문학사2: 현대문학편』을 출간하는 기쁨을 함께하고자 한다.

2023년 10월 31일
(사) 한국작가회의 소설분과 위원회 위원장
김종성

1. 한용운 – 이진

1

용운은 자기도 모르게 집 앞을 지나쳤다. 저녁 어스름이 두 어깨에 무겁게 걸쳐지면서야 산자락 깊숙이 들어섰음을 알아차렸다. 늦가을의 저녁 해는 짧았다. 남은 해 끝을 틀어잡고 집 쪽으로 내달리지 않으면 꼼짝없이 밤 숲에 갇히고 말 거였다.

하지만 돌아가는 발걸음엔 도무지 속도가 붙지 않았다. 집에서 그를 기다리는 건 침울과 적막뿐이었다. 식구가 없는 건 아니었다. 열넷 나이에 일치거니 장가를 들어 벌써 다섯 해째 함께 살고 있는 두 살 연상의 아내가 있긴 했다. 하지만 용운은 누이도 아니고 친구도 아닌 아내를 어찌 대해야 할지 알 수 없었다. 아내 역시 마찬가지인 모양이어서 둘은 어쩌다 한 지붕 아래 모여 살게 된 모르는 사람들처럼 어색하기만 했다.

아내는 용운에 대해 아무것도 궁금해하지 않았고, 용운이 하는 일이나 만나는 사람이나 그 무엇에 관해서도 묻지 않았다. 장롱이나 반닫이처럼 그저 집을 지키고 앉아 들고나는 용운을 무연하게 바라볼 뿐이었다.

그래도 집은 집이었다. 어쨌거나 돌아가야 했다. 용운은 숲이 어둠에 잡아먹히기 전에 숲길을 빠져나오려 발걸음을 서둘렀다. 그런데 정체를 알 수 없는 목소리가 그의 뒷덜미를 집요하게 잡아당겼다.

관가의 아전 일로 보람없이 보낸 하루가 정녕 너의 하루인가? 형상을 갖추지 못한 말(언어)들이 가슴 속에서 날뛰는 걸 언제까지 내버려 둘 텐가? 그저 살아지는 대로 살아가는 것이 진정으로 네가 바라는 삶인가?

문득 큼지막한 이파리 하나가 그의 이마를 스치며 발치께로 떨어져 내렸다. 한 잎, 또 한 잎…! 갈빛으로 물들어 가는 오동나무 잎이었다. 그 순간 머릿속을 휘저으며 수많은 말들이 지나갔다.

용운은 허리에 찬 보자기를 풀어 붓과 잡기장을 꺼냈다. 언젠가부터 생겨난 버릇이었다. 한 조각 구름이 일듯 슬그머니 피어올랐다가 그 구름이 흩어져 버리듯 사라지는 말들을 어떻게든 붙잡아 두고 싶었기 때문이다. 초가리(붓촉)엔 아직 먹물 기가 남아 촉촉하였다.

> ― 바람도 없는 공중에 수직의 파문을 내이며, 고요히 떨어지는 오동잎은 누구의 발자취입니까. (『알 수 없어요』 중에서)

하지만 거기서 끝이었다. 분명 더 많은 말들이 노도처럼 휩쓸고 지나갔으나 그의 붓끝으로 잡아들인 건 그 한 줄 뿐이었다. 절로 긴 한숨이 터져나왔다. 도대체 무엇인가? 정수리에서 발가락 끝까지 자신을 훑고 지나간 것의 정체는 과연 무엇인가? 그는 어두워져 가는 숲을 하염없이 노려보았다.

옷자락이 이슬에 젖어 드는 밤중이 되어서야 용운은 대문간으로 들어섰다. 아내는 멀뚱히 바라다보았다. 식어버린 저녁상을 다시 봐올 생각도 없이 바느질감에서 손을 떼지도 않은 채로 말이다. 밤처럼 어두운 아내의 눈동자가 너무도 멀고 차갑게 느껴졌다.

물론 알고 있었다. 원래도 말수가 적고 자기감정을 드러내지 않는 사람이었다. 그래도 친정아버지가 돌아가시기 전까진 그 정도로 무감하진 않았다. 아내의 아버지가 동학농민군에 가담했다 목숨을 잃은 게 용운의 탓이 아니건만 그럴 때마다 그는 죄인처럼 고갤 숙여야 했다. 상보를 걷고 차갑게 식은 밥 한 덩이를 입안에다 욱여넣었다. 툭, 눈물방울 하나가 국그릇으로 떨어졌다.

"집을 떠나려 하오. 날 처음부터 없었던 사람이거니 생각하시오."

용운은 별안간 튀어나온 자신의 말에 스스로 놀랐다. 아무 계획도 마련도 없이 집을 떠나다니, 한 번도 구체적으로 생각해 본 적 없는 일이었다. 어찌 보면 참 한심한 수작이었다. 아내의 무신경과 차가움에 대해 무슨 복수라도 하겠다는 듯 어이없는 선전포고라니!

그런데 이상한 일이었다. 아주 오래전부터 하고 싶었던 말을 하고 난 사람처럼 속이 후련했다. 아내는 아무런 소리도 듣지 않았다는 듯 바느질 감에 코를 박고선 숨소리 하나 내지 않았다.

동학농민군의 수장이었던 전봉준이 처형되었다는 소식을 들었을 때도 아내는 그러했다. 공주성 전투에서 친정아버지가 전사한 후 어쩌면 아내는 아버지의 목숨값을 동학혁명의 성공으로 돌려받고자 했을지 모른다. 전봉준의 실패는 친정아버지의 죽음이 헛되었다는 방증이자 의지처의 상실이었다. 아내는 천안 전씨로 전봉준과 한 집안사람이기도 했다.

돌이켜 보면 갑오년의 동학란은 용운의 운명을 가로지른 엄청난 사건이었다.

용운이 열여섯이 되던 1894년, 탐관오리의 학대와 수탈에 분노한 백성들이 농기구와 죽창을 무기 삼아 세상을 바꾸겠다고 나섰다. 이른바 동학농민혁명의 시작이었다.

용운의 아버지 한응준은 동학군 진압을 위해 조정에서 새로 파견한 홍주(홍성의 옛 지명) 목사 이승우의 참모로 발탁되었다. 선조 대대로 실력 있는 무관을 배출한 집안의 후손으로서 병법에 밝은 그는 종5품 충훈부도사 벼슬에 오른 인물이기도 했다. 그의 임무는 동학군의 관아 침탈에 대비하여 성을 재정비하고, 화포와 창을 수리하는 것이었다. 또한 병사들을 훈련하고, 성곽 주변에 방책(防柵)을 쌓는 일도 해야 했다.

용운에게 아버지는 늘 넘을 수 없는 벽이었다. 아버지는 조상 중에 공신이 있었다는 사실을 몹시 자랑스러워했다. 그래선지 가난한 살림살이에, 입에 풀칠할 것이 없어도 남에게 절대로 손을 벌리는 법이 없었다. 방안에선 서안(書案) 앞에 정좌하고 앉아 벽에 기대지 않았고, 낮에 자리에 누워있는 걸 가장 선비답지 않은 일로 여겼다. 아버지가 서책에서 눈을 떼고 잠시 눈을 감고 있는 동안도 용운은 그저 조심스럽기만 했다. 행여 자신의 숨소리가 새 나갈까 전전긍긍하였다. 책을 읽다 모르는 것에 대해서도 함부로 물을 수 없었다. 아버지는 늘 단호한 한마디로 답변을 거절하곤 했다.

'남에게서 답을 구하지 말라. 다시 읽어라. 읽고 또 읽어라. 그러다 보면 서책에서 답을 찾게 되는 날이 온다. 그렇게 얻은 답이야말로 비로소 너의 것이다.'

동학군이 남도 전역을 휩쓸던 어느 밤, 아버지는 자식들을 모아놓고 긴히 말하였다. 나라가 위기에 처하였으니 못된 도당들로부터 나라를 지키기 위해 홍주성으로 들어갈 것이라고. 관리의 탐학과 살상은 반드시 엄하게 징치하는 게 옳으나, 그렇다고 그것이 어찌 조정의 대의와 명분을 거스르며 이루어질까 보냐고.

용운의 아버지는 임금의 충실한 신하였다. 그에게 백성이 곧 하늘이라는 말은 올바른 정치를 위한 하나의 지표일 뿐, 임금에 맞서겠다는 역도의 논리로 변질될 순 없는 것이었다. 고부 군수 조병갑의 탐학에 항거하다 곤장에 맞아 죽은 전봉준의 아버지와 제 아비의 억울한 죽음을 밝히려다 오히려 난적으로 몰린 전봉준의 사연을 안타까워했으나, 그게 나라를 뒤엎겠다는 모반의 형태로 전이되는 것에는 심한 거부감을 느꼈다. 그러니 감히 조정을 바꾸겠다고 나선 동학도는 더 이상 조선의 백성일 수 없었다. 그가 생각하기에 그들은 임금의 적이었고 토벌의 대상이었다. 용운의 아버지가 홍주 목사 이승우의 참모로 발탁된 건 그해 7월 초였다.

전봉준이 이끄는 4천여 명 규모의 남접 동학군은 9월 추수가 끝날 무렵 삼례를 출발하여 논산에다 진을 치고 북접군을 기다렸다. 합세하여 공주성을 점령하고 수원성을 거쳐 임금이 있는 한양으로 치고 올라갈 계획이었다. 하지만 강경파와 온건파로 나뉘어 대립하던 북접군은 보름이 지나도록 내려오지 않았다. 중도파를 이끄는 손병희가 두 파벌의 반목을 애써 무마시키고 북접군을 인솔하여 논산의 남접군과 합세한 건 10월 중순도 지나서였다. 남북 양 접의 동학농민군 숫자는 2만여 명에 이르렀다.

이들이 마침내 홍주성에 들이친 건 찬바람이 심상찮은 11월 말이었다. 이승우가 지휘하는 홍주성의 관군과 이들의 지원에 나선 일본군 연합 군대가 동학군의 대대적인 공격에 맞섰다. 전투는 격렬했다. 하지만 동학군은 200여 명의 전사자를 남기고 퇴각할 수밖에 없었다. 아무리 의기가 드높다 해도 최신 병장기를 갖춘 훈련된 병사들을 상대하기엔 역부족이었다.

용운의 아버지는 홍주성을 잘 지켜낸 공로로 그해 12월에 정식 참모관으로 임명되었고 이듬해 정초에는 더욱 높은 직급의 부사용에 올랐다. 하지만 아버지는 두 달 후, 세상을 떠나고 말았다. 병중의 몸으로 홍주성 전투에 참여하여 전심전력을 기울인 바람에 병이 더욱 깊어진 탓이었다.

비겁하게 사는 건 의롭게 죽느니만 못하다고 늘 말하던 아버지였다. 아버지의 시신을 묻고 돌아서면서 용운은 아버지의 죽음이 과연 나라를 위한 것이었는지 문득 회의감에 빠져들었다. 백성의 억울함을 들어주지도 풀어주지도 못하는 나라가 과연 나라인가? 억울한 백성이 못 참겠다 들고 일어서자 남의 나라 군대를 끌어들여 위협하고 죽이는 게 과연 나라인가?

임금에 대한 충정으로 죽은 자신의 아버지와 그에 맞서 백성이 주인인 나라에 대한 열망으로 죽은 아내의 아버지가 번갈아 가며 용운의 꿈속에 나타났다. 어쩔 땐 둘이 같이 나타나기도 했다. 서로 원수처럼 노려보거나, 형제처럼 다정하게 마주 앉아 술잔을 기울이기도 했다. 하지만 끝은 항상 비슷했다. 용운의 아버지든 아내의 아버지든 기나긴 그림자를 끌고서 안갯속으로 빨려 들어가는 거였다. 용운은 소리소리 지르다 깨나곤 했다. 가지 마셔요!

　― 아아 님이여, 위안에 목마른 나의 님이여, 걸음을 돌리셔요, 거기를 가지 마셔요, 나는 싫어요. (「가지 마셔요」 중에서)

어느 날 아침 꿈에서 깬 용운은 잡기장을 찾아 정신없이 끄적거렸다. 홍주 관아에서 아전 자리를 주겠다며 용운을 불러들인 날이었다. 열일곱 살이 되던 1895년이었다.

아버지가 돌아가신 후 하루 끼니를 잇기 어려울 정도로 형편이 어려웠던 집에서는 관아의 결정에 감읍하였다. 그것이 아버지의 목숨값인 줄을 뻔히 알면서도 거듭 고개를 조아리며 감사 인사를 올렸다. 용운은 거절할 수 없었다. 온 가족의 생계가 그의 어깨에 달려 있었다. 그로부터 어느새 3년 세월이 흘렀다.

용운은 도대체 무슨 까닭이냐며 아내가 묻지도 않았는데 혼자서 계속 변명 비슷한 걸 늘어놓았다.

"여기선 내가 할 일이 더는 없는 것 같소. 뭔진 잘 모르겠으나 뭔가를 @하지 않으면 안 된다고@해야 한다고@, 더 큰 세상으로 나아가 그걸 찾아보라고, 어쭙잖은 한 생각이 자꾸만 날 몰아댄다오."

"……"

"도대체 세상이 어찌 되려고 이 모양인지 알아봐야겠소. 우리 국모를 시해하고도 저리 뻔뻔하고 당당한 일본이 대체 어떤 나라인지, 대국 청나라의 무릎까지 꿇리고서 기세등등한 저들이 과연 누구인지 제대로 알아보고 싶소."

"……"

정말로 그러했던가? 어수선한 시국에 대한 깊이 있는 앎이 용운에게 그토록 시급한 문제였던가? 하지만 일단 말을 꺼내놓고 나니 그동안 자신의 마음을 뒤흔들고 몰아붙인 게 바로 그것이었을지 모른다는 의심이 들었다.

용운이 홍주 관아의 아전으로 들어간 그해 10월에 왕비가 살해되었다. 일본 낭인들이 궁궐 깊은 곳에 침입하여 왕비를 죽이고 그 시신을 불에 태워 자신들의 소행을 지워 없앨 때까지 조선 조정은 이렇다 할 대응을 하지 못했다. 왕비는 살해된 이틀 뒤에 서인(庶人)으로 강등되었고, 왕비 자신의 악덕이 그런 불행을 가져왔다는 임금의 준엄한 질책까지 들어야 했다.

'짐이 보위에 오른 지 32년임에도 정사와 교화가 널리 펴지지 못하는 중에 왕후 민씨가 가까운 무리를 끌어들여 짐의 주위에 배치하고 짐의 총명을 가리어 백성을 착취하고 짐의 정령(政令)을 어지럽히며 벼슬을 팔아 탐욕과 포악이 지방에 퍼지니 도적이 사방에 일어나서 종묘사직이 위태로워졌다. 이는 왕후의 작위와 덕에 타당하지 않을뿐더러…….'

용운은 임금의 조령(朝令)이 과연 진실인지 알 수 없었다. 임금의 호위를 맡았던 시위대 장졸들을 일본군의 지휘를 받는 훈련대에 편입시킨다는 칙령도 함께 반포되었기 때문이다. 임금의 친위 부대가 왕비를 죽인 이웃 나라 일본의 지휘 아래 있게 된다는 게 도대체 이치에 맞는 말인가? 하기야 대륙의 패자 청나라조차도 일본에게 이미 무릎을 꿇었다. 그러니 이치에 맞지 않는 임금의 말은 그럴 수밖에 없는 기막힌 사연을 숨기기 위한 위장이었을지도 모른다.

어쨌거나 임금이 용인한 것을 백성들은 쉽게 받아들이지 못했다. 그 와중에 내정을 개혁한다면서 백성들에게 상투를 자르라 종용하는 단발령이 내려졌다. 신체발부(身體髮膚)는 부모에게서 받은 것이니 감히 훼손하거나 상하게 하지 않음이 효도의 시작이라는 유교의 가르침을 조선조 500년 동안 따라온 백성들에게 단발령은 하늘을 거스르는 불효였다. 백성들은 '손발은 자를지언정 두발을 자를 수는 없다'며 조정이 강행하려는 단발령에 완강하게 반대하였다. 용운은 조정의 명령을 시행해야 하는 홍주 관아의 아전으로써 감히 반대 운동에 가담하지 못했으나 마음은 불편하기 짝이 없었다.

아버지가 살아 계신다면 어땠을까? 임금과 나라에 대한 충정이 남달랐으니 비록 효를 거스를지언정 새로 반포된 국법을 따라야 한다고 하셨을까? 아니면 나라의 기틀이 흔들리는 일은 절대 불가하다며 단발령을 철회해달라는 상소를 임금에게 올렸을까?

홍주목의 관원인 용운에겐 선택의 여지가 없었다. 자신의 상투를 잘라야 했을뿐더러 관할 지역 주민들에게 상투를 자르라며 권장하고 다녀야 했다. 그의 등 뒤에서 사람들이 대놓고 손가락질했다. 한응준 나리였다면 목에 칼이 들어와도 아닌 것은 아니라고 했을 텐데, 그 양반 자식치고는 패기도 없고 줏대도 없고, 어쩌다 저리 일본 놈 앞잡이가 되었을꼬? 그런 말을 들을 때마다 뒷덜미가 따가웠다.

하지만 그것으로 끝은 아니었다. 새로운 달력이 반포되었을 땐 그나마 용운에게 친절했던 친척들과 이웃조차 등을 돌렸다. 그도 그럴 것이 모든 날과 달을 음력으로 사용했던 조선의 달력은 1895년 11월 16일을 끝으로 더는 조선의 역사를 기록할 수 없게 되었다. 이튿날인 11월 17일이 양력 1896년 1월 1일로 변경되면서 조선의 백성들은 별안간 한 달 반 가까운 시간을 빼앗겨 버린 것이다.

곧 다가올 조선의 대명절인 설도 대보름도 영영 쇨 수 없게 되는 것인가, 조상들에게 바치던 명절 제사를 감히 달력 따위 변경으로 막으려는 참인가, 일본의 야욕에 휘둘리는 조선 정부가 반만년 이어온 조선의 핏줄을 정녕 자르겠다 나선 것인가?

백성들은 분노하였다. 그리고 그들의 분노는 의병이라는 형태로 조직화 되어갔다. 정부를 믿을 수 없어 스스로 나라를 지키겠다며 나선 이들, 이후 조선 독립운동의 선구가 될 을미의병의 시작이었다.

용운은 신념에 차서 뭔가를 하겠다며 나서는 사람들이 부럽고도 존경스러웠다. 아무런 결정도 내리지 못하면서, 솟구치는 의문들 사이에서 자꾸만 흔들리는 자신이 싫었다. 가슴 속에선 수없이 많은 말들이 제대로 된 형상을 갖추지도 않은 채 소용돌이쳤다. 아무것에도 관심이 없고, 아무런 말도 하려 들지 않으며, 그저 그림자처럼 왔다 갔다만 하는 아내에겐 그 무엇도 털어놓을 수 없었다.

"미안하단 말 외엔 할 말이 없구려. 원래 그런 놈이었거니 하시오."

"지아비의 앞길을 막아선 안 된다 들었습니다."

마침내 아내가 한 소리를 내놓았다. 딴에는 적잖이 용기를 내었으리라 싶었다. 아내의 이마 위로 하얀 저녁 달빛이 내렸다.

"그리 생각해 주니 고맙소."

더는 할 말이 없었다. 아내 또한 그런 모양이었다. 호롱불 심지를 돋워 올리고는 하던 바느질에 다시 코를 박았다. 창호지 문살 사이로 아내의 그림자가 일렁였다. 용운이 잠자리에 들도록 아내는 바느질을 멈추지 않았다.

밤새 뒤척이던 용운은 새벽닭 홰치는 소리가 들리기도 전에 일어나 행장을 꾸렸다. 갈아입을 속옷 몇 벌, 짚신 서너 켤레, 읽고 있던 책 몇 권, 그리고 지필묵까지 꼼꼼히 챙겼다. 명주실로 묶어 만든 잡기장도 쑤셔 넣었다. 뭔가 내칠 수 없는 말들이 용운을 사로잡을 때마다 그 말들을 오롯이 붙들어 제 품속에다 차곡차곡 쌓아 간직해 준 고마운 물건이었다. 아내는 분명 깨어났을 것이언만 돌아누운 채 종내 모르는 척이었다.

어지간히 꾸렸다 싶어지자 용운은 옷가지를 챙겨 입기 시작했다. 바짓가랑이를 여미어 데님으로 돌려 묶은 다음 버선까지 신었다. 두루마기를 걸치고 봇짐을 둘러멨다. 돌아누운 아내의 머리칼 위로 파리한 달빛이 미끄러져 내렸다. 그는 방문을 열었다. 이제 떠나면 두 번 다시 돌아오지 않을 생각이었다. 한 소리가 그의 뒷덜미를 잡아당겼다.

"일곱 달쯤 후엔…, 어쩌면 아이가 태어나 있을지도 모릅니다."

분명 아내의 목소리였다. 잠꼬대는 아닐 거였다. 덜컥 심장이 내려앉았다. 뭔지 모를 분노가 치밀어 올랐다. 왜 하필 지금인가? 며칠 전도 아니고 어젯밤도 아니고, 모든 준비를 마치고 집을 떠나려는 바로 이 순간이란 말인가? 원망 위에다 또 다른 원망을 쌓아 올리기라도 하겠다는 것인가?

용운은 돌아보았다. 모로 누운 아내의 등줄기가 그리도 빳빳해 보일 수 없었다. 고개를 쑥 내밀어 아내의 아랫배를 훑어보았다. 등을 세우고 누워서도 흐트러지지 않은 아내의 자태 속에 다른 존재의 그림자는 실오라기만큼도 얼비치지 않았다. 눈에 보이지 않고 손에 잡히지 않고 발에 채지도 않는, 없고 또 없는 존재가 어찌 한 사내의 앞길을 가로막는단 말인가?

아, 라훌라!

용운은 출가를 앞둔 석가모니가 그랬던 것처럼 탄식하였다. 큰 깨달음을 얻고자 집을 떠나는 석가모니에게 어린 아들의 존재는 얼마나 마음에 걸렸을 것인가? 하여 그 아들의 이름 라훌라는 길 떠나는 사람 앞에 놓인 장애를 의미하는 말이 되어버렸다.

용운은 못 들은 척 방문을 열었다. 사위는 아직 어둠에 잠겨 고요하였다. 그는 저벅저벅 마당을 가로질러 갔다. 등 뒤에서는 아무런 기척이 느껴지지 않았다. 아니 된다, 가지 마라, 붙잡고 늘어지는 울음소리 같은 건 들리지 않았다. 용운이 대문간에 이르도록 아내는 꼼짝하지 않았다. 버선발로 뛰쳐나오지도, 잘 가라 손 흔들지도, 십 리도 못 가서 발병이 나리란 악담조차도 없었다. 잘못 들은 것인가? 진짜 잠꼬대였을 뿐인가?

용운은 대문간에 서서 검푸른 새벽빛에 잠긴 세 칸 초가집을 한동안 바라보았다. 그러고는 어머니가 계시는 형님 집을 향하여 큰절을 올렸다.

부디 만수무강하옵소서!

시큰해지려는 콧날을 쓱 문지르며 용운은 대문을 나섰다. 고샅길엔 새벽안개가 내려 시야가 온통 흐렸다.

- 그대는 남은 한이 있는가 없는가, 있다면 그 한은 무엇인가.
그대는 하고 싶은 말을 하지 않습니다. (「계월향에게」 중에서)

마음속을 휘돌아 나간 말들이 절로 애달픈 곡조가 되어 용운의 입가에서 맴돌았다. 마을 밖으로 뻗어나간 좁다란 길은 늦가을의 단풍나무 향으로 가득했다.

2

백담사의 밤은 적잖이 소란스러웠다. 가랑가랑 흐느끼는 개울물 소리, 후이후이 불어대는 솔바람 소리, 한 철 휘황하게 꽃이며 잎들이 피고 지는 소리….

모든 빛깔이 침묵하는 밤이면 소리는 더욱 명징하게 살아나 용운의 밤을 채웠다. 용운은 그 소리들을 붙잡아 두고 싶었다. 그저 한순간일 뿐이어서 더욱 세차게 울부짖는 것들, 온 천지를 가득 채운 듯싶지만 종내 흔적조차 찾을 수 없는 것들.

- 근원은 알지도 못할 곳에서 나서, 돌부리를 울리고 가늘게 흐르는 작은 시내는 굽이굽이 누구의 노래입니까. (「알 수 없어요」 중에서)

용운의 잡기장에는 그날도 한 줄기 말의 냇물이 흘렀다. 어느새 세 권 이상으로 늘어난 잡기장이 서안 위에서 고즈넉하였다. 스승 연곡 스님의 처소에는 불이 꺼진 지 오래되었다. 마침내 용운은 법명과 법호를 받고 출가 사문이 되었다.

수계를 받는 자리에서 스승은 물었다.

"그대는 무엇을 구하고자 하는가?"

용운은 끊임없이 참구했으나 끝내 얻지 못한 답에 대해 뭐라 할 말이 없었다. 집을 나와 떠돌던 날들이 주마등처럼 스쳐 지나갔다.

그가 집을 나와 맨 처음 찾아간 곳은 홍주 지역 의병의 본거지였다. 일본의 앞잡이가 다 되었다는 말이 가장 가슴 아팠던 만큼, 조선인의 의기를 반드시 보여주고 말리라는 오기 같은 게 생겨났는지도 모른다. 워낙 비밀리에 활동하고 있는 이들이라 찾기가 쉽지 않았다. 그러나 그가 아전 자리를 박차고 집을 뛰쳐나왔다는 사실에 감동한 이들이 곁을 내주기 시작했다.

용운의 의병으로서의 첫 임무는 홍주성 호방의 창고를 습격하여 의병 활동에 필요한 자금을 확보하는 일이었다. 3년 가까이 그의 근무처였으니 내부 사정을 샅샅이 꿰고 있던 터라 그리 어렵지 않은 임무였다. 동지 두 명과 함께 야음을 타고 들어가 1천 냥을 탈취해 내기까진 큰 어려움이 없었다. 하지만 관의 창고가 습격당한 사건에 손 놓고 있을 관청이 어디 있으랴? 용운은 수배자 처지가 되었다. 홍주 근처에 머물러 있다간 언제 꼬리가 잡힐지 알 수 없었다.

무작정 길을 떠났다. 설악 계곡 깊은 곳에 자리한 백담사가 그를 받아주었다. 발이 부르트도록 여러 날을 걷고 또 걸은 후였다. 그렇게 백담사와 맺은 인연이 어느새 6년 가까이 되었다.

용운은 스승의 질문에 솔직하게 대답했다.

"구하는 바가 아무것도 없습니다. 오직 부처님께 귀의할 따름입니다."

적지 않은 세월 동안 여러 곳을 전전하면서 용운은 무엇 하나 녹록지 않은 삶에 지치고 말았다. 조선 천지보다 훨씬 크고 넓은 새로운 세상을 만나리라는 기대도, 나라를 구하겠다는 치기 어린 만용도 이젠 다 쓸모없는 허세로 여겨졌다. 자신의 작은 몸뚱어리 하나도 제대로 건사하지 못하는 처지에 누굴, 또 무엇을 구하겠다는 것인가? 조선은 이제 하늘 아래 없는 나라가 되었고 그 자리에는 대한제국이 들어섰다. 청나라의 간섭에서 벗어났음을 만방에 알리고자 황제를 칭한 임금은 일본의 고문정치와 보호의 그늘 아래로 들어감을 그리 부끄러워하지 않는 듯했다. 그동안 무엇을 위해 그리도 전전긍긍이었던가? 용운은 세상 무엇보다 넓은 품에 안겨 쉬고 싶었다. 오직 그뿐이었다.

"부처가 어디에 있는가?"

"어디에나 계시지만 또한 어디에도 계시지 않습니다. 오로지 한 마음 밝혀 그 심심(甚深) 미묘한 자리를 알고자 할 따름입니다."

스승이 가위질하다 말고 손바닥을 들어 그의 목덜미를 내리쳤다. 잘린 머리카락이 발치께로 후두두 떨어져 쌓였다.

"너의 부처는 혓바닥에서만 맴돌고 있구나."

사뭇 엄중한 나무람이었다. 용운은 어디서부터 잘못된 것인지 알 수 없었다. 세상 무엇과도 견줄 수 없는 크고도 넓은 부처의 품에 안기고자 함이 그리도 외람된 일이던가? 용운은 스승의 뜻을 헤아릴 수 없어 막막하였다.

스승은 사나운 눈빛으로 그를 쏘아보았다. 그 잠깐이 마치 영원인 양 아마득하였다. 용운이 수계를 받는 자리에 참석한 어른 스님들과 도반들 역시 바윗덩어리라도 된 양 침묵 속으로 가라앉았다. 얼마나 시간이 지났을까? 팽팽한 긴장을 깬 건 스승이었다.

"너에게 왜 용운(龍雲)이란 법명을 내려주었는지 아는가?"

용운은 한참을 망설였다. 자칫 잘못 말했다가 조금 전처럼 스승의 노여움을 살까 두려웠다. 만주로 연해주로 멀리 나아가 딴에는 넓은 세상을 두루 보았거니 자신했고, 또 불경을 읽고 스님들의 법문을 들으면서 진리의 한 끝자락이나마 붙잡게 되었노라 자신했다.

수배를 피해 처음 설악으로 들어왔을 땐 물 맑고 산 깊은 백담사가 좋았다. 하지만 예불이나 참선만으론 요동치는 그의 젊음을 잠재울 수 없었다. 벌떡벌떡 뛰는 심장을 제어할 수도 없었다. 뭔가를 해야 할 것 같아서,

더 큰 세상으로 나아가 그걸 찾아보리란 작정으로, 직장도 가정도 버리고 떠나온 마당이었다. 자기 개인의 해탈만을 위해 수행하는 중으로 산다는 건 자신의 큰 결심을 배반하는 일이었다.

하여 그는 다시 길을 떠났더랬다. 조선 너머에는 어떤 세상이 있는가? 대륙 저 깊은 곳에서는 어떤 일들이 벌어지고 있나? 조선이 세계열강의 틈바구니에서 살아남으려면 어떻게 변화해야 하는가? 용운은 나름의 포부를 안고 세계 여행을 해 보리라는 거창한 계획을 세웠다.

용운은 그 첫 방문지를 중국도 일본도 아닌 러시아로, 그것도 두만강 너머의 연해주에 있는 도시 해삼위(블라디보스토크)로 잡았다. 한때 청나라의 강역이었던 연해주는 조선과 국경을 맞대고 있는 가장 가까운 러시아였다.

연해주까지는 멀고도 긴 길이었다. 제 고향을 등지고 떠나온 수많은 동포를 만났다. 조선에서 일본의 입김이 갈수록 드세지면서 가난하고 힘없는 자들일수록 더욱 변방으로 내몰렸다. 집도 땅도 일자리마저도 잃은 이들은 가족을 끌고 국경을 넘어 간도로 만주로 연해주로 이주해 갔다.

다행히도 쓸모없이 버려진 땅을 옥토로 만들어 내는 조선인들의 이주를 러시아 정부는 적극 환영하였다. 그 덕에 해삼위를 비롯한 연해주 지역의 여러 도시들이 조선인 이주민들로 활기를 띠었다. 그런 이주민 중의 하나가 되리란 포부로 용운이 연해주까지의 기나긴 여정을 지나온 건 물론 아니었다.

그냥 길, 한없이 이어지는 길, 가고 또 가도 결코 다함이 없는 그 길…. 용운은 그 길에서 다정한 말속에다 칼을 심어놓은 사내 하나를 만났다.

절집에서 몇 년을 보내다 보니 용운은 사람 경계하는 법을 잊었던지도 모른다. 조상 대대로 물려온 고향 땅을 떠나 해삼위로까지 밀려 들어온 조선 사람이라면 저마다 서러운 사연 하나쯤은 품고 있을 터, 짠하고 안타까운 그들에게 날 세울 필요는 없다는 생각도 있었다. 어쩌면 그게 용운의 약점인지도 몰랐다. 해삼위의 어느 술집에서 만난 한 사내가 유별 친근하게 굴었다.

"아이고야, 반갑구먼유. 머나먼 이국땅에서 고향 사람을 만나다니! 보아하니 살러 온 냥반은 아닌 듯 하구, 예까진 무슨 일로 왔드랬소?"

자신이 나고 자란 예산과 용운의 고향인 홍성이 지척이니 고향 친구가 아니겠냐며 깜짝 반가워라 하였다.

"한들한들 세상 구경 차 이리 돌아다닌다오."

"이런 험악한 시국에 세상 구경이라니! 한량이 따로 없구려."

"조선 지경 바깥에는 어떤 세상이 있나 궁금도 하고, 맹위를 떨치는 일본의 힘이 여기 연해주까지 뻗쳐 들었는지도 알아볼 겸…! 처음 길을 나설 땐 온 세상을 다 돌아보리라, 땅이란 땅에 죄다 내 발자국을 찍으리라 자못 이상이 컸다오."

용운은 스쳐 지나가는 사람에게 그동안의 여정을 시시콜콜 늘어놓기가 멋쩍어 그렇게 얼빠진 사람처럼 굴었다. 수배를 피해 무작정 걷다 보니 설악산을 만났고 또 금강산을 만났다고, 설악에선 백담사가 금강에선 건봉사가 가슴속 날뛰는 말들을 다소간 진정시켜 주더라고 굳이 말하고 싶지 않았다. 공양 밥을 얻어만 먹기가 미안하여 두 절 사이를 오가며 나무꾼에 불목하니 노릇도 마다하지 않다 보니, 반쯤 중이 되어 그깟 말들이야 영 하찮아지더라고 말하고 싶지도 않았다.

그런데 왜 또 길 위인가? 사내와 술잔을 주고받으면서 용운은 퍼뜩 스치는 한 생각에 사로잡혔다. 어쩌면 자기 자신이 제멋대로 날뛰는 한 마리 말(馬)은 아닐 것인가? 가슴속에서 솟구치는 말(言)들이야 아무리 뛰어봐야 결국은 자신의 좁디좁은 앙가슴 안에 갇혀있을 뿐이지 않은가? 훌쩍 산문을 나서 거침없이 내달은 그의 발자국을 돌아보니 누가 오라 해서 온 것도 아니오, 가라 해서 간 것도 아니었다. 그야말로 길들지 않은 한 마리 말처럼 이리저리 쓸리고 내닫다 그렇게 해삼위까지 흘러든 게 아니던가?

얼큰하게 취기가 오른 용운은 사내에겐지 자신에겐지 모르게 큰 소리로 떠벌렸다.

"쓸데없이 남의 사정 기웃거리지 말고 가던 길이나 가오. 그 길의 끝엔 물론 아무것도 없겠지요만."

사내가 용운을 쏘아보았다. 한껏 몽롱해진 용운은 그러거나 말거나 콧노래를 흥얼거리며 일어섰다. 게딱지 같은 초라한 지붕들이 검은 바다 위로 둥둥 떠다니고 별빛 하나 내리지 않은 어두운 골목길이 하늘 가운데로 치솟았다. 발이 땅을 밟는 것인지 땅이 발자국을 찍는 것인지 알 수 없었다. 용운은 그날 밤 묵기로 한 여관을 향해 휘적휘적 나아갔다.

별안간 둔중한 무엇이 그의 뒤통수를 후려쳤다. 용운은 아무런 대응도 하지 못한 채 고꾸라졌다. 가물가물 정신이 흐려지는 사이로 무슨 소리가 왕왕 울려왔다.

"더러운 일진회 새끼, 지 뱃속 채울라고 나라도 백성도 팔아먹은 배은망덕한 놈들, 너 같은 놈은 죽어도 싸!!"

일진회란 조선에 대한 보다 적극적인 내정간섭을 위해 일본이 조선인을 앞잡이로 내세워 조직한 단체였다. 러일 전쟁 때 일본군 통역이었던 송병준과 한때 독립협회 회원이었던 윤시병·유학주 등이 주축이 되어 조선의 여론을 친일적으로 조작하는 데 앞장서기 위해 만든 거였다. 그들은 단발령에 적극 호응하고, 양복 차림으로 돌아다니며 일본의 정책을 홍보하고 시행하느라 바빴다. 을사늑약 체결을 10여 일 앞두고는 '한국의 외교권을 일본에게 위임함으로써 국가 독립을 유지할 수 있고 복을 누릴 수 있다'는 내용의 매국적 선언서를 발표하는 등 도무지 부끄러움이라곤 없는 자들이었다.

"난 일진회 새끼가 아니오."

용운은 자신을 공격한 자의 오해가 어디서 비롯되었는지 알 수 없으나 어떻게든 해명하려 했다. 하지만 용운의 말은 입 밖으로 새 나오지 못했다. 의식을 잃고 쓰러진 탓이었다. 어쨌거나 운이 좋았다. 그 광경을 목격한 여관 주인이 가해자를 제지하고 서둘러 응급조치를 해주었다. 가해자는 조금 전까지 용운과 함께 술잔을 기울이던 자였다. 예산이 고향이라며 동향인을 만나 반갑다던 바로 그 사내였다.

여관 주인에게 악악 대들며 용운의 봇짐을 뒤진 사내는 몹시 실망하였다. 언문으로 뭔가를 빼곡히 적어놓은 용운의 잡기장과 금강경 이외엔 별달리 의심스런 물건이 없었기 때문이다. 잡기장엔 사내가 보기에 영 쓸모없는 이상한 구절들뿐이었다.

"님이여 오셔요, 오시지 아니하려면 차라리 가셔요? 아니 이런 게 다 뭐시래? 생긴 거는 암만 봐도 일진회 새낀디 속은 기생오래비구마는."

정신을 차린 용운이 사내에게서 자신의 잡기장을 낚아챘다. 뒷목이 얼얼하고 화끈거렸지만 사내가 계속해서 그의 잡기장을 뒤지도록 둘 수는 없었다. 언젠가부터 한 편 한 편의 시로 형상화되기 시작한 가슴 속 말들을 사내가 함부로 엿보아서는 안 될 일이었다.

사내는 여전히 용운을 의심스런 눈초리로 쳐다보았다. 사과할 생각은 추호도 없어 보였다. 몹시 불쾌하고 억울한 일이었지만 용운은 사내의 오해가 풀릴 때까지 자신에 대해 구구절절 설명할 수밖에 없었다. 사내가 뚱하니 대꾸했다.

"왜의 앞잡이를 만나믄 반드시 처단하리라 작정한 터수여서 다소간 오해가 있었든가 싶으우. 옳은 일을 할라치믄 더러 실수도 생기는 게지유. 여튼지 하나만 물읍시다. 나라의 운명이 백척간두인데 요따우 이상한 노랫가락 같은 거나 끄적이는 게 무슨 보람이유?"

사내는 외려 따지고 들었다. 용운을 왜 일진회 회원으로 오해했는지, 제대로 살펴보지도 않고 왜 흉기부터 휘둘렀는지, 납득할 만한 설명 한 자락도 그는 해주지 않았다. 단지 '그래 보였다'는 한 마디뿐이었다. 그리고 나름의 충고가 이어졌다.

"아무도 믿지 마시우. 여기는 지옥이유. 나라가 똑바로 서지 못했을진대 누가 혈육이고 누가 동포란 말이우?"

친일 매국의 길로 들어선 자들을 응징하여 나라를 구하겠다는 사내의 마음 밭은 뿌리 깊은 의심 줄기로 가득하였다. 사내의 의기를 칭찬해야 할 것인지, 분노에 찬 그의 심사를 연민해야 할 것인지 알 수 없었다. 용운은 호기롭게 나섰던 길에 만정이 떨어져 곧장 백담사로 돌아오고 말았다. 사내의 같잖은 추궁이 문득 지당하게 여겨지는 심사는 또 왜인지 모를 일이었다.

해삼위에서 돌아온 용운은 스스로를 절집 안에 가두었다. 끓는 피를 잠재우고 가슴속에서 회오리치는 수많은 말들을 침묵시키고자 두문불출하며 경전 공부에 매달렸다. 선정에 들고 화두를 참구하며 수행에 전념하였다.

부처의 제자로 살고 싶다는 욕망 하나가 어느 날 문득 싹을 틔우더니 그의 가슴 속에다 뿌리를 내리기 시작했다. 그것은 수많은 가지를 뻗치며 무성하게 자라났다. 용운은 당황스러웠다.

불경을 외고 예불을 올리고 선정에 드는 등, 바깥세상과는 완연히 담을 쌓고 살려고 나선 길은 결코 아니었다. 처음부터 그럴 요량이었다면 7년 넘는 세월을 떠돌이로 살 필요가 없었다. 그런데도 한 번 뿌리 내린 욕망의 나무는 좀처럼 뽑히지도 잘리지도 않았다. 그는 연곡 스님을 찾아 제자로 받아줄 것을 청하고야 말았다.

"너에게 왜 용운이란 법명을 내려주었는지 아느냐 물었다!"

침묵을 깨고 스승이 다시 물어왔다. 용운은 그동안 비우고 또 비워냈던 마음 자락 안에 그래도 남아 있는 말들이 있는지 헤집어 보았다. 있었다. 다만 눌려 있을 뿐 어디로도 사라지지 않은 말들이 켜켜이 쌓인 채로. 그중 몇 개의 말을 골라내는 건 그리 어렵지 않았다.

"하늘에는 달이 없고, 땅에는 바람이 없습니다. 사람들은 소리가 없고, 나는 마음이 없습니다." (「고적한 밤」 중에서)

"가히 아름다운 시로다."

한 소리 또 야단이나 맞지 않을까 싶었는데 의외로 스승의 목소린 다정하였다. 용운은 한 걸음 더 나아갔다.

"용이란 범접할 수 없는 권세와 위력을 상징하나 실재하지 않습니다. 구름이란 공기 중의 물방울들이 엉겨 붙은 것으로 실재하나 이내 흩어져 그 형상을 찾을 수 없습니다. 있으나 없고 없으나 있는 것, 잠시 한 생각이 지나갔을 따름입니다."

스승의 눈빛이 전신을 관통하고 지나갔다. 해삼위의 쨍한 칼바람 같았다. 광활한 들판에 홀로 서 있는 듯한 막막함이 용운의 어깨를 휘감아 돌았다.

"시로써 한세상 건너보는 것도 그리 나쁘진 않으리라! 너에게 또한 만해(萬海)라는 법호를 내려주겠다. 만 개의 바다가 곧 너의 진면목(眞面目)일지니!"

용운은 훅 한숨을 내쉬었다. 남은 머리칼을 깎는 스승의 가위질 소리가 서걱서걱, 참으로 서늘하였다.

3

1908년 12월, 용운은 경성 명진 측량 강습소를 개설하였다. 그것은 자신이 품어야 할 만 개의 바다 중 하나, 어쩌면 그럴 것이었다.

"어느결에 자(尺)의 세상이 되었습니다. 온갖 것들이 자로 재단되는 세상에서 말은 믿을 수 없고 정(情)은 허망할 것인즉, 오로지 자로써만 진실을 증명해야 할 것입니다."

조선의 백성들에게 계약서라는 형식은 몹시 낯설었다. 곡식도 돈도 그냥 말과 정으로 빌리고 갚던 사람들이었다. 땅에 관해서든 집에 관해서든 대략의 수치와 한정이 없진 않았으나 의리로 사고팔기가 가능한, 몇 마디 말만으로도 충분히 신뢰할 수 있는, 그런 세상이었다. 그랬던 이들에게 자로 들이대는 수치와 계약서로 들이대는 기한은 참으로 어려운 셈법이었다.

"자에다 눈을 박고 자가 가리키는 수치에다 눈길을 고정하십시오. 한 치를 보지 못하면 한 자를 잃을 것이오, 한 자를 보지 못하면 한 길을 놓칠 것입니다."

측량법을 배우겠다고 몰려든 이들이 눈을 빛내며 용운의 한 마디 한 마디에 귀를 기울였다. 지난해 말부터 조선 전역에 시행된 토지조사 사업은 조선의 모든 땅을 산림에서부터 농지, 집터에 이르기까지 철두철미 측량하도록 하였다. 어떤 땅이든 국유지, 공유지, 사유지라는 세 영역 중 하나에 귀속되어야 했다. 측량되지 못한 땅은 국유재산으로 보아 모조리 환수되고, 그 관할권은 일본이 설립한 동양척식주식회사가 가지게 된다는 거였다.

백성들은 어려운 말에 주눅 들었고, 왜 일본이 그 관할권을 갖게 되는지 알 수 없었고, 측량이라는 걸 어찌해야 할지 몰라 우왕좌왕했다. 뭘 좀 아는 이들은 조상 대대로 물려온 땅을 빼앗기지나 않을까 염려하여 어떻게든 측량을 하려 했으나 조선에는 측량기계가 없었다. 일본인에게 빌리려 해도 부르는 게 값이라 그마저 쉽지 않았다. 엄청난 값을 치르고 빌린들 측량 기술이 있을 리 없었다. 그러다 보니 측량비가 땅값보다 더 비싸지는 기현상이 벌어졌다. 측량비를 감당할 수 없어 아예 땅을 포기하는 사람들도 생겨났다.

동양척식주식회사는 그런 땅을 와구와구 먹어 치우며 국유지를 불렸다. 조선에 정착하려는 일본인들에게 나눠주기 위함이었다. 하루아침에 땅을 빼앗기고서 먹고 살 방도가 없어 거렁뱅이로 내려앉는 조선인의 수가 갈수록 늘어났다.

당시 용운은 도쿄의 조동종 대학에서 일본 불교를 공부하고 있었다. 용운이 만난 일본은 메이지 유신 이후 급속히 밀려 들어온 서구 문명으로 하여 거리거리가 휘황하였다. 전차나 기차 같은 빠른 이동 수단이나 신문물을 판매하는 백화점들만이 놀라운 건 아니었다. 곳곳에 세워진 도서관과 거기에 출입하는 수천수만의 인파도, 젊은 남녀 학생들이 쏟아져 나오는 학교도 용운에겐 놀랍고도 부러운 경험이었다. 러일 전쟁의 승리에 취해 들떠 있는 분위기조차 도쿄 시내를 온통 생기롭게 했다.

하지만 용운은 자신이 그들과 결코 한패가 될 수 없음을 더욱 간절하게 새겼다. 조선에서 들려오는 소식들도 놓치지 않았다. 조선인에게 불리하기 짝없는 측량법 시행도 그가 모른 척해선 안 되는 조선의 아픈 현실이었다. 그는 일본에서 측량 기술을 배워가기로 작정했다. 조선의 젊은이들에게 가르쳐 더는 자기 땅을 탈취당하지 않도록 돕는 것이 그가 일본에 온 목적일지 모른다는 생각이 들었다.

마침내 그가 경성에다 강습소를 열었을 때 측량법을 배우겠다는 젊은이들이 사방팔방에서 몰려들었다. 이론과 실기를 동시에 가르쳤으므로 학생들은 교실과 야외를 오가며 뭐 하나라도 놓치지 않으려 열심이었다.

하지만 배움의 끝에는 비싸기 그지없는 측량기 구입의 문제가 벽으로서 있었다. 얼마 안 되는 자산을 탈탈 털어 용운이 일본에서 사들여 온 몇 벌의 측량기는 배우려는 학생들을 위한 교육용 기자재로 남겨두어야 했다. 강습소에서 그리 멀지 않은 거리라면 한나절 정도야 빌려줄 수도 있었지만 먼 지방으로의 대여는 거의 불가능했다.

어느 날, 몇 벌의 측량기가 강습소로 배달되어 왔다. 일본에서 들여온 제품에 비하면 다소 투박하고 또 매끄럽진 않았으나 그래도 쓸만했다. 홍군으로부터였다.

드디어 해냈구나. 용운은 가슴 속으로 북받쳐 오르는 미묘한 감정의 파고에 저항 없이 자신을 맡겼다. 실실 웃음이 났다. 창문을 열고 길거리를 향해 큰 소리로 외치고도 싶었다. 해냈어요! 우리 홍군이 결국 해냈다구요, 라고.

유난히 눈빛이 강렬하던 홍군은 그의 첫 제자이자 강습소의 첫 강사였다. 쉽고도 정확한 설명으로 학생들에게 인기가 많은 선생이었다. 몇 달 전 그는 고향으로 내려간다면서 기계 한 벌을 빌려달라 했다.

"여기서는 홀로 연구할 시간이 너무 부족해서요. 몇 곱절로 갚아드리겠습니다. 제발 허락해 주십시오."

용운은 고심했다. 배우려는 이들로 문전성시인 강습소에 강습용 기자재가 부족하다는 건 치명적인 일이었다. 홍군을 못 믿어서가 아니라 차후의 교습생들을 위한 대비책이 충분하지 않은 때문이었다.

"나는 결코 심을 땅이 없으므로 추수가 없습니다. 그렇게 쓰신 선생님의 시를 읽어본 적이 있습니다. 이걸 기억하신다면 제게 잠시간이라도 심을 땅을 빌려주십시오. 반드시 추수는 있을 것입니다."

홍군의 재치에 용운의 마음은 절로 열리고 있었다.

"그걸 또 언제 읽어봤나, 그래?"

"그 뒤로 이어지는 구절도 기억납니다. 저녁거리가 없어서 조나 감자를 꾸러 이웃집에 갔더니, 주인은 '거지는 인격이 없다. 인격이 없는 사람은 생명이 없다. 너를 도와주는 것은 죄악이다'고 말하였습니다, (「당신을 보았습니다」 중에서)라고요. 설마 선생님께서 제게 그 주인처럼 말씀하시진 않겠지요?"

홍군의 낯빛은 진지했다. 용운은 자기도 모르게 껄껄 웃고 말았다.

"내가 그리 말한다면 난 자네의 선생이 아니겠지. 가져가게."

홍군이 긴장한 낯빛을 풀며 씩 웃었다. 명석하고 손재주 좋은 홍군이었다. 거기다 상대의 속마음을 읽어내는 말솜씨까지 갖춘 걸 보니 더욱 믿음이 갔다. 용운은 그의 의도와 계획에 적극적인 후원자가 되기로 마음먹었다. 관련 책자들도 찾아 빌려주었다.

　고향에 돌아간 그는 빌려 간 측량기를 분해하여 다시금 조립해 보면서 제작 기술을 익혔을 것이다. 필요한 나무 조각들은 자신이 직접 톱질과 대패질로 제작하고, 나사니 못이니 하는 것들은 대장간에 의뢰하여 주문 생산했으리라. 기포관과 망원경을 구하기 위해서는 사방팔방으로 뛰며 엄청나게 발품을 팔아야 했으리라. 참으로 장하기 이를 데 없었다. 기술학교를 나온 것도 아니고 충분한 물자 지원을 받을 수도 없는 상황에서, 그야말로 무에서 유를 창조한 것이 아닌가?

　용운은 덩실덩실 춤이라도 추고 싶었다. 이제 조선인이 만든 측량기로 조선인이 직접 측량을 할 수 있게 되었다. 억울하게 빼앗기고 내몰리는 일도 그만큼 줄어들 것이다. 용운은 측량 강습소에서 자신이 할 일은 이제 끝났다고 생각했다.

　남은 강사들에게 강습소를 맡기고 그는 금강산 표훈사로 향했다. 불교학에 관한 전문 강의가 필요하다며 그를 강사로 초청했기 때문이다.

　이듬해 1910년 경술년, 용운은 한일병합 조약이 황제의 조칙으로 발표되었다는 소식을 금강산에서 들었다. 조칙에는 대한제국의 국새 대신 칙명지보(勅命之寶)라는 행정 결재에만 사용하던 옥새가 찍혀있었다고, 순종황제의 서명조차 없었다고, 그러하니 이 조약은 불법이라는 말들도 함께 떠돌았다. 하지만 떠도는 말들은 그저 떠돌기만 할 뿐 아무런 힘도 없었다.

　5년 전 을사늑약 체결 당시 대궐 마당에서 울려 퍼졌던 통곡 소리는 들리지 않았다. 엎드려 통탄하는 백관들이 없으니, 을사늑약 때에 일본의 헌병들이 말을 탄 채 만조백관의 등을 짓밟아 댔던 것과 같은 일도 일어나지 않았다. 민영환과 조병세, 홍만식 등 이십여 명 넘는 조선의 대신들이 자결로 을사늑약 반대 의사를 밝혔던 것과 같은 일도 벌어지지 않았다.

대한제국 황제의 칭호가 다시 왕으로 격하되었어도 이를 통탄해하는 신하를 찾아보기 어려웠다. 불과 5년 사이에 임금의 주변에 철옹성 같은 친일 매국노들의 성벽이 드높이 쌓아 올렸졌기 때문이다.

패배감에 쌓인 백성들 역시 마찬가지였다. 체결된 조약의 내용을 공포하던 날, 일본 경찰과 군대가 밤새워 도성 안을 시찰하며 경계수위를 최대로 올렸으나 소요는커녕 조그만 움직임 하나 없었다. 조선 병탄의 실질적 기획자이자 초대 통감이었던 이토 히로부미를 하얼빈역에서 저격하여 조선인의 기개를 만방에 과시했던 안중근의 희생은 아무런 보람이 없이 되고 말았다. 다만 많은 이들이 서울 도심의 집을 팔고 시골로 떠남으로써 조정에 대한 불신을 드러냈고, 지방 학생들은 개학한 학교에 돌아오지 않는 것으로 소극적인 항의를 이어갔을 뿐이다.

용운은 깊은 산중에 앉아 홀로 자책하였다.

불살생(不殺生)이 지고의 가치인 불문의 제자로서 안중근의 거사를 마음속 깊이 환영하고 이토의 죽음을 기뻐한 대가를 이렇게 돌려받는 것인가? 아니 그보다는 안중근을 살리기 위해 아무런 노력도 하지 않은 자신의 방관이 이토록 기막힌 사태를 불러온 것인가?

'이토에게 총을 쏜 것은 대한국 독립 의병의 참모 중장된 신분으로 행한 바이니, 결단코 한 개인의 뜻으로 행한 바가 아니올시다.'

안중근의 마지막 진술은 오래도록 조선인들의 마음속을 휘저었다. 의병들이 일제 침략의 상징으로 여겨지는 경의선 철도의 궤도를 끊고 돌을 쌓아 열차 바퀴를 부서뜨리며 안중근을 석방하라고 외쳤다. 달리는 열차 유리창에다 돌을 던지는 백성들도 있었다. 어떤 이는 안중근의 사진에다 '충신 안중근'이라 쓰고 엽서를 만들어 배포하다 치안 방해죄로 경시청에 연행되기도 했다.

수많은 이들이 그렇게 자기 나름의 방법으로 안중근을 살리고자 애쓰고, 또 그의 의분을 기리는 동안 자신은 무엇을 했던가? 측량법을 배워 조그만 땅뙈기나마 빼앗기지 말고 지켜내라고 젊은이들을 가르친 일이 제법 갸륵하달 수 있겠는가? 사나운 이리떼가 겹겹이 포위해 들어오는 걸 뻔히 알면서, 측량 기술 강습 따위 소극적인 대응으로 맞설 수 있다 생각했다니…! 따지고 보면 일제의 정책에 순응하여 자신의 밥그릇이나마 지키라는 권유에 불과했을지도 모른다.

용운은 통분하였다. 아니 허망하였다. 쓸쓸하였다. 이천만 백성이 눈 뻔히 뜨고 살아있는데 나라가 없다니, 만백성의 어버이라는 임금이 있는데 나라는 없다니…! 위태위태했지만 일본에다 그렇게 한순간 주권을 넘겨줘 버릴 날이 올 줄은 미처 알지 못했다.

하늘 아래 더는 조선이라는 나라가 없게 된 경술년(1910년) 8월 29일, 늦여름 더위가 유난히도 기승을 부리던 그날, 풀들은 우줄우줄 고개를 치켜들고 희부연 개망초꽃이 지천에 흐드러졌다.

용운은 끓어오르는 심사를 어떻게도 달랠 수가 없어 죄 없는 먹만 벅벅 갈았다. 털끝이 몽그라지고 방바닥이 시커메지도록 하염없이 쓰고 또 쓰며 붓질로 날을 샜다. 그 특별한 밤이 흘리는 모든 소리들이 종이 위로 내려앉았다.

- 님이여, 당신은 나를 당신 계신 때처럼 잘 있는 줄로 아십니까.
  그러면 당신은 나를 아신다고 할 수가 없습니다. (「쾌락」 중에서)

- 눈물의 바다에 꽃배를 띄웠습니다.
  꽃배는 님을 싣고 소리도 없이 가라앉았습니다. (「슬픔의 삼매(三昧)」 중에서)

무엇을 써도, 어떻게 써도 용운의 마음은 가라앉지 않았다. 달이 이울었는지 새벽 별이 떠올랐는지, 시간의 흐름을 느낄 수조차 없었다. 도량석을 알리는 목탁 소리가 고즈넉한 산사를 일깨웠다. 언제나와 다름없는 소리였다. 분노도 슬픔도 억울함도 없는 소리….

딱 따닥 따그르르!

그리도 무심하게 울려 퍼지는 목탁 소리에 용운은 비로소 붓질을 멈추었다. 찢기거나 구겨진 종이들이 방바닥에 널려 있었다. 종이가 원수도 아니건마는 쓰고 지우고 다시 쓰고 또 지우고, 버려진 종이들은 온통 시커먼 먹지였다. 용운은 벌겋게 충혈된 눈으로 서안에서 물러나 앉았다. 이것들이 다 무엇인가? 밤새 무엇을 하였는가? 단지 한 조각 먹구름이 일어났을 뿐이던가?

저 멀리 어디선가 새벽닭 우는 소리가 들려왔다. 밤 내 그의 방을 밝히던 호롱불도 꺼졌다. 더는 태울 기름이 없는가 보았다. 용운은 앉은 채로 깜빡 졸았다.

누군가 그에게 손을 흔들며 아득한 안개 속으로 멀어져 갔다. 알 듯 모를 듯 도시 떠오르지 않는 얼굴이었다. 돌아가신 어머니인가, 고향 집에 두고 온 식구들인가? 아니면 동학란 때 돌아가신 아버지거나 장인어른인가? 그보다는 홍주 의병들 중 하나이거나 해삼위에서 만난 조선인 중 누군가인 듯도 했다. 그 누구도 아니면서 그들 모두를 합쳐놓은 듯한 어떤 얼굴, 어쩌면 조선의 얼굴…. 용운은 알 듯 모르겠는 이를 쫓아 미친 듯이 달려 나갔다. 가슴 가득 그리움이 피어올랐다.

  - 가지 마셔요. 걸음을 돌리셔요. (「가지 마셔요」 일부)

그는 멀어지는 그림자를 향해 간절히 외쳤다. 하지만 외침은 소리가 되어 울리지 못하고 그림자는 가물가물 더 깊은 안개 속으로 스며들어 갔다. 아무리 뛰어도 거리는 좁혀지지 않았다. 도저히 붙잡을 수 없었다. 그림자는 어느샌가 까무룩 사라지고 말았다. 발자국 하나 남아 있지 않았다. 안개 속에선 가을날의 짙은 단풍나무 향만이 그윽하였다.

　- 님은 갔습니다. 아아, 사랑하는 나의 님은 갔습니다.
　푸른 산빛을 깨치고 단풍나무 숲을 향하여 난 작은 길을 걸어서, 차마 떨치고 갔습니다.

　용운은 아련한 슬픔 속에서 깨어났다. 꿈이었다. 방안은 꿈속에서 피어오른 한 줄기 향기로 가득했다. 누구였던가? 분명 사무치도록 그리운 누구였다. 가슴 시리도록 아픈 누구였다. 떠남으로써 스스로의 존재를 더욱 강렬하게 새겨준 누구였다. 용운은 가장 소중했지만 영영 떠나버린 그를 위하여, 안개 속으로 가뭇없이 사라져 버린 그의 그림자를 위하여, 그의 잊힌 이름을 위하여 다시 붓을 들었다.

　- 아아 님은 갔지마는 나는 님을 보내지 아니하였습니다.
　제 곡조를 못 이기는 사랑의 노래는 님의 침묵을 휩싸고 돕니다. (「님의 침묵」 중에서)

4

　나라를 일본에다 바친 조정에 실망한 이들과, 나라를 다시금 찾아야 한다는 열정으로 가득한 이들이 소리소문없이 조선 땅을 떠났다. 배고픔과 모멸만이 일상이었던 가난한 백성들도 주인 없는 새로운 땅과 누구 눈치 볼 것 없는 자유로운 신분을 기대하며 압록강을 넘고 두만강을 건넜다.
　용운은 표훈사에서의 강사 일이 끝나자 설악 계곡 백담사로 다시 찾아

들었다. 그동안 마음속에 쌓고 쌓은 말들을 풀어놓을 시간이 필요했다. 경성 명진 측량 강습소를 떠나면서 용운의 머릿속을 가득 채운 건 유신(維新)이라는 한 단어였다.

낡은 제도를 새롭게 고침으로써 시대의 변화에 조응한 청나라의 변법자강운동과 일본의 메이지유신은 서구 열강의 침탈로부터 자기네 나라를 지켜냈을 뿐 아니라 국력을 기르는 원천이 되었다. 변화에 올라타지 못하고 자꾸만 옛 풍속으로만 숨어들려던 조선은 국권을 빼앗기고 제 나라 백성들마저 유랑민으로 내몰고 말았다. 이런 상황에서 승려인 자신이 할 수 있는 일은 무엇일까, 용운은 불교의 유신 또한 시대적 요청이 아닐까 생각했다.

암울한 현실에서 사람들의 의지가 되고 희망이 되어야 할 종교 역시 시대의 변화를 따라가지 못한다면 무능한 조선 조정과 마찬가지일 거였다. 용운이 생각건대 당시의 조선 불교는 오랜 세월 내려온 불가의 계율과 참선만을 지고의 가치로 내세우며 백성들의 현실과 동떨어진 채 산속에 틀어박혀 있는 게 아닌가 싶었다. 물론 유학을 숭상하여 불교를 무슨 벌레 보듯 털어낸 지난 500년간의 국가 정책이 불교의 입지를 크게 위축시킨 것도 사실이었다. 그렇다고 시대의 변화를 따라잡기 위한 노력을 마다해선 안 될 일이었다.

불교 경전의 내용을 국문으로 번역하여 소개하고자 했던 때와 비슷한 마음이었다. 그때까지 불교 경전은 한문이나 산스크리트어로 되어 있어 일반인이 읽기에는 너무 어려웠다. 그는 아무리 뛰어난 철학도 아무리 위대한 종교도 대중들의 앎에 가 닿지 않으면 무용지물이라 생각했다. 그는 시간 나는 대로 불경의 한글 번역에 힘을 쏟았다. 특히 가장 심혈을 기울인 건 대장경의 한글 번역이었다.

용운은 그때와 같은 마음으로 여러 날 여러 달 연구에 매진했다. 밤새워 읽고 궁구하여 긴 논문을 써 내려갔다. 이른바 『조선 불교 유신론』이었다. 그는 자신의 논지를 15항목으로 구성하고 유신이라는 주제에 수렴하도록 글을 써 내려갔다.

질기고도 사나운 설악의 겨울이 그에게 온전한 그만의 시간을 안겨주었다. 밤새 눈보라가 휘몰아치고, 두껍게 쌓인 눈의 무게를 못 이겨 생 나뭇가지 부러지는 소리가 쩡쩡 울려도 그는 호롱불을 끄지 않았다. 먹이를 찾아 내려온 산짐승들이 얼음 계곡에 갇혀 울부짖는 소리에도 그는 붓질을 멈추지 않았다.

맨 먼저 불교란 무엇인가에 대해 썼다. 종교적인 측면과 철학적인 측면을 논하면서 철학이 진리 탐구에 초점을 맞추고 있다면 종교란 희망을 그 핵심으로 한다고 논하였다. 희망이 없는 삶은 황폐해지기 쉽고, 종교가 희망을 빙자하여 미신적 속임수로 떨어진다면 진리에서 멀어질 것이기에, 철학과 종교라는 불교의 중요한 두 측면은 상호 보완적이며 조화로워야 한다고 역설했다.

참선에 대해서는 조선 불교의 염세적 경향과 오만에 대해 비판하였다. 그런 불교라면 세상을 구하지도 사람들을 행복으로 이끌지도 못한다는 게 요지였다. 참선이란 인간의 삶에 대한 구원과 위로인 만큼, 세상 속에서 세상 사람들과 함께 가야 하는 것이었다.

승려의 결혼 문제에 관해선 언젠가 중추원과 통감부에다 제출한 적 있는 백서를 그 내용 그대로 실었다. 마침내 그가 『조선 불교 유신론』을 탈고했을 때, 첫 독자인 상좌 춘성의 반응은 예상외로 떨떠름했다. 혼신의 노력과 열정을 바친 만큼 용운은 다소 당황했다.

"그렇다면 스님은 중들이 결혼하는 게 옳다고 보시는 겁니까?"

춘성은 승려들의 결혼을 규제하지 말아야 한다는 내용에 제일 먼저 이의를 제기했다. 계율로 굳어진 수많은 금기가 제대로 논의되어 조선 불교의 질적인 변화가 시작되어야 한다는 글의 취지는 제대로 이해하지 못한 눈치였다. 아니 그보다는 승려의 결혼 금지를 강제적 규율로 묶어두지 말라는 대목이 스승 용운에 대한 공격의 빌미가 될까 걱정스러웠는지도 모른다.

"결혼을 하든 하지 않든 옳고 그름이 어디 있겠느냐? 목숨 가진 모든 생령들에게 살고자 하고, 자식을 남기고자 하는 것은 자연스런 욕망이다. 인간 또한 다르지 않을진대 이를 강한 금기의 계율로 묶어두면 외려 욕망의 노예가 되어 수행의 모든 날들이 그 욕망을 끊어내는 것에만 집중되지 않겠느냐? 어느 세월에 부처를 이루겠느냐?"

"그렇다면 금기를 권유로, 그러니까 승려 각자의 선택으로 바꾸자고 말씀하시는 겁니까? 과연 조선 불교가 그걸 받아들일 수 있겠습니까? 승려의 결혼 문제는 다들 입에 담기 꺼려합니다. 이 부분만은 빼심이 어떨지요?"

춘성은 충고까지 곁들였다. 용운의 주장이 아직은 시기상조라고 말하고 싶은 게 분명했다.

"부처란 스스로 이루는 것이지 계율이 이뤄주는 것이 아니다."

용운은 춘성과 길게 논쟁하고 싶지 않았다. 자신의 논문에 대한 현실적인 저항이 어떤 식으로 다가올지 어느 정도 짐작할 수 있어 고마웠다고나 할까? 그는 불만스런 낯빛의 춘성에게 원고를 맡겨두고 백담사를 나섰다. 누군가는 논문의 진정한 핵심을 알아주는 때가 오리라, 그는 그렇게 마음을 다잡으며 산문을 나섰다.

용운에겐 시급한 또 다른 일이 있었다.

그 무렵 조선 불교를 일본 불교에 예속시키려는 움직임이 승려들 사이에서 은근하게 진행되고 있었다. 일본의 사주를 받은 것인지 어떤지 알수는 없으나, 이에 대항할 무슨 방책이라도 세워야 되지 않겠냐는 저항적인 흐름 또한 결집되고 있었다.

가만히 앉아 시세의 흐름만을 바라보는 건 용운의 성정에 맞지 않았다.

처음 집을 나와 홍주 의병에 가담했던 것과 비슷한 심정으로 용운은 조선 불교의 위기에 대응하는 데 한 마음 보태기로 작정하였다.

전라도 광주의 증심사로, 순천의 송광사로 부지런히 오고 가며 뜻 맞는 이들과 함께 각 사찰에 격문을 돌려 전국 승려대회를 개최했다. 대회에서 일본 불교와 연합하려는 원종에 맞서 조선 임제종을 출범시켰다.

그러나 총독부는 두 종파 모두를 해산시키고 사찰령을 내려 조선 불교 계를 아예 장악해 버렸다. 각 사찰의 인사권과 재정권 모두가 총독부로 넘어갔다. 조선 불교를 살리려는 용운과 동료 스님들의 노력은 헛수고로 돌아갔다.

홀로 지새는 밤이 많아졌다.

- 두견새는 실컷 운다. 울다가 못 다 울면 피를 흘려 운다. 이별한 한(恨) 이야 너뿐이랴마는 울래야 울지도 못하는 나는 두견새 못 된 한을 **또다시** 어찌하리. (「두견새」 중에서)

용운은 차라리 두견새처럼 울고라도 싶었다. 짧은 봄밤을 서럽게 울어 진달래꽃 같은 피라도 토해내고 싶었다. 어디에도 마음 둘 데가 없어진 그는 어딘가로 멀리 떠나고 싶어졌다. 가슴속 깊은 곳에서 타오르는 불길 을 식혀줄 차갑디차가운 그곳은 어디인가?

큰 삿갓을 쓰고 지팡이를 짚고 용운은 새로이 길로 나섰다. 걸음은 절 로 북녘을 향하였다. 조선의 앞날을 예견하고, 그 앞날의 보다 밝은 열림 을 도모하고자 조선 땅을 떠난 시대의 선각자들을 찾아보고 싶었다. 오래 전부터 한번 만나보고 싶었던 단재 신채호와 우당 이회영이 머물고 있는 곳, 용운은 만주 땅이 그리 멀지 않게 느껴졌다.

용운은 단재의 '대아(大我)와 소아(小我)'론을 몇 번이고 읽어 외울 지경 이 되었다. 보고 있으면 반야심경 한 대목을 보는 듯도 하였다. 단재라는 사람은 눈에 보이는 세상을 뛰어넘어, 세상사에 휘둘리는 작은 자아의 현존을 뛰어넘어, 부처이기도 신이기도 한 큰 자아를 스스로 깨친 자 같았다.

'……나는 바람과 같고 번개와 같고 물거품과 같고 부싯돌과 같은 것이어서, 저 하늘의 해와 달과 별은 예나 지금이나 한결같건만 어찌하여 나만은 고작 수십 년을 살다가 형체가 사라져 없어지는가?……아니, 그렇지 않다. 그것은 정신의 내가 아니라 물질의 나이며, 영혼의 내가 아니라 육신의 나이며, 참된 나가 아니라 임시로 있는 나이며, 큰 나가 아니라 작은 나일지니……내가 나라를 위해 눈물을 흘릴진대 눈물을 흘리는 나의 눈만 내가 아니라 온 천하에 마음 있는 눈물을 흘리는 이는 모두 나이며, 내가 사회를 위해 피를 흘릴진대 피를 흘리는 나의 몸만 내가 아니라 온 천하에 값진 피를 흘리는 이는 모두 나이다.'

내가 나라이고 내가 사회이며 내가 세상이고 내가 모든 사람이니 어찌 작은 나에 갇혀 큰 나를 외면하고 모른 척할 수 있겠는가? 용운은 단재의 우렁우렁한 목소리를 바로 곁에서 듣기라도 한 양 가슴이 탁 트이곤 했다.

단재에게 관심을 기울이다 보니 자연스럽게 우당 이회영에 대해서도 알게 되었다. 단재와 우당은 국권 회복을 위해 비밀리에 신민회를 조직한 동지들이었다. 그들은 국권을 되찾기 위해선 조선인 스스로의 실력 양성이 중요하다 여겨 정주의 오산학교, 평양의 대성학교, 강화의 보창학교 등, 전국 곳곳에 학교를 세웠다. 일반인을 대상으로 하는 계몽사상 강연으로 애국주의와 민권 의식 등을 고취하는 데도 앞장섰다. 어쨌든 용운은 이회영이란 인물에게 매료되고 말았다.

우당 이회영은 1905년 을사늑약이 체결되자 뜻맞는 이들과 함께 늑약 철회와 무효화 운동을 전개한 과감한 인물이었다. 실패하긴 했지만 박제순 등 을사오적의 암살을 모의하기도 했다. 네덜란드 헤이그에서 열린 만국평화회의에 밀사를 파견하자고 임금에게 건의하여 성사시킨 이도 그였다. 일본의 기세가 강성해지자 그는 형제들과 함께 가족의 전 재산을 처분하여 만주로 이주했다. 나라 밖에서 그가 맨 먼저 한 일은 민족정신을 일깨우는 교육을 위해 서전서숙을 세운 거였다.

용운은 뛰어난 이론가인 단재와 과감하고 실천적인 우당을 만나리란 기대에 부풀어 머나먼 만주 길을 바람처럼 달려 나갔다. 그토록 비범하고 뛰어난 인물들을 만나보면 지지부진한 자신의 나아갈 길도 조금쯤은 밝아지리라 싶었다.

용운은 발이 부르트도록 여러 날을 걸어 마침내 우당 이회영의 집을 찾아냈다. 초가지붕을 휘감은 호박 넝쿨엔 노란 꽃이 한창이었다. 조선 농촌의 어느 집이라 해도 상관없을 만큼 소박하였다.

"처음 뵙습니다. 조선에서 온 한용운이라는 중놈입니다. 선생님의 고명을 오래전부터 듣고 사모해 왔으나 얼른 찾아뵙지 못했습니다."

반갑기 그지없는 용운에 비해 우당의 눈빛엔 경계심이 가득했다.

"어찌 이런 허름한 곳을 찾아오시었소? 따로 안내해 준 사람은 없소? 누군가 소개장이라도 써주었다거나…"

"그런 건 준비하지 못했습니다. 무작정 찾아뵈어 실례를 범한 모양입니다."

"먼 길 오느라 힘드셨을 텐데 안으로 드시지요."

말은 친절했으나 우당의 시선은 용운을 예리하게 훑었다. 마당 가에 서 있던 청년들 역시 긴장한 낯빛으로 용운을 살폈다. 일본 경찰과 밀고자들의 번뜩이는 감시망으로부터 항상 위협을 받는 처지로서는 신분을 확실히 알 수 없는 사람의 갑작스런 방문이 부담일 건 분명했다.

용운은 자신을 적극 설명하며 그의 신뢰를 얻으려 애를 썼다. 경성 명진 측량 강습소에 대해서도, 최근에 쓴 조선불교 유신론에 대해서도, 송광사 승려대회에 대해서도, 일본의 조선 불교 사찰령에 대해서도 용운은 소탈하게 털어놓았다. 하지만 우당은 그런가요, 글쎄 그런 일이 있었군요, 하는 식으로 응수하며 말을 아꼈다. 참으로 허전하고 의미 없는 만남이었다.

잔뜩 실망한 용운은 다음 날 새벽같이 그 집 대문을 나섰다. 마을을 벗어나 내를 지나고 언덕을 넘고 또 다른 동네를 지나도록 영 뒤통수가 개운치 않았다. 누군가가 뒤를 밟는 듯한 께름칙한 느낌이 가시지 않았다. 불현듯 뒤돌아보면 사람 그림자는 보이지 않았다.

용운은 괜한 경계심이겠거니, 자신을 다독이며 계속해서 걷고 또 걸었다. 특별한 목적지가 있을 리 없었다. 통화현 굴라재에 이르자 어스름이 깔리기 시작했다. 재만 넘으면 청나라 사람들이 모여 사는 동네가 나타날 터였다. 나무들로 울창한 숲엔 이내 짙은 어둠이 내렸다. 어둠 속에서 흐느끼는 대바람 소리는 승냥이나 살쾡이 울음소리처럼 을씨년스러웠다. 머리카락이 쭈뼛거렸다.

바로 그때였다. 어둠을 깨부수며 탕, 총소리가 울렸다. 뜨거운 뭔가가 용운의 목덜미를 타고 흘러내렸다. 그대로 땅바닥에 주저앉았다. 누군가 그의 등에서 바랑을 벗겨냈다. 우당의 집에서 일별한 청년들이었다. 용운은 피가 철철 흐르는 데도 벌떡 일어나 미친 듯이 뛰었다.

또 한 발의 총소리가 탕, 놀란 숲을 다시 한번 뒤흔들었다. 어깨가 부서져 나간 것만 같았다. 그러나 용운은 뜀박질을 멈추지 않았다. 불빛이 아물거리는 마을을 향해 정신없이 내달렸다. 골목 어귀에 서 있는 집으로 무작정 뛰어들었다.

살려주세요!

그러나 목소리가 나오지 않았다. 총소리에 놀란 사람들이 우줄우줄 집 밖으로 고갤 내밀었다. 그를 뒤쫓아 오던 청년들이 황황히 걸음을 되돌렸다. 청나라 사람들은 낯선 이방인을 멀뚱히 쳐다보았다. 용운은 이국만리 타향 땅에 죽을 자리를 찾아왔나 싶어 서글퍼졌다. 존경해 마지않던 우당이 손님으로 찾아간 자신에게 이럴 수가 있는가? 상처보다 가슴이 더 찢어질 듯 아팠다.

몇 년 전에도 해삼위에서 일진회원으로 오핼 받아 조선인 동포에게 죽임을 당할 뻔한 적이 있었다. 그런데 이번엔 마음으로부터 흠모하던 독립운동가 우당 선생에게 밀정으로 오해를 받아 또 죽을 뻔하였다. 무슨 이런 운명이 있는가? 선조로부터 물려받은 무관의 기운이 용운의 얼굴에 험상스런 배신자 같은 인상이라도 새겨 놓았는가?

호기심과 경계심이 뒤섞인 눈초리들 사이로 마을 어른인가 싶은 노인이 다가왔다. 그는 들고 온 무명천으로 용운의 상처를 둘둘 감아 맸다. 급한 대로 지혈이라도 해주는 게 인지상정이라 생각한 모양이었다.

"제가 이분을 조선인 마을로 모시고 가 치료할 수 있도록 허락해 주시겠습니까?"

불현듯 나타난 신사 한 사람이 마을 어른에게 정중하게 청했다. 의원도 없고 마땅한 약도 없는 마을에서야 총상 입은 불청객을 데리고 나가준다는데 거절할 이유가 없었다. 용운은 신사 뒤에 서 있던 덩치 큰 청년에게 업히었다. 정신이 아물아물하여 그들이 누군지 알아볼 여력도 없었다.

조선인 마을에 대기하고 있던 의사가 용운의 입에다 수건 하나를 물려주었다.

"마취제가 없으니 달리 방법이 없습니다. 많이 아플 겁니다."

살을 가르고 뼈를 긁어내는 동안 용운은 수건을 꽉 깨물고서 버텼다. 얼마나 시간이 지났을까, 정신을 차린 용운은 화들짝 놀랐다. 걱정스런 표정으로 자신을 내려다보고 있는 이는 다름 아닌 우당 이회영이었다. 용운이 벌떡 일어나려 하자 우당이 그를 제지하며 다시 침상 위에다 뉘었다.

왜 내게 총을 쏜 것이오? 용운은 따지고 싶었지만 목소리가 나오지 않았다.

"총알 하나는 빼냈지만 목에 박힌 건 끝내 제거하지 못했다 하오. 이 일대에서 가장 실력 있는 의사가 가까이 있었기에 그나마 천운이었소. 유감스럽게 생각하오."

우당의 낯빛에 서린 사과와 용서를 구하는 미소가 용운의 거친 심사를 다독여 주었다. 용운이 몸을 어지간히 움직일 수 있기까지 두어 달의 시간이 더 흘러갔다. 그즈음 우당의 동생이라는 사람이 용운을 찾아왔다. 그는 조선으로 돌아갈 노자를 쥐여주며 용운을 달래었다.

"다친 분께는 참으로 송구하나 그저 사고였거니 생각해 주시오. 이곳 만주에서는 흔한 일이라오. 우선 의심부터 하고 봐야 목숨을 부지할 수 있는 데가 바로 이곳이다 보니…. 형님께서 대신 안부를 전해달라셨습니다. 모쪼록 가는 길 내내 조심하십시오."

용운은 뭐라 더 항의할 수도 없었다. 조선 지경 넘어 대륙의 어느 한 자락도 자신과는 영 인연 없는 곳이 아닌가만 싶었다. 아니 겹겹이 악연으로 둘러쳐진 울타리인지도 모른다 싶었다. 단재 신채호를 만날 수도 있으리라며 들떴던 애초의 기대도 미련 없이 지워지고 말았다.

다만 안타까웠다. 나라를 되찾겠다며 목숨을 내놓고 나선 그들 앞에 피할 수 없이 놓인 의심의 골짜기가 몹시도 원망스러웠다. 가슴 아팠다. 용운은 시 한 수를 써서 남겨놓았다. 어떤 충고보다, 어떤 항의보다 더 깊이 스며들고 더 오래 남을 거라 기대하면서.

- 의심하지 마셔요. 당신과 떨어져 있는 나에게 조금도 의심을 두지 마셔요.

의심을 둔대야 나에게는 별로 관계가 없으나, 부질없이 당신에게 고통의 숫자만 더할 뿐입니다. (「의심하지 마셔요」 중에서)

타향 만 리 머나먼 중국 땅에서 일경의 눈을 피해 조선 독립을 위해 목숨 바쳐 싸우는 '당신'들이었다. 그들에 대한 안타까운 마음만큼이나 시는 길게도 이어졌다. 읽을 때마다 자신을 기억해 주려는가? 대의를 지키기 위한 희생이 언제나 불가피한 것은 아니라고, 성급한 의심에 희생되어도 좋은 목숨은 없다고, 모든 살아있는 것들에 대한 예의를 떠올리려는가?

용운은 백담사로 돌아왔다. 목덜미 어딘가에 박혀 끝내 제거되지 못하고 남은 총알은 수시로 통증이 되어 용운을 괴롭혔다. 머리를 제대로 가누지 못해 자꾸 한쪽으로 기울어지는 걸 그는 운명이거니 받아들이려 애를 썼다.

고통을 붙안고 용운은 시를 쓰고 또 썼다. 그러다 보면 어느결에 통증도 가라앉곤 하였다. 그의 가슴속에서 미친 듯이 날뛰던 말들은 이제 단순한 말이 아니었다. 그것들은 시이자 숨결이었다. 용(龍)이자 구름이었다.

5

1919년 새해가 밝았다. 동경의 조선 유학생들이 독립선언서를 작성하고 세계 각국에 보낼 독립청원서를 준비하고 있다는 소식이 들려왔다. 미국의 23대 대통령 윌슨이 제창한 민족자결주의가 조선인의 독립 의지에 기름을 부은 거였다.

강대국이 약소국을 힘의 논리로 밀어붙여 식민지로 만들어서는 안 된다는 민족자결주의는 각 민족이 스스로의 의지에 따라서 그 운명을 결정하고 타민족이나 타 국가의 간섭을 받지 않을 것을 천명하였다. 하지만 여기서 말하는 각 민족이란 패전국에 속해 있던 식민지를 이른 것이었다. 승전국 대열에 끼어있던 일본의 식민지 조선에는 해당되지 않는 말이었다. 그럼에도 조선 백성들은 미리 들떴다. 용운 역시 국제적인 흐름이 조선의 독립에 긍정적인 영향을 주지 않을까 기대하였다.

용운은 보성고등보통학교 교장을 지내면서 은밀히 신민회 활동을 하고 있는 최린을 찾아갔다. 최린은 손병희와 오세창, 권동진 등 천도교 인사들과 함께 독립운동의 방안을 논의 중이었다면서 용운을 반겼다. 불교계 인사들이 함께해 준다면 큰 힘이 될 거라며, 불교 쪽의 적극적인 참여를 요청하였다. 더불어 유림 쪽 인물들과도 접촉해 달라고 부탁하였다.

용운은 자신의 작은 발걸음이 조선의 독립으로 이어질 수만 있다면 무엇을 못 하랴 싶었다. 그날 밤 용운은 기껍고도 벅찬 마음으로 써 내려갔다.

  - 남들은 자유를 사랑한다지마는, 나는 복종을 좋아하여요.
  자유를 모르는 것은 아니지만, 당신에게는 복종만 하고 싶어요. (「복종」중에서)

그해 1월 21일, 태황제 고종이 갑작스레 승하하였다. 시신이 사흘도 되지 않아 완전히 부패했고 수의를 갈아입히는데 옷과 이불에서 살점이 묻어났다는 괴이쩍은 소문이 퍼졌다. 승하하기 바로 전날 밤 이완용이 궁에 들었고, 수라간 궁녀 두 사람이 돌연히 죽었다는 소문도 이어졌다.

나라를 빼앗기고 백성들의 삶을 피폐하게 만든 망국의 군주였으나 그의 죽음은 백성들에게 설움과 슬픔을 안겨주었다. 더구나 자연사가 아닌 독살일 것이라는 추정은 백성들의 눈에서 피눈물을 뺐다.

깊은 우울감이 사람들을 결집시켰다. 고종 황제의 인산일(장례일)이 3월 3일로 정해지자 독립국 조선의 마지막 임금이었던 고종의 마지막 가는 길을 보려고 전국 각지에서 사람들이 몰려들었다. 독립선언이든 독립청원이든 구체적인 행동을 하기에 아주 적절한 시점이었다. 용운은 최린과 약속했던 대로 함께 할 인물들을 찾아 나섰다.

불교계 어른으로 백용성 화상이 맨 먼저 떠올랐다. 인품으로 보나 도력으로 보나 의지하고 믿을 만한 어른이었다.

"만해 수좌, 난 그대와 함께하겠네. 하지만 우리 스님들에게선 더 이상 인물을 찾으려 들지 마시게."

"어찌하여 그리 말씀하십니까? 불문에 든 중이라 하여 조선의 백성이 아니더란 말입니까?"

"부모도 처자식도 버리고 출가한 자들일세. 왕조의 흥망성쇠가 무슨 의미겠는가? 불생불멸의 도를 구하고자 하는 이들에게 생멸하는 현실의 시비라는 건 한 조각 구름이 일어났다 사라지는 것과 무엇이 다르겠는가?"

용운은 홀로 한숨을 쉬었다. 천둥 벼락이 몰아쳐도 제 마음자리 하나 흔들리지 않는다면 그것이 진정한 깨우침이라면서 문 닫고 들어앉아 선정(禪定)에만 매달리는 게 진정으로 부처를 이루는 길인가? 굶주린 이의 배고픔을 몰라라 하고, 헐벗은 이의 추위를 못 본 척하고, 억눌린 이의 한숨을 못 들은 척하면서, 입으로만 중생제도(衆生濟度)를 외치는 게 수행자의 자세인가?

용운은 그래도 미련을 거둘 수 없어 맥이 닿는 대로 불교계 인사들을 찾아다녔다. 하지만 용성 화상의 충고가 옳았다는 확인 이외엔 더할 게 없었다. 조선 왕조 5백 년에 걸쳐 중들은 사람 취급조차 받아보지 못했다며 고개를 돌렸다. 유람오는 양반네들을 위해 술통을 지고 가마를 멘 채 산길을 달렸다며 이를 갈았다. 임진·정유 양란 때 왜병에 맞서 싸우느라 승병들의 피가 내(川) 되어 흘렀건만 조정으로부터 돌아온 건 홀대와 천시뿐이었다며 사뭇 냉담하였다. 딴은 틀린 말도 아니었다. 조선은 불교를 배척하고 승려들을 천민으로 취급한 나라였으니 말이다.

유림 쪽 인사들도 별다른 호응이 없기는 마찬가지였다. 유교의 사상적 기반을 바탕으로 일어선 조선이었으나 권력의 핵심부와 가까울수록 조선의 독립에 소극적이었다. 올곧은 유학자들은 망국의 한을 품고 이미 자결했거나, 보기 싫은 매국노들을 피해 초야에 묻히거나, 혹은 멀리 독립운동의 길로 나선 후라 그런지도 몰랐다.

용운은 경상도 거창에 사는 유학자 곽종석을 찾아 나섰다. 을사년에 강제로 조약이 체결되었을 때 을사오적의 처단을 청하며 수차례 상소를 올린 인물이었다. 그는 지극정성으로 올린 상소문에 임금으로부터의 답이 없자 노구를 이끌고 상경하여 황제에게 눈물로 호소하였다. 나라를 망친 자들에게 그에 합당한 벌을 내려달라고. 그런 만큼 용운의 제안에 그는 추호도 망설이지 않았다. 노환으로 하여 독립선언서를 낭독하는 자리에 참석할 수 없게 되자 자신의 인장이라도 찍어야겠다며 아들에게 도장을 들려 보내기까지 했다.

　독립선언서 문안을 기초한 것은 시인 최남선이었다. 최린의 추천이었다. 한용운은 그의 이름을 익히 들어 알고 있었다. 황실 국비 유학생으로 동경과 인연을 맺은 후 와세다 대학 고등사범 학부에 들어간 수재였다. 서구에서 들어온 문학적 기조를 받아들여, 율격과 음보가 중요한 조선의 시조나 시가 형식을 과감히 탈피한 자유시들로 세간의 화제를 모으고 있는 인물이기도 했다.

　용운은 그의 시적 성취가 시대의 변화를 재촉하는 또 하나의 유신이라 여겨 그 같은 인재와 함께 독립선언에 참여하게 됨을 기뻐하였다. 훗날 그가 최린과 함께 일제에 부역하는 인물이 될 거라곤 추호도 생각하지 못하였다.

　'우리는 이에 우리 조선의 독립국임과 조선인의 자주민임을 선언하노라. 이로써 세界만방에 고하여 인류 평등의 대의를 분명하게 밝히며, 이로써 자손만대에 고하여 민족자존의 정권을 길이 누리도록 하노라. …… 우리는 이에 떨쳐 일어나도다, 양심이 우리와 함께 있으며, 진리가 우리와 함께 나아가道다. …… 조상의 신령이 안으로 우리를 돕고, 온 세계의 기운이 밖에서 우리를 보호하나니 시작이 곧 성공이라. 다만 앞날의 광명을 향하여 힘차게 곧장 나아갈 따름이라. (원문의 현대어적 변용)'

용운은 품격있게 절제된 선언서의 문장을 또박또박 소리 내 읽어보았다. 뜨거운 무엇인가가 그의 가슴을 치받고 올라왔다. 역시 탁월한 문장가의 손을 거친 명문이었다. 용운은 마지막 문장에서 물결치는 감동으로 하여 눈물을 쏟고야 말았다. 다만 아쉬운 것은 너무도 겸손하고 온건하다는 점이었다. 하지만 저들과 싸울 충분한 무력을 갖추지도 못한 처지에 기세만 드높인다고 될 일은 아니었다. 당대의 최고 문장가 최남선의 고심이 읽혔다.

뱀처럼 교활하고 아귀처럼 탐욕스런 일본이 선언문의 웅숭깊은 포용력을 읽어내 주었으면 싶었다. 하지만 그러기는 어려울 것이다. 자신들의 야욕을 만천하에 드러낸 이리가 이미 잡은 사냥감을 다시금 살려주려 할 것인가? 문득 걱정이 앞섰다. 선언서가 밝히는바, 조선의 순정한 마음을 저들의 총칼이 가만두고 볼 것인가?

용운은 선언서의 방향 설정이야말로 선언서의 최종적 담보여야 함을 문득 떠올렸다. 동포들의 귀한 목숨이 무도한 칼날에 함부로 희생되어서는 안 된다. 원통과 분노를 감정적으로 소비하기보단 해방과 광복에의 의지로 벼려내야 한다. 조선의 목소리는 단지 침략자 일본만을 향해 있지 않고 세계만방으로 퍼져나가야 하는 만큼 그 정당함으로 승부를 보아야 한다. 그는 선언서 말미에다 공약 3장을 덧붙였다.

하나, 오늘 우리가 일어섬은 정의, 인도, 생존, 존영을 위하는 민족적 요구이니, 오직 자유적 정신을 발휘할 것이오, 결코 배타적 감정으로 내달리지 말라.

하나, 최후의 일인까지 최후의 일각까지 민족의 정당한 의사를 확고히 발표하라.

하나, 일체의 행동은 가장 질서를 존중하여 우리의 주장과 태도가 어디까지든지 광명정대하게 하라.

원래 독립선언은 3월 1일 오후 2시에 탑골공원에서 거행하는 것으로 알려져 있었다. 아무 예고도 없이 장소가 바뀐 건 불과 하루 전이었다. 고종의 인산일을 맞아 민심이 들끓고 있는 데다 혈기 왕성한 학생들이 탑골공원으로 대거 몰려들 낌새를 보이자 집행부는 긴급회의를 열었다. 어디까지나 평화적으로 독립선언서 낭독을 마치는 게 목적이었다. 그러므로 자칫 집단 시위로 이어져 폭력적으로 변질되지 않도록 미연에 방지해야 했다. 행여 일제 경찰에게 무력 진압의 빌미를 제공해서는 안 될 일이었다.

인사동에 있는 태화관으로 장소가 긴급 변경되었다. 선언문은 이미 수만 장이 인쇄되어 전국의 배포 담당자에게 전달되었다. 정해진 날 정해진 시각에 서울을 비롯한 전국의 주요 도시에서 일제히 낭독함으로써 만천하에 조선 독립을 엄숙하게 선포할 예정이었다.

3월 1일 아침 일찍부터 탑골공원에 나와 독립선언서 낭독이라는 역사적 순간을 기다리고 있던 이들이 웅성거리기 시작했다. 시간이 다 되도록 선언서에 이름을 올린 민족 대표들 중 그 누구도 모습을 드러내지 않았기 때문이다. 뒤늦게 선언서 낭독 장소가 변경되었음을 안 학생 몇몇이 태화관으로 쫓아 들어왔다.

"도대체 지금 뭐 하시는 겁니까? 왜 이런 요릿집에 모여들 계신 겁니까? 여기가 탑골공원입니까? 애타게 공원에서 기다리고 있는 사람들은 다 뭡니까?"

피를 토하듯 절규하는 이는 학생 대표를 맡은 강기덕이었다. 그는 음식 접시들이 놓인 탁자를 뒤집어엎기라도 할 기세로 으르릉거렸다.

"조선의 지도자라는 분들이 이게 무슨 꼴입니까? 요릿집 구석에 숨어서 독립을 선언한다고요? 온 나라 백성들이 지켜보고 있는데 뭐가 그리도 두렵습니까? 부끄럽지도 않습니까?"

청년의 한 마디 한 마디가 폐부를 찔러와 용운은 몹시도 아팠다. 그 누구의 희생도 없게 하려는 사려 깊음이 오히려 희생을 자극하고 죽음조차 무릅쓰도록 내몰게 될지 모른다는 뼈아픈 자각이 뒤따라왔다. 침묵 속에 잠겨있던 손병희가 무겁게 입을 열었다.

"그만하게나. 젊은 혈기를 앞세워 될 일이 아니네. 젊은 자네들은 어떻게든 살아남아야 하니 여기 일은 우리에게 맡기고 돌아가게."

학생들은 분을 삭이지 못해 씨근덕거리면서도 고목처럼 우뚝하고 나직한 손병희의 말에 발길을 돌려 나갔다.

오후 2시 정각이 되자 용운이 일어나 선언서를 낭독하였다. 낭독이 끝나자 참여자들 모두 미리 준비한 태극기를 꺼냈다.

대한 독립 만세! 용운의 선창에 따라 태극기를 흔들며 모두가 한목소리로 거듭 세 번, 목이 터져라 외쳤다.

같은 시각 탑골공원에서는 각급 학교 학생들과 모여든 백성들이 한 청년의 독립선언서 낭독에 귀를 기울였다. 민족 대표자들이 오지 않는다 하여 아무 보람없이 그 자리를 떠날 순 없었다. 그 자리에 모인 사람들끼리라도 예정되어 있던 행사를 치르기로 하였다. 떨리는 목소리로 학생이 선언서 낭독을 마치자 누군가가 태극기를 꺼내 흔들며 큰 소리로 외쳤다.

"대한 독립 만세!"

모인 사람들은 누구랄 것도 없이 따라 외쳤다. 어떻게들 숨겨 가지고 나왔는지 공원은 온통 태극기의 물결이었다. 어디 탑골공원뿐이었으랴! 평양에서도 진남포와 안주에서도, 그리고 선천과 의주, 원산에서도 만세소리와 태극기의 물결이 큰길을 메우며 도도히 흘렀다. 다음 날부턴 인근 도시들로, 농촌으로, 수많은 학교로, 사람들이 모이는 장터로 퍼져나갔다. 수개월에 걸쳐 한반도 전역은 물론 한인들이 모여 사는 데라면 세계 어느 곳으로든 확산되어 나갔다.

해외 언론사 기자들은 시민 다수가 자발적으로 봉기한 비폭력 시민 불복종 운동이라며 다투어 타전했다. 일본제국의 한반도 강점이 무력과 강압에 의한 것이라는 인식이 세계 곳곳으로 퍼져나갔다.

그날 태화관 1층 홀은 일제의 군홧발로 짓이겨졌다. 선언서 낭독을 마친 민족 대표자들의 만세 삼창이 울려 퍼지자 순사들이 들이닥쳐 그들을 포승줄로 묶었다. 인사동 거리는 언제 그리 모여들었는지 태극기를 흔들며 대한 독립 만세를 외치는 이들로 가득했다.

묶인 이들을 실은 호송차가 서대문 경찰서로 향했다. 헌병들이 수많은 군중을 향해 개머리판을 휘둘러댔다. 용운은 자빠지고 고꾸라지며 팔이 꺾이고 무릎이 부서지면서도 만세를 외치는 사람들을 차마 볼 수 없어 눈을 감았다.

- 비바람은 무슨 마음이냐.
아름다운 꽃밭이 아니면 바람 불고 비 올 데가 없더냐. (「비바람」 중에서)

6

경찰의 심문은 집요했다. 민족 대표로 이름을 올린 이들 간의 관계, 문안 작성과 사건이 벌어지기까지의 경위를 수없이 캐물었다. 선언서가 배포되고 태극기가 나돌게 된 경위와 소요된 비용의 출처 등에 관해서도 지겨울 정도로 물어댔다. 그들은 사실관계가 일목요연하게 정리될 때까지 윽박지르고 몰아붙이고 협박을 해대며 똑같은 걸 묻고 또 물었다.

구속 10여 일 만에 사건은 경무 총감부로 넘어갔다. 젊은 검사는 증거물을 확보하고 자신이 알아내야 할 것들을 다 알아냈다 싶자 용운을 떠보듯 물었다.

"피고는 이번 사건으로 조선이 독립될 거라 생각했는가?"

"그렇다. 반드시 독립은 되고야 말 것이다."

"미래형으로 대답하지 말라. 현재 피고의 생각만 말하라."

용운은 젊은 검사의 신경질적인 이마를 빤히 쳐다보았다. 조선을 식민지로 삼은 식민 종주국 일본의 검사라는 사실에 자부심을 느끼는 낯빛이었다.

"내 현재의 생각이 그러하다."

"그렇다면 계속해서 조선국 독립운동을 하겠다는 뜻인가?"

"그렇다. 멈추지 않는다."

검사는 법정에서 용운이 개전의 정이 없고 재범의 우려가 상당하다며 중형을 구형했다.

경성지방법원 예심 판사는 용운이 독립선언서 말미에 덧붙인 공약 3장에 대해 물고 늘어졌다. 특히 '최후의 일인까지 최후의 일각까지'라는 문구에 대해 집중적으로 캐물었다.

"이 말은 조선인들에게 시위하고 폭동을 일으키라고 선동하는 것인가?"

용운은 최대한 정중하게 진술하려 애를 썼다.

"살아있는 목숨이라면 그것이 하찮은 벌레라 할지라도 함부로 죽이지 못하는 불문의 제자로서 그럴 리가 있겠는가? 그 말의 진정한 의미인즉 조선 사람이라면 마지막 한 사람이 남게 되더라도 독립운동을 해야 한다는 것이었다."

"인민들이 피고 등의 선언서에 자극되어 우리 정부의 관리들에게 대항할 것을 알았는가?"

아닌 게 아니라 예심 법정이 열린 5월 10일에 이르도록 조선 강토는 만세 시위의 열기로 들끓고 있었다. 태극기를 흔들며 만세를 외치는 가두시위가 사방팔방에서 끊임없이 이어졌다. 수많은 사람이 죽거나 다치고 감옥에 갇혔다.

"나는 민족자결주의가 천명되는 현 시세에서 우리가 독립선언을 하면 일본이 반드시 승인할 것으로 믿었을 뿐, 그런 생각까지는 해보지 못했다."

용운은 참담했다. 그 말은 진실이었으나 실로 패기는 없었다. 어찌 되었든 평화적인 독립선언식으로 이끌어가려 했다. 무고한 백성들이 다치는 일은 진정 바라는 바가 아니었다. 비겁하니 용기가 없니 손가락질받으면서도 태화관 한구석에 모여 선언서를 낭독한 까닭이 무엇이었겠는가?

하지만 일은 바라는 대로 흘러가 주지 않았다. 함께 구속된 이들 상당수가 서로 자신의 죄 없음을 주장하며 독립선언서 낭독 사건과 거리를 두려 애쓰는 사이, 만세운동에 참여한 백성들의 희생은 눈덩이처럼 커져만 갔다. 법의 구속이라는 미묘한 보호막 안에 갇힘으로써 외려 살아남은 게 아닌가 싶어 용운은 그저 부끄럽고 또 죄스럽기만 했다.

예심 나흘 후에 경성지방법원은 3·1 독립선언 사건을 고등법원으로 넘겼다. 출판법 및 보안법 위반으로 입건되었던 이들의 죄명도 내란죄로 바뀌었다. 그해 7월에는 서대문 형무소에 구금되었다. 항소심 검사는 어이없는 질문을 했다.

"왜 조선이 독립해야 한다고 생각하는가?"

용운은 대답할 가치도 없는 질문에 기가 막혔다.

"정히 알고 싶거든 바람에게나 물어보라."

"그걸 대답이라고 하는 건가?"

"그럼 당신은 그걸 질문이라고 한 것인가? 배고픈 자가 밥을 먹게 해달라는데 왜냐고 물을 텐가? 헐벗은 자가 옷을 입게 해달라는데 왜냐고 물을 텐가?"

검사가 용운을 빤히 쳐다보았다. 조선인이 조선의 독립을 요구하는 게, 대체 왜인지를 정말로 모르는 눈치였다.

"정히 궁금한가? 말로는 다 할 수 없으니 적어서 주겠다. 원한다면 쓸 것을 구해달라."

검사는 의외로 흔쾌하였다. 필기구를 받은 용운은 '조선 독립의 서(書)'라고 제목을 달고 조선이 독립되어야 하는 이유를 구구절절 써 내려갔다.

철창 밖으로 고갤 들이밀었던 초저녁달이 서산 너머로 사라질 때까지 그는 꼴딱 밤을 새웠다.

'자유는 만물의 생명이요 평화는 인생의 행복이다.……참된 자유는 남의 자유를 침해하지 않음을 한계로 삼는 것으로서 약탈적 자유는 평화를 깨뜨리는 야만적 자유가 되는 것이다.……

이른바 강대국, 즉 침략국은 군함과 총포만 많으면 자국의 야심과 욕망을 충족시키기 위하여 도의를 무시하고 정의를 짓밟는 쟁탈을 행한다. 그러면서도 그 이유를 설명할 때는 세계 또는 어떤 지역의 평화를 위한다거나 쟁탈의 목적물 즉 침략을 받는 자의 행복을 위한다거나 하는 기만적인 헛소리로 정의의 천사국(天使國)으로 자처한다. 예를 들면, 일본이 폭력으로 조선을 합병하고 2천만 민중을 노예로 취급하면서도 겉으로는 조선을 병합함이 동양 평화를 위함이요, 조선 민족의 안녕과 행복을 위한다고 하는 것이 그것이다.……

어느 민족을 막론하고 문명 정도의 차이는 있을지언정 피가 없는 민족은 없는 법이다. 이렇게 피를 가진 민족으로서 어찌 영구히 남의 노예가 됨을 달게 받겠으며 나아가 독립자존 을 도모하지 않겠는가.……

윌슨의 강화 회담 기초 조건이 각 나라의 메마른 땅에 봄바람을 전해주었다. 이리하여 침략자의 압박 아래에서 신음하던 민족은 하늘을 날 기상과 강물을 쪼갤 기세로 독립·자결을 위해 분투하게 되었으니 폴란드의 독립 선언, 체코의 독립, 아일랜드의 독립 선언, 조선의 독립 선언이 그것이다. 각 민족의 독립 자결은 자존성의 본능이요, 세계의 대세이며, 하늘이 찬동하는 바로써 전 인류의 장래에 다가올 행복의 근원이다. 누가 이를 억제하고 누가 이것을 막을 것인가.'

'자유는 만물의 생명이요'로 시작하여 '누가 이것을 막을 것인가'로 끝나기까지 용운은 한 호흡으로 내리그었다. 10,000자 이상으로 길어질 줄은 그 자신도 미처 알지 못했다. 그것은 자신의 어느 시 제목처럼 '잠 없는 꿈'의 기록이었다. 조선 독립의 정당성을 만방에 알릴 수 있다면, 독립을 염원하는 겨레 모두를 위무하고 북돋울 수 있다면 잠이야 영영 없어도 좋으리라.

　- 나의 님은 어디 있어요. 나는 님을 보러 가겠습니다. 님에게 가는 길을 가져다가 나에게 주셔요. (「잠 없는 꿈」 중에서)

뼈에 사무치는 간절함을 일본인 검사 따위가 어찌 알랴!

글을 내주기 전에 용운은 휴지에다 조그만 글씨로 빽빽하게 옮겨 적었다. 검사야 쓱 훑고 나면 무슨 개소리냐며 아무 데나 던져버릴 게 분명했다. 무슨 수를 쓰더라도 밖으로 내보내 조선 독립의 정당성을 알려야 했다.

용운은 글씨로 빼곡한 휴지를 돌돌 말아 끈 모양으로 꼬았다. 춘성이 그를 면회하겠다고 먼 길을 달려온 날, 간수 몰래 슬그머니 건네주었다. 그 글은 이런저런 경로를 거쳐 상해임시정부에 전달되었다.

독립신문은 '조선 독립에 대한 감상의 대요'라는 제목으로 전문을 게재하였다. 일제가 물러가기 전까지 그 글은 국내에 소개되지 못했다. 그러나 해외 동포들의 열광 속에서 그의 '조선 독립의 서'는 세계 곳곳으로 은밀히 퍼져나갔다.

용운은 1921년 12월에 출옥했다. 그에게 씌워진 내란죄 명목이 마지막 공판에서 보안법 출판법 위반 및 소요로 최종 확정되어, 비교적 짧은 3년 형을 언도받은 덕이었다.

일제는 그들을 내란죄로 몰아 영웅으로 만들 필요는 없다고 결정한 모양이었다. 일본 정부에 대항하는 조선의 어떤 구체적 단체를 적시함으로써 조선인들에게 항거의 구심점을 만들어 주고 싶지도 않았을 것이다. 소요 정도로 적당히 축소하는 게 자신들의 정치적 부담도 덜 수 있는 방법이라 여겼는지 모른다.

출옥 후 용운은 북촌의 선학원에 머물렀다. 여러 사람이 그를 찾아왔다. 강의를 해달라는 데도 여러 곳이었다. 3년의 옥중 생활 동안 용운은 자신도 모르게 유명 인사가 되어 있었다.

많은 이들이 그의 열정과 용기를 칭송하였다. 용운으로선 치욕스럽게 살아남은 자신이 부끄러워 마루 밑으로든 벽장 속으로든 숨어들고만 싶었다.

- 내가 본 사람 가운데는, 눈물을 진주라고 하는 사람처럼 미친 사람은 없습니다.
그 사람은 피를 홍보석이라고 하는 사람보다도, 더 미친 사람입니다.
(「눈물」 중에서)

어느 날 훤칠한 청년 하나가 용운을 찾아왔다.
"절 받으십시오."
대뜸 큰절을 올리는 청년을 용운은 미처 말리지 못했다. 뭔지 모를 비애감이 그의 가슴을 훑고 지나갔다. 청년에게서 절을 받을 자격이 없다고, 얼른 그를 되돌려 보내야 한다고 머릿속이 왕왕 울려댔다.
"아버님, 처음으로 뵙습니다. 보국이라 합니다."
예감은 틀리지 않았다. 돌아누운 아내의 머리칼 위로 미끄러져 내리던 파리한 달빛이 조금 전인 양 떠올랐다. 일곱 달쯤 후엔…, 어쩌면 아이가 태어나 있을지도 모릅니다. 무슨 잠꼬대나 되는 것처럼 웅얼거리던 아내의 목소리가 환청처럼 그의 귓전을 떠돌았다. 집을 떠난 이후 한 번도 찾아보지 않았다. 바람결에 들려오는 소식들조차 한 귀로 듣고 한 귀로 흘렸다. 노모가 돌아가셨다는 소식을 듣고서도 끝내 들러보지 않았다.
그 무슨 대단한 일을 하겠다고 그리도 모질었던 것인가? 세상사 나 몰라라 하며 선방에 들어앉은 중들을 비난할 자격이 과연 자신에게 있는 것인가?

"돌아가라. 너에겐 아비가 없고 내겐 아들이 없다."

그렇게까지 차갑게 내몰 생각은 아니었건만, 차 한 잔 마실 시각도 주지 않고 물리칠 생각도 아니었건만, 말은 퉁명스럽고 어조는 무거웠다. 둘 사이에 깊은 침묵이 흘렀다. 무거운 침묵을 깬 건 청년이었다.

"옥중에서 고초를 겪으셨을 것이기에 문안 인사나마 드리려고…."

용운은 기억하고 있었다. 자신이 감옥에 있을 때 면회하겠다며 어떤 청년이 찾아왔었단 사실을. 그때도 만나지 않겠다고, 돌려보내라고 냉정하게 거절한 건 용운 자신이었다.

어쩌면 너무도 미안해서였다. 죄스러워서였다. 아비 노릇을 한 적이 없는데 아비 대접을 받을 자격이 어디 있는가? 기나긴 세월 지나 새삼 인연의 끈을 잇는다는 게 무슨 의미인가? 그때나 지금이나 용운은 청년을 정면으로 마주할 자신이 없었다. 그는 속마음을 들키지 않으려고 고갤 돌렸다.

차 한 잔 내놓지도 않고서 돌아가라 재촉하는 용운을 청년은 물끄러미 바라보았다. 청년의 선한 눈빛에는 원망도 추궁도 회한조차도 없어 보였다. 아마도 흔들림이 있다면 그건 청년의 것이 아니라 용운 자신의 것일 터였다.

"그것은 너의 일이 아니다. 가거라! 다신 날 찾지 말아라."

청년은 말없이 앉아 방바닥만 뚫어져라 쳐다보았다. 팽팽한 긴장감이 방안을 가득 메웠다. 마침내 결심한 듯 청년이 일어섰다. 그러고는 다시 한번 큰절을 올렸다.

"연전에 어머니께서 유명을 달리하셨습니다. 소자 이만 물러납니다. 모쪼록 평안하십시오."

청년은 뒤돌아보지 않고 떠났다. 용운은 손가락 하나 까딱 못하고 그저 앉아만 있었다. 제 어미마저 저세상 사람이 되었으니 인연에 대한 남은 부채감을 이젠 벗으시라 위로를 준 것인가? 아니면 훌훌 털어버린 채 홀로 자족하니 과연 평안하시냐 비꼰 것인가?

용운은 청년이 남기고 간 체취를 오래도록 음미하였다. 보국, 보국이라! 그는 청년의 이름을 입안에서 굴려보았다. 주름살 깊어진 그의 눈매를 타고 뜨거운 눈물이 흘러내렸다.

7

용운은 그동안 써온 시들을 묶어 시집으로 내기로 하였다.

청년 시절부터 그의 마음 밭을 휘젓고 다닌 말들이 십 수권 되는 그의 잡기장에 붙들려 있었다. 이제 그것들을 세상 속에다 풀어놓을 때가 된 것 같았다. 그럴 마음을 낸 건 꼬박 한 계절 매달린 『십현담주해』 덕이 컸다.

선시의 고전 『십현담』을 현대어로 풀이하고 주석을 달아 일반 대중들이 쉽게 볼 수 있도록 책으로 만들어 보고픈 마음이 오래전부터 있었다. 그 책은 중국 당나라의 선승(禪僧) 동안상찰이 조동종의 가풍과 수행자의 실천 지침 등을 칠언율시 형식으로 노래한 10수의 게송으로 된 책이었다. 용운은 심인(心印)으로 시작하는 첫 편에서부터 매혹되어 쉬운 말로 풀어 써서 많은 이들에게 읽히고자 마음먹었다.

……묻노니 그대의 마음 도장은 어떠한 모습인가? 마음 도장을 감히 전하겠다 덤비는 자 누구인가? 아, 마음 도장이라는 말조차 얼마나 비어있으며 또 얼마나 헛된 것인가? 모름지기 본체란 허공과 같으리니, 불타는 화로 속에 피어난 연꽃이 아니련가? 무심(無心)이 곧 도(道)라고 함부로 말하지 말라. 무심도 오히려 한 겹 막힘일지니……

진정한 깨달음이라는 게 무엇인가? 그 깨달음을 누군가에게 전한다는 건 또한 무엇인가? 용운은 늘 마음속에 품어왔던 의심이 그 책을 통해 조금은 풀리는 듯하였다. 개체로서의 나는 수많은 중생 중의 하나일 뿐이지만 그 모든 중생이 부처임을 알 때, 하여 나 또한 부처임을 알 때, 그 앎이 바로 깨달음이요, 그걸 전하려 할 때의 표식이 마음 도장 아니련가? 그러니 진실로 마음 도장을 전하겠다, 전해 받으마, 하는 욕심으로 흐려지게 되면 그것이야말로 깨달음에 이르는 길을 스스로 가로막음이 아니련가? 다만 느낄 수 있을 뿐이리라. 다만 스스로 알 뿐이리라.

하여 용운은 자신의 시들 또한 하나의 마음 도장이 아닐 것인가 의심하였다. 오히려 한 겹 막힘에 불과할지도 모른다 싶었다. 퇴고에 퇴고를 거듭하면서도 오래도록 망설였다. 하지만 고승의 『십현담』이 전해 오기에 후세의 어리석은 제자가 감히 넘볼 수 없는 세계를 넘보게 되는 행운을 만난 게 아닌가? 비록 그에 견줄 수는 없을 터이나, 자신의 시가 한 줌 쓰레기로 버려진다 해도 마른 잔향은 어딘가로 흘러가지 않겠는가? 용운으로선 조금쯤 자신을 위안하는 심정도 없지 않았다.

그러다 보니 두 권의 책이 거의 비슷한 시기에 세상 빛을 보게 되었다. 시집의 제목은 맨 처음 실은 시의 제목을 따서 『님의 침묵』이라 하였다. 용운은 시집 말미에다 굳이 '독자에게'라는 후기를 달았다.

독자여, 나는 시인으로 여러분의 앞에 보이는 것을 부끄러워합니다.

여러분이 나의 시를 읽을 때에, 나를 슬퍼하고 스스로 슬퍼할 줄을 압니다.

나는 나의 시를 독자의 자손에게까지 읽히고 싶은 마음은 없습니다.

그때에는 나의 시를 읽는 것이 늦은 봄의 꽃 수풀에 앉아서,

마른 국화를 비벼서 코에 대는 것과 같을는지 모르겠습니다.

운운

자신의 오랜 망설임을 어떤 식으로든 변명하고 싶어서였다. 하지만 막상 인쇄가 되어 나온 책을 마주하고 보니 부끄럽다는 고백 자체가 또 부끄러웠다. 용운은 어디로든 숨어들고 싶었다. 하지만 설악이나 금강의 한적한 계곡을 찾아 떠날 수는 없었다. 신간회 창립과 관련하여 경성에서 그가 할 일이 여전히 많았다.

어쨌거나 책 출간을 전후로 하여 용운이 선학원에 머무르는 동안 많은 이들이 그를 찾아왔다. 시집을 들고서 담장을 기웃거리는 여학생들도 적지 않았다. 그의 시적 자아가 여성적이라는 점에서 여성 독자들에게 더 편하게 다가갔을지도 모르긴 하나, 승려로선 다소 멋쩍은 일이었다.

어느 날인가, 한 손에 시집을 들고 다른 손엔 꽃다발을 든 젊은 여인이 선학원 마당으로 들어섰다. 용운은 독자라며 찾아오는 여학생 중의 하나겠거니 생각했다.

"축하드려요!"

댓돌 위로 올라선 여인이 용운에게 불쑥 꽃다발을 내밀었다. 달콤한 장미 향이 훅 끼쳐왔다. 낯익은 얼굴이었다. 용운은 어디서 그 여인을 보았던가 한참 기억을 더듬어 보았다. 아물아물했다.

"저 모르시겠어요? 진성당 의원의 간호부 유숙원이요!"

돈암동에 있는 진성당 의원은 용운이 가끔 찾는 병원이었다. 목덜미 안쪽에 만주의 유물로 남겨진 총알이 때때로 그 존재감을 과시하게 되면, 감당할 수 없는 통증에 꼼짝없이 병원을 찾아야만 했다. 진성당 의원과의 인연은 선학원의 독실한 신도인 병원장의 어머니로 하여 맺어졌다. 가난한 승려 처지를 감안하여 진료비를 거의 받지 않는 바람에 늘 미안하면서도 급하면 찾게 되고 말았다.

"아! 이런 모습은 처음이라."

하얀 간호복과 캡을 벗은 그녀는 처음이었다. 늘 명찰을 달고 있었겠지만 이름을 따로 기억해 둔 적도 없었다. 그녀는 병원에서보다 훨씬 발랄하고 싱그러워 보였다. 눈이 부셨다. 용운은 어눌하게 물었다.

"근무 시간일 텐데 어인 일로 오시었소?"

"고맙다든가 반갑다든가, 뭐 그런 인사부터 해야 하는 게 도리가 아닐는지요?"

숙원이 설핏 눈을 흘기는 모양새였다. 용운은 당황스러웠다. 이렇게 가까이에서 여자의 눈매를 본 적이 있었던가?

"사실은 우리 원장님 심부름이랍니다. 스님의 시집 출간을 진심으로 축하드린다며 이 꽃다발을 전해 드리라셨거든요. 스님의 시집도 여러 권 사서 우리 직원들한테 나눠주셨답니다."

원장 정자영은 동경에서 의학 공부를 마치고 온 후 여성들을 위한 전문 병원을 경성에다 열었다. 하지만 사람들은 의원이면 다 의원이지 내과가 뭐고 안과가 뭐며 산부인과가 또 무엇인가, 하는 순박한 마음들을 갖고 있었다. 진성당 의원의 전문 과목이 산부인과였으나 어떤 환자도 그 점에 대해선 개의치 않는 모양새였다. 화상을 입든 다리뼈가 부러지든 친절하기로 소문난 진성당 의원부터 찾곤 했다. 용운 역시 마찬가지 경우였다. 그래선지 거길 드나들 때마다 용운은 다소 머쓱하였다.

용운은 얼떨결에 꽃다발을 받아 안았다. 시집을 낸 일이 무에 그리 축하받을 일이라고 이리 호들갑인가 싶어 조금은 무안하기도 했다. 사실 시집에 들인 품이 그리 크다곤 말할 수 없었다. 스무 살이 되기도 전에 시작하여 지금에 이르기까지 잡기장에다 써놓은 말들을 이리저리 이어 붙인 다음, 고치고 쓰다듬고 매만져 시집입네 하고 턱 내놓으니 그럴싸해진 게 아니던가?

"아이구, 이걸 어떡하나?"

원장님께 감사하다고 전해 주라거나, 가져오느라 수고했다거나, 얼마든지 할 수 있는 말이 많았으련만 기껏 나온다는 말이 그 모양이었다.

"시집을 밤새워 읽었지 뭡니까? 도무지 잠을 이룰 수가 없더라구요. 서럽기도 하고 아련키도 하고, 그럴 만한 이도 없건마는 누군가 그립기조차 해서…!"

용운은 뭐라 대꾸해야 할지 몰라 그저 어색하기만 했다. 목덜미에다 총알을 박아둔 채 꺼떡거리며 돌아다니질 않나, 감옥소엘 드나들지 않나, 조금은 괴이쩍고 과격해 보이기까지 했으련만 시 몇 편이 뭐 그리 대수라고?

"스님! 그냥 궁금해서 여쭤요. 시에 반복되어 나오는 그 님, 진실로 누구를 이르는 것인지요?"

"음, 그게 그러니까……."

용운은 선뜻 대답하지 못했다. 그가 시에서 줄곧 여성 화자를 내세운 건 흔히 여성적 특징으로 범주화된 기다림, 그리움, 걱정과 염려, 기도와 보살핌 같은 내밀한 덕이 부처의 경지에 보다 가깝다고 여긴 때문이다. 획책하고 떠나고 싸우고 죽이고 그러다가 끝내는 스스로도 죽는, 살아있기에 고달픈 모든 중생이야말로 여성적 자아로 표상화된 부처의 님이 아닐 것인가? 그런데 중생이 곧 부처요, 부처가 또한 중생이니 누가 누구의 님인들 달리 또 무어라 설명할 수 있으리오? 님은 그러니까 그냥 님이었다.

젊은 시절의 여느 한때처럼 가슴속 말들이 서로 튀쳐나오려 야단법석을 쳤다. 용운은 신중하게 고르고 또 골랐다.

"내 마음을 사로잡는 모든 것들, 나를 울고 웃게 하는 모든 것들, 짠한 마음을 불러일으키는 모든 것들, 아마는 나고 살고 죽어가는 모든 중생…. 그러니 부처일 수도 있고 깨달음의 다른 이름일 수도 있고, 어쩌면 우리가 잃어버린 조선일지도 모르고…."

하아! 막상 말이 되어 나온 말들은 너무 장황하고 또 거창하였다. 어찌나 부끄러운지 볼이 다 화끈거렸다. 말이란 실상을 전달하기에 참으로 무력한 수단이었다. 굳이 설명을 왜 했던가? 금방 사라질 미소하기 짝없는 나(我)라는 존재에서부터, 천지 가득 온갖 것을 피워내면서도 아무런 함이 없는 저 원융무애(圓融無碍)의 본체에 이르기까지 님 아님이 어디 있으리라고?

"잘 모르겠어요. 그렇게까지 크고 복잡할 줄은 정말 몰랐어요."

숙원이 고갤 갸웃거렸다. 샐쭉 비튼 그녀의 입술이 붉은 장미 꽃잎처럼 달보드레해 보였다.

"난 그냥 아리고 서러운 사랑 하나, 가슴에 맺힌 시리고 아픈 누군가일 거라고만…!"

용운은 돌아가는 숙원에게 잘 가란 인사조차도 변변히 하지 못했다. 그날 이후 용운은 가급적 진성당 의원에 들르는 걸 삼갔다. 그날의 숙원이 '바람도 없는 공중에 수직의 파문을 내이며' 눈앞에서 자꾸만 어른거리는 까닭이었다. 그녀를 떠올리는 것만으로도 '고요한 하늘을 스치는 알 수 없는 향기'가 주변에 감돌았다.

그럼에도 그날의 대화는 영영 지워졌으면 싶었다. 생각하면 할수록 창피하기 그지없었다.

8

우당 이회영의 사망 소식이 전해졌다. 신문 기사는 'OO 운동의 중대 인물'이 취조 중 대련 경찰서 유치장 창살에 목매어 자결했다고 전했다.

우당은 참으로 그다운 최후를 선택한 것 같았다. 일제 경찰에게 농락당하고 고문받으며 끝내 정신 줄을 놓게 되니, 아직 혼이 형형히 살아있을 때 자신의 강개한 마지막을 스스로에게 선물해 주었으니 말이다. 일제의 검열 때문에 '독립'을 지우고 OO라 써야 했을 기자의 고심이 안쓰러웠다.

창밖엔 진눈깨비가 흩날리고 있었다. 미처 떨어지지 못한 마른 나뭇잎들

위로 하얀 눈 알갱이들이 질척거리며 녹아내렸다. 초겨울 바람이 웅웅 소리 내어 울었다. 용운은 무심하고 불친절했던 만주에서의 우당을 떠올렸다. 만나보기도 전부터 존경했으나 정작 만주까지 찾아간 용운을 죽이려 했던 우당 이회영. 하지만 용운은 그를 결코 미워할 수도 배척할 수도 없었다.

'그날 까딱 잘못되었더라면 독립선언서를 낭독할 민족 대표 1인을 저 세상으로 보낼 뻔했지 뭔가? 그때를 생각하면 지금도 섬찟하다네. 하늘이 도우신 게야.'

우당이 지인들을 만난 자리에서 용운에 대한 자신의 잘못된 판단을 자책하며 했다더란 말을 바람결에 전해 들었다. 생각해 보면 보기 드문 큰 어른이었다. 조선 독립이라는 대의를 향한 거침없는 발걸음, 일제의 온갖 위협에도 절대 꺾이지 않는 불같은 항거 정신, 백성들의 고난에 대한 연민과 그 고난을 가져온 자들에 대한 뿌리 깊은 적개심까지! 이제 누가 그의 뒤를 이을 것인가?

용운은 밤새 뒤척이며 잠을 이루지 못했다. 그는 벌떡 일어나 먹을 갈았다. 다신 오지 못할 길을 떠난 우당 이회영 선생을 향하여 붓을 들었다.

　- 나는 영원의 시간에서 당신 가신 때를 끊어내겠습니다. 그러면 시간은 두 도막이 납니다.

　시간의 한 끝은 당신이 가지고, 한 끝은 내가 가졌다가 당신의 손과 나의 손과 마주 잡을 때에 가만히 이어놓겠습니다. (「당신 가신 때」 중에서)

어느새 그의 서안 위로 새벽 어스름이 내려와 앉았다. 용운은 장지문을 열어젖혔다. 짙푸른 새벽빛이 쏴아, 방안으로 밀려들었다.

그 무렵 용운은 경성에서 한 발짝도 떠나지 못하고 있었다. 일제에 한목소리로 맞서야 한다는 당위적 요청으로 하여 민족주의 진영과 사회주의 진영이 제휴한 신간회가 창립되었고, 그는 경성지회장을 맡게 되었다. 청년 승려들을 중심으로 조직된 항일 비밀 결사 만당의 대표직도 수락한 상태였으며, 『불교』라는 제호의 잡지사 사장까지 역임하고 있었다.

스스로 그러려고 노력한 게 아니건만, 해야 할 많은 일들이 그의 발치에 쌓였다. 각종 신문에서 칼럼을 요청하고 잡지사들이 이런저런 글을 청탁해 오는 것도 일상이다시피 했다. 그가 펴낸 『십현담주해』와 시집 『님의 침묵』이 그만큼 세간의 관심을 끌어모았다는 뜻일 거였다.

용운에겐 혼자만의 시간이 필요했으나 선학원@엘@에@ 드나드는 사람은 너무 많았다. 금강이든 설악이든 깊은 산 속으로 도망쳐 숨어들고 싶었으나 경성을 떠날 수는 없었다. 만나야 할 사람, 써야 할 글, 주최해야 할 회의, 결정해야 할 의제들…, 그 모든 것들이 용운의 발목을 잡고 놓아주지 않았다. 그런데 진실로 그러한가? 문득 한 질문이 그의 머릿속을 긁어대기 시작했다.

이건 분명 또 하나의 감옥이 아닌가? 독립선언문 낭독 사건으로 갇혔던 3년 세월이 타의에 의한 감금이었다면, 찾아오는 모든 사람을 응대하고 주어지는 모든 일에 화답하느라 선학원에서 벗어나지 못하는 건 자신 스스로가 만든 감옥이었다. 한 생각 바꾸면 얼마든지 벗어날 수 있는 감옥을 왜 떠나지 못하는가? 용운은 스스로를 준엄히 바라보았다.

특별한 이력과 문학적 성취로 남들의 선망을 자극하고, 선한 표정과 다정한 목소리로 자신의 인격과 품위를 만천하에 광고하고 있는 자신이 보였다. 그건 일종의 자아도취거나 명예욕에 포박된 상태였다. 세상의 온갖 고상함을 다 끌어모아 스스로 자신의 화관을 만들고 있었다니, 이 얼마나 어리석은 일인가?

그는 서둘러 거처를 옮겼다. 종로 사직동에 있는 조그만 방이었다. 쓸데없이 부푼 마음 자락에서 탁한 공기가 빠져나가는 것 같았다. 찾아오는 이가 없으니 여유롭고 한적하였다. 글 쓰는 일에 매진할 수 있어 좋았다.

혼자만의 사색으로 빠져들 수 있어 또한 좋았다. 틈틈이 사직공원을 산책하며 쌓인 피로와 긴장을 풀었다.

찬 바람이 쌩쌩 불던 사직공원에 봄볕이 슬그머니 발을 디밀기 시작한 어느 날이었다. 차갑고 마른 땅에서 여리디여린 초록이 수줍게 고갤 내밀었다. 얼마나 신비롭고 장한지 투박한 손으로 새싹들을 쓸어주고 싶었다. 희고 노란 조그만 풀꽃들도 어느 결엔가 하늘을 향해 활짝 열렸다. 알싸한 향기마저 제법이었다.

봄날의 풀숲에서 한 청년의 뒷모습이 왜인지 어른거렸다. 고개를 떨어뜨리고 방문을 나서던 아들 보국…. 용기를 내어 어렵사리 찾아왔을 아이에게, 너에겐 아비가 없고 내겐 아들이 없다며, 한겨울의 칼바람만 안겨주었다. 품고 틔워준 흙과 햇볕이, 먹이고 길러준 비와 봄바람이 새싹들에겐 있었다. 보국에겐 무엇이 있었나?

그럴 수밖에 없었다고, 그러는 게 서로를 위해 훨씬 나은 일이었다고 아무리 자신을 위로해 보아도 자꾸만 마음이 쓰라렸다. 제 삶을 놓아버린 사람처럼 왈짜패들과 어울려 홍성 시내를 쓸고 돌아다닌다는 소문을 들은 뒤로는 더더욱 그러했다.

용운은 신간회 홍성 지회의 활동가인 윤재학에게 편지를 썼다. 보국을 지회 간사로 삼아 심부름꾼 노릇이라도 하게 해주면 어떻겠냐는 뜻을 담았다. 제 아비의 행적을 마음에 새겨둔 바 있었던 만큼 거기서라면 보국이 뭔가 의미를 찾을 수도 있지 않을까 싶었다. 비록 단 한 번의 마음 씀이라도 아들에게 하나의 숨통이 되어주면 그걸로 충분하지 않을까도 싶었다. 그리고 그게 아들에 대한 아비로서의 처음이자 마지막 보살핌이 되길 바랐다.

신간회는 민족주의 진영과 사회주의 진영이 제휴하여 발족시킨 독립운동 단체였다. 서로 다른 노선 차이를 초월하여 당장의 시급한 목표인 조선 독립에 힘을 모으자는 취지에 뜻있는 이들이 많이 모여듦으로써 설립이

가능했다. 여러 방면에서 실무를 맡아볼 젊은이들의 손길이 필요한 상황이었다.

들어줄 만한 소식이 가끔 흘러왔다. 윤재학이 내민 손길을 보국이 기꺼이 맞잡았다고, 열심히 일하고 성실히 뛰어다니느라 하루해가 짧다더라고, 낯갗이 밝아지고 누구나 신뢰할 만한 청년이 되었다고. 용운은 묵은 빚의 일부나마 탕감받은 것처럼 마음이 조금쯤 가벼워지는 걸 느꼈다.

어느 날, 진성당 의원 원장의 노모가 사직동 거처를 찾아왔다.

"스님, 스님한테 요런 소릴 해도 될라나 모르겠구만요. 하지만도 우리 스님이 홀로 이리 지내시는 게 너무도 맘에 걸려서요."

"대체 무슨 말씀이십니까?"

"요런저런 잡스런 소린 딱 자르고 단도직입으로다가 말씀 올리리다. 스님이 싫지 않다시믄 제가 중매를 서볼까 합니다마는."

용운은 화들짝 놀랐다. 『조선 불교 유신론』에서 승려의 결혼을 허락함도 가하지 않은가 의견을 개진하긴 했으나 그게 자신을 두고 한 말은 아니었다. 출가 전이라곤 하나 이미 결혼한 적이 있는 데다 아들조차 두고 있는 마당이었다. 용운은 나이 든 여인의 오지랖이겠거니 싶어 객쩍게 웃었다.

"우리 딸내미 병원에서 간호부로 일하는 그 처자, 스님도 알제요? 유숙원이라고…!"

용운의 가슴이 쿵 내려앉았다. 알다 뿐이겠는가? 그녀의 자취에 얼이 빠진 자신이 역겨워 진성당 의원 출입 자체를 스스로 금하였다. 꽃다발에 묻어온 그녀의 체취가 오래도록 그의 코끝에서 어른거려 그걸 지워내려고 하루에도 몇 번씩 세수를 하곤 했다. 좋은 남자 만나 행복한 가정을 이루어야 할 한창나이의 숙원에게 늙은 중 나부랭이가 가당키나 하겠는가? 감히 그런 생각을 떠올리는 자체가 그녀에 대한 모독이 아니겠는가?

"보아하니 싫은 빛은 아니신 듯 하구. 잘 되었구만요."

"예?"

용운은 양 볼이 벌게진 채 더는 말을 이어가지 못했다. 나이 든 여자의 주름진 입매가 말갛게 웃었다.

"아니, 이런 중차대한 일을 당자에게 물어보지도 않구 왔겠어요? 조만간 색시를 모시고 올 테니 마음 준비나 단단히 해두시지요."

용운은 얼떨떨하기만 하여 마음을 어찌 추슬러야 할지 몰랐다. 그가 이렇다 저렇다 확실한 답변을 하기도 전에 일은 일사천리로 진행되었다. 어떻게 소문이 났는지 용운 자신보다 주변에서들 더 시끌벅적이었다. 친하게 지내던 벽산 김적음 스님이 북장골(성북동)에 땅을 가지고 있다며 용운의 신혼 집터로 선뜻 내주마 했다. 구질구질한 셋방에다 곱디고운 여인을 불러 앉히면 되겠느냐, 핀잔을 주면서.

사실 그의 재혼을 적극적으로 추진한 건 선학원 주지로 있던 김적음이었다. 진성당 의원 원장의 노모를 매파로 넣은 이도 그였다. 내막을 알게 된 용운은 그에게 화를 내야 할지 감사를 드려야 할지 알 수 없었다.

소문은 빠르게 서울 장안을 휩쓸었다. 용운에게 자주 글 청탁을 하는 유력 신문사 사장을 비롯한 몇몇 후원인들이 북장골 땅을 보고선 그것만으론 다소 답답하겠다며 주변 땅을 더 매입해 주었다. 제법 널찍한 대지에 그럴싸한 집이 지어지기까지 많은 이들의 신세를 졌다.

북악산 자락 언덕배기의 방향에 맞춰 북향으로 지어야 해서 조금 아쉽기는 했다. 들어오는 햇볕의 양은 적고 매서운 바람은 더 많이 몰아치는 형세였다. 그렇지만 저 아래 남향받이 쪽에 자리 잡은 조선총독부 건물을 등질 수 있다는 점은 다행이었다.

스스로 별 노력도 기울이지 않고서 그렇게 집 한 채의 주인이 되었다는 사실이 용운으로선 면구스럽기만 했다.

"대체 왜들 저한테 주려고만 하십니까?"

"그야 우리가 못하는 일을 앞장서서 해주시잖아요. 이런 보답이라도 하지 않으면 저희가 면목이 없지요."

부끄러움의 무게가 천근만근으로 그의 어깨를 짓눌렀다. 언젠가는 갚아야 할 빚들이었다. 그렇다고 싫은 건 아니었다. 아니 솔직히 말하면 좋았다. 마음이 통하고 말이 통하는 여인과 한집에서 부부로 살 수 있다는 사실이 꿈만 같았다. 마당에는 나무와 꽃을 가져다 심어 조그만 정원을 꾸몄다. 아내 숙원은 특히 그 작은 정원을 사랑하여 틈만 나면 꽃그늘에 앉아 해바라기를 했다.

그는 집 이름을 심우장이라 지었다. 깨달음의 경지에 이르는 열 가지 수행 단계를 자기의 본성인 '소를 찾는(심우, 尋牛)' 과정으로 비유한 그림 심우도에서 따 왔다. 용운은 자신이 기나긴 길을 돌고 돌아 마침내 본래의 집에 이른 것 같았다.

하지만 잃었던 소를 찾아 다시 집에 돌아온 것으로 끝은 아니었다. 더 큰 길로, 저마다 자기 소를 찾아 떠나야 하는 수많은 이들을 안내하는 앞선 자의 길로, 그렇게 나서야 했다. 그들이 용운에게 집을 지어준 이유가 어쩌면 거기에 있을 터였다. 3·1 독립선언서에 함께 이름을 올린 오세창이 심우장이라 쓴 글씨로 현판을 만들어다 걸어주었다.

숙원은 그를 내조하고 가정사를 잘 꾸려나가겠다며 간호부 일을 그만두었다. 글 쓰는 일이 재능의 대부분인 가난한 승려의 아내가 되었음을 오히려 기쁨으로 아는 듯했다.

용운은 행복했다. 그녀는 '나의 백발도 사랑하는' 사람이었고 '나의 눈물도 사랑하는' 사람이었다. 그리고 머지않은 언젠가는 '나의 죽음도 사랑하는' 사람이 되어줄 거였다. (「사랑하는 까닭」 중에서 몇 구절 인용)

그녀는 살림에 보탬 되는 일이라면 삯바느질도 마다하지 않았다. 용운을 찾아오는 손님들을 위하여 집에 술이 떨어지지 않도록 철철이 약주 담

그는 일도 게을리하지 않았다. 그런 숙원에게 자신은 무엇이 되어줄 수 있는가? 용운은 한 짐 더 쌓이는 빚의 무게에 소스라치곤 하였다.

용운이 쉰여섯이 되던 해에 딸 영숙이 태어났다. 꽃잎처럼 보드라운 입술을 가진 아이였다. 그러나 용운은 마음을 다해 기뻐할 수 없었다. 보국에게 그랬던 것처럼 또다시 못난 아비, 무능한 아비가 될까 봐 마음자리는 더욱 초라해지기만 했다. 세 사람의 목구멍을 감당하려면 현실적으로 능력 있는 가장이 되어야 할 것이언만…!

- 꽃송이에는 아침 이슬이 아직 마르지 아니한가 하였더니, 아아 나의 눈물이 떨어진 줄이야 꽃이 먼저 알았습니다. (「꽃이 먼저 알아」 중에서)

용운은 홀로 탄식하였다. 어여쁜 아이야, 너를 어찌하랴!

9

용운은 조선일보사의 원고청탁을 받아들여 소설 『흑풍』을 연재하기로 했다. 청나라 말엽, 개화기의 시대적 혼란 상황 속에서 개혁적이고 계몽적인 주인공이 활약하는 내용이지만 실제 의도는 당대 조선의 식민지적 현실을 투영하려는 데에 있었다.

3·1 독립선언 이후 전국적으로 대대적인 만세 시위가 이어졌으나, 수많은 사상자를 내고서도 오히려 독립은 요원해진 상황이었다. 조선 사회에 팽배해진 패배감과 열등감을 딛고 꾸준히 나아갈 힘과 그 좌표에 대한 희망이 필요한 때였다. 용운은 나름의 고심을 담아 인물을 창조하고 이야기를 이끌어 갔다.

그러나 호흡처럼 말처럼 자연스럽게 흘러나오는 시와 달리 소설을 쓰려 하니 주춤되어지는 바가 없지 않았다. 맞지 않은 옷을 입은 것처럼 영어색하고 불편했다. 원고료는 확실히 시보다 많을 거였다. 그는 미리 변명하였다.

　'……나의 이 소설에는 문장이 유창한 것도 아니요, 이외에라도 다른 무슨 특장이 있는 것도 아닙니다. 오직 나로서 평소 여러분에 대하여 한 번 알리었으면 하던 그것을 알리게 된 데 지나지 않습니다.……변변치 못한 글을 드리는 것은 미안하오나 이 기회에 여러분과 친하게 되는 것은 한없이 즐거운 일입니다.……'

　스스로도 어이없었다. 목구멍이 포도청이라는 오랜 속담이 얼마나 진실한 것인지를 용운은 새삼 알 것 같았다. 그럼에도 좋은 점이 아주 없지는 않았다. 소설 속에선 하고 싶은 말을 맘껏 해도 검열을 피할 방법이 있었다. 갈등을 만들기 위한 장치로 소설 속 인물의 입을 빌린 것일 뿐, 작가의 생각이 아니라 하면 웬만한 건 얼버무릴 수 있었다. 트집 잡기 좋아하는 검열관이 시비를 걸어도 소설이란 게 원래 거짓으로 지어낸 이야기니 그런 거 아니겠냐며, 그냥 소설인가 보다 생각하고 보아달라며 능을 칠 수도 있었다.

　어쨌거나 소설의 인기는 대단했다. 그에 힘입어 신문 판매 부수가 가파르게 올라갔다. 그의 세 식구는 한 해 동안 끼니 걱정을 하지 않아도 되었다. 삶은 때로 오욕이었다.

　『흑풍』 연재가 끝날 무렵 〈조선중앙일보〉에서 또 다른 연재소설을 제안해 왔다. 한 번 맛 들인 것을 끊기는 어려웠다. 용운은 첫 소설의 성취에 대한 스스로의 의심에도 불구하고 내심 다행스럽게 여겼다.

　용운의 두 번째 소설 제목은 『후회』였다. 사직공원을 오가며 마주친 다양한 인간군상들 속에서 아편 때문에 인생을 망친 어떤 부부의 모습이 유독 눈에 들어왔다. 순간적인 판단 잘못으로 나락으로 떨어지게 된 인생들을 그리고 싶었다. 조선의 운명에 대해 그러했듯 후회로 가득한 인생을 애도하는 마음으로.

 하지만 그 작품의 연재는 순탄치 않았다. 올림픽에서 마라톤 종목 금메달을 딴 손기정 선수의 시상식 사진으로 하여 터진 일장기 말소사건에 〈조선중앙일보〉가 휘말렸기 때문이었다. 〈동아일보〉는 무기 정간 처분을 받았고 〈조선중앙일보〉는 자체 정간의 수순을 밟았다. 이듬해 정간 조치는 해제되었으나 재정 상황이 바닥이었던 〈조선중앙일보〉는 끝내 폐간되고 말았다. 소설은 그로부터 2년여 세월이 더 지나서야 『박명』이라는 새로운 제목으로 재탄생되었다.

 그런저런 시국 탓으로 하여 심우장의 살림은 갈수록 쪼그라들고 피폐해졌다. 그럴 때마다 한때 용운이 몸을 의탁했던 금강산의 건봉사로부터 쌀이며 생필품들이 보내져 왔다. 주지인 금암 스님의 배려였다.

 무기력하게 날들을 흘려보내던 어느 날이었다. 누군가가 대문간으로 들어섰다. 나무 지팡이에 의지해 절뚝거리는 발걸음이 금방이라도 넘어질 듯 불안스러웠다. 용운은 버선발로 뛰쳐나갔다.

 "설마 했건마는 우리 준영이가 맞구나. 벌써 돌아다녀도 되는 것이야?"

 "걷는 게 좀 힘들어서 그렇지 그럭저럭 지낼 만은 합니다."

 "그래, 되었다! 이리 살아있으니 되었어!"

 용운은 준영을 끌어안았다. 학병으로 강제징집 되고 말았다며 어떡하면 좋냐고 울먹이던 아이였다. 준영은 의병장 박영발의 손자로 용운이 머물던 건봉사에서 자랐다.

 을사늑약과 경술국치를 거치면서 나라를 되찾겠다고 일어선 의병이 전국 팔도에 수를 헤아릴 수 없이 많았다. 박영발 역시 그중 한 명이었다. 영발은 일본의 원산수비대와 맞선 강원도의 마차진 쑥고개 전투에서 사흘간의 숨 막히는 전투 끝에 다리에 관통상을 입고 말았다. 그는 건봉사로 피신해 들어오면서 손자 준영을 데리고 왔다. 일제의 복수극에 어린 손자가 혹 희생될까 두려워서였을 것이다.

"도대체 어찌 된 일이냐?"

"예비 군사훈련이 끝나고 동기들이랑 한잔하고 헤어졌지요. 입대까지 시간이 남아 있으니 다들 고향에 인사하러 간다드만요. 첨엔 나도 그러려고 했지요. 서빙고행 열차표를 끊었으니까요. 근데 놈들의 총알받이로 허망하게 죽을 순 없다는 생각이 퍼뜩 들지 뭡니까? 북만주 목단강행 열차에 올라타 버렸어요."

제2차세계대전이 한창이던 1943년 10월, 총독부는 조선 청년들에 대한 '육군 특별지원병 임시 채용 규칙'을 공포하였다. 대학생이나 고등전문학교생 대상의 학병 지원을 독려하기 위해 총독부 기관지에는 날마다 학병을 권유하는 특집 기사가 실렸다.

소설과 시 부문에서 당대 최고라 할 만한 이광수나 최남선이 뛰어난 필력으로 기사 작성에 앞장서는 걸 보고 용운은 절망했다. 학도병 지원이 눈앞의 현실로 들이닥친 조선의 청년들이 그들에게서 느낄 배신감과 역겨움을 어찌할거나? 인간이 원래 나약한 존재라지만 한 시대의 사표가 되어왔던 두 사람의 변절은 이해되지도 용납되지도 않았다.

"전번에 그랬던 것처럼? 그래서 또 잡혀들어갔던 것이야?"

준영은 학병 지원 통보를 받고 일경의 눈을 피해 도망치려다 붙잡힌 전적이 있었다. 말이 지원이지 거의 강제징집이나 다름없는 통보서였다. 학병으로 끌려가느니 차라리 중국으로 넘어가리라 마음먹은 준영은 그때도 북만주 목단강행 기차를 탔다가 불심검문에 걸려들었다.

"그게 아니구요. 일단 목단강행 열차에 올라타고 보니 놈들한테 다시 붙잡히면 어떡하나, 강제로 끌려가면 어떡하나, 걱정이 백배 천배로 늘어나지 뭡니까? 무슨 방도가 없으려나, 멍청한 머리를 돌리는데…"

준영의 목소리는 담담했다. 마치 남의 일을 이야기하듯 표정조차 무심해 보였다.

"열차 문이 막 닫히려는 찰나, 나도 모르게 내 몸뚱이가 휙 날지 뭐겠습니까? 건너편 플랫폼을 향해서 말입지요. 철로 옆 비탈에다 코를 박았죠. 바로 그때 반대편에서 시커먼 기차가 진입해 들어오드만요. 뭔 배짱이었든지 모르겠어요. 벌떡 일어서서는 선로 위에다 발을 올려 버렸지 뭡니까요? 그 순간 죽어도 좋겠다는 생각이 들었던가 봐요. 기적 소리가 저세상 것인 양 아스라해지고, 온몸이 찌릿찌릿해지면서 어째 맘이 편안해지드만요. 그 뒤로는 기억이 없어요. 눈을 떠보니 병원이드라구요."

"순사나 헌병 놈들이 그리 호락호락하진 않았을 텐데…?"

"술 때문에 토악질이 나서 바깥으로 고갤 내밀다가 떨어진 거 같다고, 근데 그 후로는 도무지 생각나지 않는다고 둘러댔지요. 종로경찰서 형사라는 자가 심우장엔 왜 그리 자주 들락거렸냐, 학병에 가지 말라고 스님이 시키더냐, 그런 걸 따져 묻더만요."

젊은 승려들로 구성된 항일 비밀 결사 만당이 발각되면서 그 배후자로 지목되어 또다시 옥고를 치르고 나온 후 용운은 더욱 일경의 감시를 받는 요주의 인물이 되었다. 그의 행동 하나하나, 그와 만나는 사람들, 그가 쓰는 글과 청중들 앞에서의 강연 등, 어디에나 은밀히 그의 뒤를 밟는 눈초리들이 있었다.

"스님 뵌 지는 오래되었다고, 정말로 술에 만취했을 뿐이라고 똑같은 말로 수도 없이 대답해도 똑같은 질문이 몇 날 며칠 이어지더구만요. 하도 지겨워 어리석은 내가 죽일 놈이라고 책상에다 마구 머릴 짓찧어 댔답니다. 그랬더니만 마침내 포기를 하는 상 싶었습니다."

머리가 굵어지면서부터 준영이 심우장엘 자주 들락거린 건 사실이었다. 건봉사 주지 금암 스님이 심우장으로 보내는 쌀이며 돈을 수시로 전달하러 왔던 것이다.

금암은 구월산에서 의병 활동을 했던 이교재란 이름의 몸집 장한 사내였다. 일경의 표적이 된 그가 건봉사로 피신해 들어가면서 준영네와 인연이 깊어졌고, 머릴 깎고 금암이란 법명을 받아 중이 되면서는 준영의 후원인 노릇까지 떠맡았다. 그는 건봉사의 주지가 되면서 절 재산을 활용하여 남긴 돈을 용운에게로 보내주곤 했다. 그 대부분이 독립운동 조직의 운영 자금으로 쓰일 것을 알고 있었기 때문이다.

하지만 본색이 밝혀지면서 금암은 건봉사에서 쫓겨났다. 건봉사에다 설립한 봉명학교도 폐교되었다. 학교에서 조선어를 가르치고, '부처님 오신 날'을 축하하는 제등(提燈) 행사에서 대한 독립 만세를 외친 게 화근이었다. 금암은 일경에 연행 구금되기를 반복하는 동안 승복을 벗을 것을 강요당했고 끝내 승적마저 박탈되었다.

준영은 그토록 든든했던 후원인을 잃었다. 이 아이는 이제 어디로 가야 하는가? 용운은 아무것도 해줄 수 없는 자신의 무능이 뼈아팠다.

"스님, 안색이 그리 좋아 보이질 않습니다. 요즘도 창씨개명을 하라고 저놈들이 괴롭히는지요? 제 걱정 마시고 스님 건강부터 챙기셔야 할 것 같습니다."

일본제국의 군인으로 살기 싫어 제 발가락을 자른 준영에게서 들을 말은 아닌 듯싶었다. 용운은 그저 미안키만 하였다. 며칠 전 탑골공원에서 육당 최남선을 우연찮게 만났노라 차마 말할 수도 없었다.

"오랜만이올시다."

최남선이 반갑게 손을 내밀었다. 용운은 모른 척 고개를 돌렸다. 조선 총독부에서 식민사관 유포를 위해 만든 어용단체 '조선사 편수회'의 위원 직을 그가 맡았다는 소식을 들을 때부터 이미 내다 묻어버린 사람이었다.

"나를 아시오? 대체 뉘시기에?"

최남선은 빤히 쳐다보며 묻는 용운이 몹시 답답하다는 듯 따졌다.

"나요, 육당! 설마하니 벌써 나를 잊으셨단 말이오?"

조선의 청년들에게 전쟁에 참여하여 영광스럽게 죽으라 전국을 돌며 시국 강연에 나서고 있는 육당이었다. 각종 신문에다가 학도병 지원을 권유하는 유세문도 여러 번 기고하였다. 강제징집을 거부하려 온몸으로 맞서다 발가락이 잘려 병원에 누워 있는 준영을 생각하니 용운의 속이 부글부글 끓어올랐다.

"글쎄올시다. 암만 생각해도 모르겠어서."

"선생이 낭독한 독립선언서를 기초했던 바로 그 최남선이란 말이오."

참 뻔뻔도 했다. 만주 일대의 항일 무장 세력을 상대로 일제로의 투항 공작을 전개하는 '동남지구특별공작후원회'라는 데서 고문으로 활동하고 있다는 자가 독립선언서 운운이라니…?

"아, 내가 알던 그 육당 말이오? 그 양반은 진작에 돌아가시지 않았소?"

제 한 몸 평안을 구하고자 빼어난 문장력과 설득력 있는 말솜씨로 조선의 혼을 미혹하고 더럽힌 자가 아닌가? 용운이 쌀쌀맞게 되묻자 최남선의 얼굴이 시뻘게졌다.

"장례식 치른 지가 꽤 되었을 거외다."

용운은 한 마디 더 얹어주고 돌아섰다. 씁쓸했다. 변절한 자가 어디 육당 뿐이던가? 뛰어난 문필력으로 조선의 소설 세계를 새롭게 재편한 이광수도 내선일체를 부르짖으며 창씨개명에 앞장서고 일황에 대한 충성 선언까지도 불사하지 않았는가? 어찌 그 둘뿐이랴!

용운은 허청거리는 발걸음을 추스르기 힘들어 공원 벤치에 쭈그려 앉았다. 뚝심 있게 버텨주던 어른들은 허망하게들 떠나가고 빈자리엔 권세와 헛된 이름을 탐하는 자들로 넘쳐났다. 끝내 어른으로 남는다는 게 무엇일까?

그는 하염없이 걸었다. 어디로 가는지, 어디로 갈 것인지 생각조차 없이 무작정 걸었다. 저 멀리 길게 누운 강이 오후의 햇살을 튕겨내며 반짝거렸다. 한강이었다. 물길을 거슬러 나아가는 배들이 점점이 무늬를 이루고 있었다. 그는 이윽히 바라보았다.

나룻배 한 척이 그의 가슴 속으로 흘러들어왔다. 수없이 들고나는 흙발들을 실어 안아, 그가 누구든 무엇을 하든 알려고도 물으려고도 하지 않고서 그저 건네주는 작은 배….

- 당신은 흙발로 나를 짓밟습니다.
나는 당신을 안고 물을 건너갑니다.
나는 당신을 안으면 깊으나 옅으나 급한 여울이나 건너갑니다. (「나룻배와 행인」 중에서)

그런 나룻배처럼 살 수 있을까? 아무런 판단도 의심도 없이 그게 흙발이든 구둣발이든 군홧발이든 상관없이, 오로지 물을 건너려는 '당신'의 목적을 이뤄주는데 충실하면서? 그것은 자비일까, 사랑일까, 아니면 어떤 것에도 걸림이 없는 무애(無礙)일까? 자신이 그런 나룻배의 경지에 이르기엔 아직 멀었다는 생각에 용운은 쓴웃음을 흘렸다.

"걱정 마라. 이만큼 살았으면 되었지, 뭘 더 바라겠느냐?"
용운은 준영에게 자고 가라 청하였다. 한겨울 거친 바람이 문풍지를 쥐어뜯을 듯 덤벼들었다. 숲속에선 밤새 솔가지들이 울어댔다. 준영이 잠꼬대를 하며 푸르르 상한 발을 떨었다. 잠 속에서도 평안할 수 없는 조선 청년의 얼굴이 용운의 가슴을 할퀴었다. 그의 다친 발을 품에 안고 강을 건네줄 한 척의 나룻배가 되어주지 못하는 자신이 원망스럽기만 했다.

10

　오랜만에 용운은 심우장을 나서서 경복궁으로 향했다. 경복궁 후원의 조선총독부 미술관에서 열리는 제23회 조선미술전람회(약칭 선전)를 보기 위함이었다.

　신간회가 해체된 건 꽤 여러 해 전이었다. 좌우익이 연합하여 일제에 효과적으로 대항하는 독립운동을 하자고 결성했으나 서로의 차이를 끝내 극복하지 못했다. 사상은 핏줄보다 강했고 노선의 차이는 독립운동보다 한 길 위인가 보았다.

　보국이 좌익 쪽 활동가들과 어울려 지낸다는 소식이 들려왔다. 조선 독립이라는 대의보다 무슨 무슨 사상이라는 것에 빠져들어 중심을 잃게 될까 염려스러웠지만 용운은 아는 척하지 않기로 했다. 아비로서의 의무를 내팽개친 지가 언젠데 이제 와서 무슨 권리인가 싶었다.

　평생 흠모해 마지않았던 단재 신채호 선생이 뤼순 감옥에서 옥사한 지도 여러 해 되었다. '역사라는 것은 아(我)와 비아(非我)의 투쟁'이라며, 한민족은 한민족으로서의 역사관을 갖추는 것으로부터 자존을 세워나가야 한다던 그였다. 우리 고대사의 지평을 한껏 넓힌 그가 신간회 발기인으로 참여한다는 소식에 용운은 이것저것 재지 않고 그 일에 나섰더랬다.

　이런저런 행사에서 몇 번 마주쳤을 뿐 실상 깊이 있게 만난 적은 없는 단재였지만, 멀기만 했던 아버지 용운과 아들 보국 사이에다 보이지 않는 다리 하나를 놓아준 은인인지도 모른다. 마음으로 통하고 삶으로 이어진다면 만나고 만나지 못함이 대수겠는가?

　조선 독립이 이루어질 때까지 끝내 버텨줄 줄 알았던 어른들이 그렇게 하나둘 떠나가고, 세상은 갈수록 무도한 자들의 것으로 변질되어 갔다. 믿었던 이들조차 일본 세상이 이리 오래 갈지 몰랐다고, 더는 버틸 수 없다면서 등을 돌렸다. 조선 독립이란 이제 한갓 꿈일 뿐이라고, 어두운 전망만이 전부인 양 떠들어대기도 했다.

그래서인가? 미술이나 음악 같은, 말 이전의 예술세계에 자꾸 마음이 갔다. 1년 만에 열리는 선전에 용운은 진작부터 갈 계획을 세워두었다. 자꾸만 몸이 가라앉고 팔다리를 움직이기 힘들어 걷는 일조차 귀찮은 지경에 이르지 않았다면 개막 첫날 가보았을 것이다.

특별히 보고 싶은 그림이 하나 있었다. 출품작 중 유난히 사람들의 이목을 끌어 언론에서 자주 거론되는 〈해당화〉였다. 자리에 누워 며칠째 글도 쓰지 못하던 그가 길을 나서겠다 하자 아내 숙원의 낯빛이 걱정으로 가득 찼다.

"함께 가면 안 될까요? 사실 저도 그 그림을 보고 싶은데⋯."

용운을 수행하려는 마음 이외에도 궁금증이 아내를 부추겼으리라 싶었다. 〈해당화〉를 그린 화가 이인성이 작품 제목을 한용운의 시 「해당화」에서 따왔다며 공개적으로 밝혔기 때문이다.

용운으로선 한 번도 만난 적 없는 화가였다. 스무 살도 되기 전에 선전에 입선한 뒤로 매년 수상작을 내면서 천재 화가로 평단의 주목을 받고 있는 유망주였다. 그런 화가가 만해 한용운 선생을 기리고자 특별히 그린 그림이라 하니 기쁘기도 하고 부끄럽기도 하면서, 대체 어떻게 그렸을지 궁금증이 일었다.

가슴 속에 휘도는 말들을 시로 붙들어 매기는 그리 어렵지 않았다. 하지만 그림은 다른 문제였다. 시인의 강제에 못 이겨 마지못해 정렬하고선 말들을 그림으로 탈바꿈시킨다는 게 과연 가능할 것인지, 용운으로선 아무래도 상상되지 않았다. 용운은 알 수 없는 그림의 세계와 홀로 마주하고 싶었다.

"당신은 며칠 뒤에 딸내미 손잡고 가보는 게 어떻겠소? 오랜만에 혼자서 바깥바람 쏘이며 흐려지는 정신머리도 가다듬고, 또 거기서 만날 사람들도 좀 있고 하니⋯."

용운은 금방이라도 따라나설 기세인 아내를 뒤로하고 집을 나섰다. 다른 때 같으면 전차가 다니는 동소문까지 그리 힘겹지 않게 내달았으련만 산길을 지나는 내내 다리가 후들거리고 숨이 찼다. 포도원을 지나고 솔밭을 지나 보성고보 옆길로 나오기까지 채 한 시각도 걸리지 않을 거리건만, 자꾸 지체하다 보니 한나절이 지나도록 미술관은 멀기만 하였다.

전람회장은 관람객들로 북적였다. 땀범벅이 되어 다리를 질질 끌며 들어선 용운은 정면에 걸려 있는 그림과 마주쳤다. 커다란 화폭에 피어난 붉은 해당화꽃이었다. 구도와 색감이 그야말로 압도적이었다. 그의 눈길은 화사하게 피어난 꽃들에 먼저 머물렀다.

여린 가지에 솜털처럼 돋아난 가시들, 조금씩 다른 수많은 초록으로 개성을 드러내는 이파리들, 저마다의 붉은빛으로 치장한 꽃잎들, 모두가 같은 꽃이지만 하나도 같은 꽃이 아니었다.

하지만 꽃보다 더 용운의 시선을 강렬히 매혹하는 게 있었다. 그건 팔짱을 낀 채 쭈그리고 앉은 젊은 여인의 눈빛이었다. 아름답게 피어난 꽃을 바라보는 대신 화면 밖 어딘가를 응시하고 있는, 그림을 보는 이들과 시선을 마주치지 않으려 살짝 비켜 뜬 듯도 싶은, 그런 눈빛… 여인은 마치 말하고 있는 듯했다.

　- 당신은 해당화 피기 전에 오신다고 하였습니다.

꽃봉오리를 두 손으로 감싸고서 기도하듯 눈감은 아이와 손가락을 빨고 선 어린아이가 바로 곁에 있음에도 세상천지 홀로인 듯 고적하기만 한, 기다림인지 그리움인지 혹은 원망인지도 모르겠는, 무연하기 짝없는 그런 눈빛… 여인이 용운의 귀에 대고 속삭였다.

- 봄은 벌써 늦었습니다.

하아! 저절로 새 나오는 긴 한숨에 용운은 차라리 눈을 감았다. 내가 그린 그림인가, 화가가 쓴 시인가, 문득 그 경계선조차 희미해졌다.

새벽달이 이울도록 단 한 마디 묻지 않던, 호롱불 너머 일렁이던 각진 어깨가 홀연히 피어올랐다. 참 오래도록 잊고 있었다. 하얀 머릿수건을 뒤집어쓴 저 여인이 바로 그 여인인가? 용운은 회한에 가득 찬 눈빛으로 그림 속 여인을 바라보았다.

그러자 그 얼굴은 이내 함께 가면 안 되느냐 조심스레 묻던 얼굴로 변모하였다. 달콤한 장미 꽃다발을 건네주던, 이젠 마른 꽃내로 떠도는 근심 어린 눈동자의 여인. 함께 살면서 오히려 그 향기를 잊었다. 연분홍 저고리에 흰 치마를 받쳐입은 저 여인이 바로 그 여인인가?

화사한 꽃밭과 달리 저 멀리 하늘엔 짙고 어두운 구름이 드리웠다. 바다 가운데 떠 있는 돛단배 위로 폭풍우라도 휘몰아칠 듯 험상스런 기세였다. 분명 그림의 배경에 불과할 것이언만, 용운은 그 하늘과 바다에서 시선을 거두지 못하였다.

수많은 인연들이 문득 검푸른 하늘가를 배회하며 용운에게 손짓하였다. 아버지이기도 어머니이기도 아니 먼저 간 아내 전씨이기도, 어쩌면 외로이 스러져 간 우당이거나 단재일지도, 혹은 스승 연곡 스님이거나 만주에서 간도에서 이름 없는 꽃으로 진 조선의 청년들일지도….

용운의 골진 눈주름을 타고 눈물방울이 툭 투둑, 굴러떨어졌다. 붉은 해당화꽃들이 방울방울 아롱져 수천, 수만 송이로 산화했다.

- 꽃은 말도 없이 나의 눈물에 비쳐서, 둘도 되고 셋도 됩니다. (「해당화」 중에서)

용운은 날리는 꽃 이파리들을 향해 손을 내밀었다. 하지만 발걸음은 자꾸만 땅속으로 꺼져 들었다. 사람들의 발소리가 어지러웠다. 선생님, 선생님! 누군가가 그를 부르는 소리. 정신 차리세요! 누군가가 그를 흔드는 소리. 용운은 그 모든 소리들이 머나먼 어딘가로 달아나는 것만 같았다.

꽃향기가 그를 에워쌌다. 해당화 꽃잎들이 흩날렸다. 붉디붉은 꽃보라였다.

2. 염상섭 - 정우련

먼 산에 단풍이 깊어 가는 1962년 가을날이었다. 성북동 산비탈에 있는 염상섭의 집으로 한 편집자가 방문했다. 월간지인 《사상계》의 편집자였다. 《사상계》 창간 이태 뒤에 실린 소설 「부부」를 시작으로 매년 한 편씩 그의 소설을 실은 잡지였다. 그는 병중에도 방문객을 반갑게 맞이했다.

"산비알이 심해서 올라오느라 힘들었지요?"

문학으로 일가를 이룬 작가였으나 정작 자기 집 한 칸이 없었다. 이리저리 이사를 다니다 성북동으로 온 게 지난 봄이었다.

"아이고 아닙니다 선생님. 올라오니까 전망이 탁 트이는 게 속이 다 시원합니다. 이사하셨다 해서 주소를 확인하려다가 한번 찾아뵙고 싶어서 직접 왔습니다."

편집자가 원고 청탁서가 든 누런 봉투를 그에게 건넸다. 그는 봉투를 열어 청탁서를 훑어본 뒤 탁자 위에 놓아두었다.

"이번 편집회의에서 연말에 선생님의 문단 회상기를 연재하기로 했습니다."

"늙은이 케케묵은 옛날이야기 뭐 볼 게 있다고."

상섭이 멋쩍게 웃어 보였다.

얼마 전에는 그의 소설을 연구 논문으로 쓰겠다고 찾아온 대학원생이 있었다. 그 학생에게도 똑같은 말을 했었다.

내 소설이 무슨 연구할 거리나 있겠소, 하고.

그렇게 반문했지만 기실 학생이 간 뒤에는 오래전에 출판한 단행본이며 자료 박스에 넣어둔 예전 원고들을 들춰보며 무엇이라도 도움이 될 만한 자료가 있나 하고 찾아보았다.

"일생의 회고담이란 게 늙게 좋은 소일거리요 자위도 됨직한 일이기는 한데……. 내가 요즈음 여기저기 아픈 데가 많아서 붓을 던진 지도 두어 해나 되는 것 같소. 쓰면 또 쓰겠지만 제대로 끝을 낼 수나 있을지 모르겠네요. 꼴같잖게 용두사미가 되지나 않을지도 모르겠고……."

그가 나직나직 말했다. 다소 힘이 없긴 했지만 여전히 명쾌하고 사람의 온정을 끌 만한 기품이 느껴지는 음성이었다.

"저희 주간이 타이틀을 「횡보 문단 회상기」라고 하면 되겠다고 하던데요. 저희가 모르는 어떤 이야기가 나올지 무척 궁금해하고 계세요. 기억나시는 대로 편안하게 써주시면 됩니다."

"아 그래요?"

편집자의 말에 그가 이마에 주름을 잡으며 눈을 치켜떴다. 우직하고 고집스러워 보이는 용모지만 그 곱살스러운 눈자위는 어딘지 온유하고 다정했다.

작가에게 원고 청탁만큼 반갑고 설레는 일은 없을 터였다. 몇 년 전까지도 장편소설을 연재했는데 금년 들어서는 단편소설 집필도 못 하고 있었다. 그렇다고 해서 또 쓰게 되리라는 희망까지 버린 적은 없었다. 아무리 어제 마신 술이 깨지 않은 상태여도 청탁 원고라면 어지간해서 마감을 어기는 법이 없는 그였지만 나이 들고 아픈 몸이란 마음과 달라 지레 걱정이 앞서는 것이었다.

마침 점심시간이었다. 아내는 남편이 부탁하기도 전에 겸상을 차려내왔다. 담백한 백김치와 깍두기 등으로 차려진 밥상이었지만 정갈했다. 그는 반주를 마시면서 편집자에게도 따끈한 정종을 권했다. 누가 오든지 꼭 술상을 차려내는 건 집안의 불문율 같은 습관이었다. 가난하지만 격조 있는 술상이었다. 편집자는 얼결에 낮술을 두어 잔 마시고 성북동의 가파른 비탈길을 내려왔다. 어쩌면 이것이 작가와의 마지막일지도 모른다는 예감이 들었다.

그즈음 그는 위장병과 신경 계통의 증상으로 심한 통증에 시달리고 있었다. 고집스레 병원행을 마다하는 건 여전했다. 10여 년 전인가 이마에 조그만 종기가 생겼을 때도 병원에 가지 않고 버티다가 종내에는 혹이 달 걀만 하게 커지고 말았다. 병원을 무슨 내외 하듯 여기는 성격 탓도 있지 만 가난한 살림살이에 돈 걱정 없이 마음 놓고 병원 갈 형편이 못된 탓이 더 컸다. 그에게 병원은 멀고 술은 가까웠다. 장편소설을 쓸 때도 그저 술 로 통증을 다스리면서 썼다. 통증이 심할 때는 간헐적으로 질러대는 날카 로운 비명이 담장을 넘곤 했다.

편집자가 돌아간 다음 날 아침 그는 원고지를 꺼내놓고 「횡보문단회상 기」라고 제목을 단 뒤 그 밑에 염상섭이라고 썼다. 그러자 가끔 흐릿해지 곤 하던 머릿속이 연극무대처럼 환히 밝아왔다. 오랜 기억들이 하나둘 떠 올랐다.

1919년 오사카(大阪)에서 3·1독립운동 소식을 뒤늦게 접하고 혈관이 터질 듯 끓어올라 「조선독립선언서」를 써서 오사카 덴노지 공원(天王寺公 園)에서 만세운동을 주도하다 검거된 일. 조선독립운동과 연계하여 노동운 동을 하기 위해서 요코하마 복음 인쇄소 직공이 되어 제3 계급운동에 푹 빠졌던 일. 〈동아일보〉 창간 때 당자도 모르는 정치부 기자로 발탁되었다 는 전보와 서신을 받고 미행 형사의 호위를 받으면서 도쿄(東京)에서 경성 (京城)으로 돌아가던 일. 1920년에는 김억, 남궁벽, 오상순, 황석우, 나혜 석 등과 《폐허》 창간을 주도하고 잡지를 만든 일. 《폐허》 동인들과 술에 취해 광화문을 향해 호기롭게 걷던 일. 《폐허》 창간 이듬해에 말보다 미소 가 많던 시인 남궁벽의 부음을 듣고 망연자실하던 일. 김동인과 문학비평 가의 역할 문제를 두고 논쟁을 벌인 일. 이광수 소설을 생활과 아무런 교섭 이 없는 능란한 미문일 뿐이라고 비평한 일. 마침내 '나는 박래묘올시다'로 시작하는, 고양이를 통해 일본의 조선 침탈을 풍자한 첫 소설 「박래묘」를 쓰게 된 일……. 그러고는 그가 소설 작가로서의 길을 제대로 발견한 것이 오산학교 교사 시절 「표본실의 청개구리」(1921)를 《개벽》에 연재하면서였 다.

소설의 서두는 이랬다.

　무거운 기분의 침체(沈滯)와 한없이 늘어진 생(生)의 권태는 나아가지 않는 나의 발길을 남포까지 끌어왔다.
　귀성한 후 칠팔 개삭간의 불규칙한 생활은 나의 전신을 해면같이 짓두들겨 놓았을 뿐 아니라 나의 혼백까지 두식(蠹蝕)하였다. 나의 몸의 어디를 두드리든지 알코올과 니코틴의 독취를 내뿜지 않는 곳이 없을 만큼 피로하였다.

　그는 오산학교로 부임해 가는 과정의 이야기를 쓴 이 소설 속에 식민지 지식인인 자신의 내면 풍경을 그려내었다.《폐허》보다 먼저《창조》를 발간하고 이광수 다음으로 필명을 날리던 김동인이 초회 연재된 소설을 읽고 강적이 나타났다고 직감하며 라이벌 의식을 느꼈을 정도로 문단의 경이와 찬탄이 쏟아졌다. 그는 연이어 「암야(暗夜)」(1922), 「제야(除夜)」(1922) 등을 발표했다. 해부학자와 같은 시선으로 등장인물의 내면을 형상화하는 데 초점을 맞춘 작품들이었다. 중편소설 「만세전(萬歲前)」(1923)을 연재한 것은 육당 최남선이 창간한 〈시대일보〉의 사회부장으로 있을 때였다. 주인공 이인화를 빌어 식민지 조선을 “구데기가 끓는 무덤, 구데기가 우글우글하는 공동묘지, 모두가 구데기. 너도 구데기, 나도 구데기다”라고 묘사했다. 그가 장편소설에 손을 대기 시작한 것은 「만세전」 이후였다.
　화가 나혜석의 결혼 생활을 모델로 쓴 소설 「신혼기」(1923)를 발표한 것도 바로 그즈음이었다. 게이오대학(慶應大學) 유학 시절 나혜석을 만난 것은 그의 인생에 잊지 못할 사건 중 하나였다.《폐허》동인으로 김일엽 등과 나혜석이 가담한 바 있고 그가 오빠 나경석과 아는 사이여서 경성에서부터 친분이 있던 터였다. 단발머리에 흰 블라우스, 검정 플레어스커트를 입고 화구가방을 든 조선 최초 여자 유학생의 지적인 모습은 뭇 남성들의 가슴을 설레게 하기에 충분했다. 그 또한 연모의 감정을 느꼈다. 하지만 나혜석은 게이오대학에 다니는 최소월이라 불리는 천재 시인 최승구와 열애 중인 사이였다. 도쿄 유학생들 사이에는 두 사람에 대한 소문이 파다했다. 최승구가 폐결핵으로 요절하는 바람에 두 사람의 연애는 끝이 났지만 이번에는 교토대학(京都大學) 유학생 김우영이 그녀에게 청혼을 한다. 김우영의 끈질긴 구애 끝에 1920년 봄 경성의 정동교회에서 두 사람이 결혼식을 올렸다. 상섭은 나혜석에 대한 연애 감정을 접을 수밖에 없었다. 그나마 문우로서의 교분은 이어졌다. 그가 첫 창작집 『견우화(牽牛花)』(1923)를 출간할 때 나혜석이 나팔꽃 그림을 표지화로 그려주었다. 그녀를 모델로 소설을 쓰겠다고 했을 때도 흔쾌히 승낙했다. 혜석은 정작 「신혼기」가 지상에 발표되자 소설을 읽고는 히스테리에 걸릴 뻔하였다고 넌지시 그를 나무랐다. 그녀는 소설가의 상상력이란 어디로 튈지 모르는 것이란 걸 미처 헤아리지 못한 자신을 후회했지만 이미 발표된 소설을 거둬들일 수도 없는 상황이라 속앓이를 했던 것이다.

그에게 작가로서 가장 치열했던 시기는 서른 즈음이었다.

그해 막 서른 살이 된 상섭은 일본 문단 진출이라는 꿈을 안고 창작의 산실을 찾아 떠났다. 그가 도쿄역(東京驛)에 나타난 것은 1926년 1월 19일 정오 무렵이었다. 14살에 무작정 도일하여 8년간 도쿄와 교토(京都)에서 유학 시절을 보내고 귀국 후 6년 만에 다시 찾은 도쿄였다.

도쿄역 플랫폼 밖에는 《백조》 동인이면서 〈동아일보〉에 장편소설 『환희』를 연재한 소설가 나도향이 마중을 나와 있었다. 상섭과 도향은 《조선문단》에서 개최한 매월 합평회를 통해 문우로서 또 최남선이 만든 〈시대일보〉에 상섭이 사회부장으로 현진건과 나도향이 사회부 기자로 있으면서 직장 상사와 부하 직원으로서도 깊이 사귄 사이였다. 그때도 도향은 폭음을 하며 너털웃음을 웃고 다녔다. 〈시대일보〉가 보천교와의 싸움으로 상섭의 은인과 다름없는 편집장 진학문이 사임하자 사회부장이었던 상섭도 물러나게 되면서 부하 직원들도 뿔뿔이 흩어지고 말았다. 도향이 먼저 도쿄로 갔다. 도향은 상섭이 일본 문단에 진출하고 싶어 하는 것을 알고 재도일을 권하기도 했었다.

도쿄역에는 겨울비가 추적추적 내리고 있었다. 도향은 후줄근한 기모노를 입고 신발도 없이 진흙이 잔뜩 묻은 버선발로 우산을 들고 서 있었다. 유난히 반짝대는 두 눈은 움푹 패고 안색은 초췌했다. 경성(京城)에 있을 때의 도향이 아니었다. 병색이 완연해 보였으며 그 처지 또한 얼마나 곤궁한 지경인지 한눈에 읽혔다. 상섭은 반가움보다 앞서는 안타까움과 충격을 어쩌지 못했다. 세찬 빗물이 가슴 속으로 사정없이 흘러드는 느낌이었다. 그는 반사적으로 악수를 하였다. 도향의 여윈 손은 얼음장처럼 차가웠다.

"이런, 자네 손이 왜 이렇게 차가운가."

상섭이 도향을 애처롭게 마주 보았다. 그런데 이 조숙하고 감수성 벼린 도향은 아무런 대꾸도 없이 그저 혼자 빙긋 웃고는 상섭의 가방을 받아 들고 역 근처 우동집을 찾아 들어갔다. 점심시간인 데다 좌석이 몇 개 없어 식당 안은 사람들로 복작대었다. 겨우 자리를 잡고 앉자마자 첫새벽에 어떤 여자를 두고 썼다는 시조 3편을 꺼내 보이면서 그 한결같은 너털웃음을 웃어 보였다. 그 웃음 속에는 자신의 현실을 그저 농담조로 넘기려는 자기 조소랄까 냉소 같은 것이 다분히 섞여 있었다.

두 사람은 1년 만에 만난 회포를 푸느라 그날 밤늦게까지 우에노 공원(上野公園)을 돌아다니며 술을 마시고 쾌담을 하다 겨우 막차를 타고 하숙집으로 갈 수 있었다.

도향이 상섭을 데리고 간 우애학사(友愛學舍)라고 불리는 닛포리(日暮里)의 그 하숙집에서 이은상과 함께 동거하고 있었다. 상섭은 고국에 있을 때 은상의 집에 가서 달포가량 놀다 온 적이 있었다. 그때 그 눈이 시리도록 짙푸른 마산 앞바다를 걷고 또 걸었던 기억을 떠올리면서 은상과도 반갑게 인사를 나누었다.

그날 밤, 상섭의 재도일을 축하하기 위해 모여 앉은 그들은 밤새 이야기꽃을 피웠다. 그는 그날로 도향의 방으로 합류했다. 닛포리는 해지는 마을이란 이름에 걸맞게 마을 끝의 언덕에서 보는 일몰이 기가 막히게 아름다운 동네였다. 그곳에서 보낸 이태가 그의 생애 가장 치열한 창작 기간이 아니었을까.

상섭과 도향은 밤낮을 가리지 않고 글을 썼다. 두 소설가 모두 원고료 없이는 입에 풀칠도 할 수 없는 형편이었다. 다다미방에 배를 깔고 엎드려 글쓰기에 매달리면 마치 경쟁이나 하는 것 같았다.

나도향은 「지형근」(1926), 「화염에 싸인 원한」(1926), 「청춘」(1926) 등의 소설을 썼다. 상섭은 두 달 만에 도향을 모델로 「유서」를 썼다. 어느 날 폐병에 걸린 D가 세상을 비관하여 유서를 써놓고 집을 나가 버린 데서 이야기가 시작된다. "머리맡에 쓰다가 내던져 두고 나간 원고를 들추려니까 나의 쓰던 원고는 옆으로 내어 놓여 있고, 새 종이에 D의 필적이 보인다."

한방 친구인 '나'에게 편지 형식으로 쓴 이 소설이 도향과 함께 지낸 그곳에서 쓰여졌다는 것은 필연적인 결과였다.

그들은 저물어가는 닛포리의 붉은 하늘을 내다보면서 다까라 소주와 도향이 좋아하는 포도주를 나누어 마시며 서로의 작품에 대해 토론하기를 좋아했다. 글이 막히면 하숙집을 나와 무작정 함께 걷곤 했다. 이미 병이 깊었던 도향을 본인도 주변 친구도 서로 멀리하며 물건이나 식기도 따로 쓰곤 했다. 도향은 행여나 제 병을 옮겨서 친구들과 멀어지지는 않을까 전전긍긍했다. 하숙방으로 가끔 상섭을 찾아오던 문학 지망생 이태준은 도향과도 친했다. 태준이 도향과 닛포리 앞동산으로 산책을 나갔을 때였다. 벚꽃이 봄바람에 휘날리며 길을 붉게 덮었다. 도향이 걸음을 멈추고 앞서가던 태준을 불러세웠다. 도향의 얼굴은 핏기 하나 없이 하얗게 질려 있었다. 그는 자기 앞에 떨어진 꽃잎보다 더 붉은 핏덩어리 하나를 굽어보고 서 있었다. 기침을 한 번 하더니 또 하나를 뱉어놓았다.

도향이 말했다.

"이게 내 침이야. 아직 다른 이들에게는 말하지 말아줬으면 좋겠어. 공연히 나를 멀리하려들 테니까."

도향은 그렇게 말하고 그 섬뜩하도록 쓸쓸한 웃음을 웃었다. 하지만 상섭만은 도향과 아무 거리낌 없이 술도 같은 잔에 마시고 찻종도 한데 썼다. 그는 원고료를 받아도 하숙방 동료들의 생활비며 술값으로 다썼다. 바로 옆에서 동료들의 사정을 보고도 몰인정하게 외면할 수 없는 데다 술이 한 잔 들어가면 다 털어놓고 끝장을 봐야 될 만큼 마음이 컸다.

상섭은 도향과 1927년 초여름까지 닛포리의 하숙집에 함께 있었다. 병이 더 악화된 다음에는 하는 수 없이 도향을 경성으로 돌려보내야 했다. 도향이 떠난 이후에는 이은상과 함께 양주동이 있는 도쿄 시내의 하숙집 2층 방으로 합류했다.

2층에 있는 하숙방 벽에는 양주동이 기지를 발휘해 쓴 '동즉손(動卽損)' 즉 '움직이면 손해다'라는 뜻의 표어가 붙어있었다. 학자금 송금이 정기적으로 있는 게 아닌 데다 얼마 되지 않는 원고료로 살아가는 터이고 보면 고료와 학비를 술타령에 날려 버리고 돈이 떨어지면 굶기 일쑤였다. 그럴 때는 셋이서 내천(川) 자로 가지런히 드러누워 있곤 했는데 꼼짝하지 않고 누워 있어야 배가 덜 고프기 때문이었다. 술집에 갈 돈이 모자랄 때면 마른오징어 한 마리를 안주 삼아 정종이나 다카라(寶酒造) 소주, 값싼 에비스 맥주(惠比寿麦酒)라도 사다가 방문 닫고 마셨다. 2층이라 변소에 내려가는 것도 귀찮아서 빈 맥주병에 교대로 소변을 누어놓고는 마개도 하지 않고 창가에 나란히 줄을 세우기도 했다. 방안에는 술 냄새 오줌 냄새가 뒤섞여 야릇한 냄새가 등천했다. 그러고는 귀국한 도향에 대한 걱정이며 작품 이야기로 시간 가는 줄 몰랐다.

"'조선문단합평회' 뒤풀이 가서 당신 시 「무덤」 때문에 술들 많이 마셨소."

상섭이 양주동에게 말했다.

'조선문단합평회'는 매달 문예지에 발표되는 소설들을 읽고 합평하는 자리여서 1925년 11월《조선문단》에 발표한 양주동의 시 「무덤」은 뒤풀이 자리에서야 거론이 되었다. 관동대지진 때의 조선인학살사건으로 참혹하게 죽어간 조선인의 헤아릴 수 없는 무덤을 소재로 쓴 시였는데 조선 문단의 비상한 화제였다.

"그걸 읽었네요."

양주동의 얼굴에 한순간 웃음기가 사라졌다.

"와세다대학(早稻田大学)에 유학 중에 잠시 잡지 만든다고 경성에 가 있을 때 그 난리가 나서 저야 목숨을 건졌지만 그때 죽은 우리 조선인들을 생각하면 지금도 손이 떨립니다."

양주동이 술잔을 단숨에 입안으로 털어 넣었다.

"그 바람에 왜놈들이 조선인 차별을 얼마나 씨게 하는지 모립니더."

이은상이 입맛을 쩝쩝 다셨다.

"그나저나 도향이는 어쩌고 있는지……."

양주동이 화제를 돌렸다.

그때 니혼대학(日本大學)에 유학 중이던《백조》동인인 시인 노자영이 하숙방을 찾아왔다. 그는 방 안으로 들어서면서 2층 창가에 즐비한 술병이 아닌 오줌 병을 보고 아연실색했다.

달포쯤 지난 어느 날, 양주동이 클클 웃으면서 상섭에게 신문지 한 장을 내밀었다.

"노자영이 얼마 전에 잠깐 왔다 가서는 신문에다 우리 이야기를 쓴 모양이네요."

상섭은 신문지를 받아 읽고 이마를 찌푸렸다. 거기에는 염상섭과 양주동은 도쿄에 와서 공부는 안 하고 술만 먹는다고 개탄하면서 줄 선 오줌병의 모양을 문단에 보고하다시피 자세히 써놓은 것이었다.

"허허 그 참 못난 인사일세. 신문에 뭐 쓸 게 없어서 그리 하찮은 남의 사생활을 까발린단 말이요. 유학생들 사이에서 어지간히 입방아들을 찧어 대겠구려."

그는 체면을 비상히 존중하는지라 그걸 읽고 몹시 기분이 상했는지 볼멘 소리를 했다. 양주동은 그저 심상히 여기고 웃어넘겼다.

노자영은 오줌 병을 보고 지레 개탄을 하였지만 그 2층 하숙방에서 와세다대학 영문학도인 양주동은 토머스 하디를 주제로 졸업 논문을 쓰고, 같은 대학 사학도인 이은상은 인기 교수들의 강의를 몰래 듣고 와서는 시조를 짓거나 이웃 마을 우에노 야시장을 돌다 건져 온 헌책을 들추며 「아관노국문단(我觀露國文壇)」 같은 글을 썼다. 염상섭도 예외 없이 작품을 썼다. 원고가 끝나면 부리나케 우체국에 가서 송고하고, 고료가 도착하면 도쿄의 서점에 가서 책을 사고 어묵집에 들러 고치 안주를 곁들여 다카라(寶酒造) 소주를 마시곤 했다.

그가 재도일한 지 1년 반 만에 더위를 참아가며 쓴 장편소설 『사랑과 죄』를 〈동아일보〉에 연재하기 시작한 것은 1927년 8월 15일부터였다. 공교롭게도 10여 일 뒤인 8월 26일에 도향이 자신의 집 어성정(御成町, 지금의 남대문로 5가)에서 세상을 떠났다. 스물다섯 살, 너무도 짧은 생애였다. 귀국해 있던 이은상은 이태원 공동묘지에까지 따라갔다. 관속에 들지도 못하고 삿자리에 말려서 묻히는 친구를 보고 은상은 부끄럽고 죄송스러운 마음에 눈물을 훔쳤다. 상섭을 비롯한 선후배 동료 문인들은 저마다 도향의 참혹한 죽음을 애도하는 글들을 쏟아냈다. 폐결핵으로 죽은 도향의 죽음은 단순한 자연인의 죽음이 아니었다. 그것은 시대적이고 사회적인 의미의 죽음이었다.

도향을 모델로 한 소설 「유서」 속에는 「진주는 주었으나」에 관해 화자인 '나'와 'D'가 토론했다는 이야기가 나온다. 『사랑과 죄』는 「진주는 주었으나」의 후속작쯤으로 쓰인 것으로 닛포리의 그 하숙방은 도향으로 인해 상섭에게는 온전한 창작의 산실이 되었던 것이다. 『사랑과 죄』는 상섭이 귀국한 뒤 3개월까지에 걸쳐 257회 차로 연재가 끝이 났다. 「숙박기」(1928)를 쓴 것도 도쿄의 하숙방에서였다.

1920년대 조선문단에는 한결같이 일본 유학생 출신들이 대부분이었지만 염상섭만큼 일본어와 일본근대문학과 문화에 밝은 문인은 드물었다. 그는 교토부립(京都府立) 제2 중학을 졸업했고 게이오대학(慶應大學)에서 수학했다. 아사히신문(朝日新聞) 오사카(大阪) 본사 주필이 그의 논설에 감복했다거나 진학문이 염상섭을 끝까지 이끌었던 것도 다 까닭이 있었다. 그가 일본 문단 진출에 대한 욕망을 품은 것도 사실이지만 막상 와보니 낙타가 바늘귀 뚫기란 걸 재빨리 알아차렸다. 일본 문학에 대한 실망도 컸다. 일본 문단에서 센세이션을 일으키던 시마자키 도손(島崎藤村)과 도쿠다 슈세이(德田秋聲)를 읽고서는 둘 다 신변잡사를 노숙한 필치로 그린 것에 불과하다고 혹평했다. 일본 작품들은 대륙 문학에서 보는 것과 같은 우주와 인생, 사회에 대해 근본 문제를 건드리지 아니하고 호흡 또한 세차지 못하다고. 그는 앞의 두 작가도 평판에 비해서 실망스럽다고. 다만 그 세련된 기교에는 감복할 따름이라고 했다. 그렇게 일본 문학에 대해 '배울 것은 기교뿐'이라고 선언한 이후에는 그토록 열정적으로 원고지에 매달렸다.

하루는 고국에서 온 연재 원고료를 받자마자 그는 도쿄 시내 서점으로 달려갔다.

그는 서점 매대에 서서 《문예춘추》, 《문예전선》 같은 잡지들을 들추어 읽다가 도스토옙스키와 나쓰메 소세키(夏目漱石)를 골라 주인에게 책값을 건넸다.

주인은 어쩐 일인지 잔돈을 턱없이 적게 돌려주어 그를 어리둥절하게 했다.

"아니 잔돈이 모자라지 않소?"

그는 잔돈을 손바닥에 얹어 보이며 화를 누르고 점잖게 항의했다. 잔뜩 벼르고 벼르다 사게 된 책이어서 물려버리고 나올 수도 없는 터라 다시 예의를 차렸다.

"주인장, 책값만큼만 제하고 잔돈을 돌려주셔야지요."

그는 단호하게 잔돈을 요구했으나 주인은 그를 마치 유령 취급이나 하는 듯 너무도 태연하게 서고를 오르내리며 자기 할 일에만 정신이 팔려있었다. 그는 자신이 조롱당하고 있다는 사실을 깨달았다. 너무나 기가 막혔지만 주인의 방자하고 교만하여 남을 업신여기는 태도에 질려 서점을 나올 수밖에 없었다. 이은상의 말마따나 1923년 관동대지진 때 조선인학살사건 이후로 조선인 차별은 수그러질 줄을 몰랐다. 힘없는 식민지 백성이기 때문에 겪게 되는 이런 민족 차별 앞에 조선인들은 속수무책이었다. 그가 할 수 있는 일은 그저 소설을 써서 울분을 토하는 수밖에 없었다.

「숙박기」(1928)는 바로 그 일을 겪은 뒤에 그 같은 처사에 대한 반항으로 나온 소설이었다. 소설 속 주인공인 조선인 유학생 변창길은 일본인 하숙집 주인에게 하숙비를 꼬박꼬박 내는데도 불구하고 멸시와 불신을 당하고 쫓겨난다. 단지 조선인이라는 이유 때문이다. 3·1운동 이후 조선의 청년들을 억압하는 식민지 권력과의 갈등을 그린 『사랑과 죄』 또한 「숙박기」의 주제와 같은 연장선상에 놓여있다.

염상섭이 재도일하여 도쿄의 창작 밀실에서 보낸 그 2년 동안 쓴 작품으로는 『사랑과 죄』를 시작으로 장편소설 2편, 「유서」 외 단편소설 7편, 「민족사회운동의 유심적 고찰」을 위시한 문단 시평, 평론 등 모두 23편이었다. 실로 엄청난 소출이었다. 이만한 작품 창작이 가능했던 것은 그가 닛포리 우애학숙과 도쿄 시내의 그 2층 하숙방을 자신에게 가장 알맞은 창작의 산실로 만들었기 때문이었다. 경성에서는 7남매 중에 셋째인 그가 미혼인 터라 어머니를 모시고 가장 노릇을 하는 처지에 크고 작은 일상에 휘둘려 본격적인 창작이 불가능했다.

　1928년 2월 염상섭은 그의 생애에서 가장 많은 창작 소설과 비평문을 안고 도쿄를 떠나 경성으로 돌아왔다. 도쿄역 플랫폼 밖에서 맨발로 우산을 들고 서서 자신을 마중 나왔던 나도향의 파리한 얼굴이 떠올라 그는 자꾸만 뒤돌아보았다. 도향이 못다 쓰고 간 작품, 도향의 몫까지 자신이 대신 써보겠다는 다짐이라도 한 듯이 그는 귀국 후에도 줄곧 창작의 끈을 놓지 않았다.

　1929년 5월 23일 상섭은 마침내 결혼도 했다. 33살 노총각인 그가 숙명여고 농구선수 출신으로 갓 졸업한 19살의 어린 아내를 맞이한 것이었다. 당시에는 서른 넘어서 결혼하는 남자가 드물었다. 그만큼 만혼인지라 죽참정(지금의 충장로) 신부댁에서 조선 구식으로 치러진 성대한 결혼식은 문단의 비상한 관심을 받기에 충분했다. 기자가 돌연 사진사를 대동하고 신붓집으로 방문하여 인터뷰 기사가 나가기도 했다.

　이 결혼을 두고 훗날 문단이 떠들썩한 스캔들이 생긴 것은 김동인이 발표한 「발가락이 닮았다」(1932) 때문이었다. 하필이면 동인이 소설 속 주인공 M을 32살 노총각으로 설정하는 바람에 난데없이 염상섭이 소설의 모델이라는 오해를 받으며 문단 전체가 떠들썩했다. 소설 속 M은 방탕하여 수많은 여자와 관계하고 온갖 성병을 고루 앓다가 마침내 고환염에 걸려 생식불능인 인물이었다. 그런데 M의 아내가 결혼한 지 2년 만에 버젓이 아이를 낳은 것. M은 울며 겨자 먹기로 아이가 자기와 발가락이 닮았다고 애써 눙친다. 소설의 줄거리는 염상섭과 하등 상관없는 인물이었지만 모르는 사람은 오인할 소지가 다분했다. 그전에 상섭이 쓴 「출분한 아내에게 보내는 편지」(1929)가 김동인을 모델로 쓴 소설이었다. 동인이 가산을 탕진하고 밖으로 돌자 아내가 딸아이를 데리고 집을 나가버린 사건을 소재로 쓴 이야기였다. 사람들은 동인이 자기 아내 이야기를 쓴 상섭에게 앙심을 품고 복수하려고 「발가락이 닮았다」를 썼다고 해서 문단이 시끄러웠다.

상섭이 발끈하여 반박문이랄까 자신의 여성 관계를 밝히는 「소위 모델 문제」를 써서 《동광》에 실었다가 폐기하기로 하고 두 사람이 훗날 서로 오해를 풀었다. 소설가들이 신문 사회면 기사나 가까운 사람에게서 영감을 얻어 소설을 쓰는 경우는 흔히 있는 일이고 보면 상섭이 동인을 모델로 한 소설이 동인을 비난하거나 깎아내리고자 쓴 것은 아니었다.

그러므로 「출분한 아내에게 보내는 편지」에서도 악의적 의도가 전혀 없었다. 그의 창작 방법상 불가피했을 뿐이었다. 그 때문에 그는 동인에 대해서도 나혜석이나 나도향에 대해서도 떳떳할 수가 있었다.

상섭은 결혼과 동시에 1년 가까이 〈조선일보〉 학예부장으로 재직하게 되었다. 그 안정감 덕분이었는지 집필도 왕성하게 이어갔다. 사실 작가 생활과 기자 생활을 양립한다는 건 쉬운 일이 아니다. '신문은 번창해 가고 문장은 졸렬해진다'는 문필계의 속설이 있을 정도로 작가가 되려거든 기자 생활을 집어치우든지 기자가 되려거든 작가를 단념해야겠거늘 그 둘 다 붓 한 자루로 되는 일이라 그랬는지 그의 문필 생활이란 양손에 떡을 쥐는 격으로 그저 두 갈래 물결에 쓸려 내려온 셈이었다. 작가 생활로 받는 쥐꼬리만 한 원고료로는 생계가 설 수 없고 또 기자와 창작을 겸직하자면 뇌 구조부터 달라야 하고 건강 또한 받쳐주지 않으면 안 된다. 기사를 쓰면서 잠자는 시간을 줄여가면서 쓴 것이 바로 우리 근대 소설의 대표작인 『삼대(三代)』(1931)였다.

그는 일제 강점기 작가로서는 반체제적인 소설에 일본인, 그것도 일제의 조선 통치와 관련된 일본인을 적잖이 등장시켰다. 그들은 총독정치의 은밀한 협력자나 경찰관, 법관 또는 좌야(左野) 같은 상인이었다. 그들은 이광수의 경우와는 판이하게 언제나 부정적인 인물로 등장하는 것이 특징이다.

1935년 매일신보사에 입사해서는 소설가 양백화, 김팔봉 등과 함께 근무했다. 당시 〈매일신보〉는 총독부에서 발행하는 신문이어서 문인들은 원고 쓰기를 꺼려했지만 장가를 들어 장남 재용이 태어나 식구가 늘자 생활난에 쩔쩔매던 상황이어서 마다할 수 없는 입장이었다.

하루는 그와 김팔봉이 금천식당(현 서울신문사 정문 자리)에서 마주 앉았다. 그는 그저 동글동글한 모습으로 앉아 말없이 술잔을 비웠다.

"팔봉은 매일신보사에 몇 해나 다닐 작정을 하고 들어오셨소?"

그는 반딧불이 같은 눈을 반짝이며 붉은 입술을 열었다.

"한 3년만 다닐까 작정하고 있습니다."

"그래요? 나도 3년 작정하고 들어왔는데……. 우리 그렇게 합시다."

그는 흰 이를 드러내며 웃어 보였다.

말은 그렇게 했지만 그는 별로 떳떳하지 못한 〈매일신보〉 정치부장 자리에 1년 이상 더 앉아있기가 힘들었다. 매일신보사에 사직서를 내고 자신의 본령인 작가 생활로 돌아가려고 했다. 그때 만주국(滿洲國) 국무원 참사관으로 가던 진학문에게서 만주(滿洲)로 오라는 전갈이 왔다. 우리말로 내던 일간지를 혁신하였다고 와서 최남선이 고문으로 있는 만선일보(滿鮮日報) 편집국을 맡아보라는 것이었다.

1936년 3월의 일이었고 상섭의 나이 마흔이었다. 처음에는 그 덕에 경성과 도쿄밖에 모르던 우물 안 개구리가 만주 구경도 하고 거센 대륙풍도 쏘이게 되었다고 좋아했다. 그런데 그를 주선한 선배가 내세운 조건이 여간 엉뚱한 게 아니었다. 가족을 동반할 것과 재직 중에는 일체 창작 생활을 단념할 것이었다. 창작을 하게 되면 신문사 일에 몰두하지 못할 수도 있고 만주국 이념에 위배되는 '허튼소리'가 끼어들어 난처한 일이 생길 수도 있어서였다. 또 무엇보다 만주에서 삶의 뿌리를 내릴 각오를 하라는 뜻이기도 했다. 일제가 만주사변 후 '국책적 견지에서'라는 명목으로 1933년 창간한 한국어 신문 〈만몽일보(滿蒙日報)〉는 1937년 〈간도일보〉를 합병하여 제호를 〈만선일보〉로 바꾸었다. 조간 8면으로 발행한 〈만선일보〉는 "민족협회 정신을 고무하고 재만 조선계의 국민적 자각을 강화하며 조선계의 황민화 촉진에 적극적인 참획"을 창간 목표로 내세운 신문이었다.

상섭은 관동군 보도부에서 보낸 일본인 주간의 날카로운 감시를 받아 가면서 실질적으로 만선일보를 이끌어 나갔다. 사회부장 겸 학예부장에 시인 박팔양을 앉히고 그 밑에 《조선문단》에 「적십자병원장」(1935)을 발표한 안수길 등 30여 명의 인재들을 끌어들여 지면을 쇄신했다. 1년 동안은 혼자 지내보다 이듬해 가족을 데려왔다. 그는 편집국장으로서 정성을 다했고 소개한 선배와의 언약을 지켜 작품에는 붓을 들지 않았다. 그러나 감독 기관인 관동군(關東軍) 보도반에서는 운영의 배후 조종을 하고 편집 감독까지 했다. 조선계의 황민화 촉진에 위배되는 기사가 하나라도 보이면 바로 문책이 들어왔다. 그 일본인과 사사건건 대립하여 골치가 아팠다. 갈수록 서로 뜻이 맞지 않아 촉각을 세우다 사표를 쓰고 말았다.

상섭이 만주국 안동에 있는 대동항건설사업 선전부로 직장을 옮긴 것은 1939년 9월이었다. 역시 진학문 선배의 주선이었다. 이곳에서 그는 자신의 일생에서 가장 풍요롭고 안정된 생활을 했다. 그도 안동시가 중에 일본인들이 새로 세운 신시가지에서 살았다. 그의 아내는 양장을 입고 세무 구두를 신었다. 일본인과 차별 대우를 받지도 않았으며 생활은 안정되었다. 이곳 안동에서 해방을 맞았다.

1945년 8월 15일 수요일이었다.

여름이 한풀 꺾였지만 한낮에는 땀이 날 정도로 더웠다. 라디오에서는 하루 전날부터 일본 도쿄로부터 정오 12시에 중대 발표가 있으니 빠짐없이 들으라는 방송을 되풀이했다. 예고된 시간이 가까워져 오자 그의 가족은 진작부터 라디오를 커두고 귀를 기울였다. 그때, 누군가 열린 대문으로 들어섰다. 바로 옆집에 사는 일본인 부인이었다. 아내와는 서로 음식도 나누고 친밀하게 오가는 사이였다.

"염 상, 우리 집 라디오가 고장이 났지 뭐예요. 같이 좀 들어도 되겠지요?"

일본인 부인의 말이 채 끝나기도 전에 이번에는 뒷골목에 사는 일본 노인이 뒤따라 들어왔다. 안면은 있었지만 노인이 그의 집을 방문하기는 처음 있는 일이었다. 그는 얼른 아내와 함께 평상으로 라디오를 들고나왔다.

지금부터 삼가 옥음(玉音)을 보내드립니다.

잡음이 많았으나 막 방송이 시작되었다. 이내 일본 천황의 울먹이는 목소리가 흘러나왔다. 제2차 세계 대전의 종말을 고하는 항복 선언이 일본 전국과 점령지에 방송되었다. 주위가 찬물을 끼얹은 듯 조용했다. 그의 심장은 마구 뛰었다. 꿈에도 그리던 해방이었지만 이렇듯 도둑같이 찾아올 줄은 꿈에도 생각지 못한 일이었다. 함께 방송을 듣던 두 일본인이 없었다면 소리 내어 만세를 부르며 엉엉 소리내어 울고 싶었다. 평상에 앉아 방송을 듣던 사람들의 눈에 눈물이 글썽거렸다. 하지만 그 눈물은 제각기 뜻을 달리 한 눈물이었다. 희비가 극명히 엇갈리는 순간이었다. 한쪽은 뼈에 맺힌 원한이 갑자기 풀리는 환희의 눈물이었고 다른 쪽은 비분에 가슴 쓰린 통한의 눈물이었다. 모여 앉은 사람들 누구 하나 입을 떼지 않았다. 방송이 끝나고 다들 말없이 헤어지자 그는 비로소 아내와 손을 맞잡고 기쁨의 눈물을 흘렸다.

바로 그날 저녁, 염상섭이 야경(夜警)을 돌 차례였다. 일본인 중심으로 조직되어 있는 만주국 속의 생존을 위한 자치회는 야경을 비롯하여 방공 연습 등을 관장하고 있었다. 그는 같은 마을 골목 끝에 사는 자치제를 관장하는 일본인을 찾아갔다. 더운 날씨에도 불구하고 웬일인지 방문을 꼭 닫고 있었다. 예전과 다르게 풀이 죽은 데다 왜 자기를 찾아왔지 하고 경계하는 눈빛이 역력했다.

"오늘 저녁에 우리 조선거류민회의 조직 문제로 회의에 꼭 참석해야 하는데 밤늦게까지 회의가 이어질 모양이요. 야경 순서를 좀 바꾸어 주셔야 할 것 같소."

상섭이 말했다. 조선거류민회에서 그는 부회장직을 맡은 터여서 그의 말대로 참석이 불가피한 것이 사실이었다.

"그러시군요. 걱정 마세요. 다음 순번에 부탁해서 대체하도록 하겠습니다."

자치제를 관장하는 일본인이 흔쾌히 상섭의 청을 들어주었다.

상섭은 회의를 마치고 야밤에 집에 돌아왔다. 자려고 누웠는데 마침 옆 골목에서 야경을 도는 딱따기 소리가 들렸다. 뒤이어 무슨 비명소리 같은 것이 얼핏 들린다 싶더니 이내 조용해졌다. 그는 대수롭지 않게 여기고 잠을 잤다. 이튿날 회의에 갔다가 간밤에 그의 집골목에서 그를 대신해서 야경을 돌던 일본인 교사가 살해되었다는 소식을 들었다. 그는 내심으로 에구머니나! 하고 몸서리를 쳤다. 부회장인 그는 회장과 함께 횡사한 일본인 선생의 집에 조위를 갔다. 같은 마을에 살아서 오다가다 얼굴을 보던 일본인이었다. 그는 너무도 혼란스러웠다. 만약 그날 조선거류민회 조직 문제로 회의가 열리지 않았더라면, 예정대로 그가 야경을 돌았더라면 어떻게 되었을까. 간발의 차이로 그는 목숨을 구했고 일본인은 살해당했던 것이었다. 그는 그날부터 그 살인 사건을 머리에서 지울 수가 없었다. 1936년 3월 만주국으로 와서 1945년 8월 15일까지 안동에 정착한 동안 그는 진학문의 주문처럼 붓을 접은 조선인이 되기를 포기한 제3국의 지식인에 지나지 않았다. 8·15해방과 함께, 자기를 대신해서 죽은 일인 교사의 살인 사건을 통해 그는 한순간 조선인으로 되돌아왔다. 자신이 조선의 지식인임을 깨닫는 일은 다시 붓을 드는 길이었다.

그날 밤 운명이 엇갈린 일본인 교사 살인 사건에 대한 상상력은 그에게 마침내 오랜 절필을 딛고 중편소설「모략」(1948)을 쓰게 했다. 사건이 일어난 3년 뒤였다. 8·15해방의 흥분에서 오는 이 의미 불명의 살해 사건은 그에게 엄청난 운명적 모습으로 다가왔다. 그 때문에 그것을 소화하여 상상력의 수준으로 끌어올리기에는 많은 시간이 필요했던 것이다.「모략」이 사건이 일어난 지 3년 뒤에 쓰여진 것은 바로 그 때문이었다.「혼란」(1949),「삼팔선」(1949) 등의 소설에서도 해방 직후 만주에서의 일본인과 조선인과 중국인, 이 세 민족이 역사의 공백기에 어떤 처지에 놓여 있었는지를 적나라하게 드러내었다. 염상섭은 야경꾼 살해 사건을 두고 일본인 자치 조장의 트릭으로 보았다. 자치 조장은 그날 야경꾼이 당연히 조선인인 줄 알고 죽였다. 그 살인 행위를 중국인의 책임으로 돌려서 조선인과 중국인을 이간질할 목적이었던 것이다. 말하자면 일본인 자치회의 야경꾼인 조선인이 죽게 되면 그 살인자가 일본인이라고 아무도 믿지 않을 것이며 모두가 중국인이라고 믿게 될 것이란 계산이었다. 소설 속 조장 노사끼는 이런 고단수의 노림수를 썼지만 그것은 완전 계산 착오였다. 그의 작가적 역량이 되살아나기 시작한 것은 바로 이 지점이었다.

상섭이 가족들과 서울에 도착한 것은 1946년 초여름이었다. 10년 만이었다. 일제 말기 빈손으로 떠난 서울을 광복이 되자 또 빈손으로 돌아온 것이었다. 그들 가족의 38선 넘기는 실로 사선을 넘는 일이었다. 바로 뒤통수에 날아들 듯 쏘아대던 소련군의 총소리를 들으며 압록강을 건너던 일, 신의주 학생 의거 전날 밤 체포되어 유치장 생활을 한 일, 무엇보다 안동에서 살해당할 뻔한 일 등이 바로 어제 일처럼 떠올랐다.

미군정하의 서울은 혼란스러웠다. 정치계는 격렬한 좌우익 대립 상황으로 치달았으며 문화계 또한 별반 다르지 않았다. 그의 가족은 돈암초등학교 앞 골목에 있는 작은 조선 기와집에 세 들어 살았다. 밥벌이를 위해서 취직자리를 찾아야 했지만 그가 할 수 있는 일은 신문 만드는 일과 소설 쓰는 일밖에 없었다. 이번에는 정지용을 도와 경향신문 창간을 준비하던 김동리의 추천으로 경향신문 편집국장으로 불려 나갔다. 해방공간에서 겪은 좌우익 싸움의 허망함을 체험한 그는 좌우익 관계없이 중도를 걸으려 했지만 혼탁한 당시의 언론계에서 그 또한 쉽지 않았다. 소위 지저분한 투쟁과 정치적 수완이 없는 기자는 도태되기 마련이었다. 그는 9개월 만에 신문사를 사퇴하고 말았다. 옛 《폐허》 동인들과 어울려 술을 마시며 답답한 마음을 달랬다. 하루는 오상순 등과 수주 변영로를 방문하여 술을 마시다가 비가 오는 바람에 옷이 홀딱 다 젖고말았다. 그들은 누가 먼저랄 것도 없이 거추장스런 옷을 훌훌 벗어던지고 마침 소나무에 매여있던 소를 타고 성북동 산골짜기에서 혜화동 로터리까지 진출했다. 그들의 기행이 신문에 실려 사람들의 입방아에 오르기도 했다. 술에 취하면 비틀비틀 옆으로 걷는다고 친구들이 붙여준 그의 호가 횡보(橫步)였다.

그는 쓰던 원고지를 밀쳐두고 창밖을 내다보았다. 단풍 든 감나무 잎이 떨어져 바닥에 수북이 쌓여있었다. 만추였다. 꿈인 듯 생시인 듯 저녁노을이 아름답던 닛포리의 언덕에서 도향이 그 한결같은 너털웃음을 웃으며 그의 손을 잡아 끌었다. 먼저 간 문우들의 모습이 어지럽게 나타났다 사라지기도 했다. 원고청탁서를 들고와서 그가 건넨 반주잔을 받아들고 돌아앉아 마시던 그 예의바른 편집자의 얼굴이 잠시 떠올랐다 사라졌다. 온몸에 통증이 점점 잦아지고 있었다. 아무래도 「횡보문단회상기」를 다 끝내기는 틀린 것 같았다.

3. 김소월 – 박선욱

1

온 산이 초록으로 물들던 어느 날, 한 젊은이가 말을 타고 신작로 길을 가고 있었다. 서양식으로 짧게 자른 머리에 옥빛 두루마기를 잘 갖춰 입은 매무새가 제법 의젓했다. 예전 같으면 그도 갓을 쓴 선비 차림이었을 것이다. 하지만 단발령이 내려진 지 어언 9년째, 머리 위로 우뚝 솟은 상투란 찾아보기가 어려웠다.

그의 뒤로 고삐를 잡은 하인 둘이 종종걸음을 치며 따라왔다. 말 잔등 위에는 제법 묵직해 뵈는 짐 보퉁이가 양옆으로 매달려 있었다. 젊은이가 미루나무 근처를 지나갈 때, 갑자기 험악하게 생긴 일본인 왈짜패들이 저만치서 다가오고 있었다. 십여 명쯤 되는 그들은 하나같이 머릿수건을 질끈 동여맨 작업복 차림이었고, 팔뚝에는 거무스름한 기름때가 번들거렸다.

"에구구. 이, 일인 낭인들인가 본데요."

작달막한 하인 하나가 겁에 질린 듯한 어조로 젊은이를 올려다보았다.

"주인님! 다들 손에 모, 몽둥이를 들었구먼요. 어쩌지요?"

말 궁둥이 쪽에 서 있던 호리호리한 하인이 다급히 말했다.

"별일이야 있겠느냐? 너무 겁먹지 말거라."

젊은이가 담담하게 타일렀다. 하지만, 그 사이 왈짜패들은 성큼성큼 다가와 젊은이 일행을 가로막았다. 말이 놀라서 히힝 거렸다.

"멈춰라!"

세모꼴 눈을 치켜뜬 사내가 일본말로 명령하듯 말했다.

"무슨……일이시오?"

말을 미처 마치기도 전, 세모꼴 눈의 사내는 젊은이의 두루마기 자락을 왈살스럽게 잡아채었다.

"어억!"

젊은이는 순식간에 땅바닥으로 내동댕이쳐졌다. 세모꼴 사내가 젊은이의 얼굴을 발로 밟으며 이죽거렸다.

"몰라서 물어? 우리는 철도 부설을 위해 현해탄을 건너온 목도꾼들이시다. 우리 대일본제국이 남산봉 뒤쪽에 철도 공사를 하려는데, 감히 반대하는 놈들이 있다고 들었다. 그중에서도 네가 제일 반대를 심하게 하는 악질이지? 이곳이 네 무덤이 될 것이다! 얘들아, 이놈에게 지옥의 맛을 보여줘라!"

"하이!"

두목이 손가락질하자, 일인 목도꾼들은 미치광이들처럼 날뛰기 시작했다. 그들은 젊은이를 몽둥이로 두들겨 패고 발로 차며 짓밟기 시작했다. 젊은이는 며칠 전의 일이 퍼뜩 떠올랐다. 일본인들이 정주군에서 곽산면까지 이어지는 철도를 놓겠다며 제멋대로 공사를 시작할 때, 마을 청년들과 힘을 합쳐 철도 공사 반대 집회를 했던 적이 있었다. 수십 명의 마을 청년들 앞에서 일인 목도꾼들이 곡괭이를 들고 위협을 가했던 일도 똑똑히 기억났다.

'그놈들이 기어코 보복을 하는구나.'

정주군에 사는 사람들은 철도를 놓는 일이야말로 일본인들의 이익을 위한 수단일 뿐이라는 것을 알고 있었다. 그러한 까닭에, 특히 공사판이 벌어진 곽산면의 젊은이들이 모여서 일제히 반대 집회를 열었던 것이다.

"더러운 조센징! 네 이름이 김성도지? 다시는 활개를 치지 못하게 만들어 주마! 크흐흐흐."

몽둥이가 앞머리를 강타했다.

"아악!"

"빠가야로! 감히 대일본제국의 철도 공사를 방해해? 뼈도 못 추리게 만들 테다!"

몽둥이가 춤을 추었다. 허리가 불에 덴 듯했다. 넓적다리가 빠개지는 듯했다. 정강이가 뿌드득, 소리를 내었다. 다리뼈가 으스러지고 어깨뼈가 부러진 것 같았다.

"우리들이 반대 집회를 가진 뒤, 철도 공사에 혈안이 된 일본 철도국 간부들의 비밀 모임이 있었다네. 거기에 경찰들과 일본인 목도꾼들이 참석해서 했다는 말이 가관이지. 곽산 땅의 젊은이들이 반대 집회를 연 것은 대일본제국을 모욕하는 짓이라나? 허허, 참."

"그 모임에 참석한 왜놈들 말이, 우리 마을 사람들에게 위해를 가하자고 작당을 했다지 뭔가? 주동자를 처단하더라도 일인 경찰들은 모른 체할 거라고 대놓고 말했다는군. 그중에서도 가장 식견이 높고 사람들에게 신망을 받는 사람을 골라서 찍어내라고 암시를 했다는 것 아니겠어? 다들 조심해야겠네."

이틀 전, 곽산 땅의 일이라면 두 팔 걷어붙이고 힘을 보태는 마을 청년 둘이 흥분하며 했던 말이 귓가에 쟁쟁했다. 일인 목도꾼들의 표적이 바로 곽산 땅에 사는 스물한 살의 김성도, 자기 자기 자신을 지칭했다는 것을 몽둥이에 죽도록 맞아 온몸이 너덜너덜해져서야 깨달았다.

오늘 김성도는 모처럼 처갓집 나들이를 가기 위해 길을 나선 터였다. 두 살 위인 아내 장경숙과 결혼식을 올린 것은 17세 때의 일이었다. 아내는 신혼살림을 차린 지 얼마 안 되어 태기가 있었다. 여자가 임신하면 처가에서 애를 낳는 게 이 고장의 전통적인 습속이었다. 아내는 평안북도 구성군 구성면 왕인리 안끝부락의 친정에 가서 큰아들 정식을 낳았다. 친정집에서 백일을 보낸 뒤, 아내는 아들을 데리고 평북 정주군 곽산면 남단리 569번지의 본가로 돌아왔다. 집안 어른들은 공주 김씨 집안의 장손인 정식을 갓놈이라 불렀다. 평북 지방 말로 큰아이, 또는 상속자라는 뜻이었다.

"아범아, 사돈집에서 기쁘게 받아주시면 좋겠구나."

이른 시간, 김성도가 벌써 일어나 채비를 갖출 때, 정식의 조부 김상주가 말했다.

"아버님께서 손수 준비해 주셨으니 기쁘게 받으실 겁니다."

김성도는 아버지를 바라보며 활짝 웃으며 답했다. 잠시 후, 김상주는 하인들을 시켜 사돈집에 보낼 귀한 선물이며 떡을 비롯한 맛있는 음식을 바리바리 장만해 두 개의 궤짝에 넣어서 말잔등에 실었다. 동틀 무렵, 김성도는 가장 깨끗한 명주옷을 골라 입고 대문을 나섰다.

"다녀오겠습니다."

말 위에 올라탄 김성도가 식구들에게 인사를 한 뒤, 동구 밖을 나설 때는 헌헌장부가 따로 없었다. 그랬던 김성도였건만, 한나절이 못 되어 피투성이가 된 채 말에 거꾸로 실려 왔다. 일인 목도꾼들에게 흠씬 두들겨 맞은 하인들도 눈자위가 찢어지고 다리를 절뚝이며 기다시피 해서 돌아왔다. 그 시각, 일인 목도꾼들은 김성도에게서 빼앗은 궤짝을 열어 김이 모락모락 나는 시루떡을 게걸스럽게 먹어 댔다. 귀한 술을 동이째로 들이마셨고, 불고기와 옥돔전을 걸신들린 듯이 씹어먹으면서 김성도와 곽산 땅의 젊은이들을 마음껏 비웃었다.

"어이쿠! 이게 무슨 변고인가?"

김성도의 집안이 발칵 뒤집혔다. 광산업을 운영하며 평북 일대에서 손꼽는 부호로 소문난 김상주는 하루아침에 곤죽이 되어 돌아온 장남의 처참한 몰골 앞에서 아연실색하고 말았다.

"에구머니나! 여보……."

세 살배기 아들을 업은 김성도의 아내 장경숙은 실신하듯 땅바닥에 주저앉았다. 옥골선풍 늠름한 모습은 간데없고 시체처럼 축 늘어진 남편을 보니 하늘이 새까매졌다. 입술이 와들와들 떨려서 말도 제대로 나오지 않았다.

"의원을 불렀으니 지켜보자꾸나."

툇마루에 서서 이 광경을 지켜보던 노할머니가 침착한 어조로 말했다. 노할머니는 정식의 증조할머니이자 김상주의 어머니인 일봉댁 전씨였다.

"예, 어머니."

김상주는 일봉댁을 향해 고개를 숙였다. 평소 유교를 받들고 반일 감정과 민족의식이 강했던 김상주였다. 그런 그였기에 자초지종을 알고 나서 피가 거꾸로 솟는 느낌을 떨칠 수 없었다. 그렇지만 집안의 어른인 어머니 앞에서, 더구나, 며느리와 손주 앞에서 경솔한 행동을 할 수는 없었다.

장경숙은 의원이 조제한 탕약을 아침저녁으로 정성껏 달여 남편에게 먹였다. 혼수상태에 빠져 있던 김성도는 한 달 만에야 겨우 깨어났다. 석 달쯤 뒤에는 툇마루를 간신히 밟을 수 있었으나, 초점 없는 눈으로 멍하니 앉아 있을 때가 많았다. 계절이 바뀌어도 좀체 나아지는 기미가 보이지 않았다.

"대문이 두 개나 있는 3천여 평 너른 땅을 물려받을 장자인데 참 안됐어, 쯧쯧."

"열네 칸짜리 기와집의 주인이면 뭐하누. 밤낮 시난고난 앓으며 뜻 모를 소리만 주워섬기는데."

"앞날이 창창한 젊은 선비가 고약한 병에 걸렸구먼. 한번 정신 줄을 놓치면 사람 구실이 힘들 텐데, 원."

뒷마당을 겨우 거닐 정도로 쇠약해진 그를 먼발치에서 보았던 동네 아낙네들 몇이 빨래터에 퍼질러 앉아서 혀를 끌끌 찼다.

"어허! 남의 일이라고 함부로 입을 놀려서야 되겠는가?"

마침, 텃밭에 다녀오다 그 소리를 듣게 된 일봉댁 전씨가 일침을 놓았다.

"아, 아이고, 노마님! 죄, 죄송하게 되었구먼요."

이바구를 하다 들킨 아낙네들은 고개를 발밑까지 주억거리며 빌다시피 하다가 슬그머니 꽁무니를 뺐다.

정식의 증조할머니 전씨는 평북 선천군 동면 일봉리에서 시집왔기에 택호가 일봉댁이었다. 일찍이 남편을 잃고 상주를 비롯한 자식들을 키우느라 길쌈을 하고 베를 짜서 시장에 내다 팔며 집안을 일으켜 왔다. 음식 솜씨며 바느질 솜씨가 좋은 전씨가 짠 무명, 명주, 삼베는 입소문이 나서 대갓집 마나님들이 단골로 살 정도였다. 전씨는 초서로 편지를 쓸 만큼 한문 실력이 뛰어나서 모두들 전씨에게 깍듯이 대했다. 전씨는 바르지 않은 것, 게으른 것, 남을 속이는 것을 싫어해서 만일 아랫사람이 이런 행위를 하다 발각되면 호되게 경을 치곤 했다. 호랑이 할머니로 통하는 전씨는 억척스럽게 모은 돈으로 논과 밭을 샀고, 대궐 같은 기와집을 새로 지었다. 사람들은 그 집 이름을 전씨의 택호를 따서 '일봉댁 큰집'이라고 불렀다. 마을에서 가장 규모가 번듯한 일봉댁의 큰집은 공주 김씨 종갓집의 위엄과 면모를 갖춘 곳이었다. 큰아들 상주는 어머니가 일군 풍요를 바탕으로 금광 사업에 뛰어들어 번듯한 부호로 성장한 것이다.

병상에서 일어난 김성도는 차도를 보이는가 싶더니, 이따금 외마디 소리를 질러대곤 했다. 하늘을 쳐다보며 눈을 희번덕거리면서 혼자 염불 외듯 중얼거리기도 했다. 갑자기 불에 덴 듯 소스라쳐 뛰어오르거나, 아무에게나 욕설을 퍼붓는 일도 있었다.

"갓놈아! 어디 보자 우리 갓놈! 흐흐히히헤헤 아하하하하!"

어린 정식은 느닷없이 자신을 끌어안고 마구 볼을 비비는 아버지가 무서웠다. 때때로 허공을 바라보며 눈알을 부라리는 아버지는 낯설기 짝이 없었다. 누군가에게 짓눌린다는 듯이, 등과 허리를 마구 굽히고 머리를 두 손에 파묻고 괴로워하는 아버지를 보면 숨이 막힐 것만 같았다. 괴물의 울음 같은 신음 소리, 등골을 오싹하게 만드는 괴상한 웃음소리, 먼 산을 보고 노려보는 시늉을 하면서 날카롭게 뱉어내는 고함 소리……. 높거나 낮은 괴성, 그리고 돌연한 침묵, 둘 사이를 불규칙적으로 오가는 아버지의 기행 앞에서 정식은 저도 모르게 눈과 귀를 틀어막았다. 하지만, 아무리 눈을 감고 귀를 막아도 그 소리는 끊이지 않고 들려왔다.

언제부터인가 정식은 뒷마당에 우두커니 서서 물끄러미 달을 쳐다보곤 했다. 아버지에게서 멀찌감치 떨어져 감나무, 배나무, 사과나무, 복숭아나무, 포도나무 등 과일나무가 우거진 마당에 홀로 설 때가 많았다. 가만히 서 있노라면 어디선가 귀뚜라미나 여치, 쓰르라미 따위의 온갖 풀벌레 소리가 들려왔다. 하늘에 높이 뜬 달은 마당을 비추고, 주렁주렁 매달린 과실들을 비추고, 풀벌레를 비추고, 자신이 서 있는 곳까지 찾아와 그림자를 만들어 주었다. 그럴 때면 달이 다정하게 느껴졌다. 풀벌레 소리가 음악 소리처럼 포근하게 여겨졌다. 달이 뜬 밤하늘에는 별빛들이 자신을 향해 소곤거리는 것처럼 정겨웠다. 정식은 어느덧 생각을 많이 하고 말수가 적은 아이가 되어 갔다.

2

정식이 홀로 자신만의 세계 속으로 깊이 들어갈 무렵, 새로운 식구가 집안에 들어왔다. 첫째 숙부 김학도와 결혼한 큰숙모 계희영이었다. 부잣집에서 태어난 계희영은 어렸을 때부터 언문을 깨친 까닭에 아버지의 서재에 있는 책들을 즐겨 읽곤 했다. 주로 옛날 이야기책이나 민담에 관한 책들을 빠짐없이 읽었고, 나라를 구한 영웅들의 전기들도 탐독의 대상이었다.

"정식아, 숙모가 옛날이야기 하나 해줄까?"

"응."

"옛날, 어느 고을에 원님이 살았는데, 원님에게는 딸이 있었단다. 딸은 마음씨도 착하고 얼굴도 여간 고운 게 아니었지. 원님은 하나밖에 없는 딸을 무척 아끼고 사랑했어. 하루는 원님이 딸을 데리고 부하들과 함께 영변의 약산에 갔더랬어. 묘향산 자락에 위치한 약산에는 고려 때부터 외적을 막기 위해 만든 튼튼한 성이 있어서, 방비를 잘하고 있는지 살피러

간 거야.

　원님이 부하들과 진지를 둘러볼 때, 딸은 깎아지른 듯한 절벽에 있는 예쁜 꽃을 보러 갔어. 발아래로 굽이치는 구룡강이 영변 고을을 가로질러 흐르는 게 보였어. 한 폭의 그림 같았지. 그 꽃을 막 꺾으려는 순간, 발을 헛디딘 딸은 그만 절벽 아래로 떨어져 죽고 말았어. 원님은 몹시 슬퍼하며 딸을 약산의 양지바른 곳에 묻어주었지. 그런데, 이듬해 봄이 되자 절벽 바위틈 모서리에서 진달래가 피어났단다. 그다음 해에는 온 계곡 전체가 붉은 진달래로 뒤덮였지. 사람들은 원님 딸의 넋이 진달래로 피어났다면서 애달파했어. 그 뒤부터 사람들은 봄철에 영변 약산으로 꽃구경을 올 때마다 무리 지어 핀 진달래 앞에서 옷깃을 여미곤 했단다."

　여기까지 다 들은 정식은 성에 차지 않는 듯 이야기를 더 해 달라고 졸라댔다. 계희영은 내친김에 임경업 장군 이야기며, 남이 장군 이야기까지 더 들려주었다.

　"동서! 우리 갓놈이 동서를 무척 따르니까 옛날이야기 좀 많이 들려줘."

　말주변이 없는 어머니는 계희영에게 이런 부탁을 자주 했다. 정식이 계희영을 새엄마라고 부르며 이야기를 들려달라고 조른다는 것을 알기 때문이었다.

　"알겠어요, 형님."

　계희영은 밝게 웃으며 고개를 끄덕였다. 소심하고 내성적인 조카가 자신에게만큼은 스스럼없이 다가와 옛이야기를 듣고 싶어 하는 게 무척이나 귀엽고 사랑스러웠다. 계희영은 시간이 날 때마다 조카에게 자신이 알고 있던 민담이나 설화 속 줄거리들을 조곤조곤 들려주었다. 듣고 또 들으면서도 정식은 도무지 싫증을 내는 법이 없었다. 오히려 옛이야기를 더 들려달라고 몇 번이고 졸라대곤 하는 것이었다. 이제는 이야기 밑천이 바닥나서 고소설이나 영웅전, 온갖 설화와 민담이 실린 이야기책을 사서 읽어야 할 정도였다.

"새엄마, 옛날이야기 좀 더 들려줘."

어느 긴긴 겨울밤, 계희영은 질화로에 고구마나 군밤을 구워서 조카와 함께 먹으며 진두강 가의 오누이 이야기를 풀어나갔다.

"평안도 박천땅 진두강 가에 십 남매가 살았단다. 어머니가 병으로 일찍 돌아가시자, 큰누나는 어린 아홉 동생들을 밤낮으로 보살폈지. 아버지는 부인을 새로 맞아들였는데, 계모는 성격이 모질고 포악하여 아이들을 자주 굶겼단다. 화가 나면 부지깽이로 아이들의 팔다리며 어깨를 사정없이 내리쳐서 성한 날이 없었지. 큰누나는 어느덧 시집갈 때가 되었단다. 신랑 집에서는 아름다운 얼굴과 고운 마음씨를 지닌 큰누나에게 패물과 비단옷을 선물해 주었어. 이것을 시기한 계모는 선물을 빼앗은 뒤 큰누나를 불에 태워 죽이고 말았지. 동생들이 큰누나의 무덤에 갔을 때, 접동새가 슬피 울며 날아올랐단다. 억울하게 죽은 큰누나의 넋이었지. 머지않아 계모의 몹쓸 짓이 관가에 알려졌고, 사또는 계모를 불에 태워 죽이는 형벌로 다스렸단다."

정식은 숙모의 이야기가 끝날 무렵, 무어라고 혼자 중얼거리면서 작은 눈물방울을 뚝 떨어뜨렸다.

"접동 접동 아우래비 접동."

두어 번 중얼거릴 때쯤, 계희영은 조카가 자신의 이야기 속에서 가장 중요한 고갱이에 가락을 붙여 짧게 읊조렸다는 사실을 깨닫고 화들짝 놀랐다. 견우와 직녀 이야기를 듣고 처음으로 눈물 흘린 뒤, 두 번째로 흘린 눈물이었다. 게다가 이야기의 끝 장면을 골라내어 거기에 운율을 입혔다는 게 예사롭지 않았다. 계희영은 조카의 눈물을 닦아주고는 품에 꼭 끌어안았다.

'접동 접동 아우래비 접동…… 이 얼마나 기가 막힌 가락인가.'

한편, 식음을 전폐하다시피 하며 장남의 병구완에 골몰하던 김상주는 해가 바뀌면서 사람들을 집으로 불러들이는 일이 잦았다. 그동안 손을 놓고 있던 광산업 운영을 재개하기 위해 외출도 종종 했고, 충직한 일꾼들을 데리고 다니면서 조목조목 일머리를 가르치느라 분주했다. 그러면서도 매일 오전 한나절 동안 어린 손주를 앉혀 놓고 천자문을 가르치는 일만큼은 빼놓지 않았다.

"하늘 천 따지, 검을 현 누르 황."

정식은 낭랑한 목소리로 천자문을 외웠다.

"아이구, 우리 정식이가 제법인걸. 어디서 이런 재주를 물려받았누."

일봉댁이 안방 문을 지긋이 열고 나와서 환한 표정으로 한마디 했다. 호랑이 할머니로 불리는 일봉댁은 맛있는 인절미나 사과, 배 같은 먹을거리가 생기면 꼭 정식에게 건네줄 만큼 증손자에 대한 마음 씀씀이가 남달랐던 편이었다.

"킬마니!"

정식은 반갑게 할머니를 불렀다. 킬마니는 평북 방언으로 노 할머니라는 뜻이었지만, 자신에게 유독 잘해주는 증조할머니에 대한 친근함의 표시이기도 했다.

정식은 한문을 배워 나가는 속도가 빨랐다. 나중에는 독선생을 들여와야 할 정도였다. 그즈음 집에 들어와 정식을 가르친 사람은 팔촌 형 김정면이었다. 그가 가르친 지 3개월이 채 안 되어 사서삼경을 다 떼니, 집안식구는 물론이고 동네 사람들까지 놀랄 정도였다.

"허어, 신동이로세. 벌써 사서삼경을 외우다니."

마을 사람들은 어려운 한문책들을 줄줄 외며 그 뜻마저 이치에 맞도록 지혜롭게 풀이하는 정식을 보며 칭찬을 아끼지 않았다.

정식은 숙모에게서 들었던 옛이야기들을 친구들 앞에서 그럴듯하게 들려주는 비상한 기억력을 지니고 있었다. 마을 사랑방에서는 어른들 앞에서 한시를 외워서 바치기까지 했다. 또랑또랑한 음성과 샛별 같은 눈빛을 보면서, 그 모양이 기특하기도 하고 안타깝기도 해서 앞치마로 눈물을 찍어내는 아낙들도 있었다.

아버지가 정신 이상이 된 뒤부터 할아버지 김상주는 장손을 더욱 애지중지했다. 어머니 장경숙 또한 각별히 맏아들 정식을 위하려 애썼다.

"우리 귀한 갓놈아!"

할아버지와 어머니가 정식을 부르는 소리였다. 두 사람의 과중한 관심은 정식에게 적지 않은 부담감을 주었다. 엄격한 할아버지는 손주를 자신이 설정한 목표대로 움직이려 했다. 낫 놓고 기역 자도 모르는 어머니 장경숙은 덮어놓고 아들을 치마폭에 감싸 안으려고만 했다. 손자를 맡아서 키워야 한다는 책임감으로 사사건건 통제하려 드는 할아버지, 자식에 대한 맹목적인 사랑만으로 전전긍긍하는 어머니와는 대화가 통하지 않았다. 이런 현실이 서글펐지만 정식으로서는 달리 어쩔 도리가 없었다. 그렇다고 해서 증조할머니에게 찾아가 하소연할 생각은 엄두도 내지 못했다.

반면, 숙모 계희영은 달랐다. 가족 중 그 누구보다도 화수분처럼 재미있는 이야기를 끝도 없이 술술 풀어내는 이야기꾼이었다. 그뿐만 아니라 조카의 이야기를 차분하게 들어줄 줄 아는 유일한 사람이었다. 정식은 숙모와 함께 있는 시간이 좋았다. 계희영이 들려주는 이야기 속에서 포근함을 느꼈고 마음껏 상상의 나래를 펼칠 수 있었다. 갓 시집온 계희영 또한 어린 조카와 도란도란 얘기를 나누는 것이 나쁘지 않았다. 그 시간이야말로 시집살이의 고되고 단조로운 일상을 이겨내는 휴식인 셈이었다. 남편이 출타 중일 때면 정식에게 이야기를 들려줌으로써 적적함을 달래기도 했다. 이 때문에, 피곤함을 무릅쓰고 스스로 자청하여 정식에게 옛 설화와 민담을 펼쳐 놓을 때가 많았다.

산유화혜
산유화혜

부소산 높아 있고
구룡포는 깊어 있다

어느 날은 옛 부여의 민요를 나직하게 불러주었더니 정식이 곧잘 따라서 불렀다. 그 모습이 어찌나 귀엽고 기특한지, 하루의 피로를 싹 잊을 정도였다.

정식은 숙모의 존재로 인해 가까스로 안정을 찾게 되었지만, 집안에 닥쳤던 불운은 한 번으로 그친 게 아니었다. 그것은 휴화산처럼 잠잠했다가도 별안간 천지를 들썩이게 하기도 했다. 한번은 아버지가 헛간에 불을 놓은 적이 있었다.

"히히히! 히히히히히!"

불이 붙은 장작을 들고 마른 짚을 들쑤시는 사람은 영락없는 광인 그 자체였다. 불은 순식간에 볏짚을 태웠고, 헛간의 지붕으로 번져갔다.

"불이야!"

하인들이 물동이를 들고 이리 뛰고 저리 뛰면서 불을 끄기 위해 애를 썼다. 한밤중에 일어난 소동으로 온 식구가 너울너울 타오르는 불과 사투를 벌이느라 기진맥진했다. 불은 헛간 절반을 태운 뒤에야 가까스로 잦아들었다.

"어이쿠! 작은 주인님, 그러시면 안 됩니다요. 크, 큰일납니다요!"

마당에서 외마디 소리가 들렸다. 불씨가 살아 있는 장작을 들고 사람들을 위협하는 아버지를 피해서 도망 다니는 하인들의 비명 소리였다. 할아버지는 급히 경찰에 연락을 취했다. 잠시 후, 경찰이 와서 실성한 아버지를 붙들고서야 소동이 멈추었다. 불같이 노한 할아버지는 곡괭이 자루를 들어 아버지를 후려쳤다.

"아얏!"

"네 이놈! 이게 무슨 짓이냐? 식구들을 다 불태워 죽일 셈이냐?"

할아버지는 부릅뜬 눈으로 노려보더니, 곡괭이 자루가 부러질 때까지 아버지를 마구 때렸다. 일경의 묵인 아래 일본인 목도꾼들의 폭행으로 정신 이상이 된 아버지였다. 처음에는 식구들 모두가 그런 아버지를 연민의 눈으로 바라보았다. 그러나, 아버지는 갈수록 기이하고 난폭한 행동을 거듭하게 되었다. 급기야 착란 증세가 심해져 가족의 생사를 위협할 정도가 되자 할아버지가 기어이 폭발하고 만 것이다.

"으이구! 이 일을 어찌할거나…….

일봉댁은 가슴을 쥐어뜯으며 툇마루에 주저앉았다. 집안의 대들보라 여기며 늘 자랑스러워하던 맏손주가 하루아침에 폐인이 된 게 속상해서였다. 속이 상하다 못해 썩어 문드러질 지경이었다.

이 장면을 눈으로 보게 된 정식의 마음속에서는 깊은 우울감이 자리 잡게 되었다. 정식은 그런 아버지를 가엾게 여길 때도 있었지만, 때로는 극도로 미워하는 두 가지 감정 사이에서 혼란을 느낄 때가 많았다.

그에 대한 반발심 때문이었을까. 여섯 살이 된 정식은 식구들이 조금 놀랄 만한 행동도 했다. 어느 날, 외출에서 돌아온 할아버지가 정식을 불렀다.

"갓놈아!"

그런데, 정식에게서 예상치 못한 말이 튀어나왔다.

"나, 갓놈 아니에요!"

평소와는 다르게 공손하게 인사도 하지 않고 그저 "갓놈 아니란 말이에요."라면서, 마치 골이 난 사람처럼 대문 밖으로 달아나는 것이었다. 그런 일은 또 있었다. 계희영만큼이나 좋아하고 따르던 큰고모부가 왔을 때였다. 정식을 발견한 큰고모부가 활짝 웃는 표정으로 조카를 불렀다.

"우리 갓놈! 반갑다!"

하지만, 정식은 이때도 뾰로통한 표정으로 큰고모부를 향해 한마디 했다.

"나 이제, 갓놈 아니에요!"

예전 같으면 마당에서 놀다가도 흙투성이째로 달려와 품에 안기던 조카였다. 그런 조카가 정색하며 갓놈이기를 거부하니, 큰고모부는 멋쩍어서 쓴웃음만 지을 뿐이었다.

"아이고, 그래, 너 참 많이 컸구나. 허허."

부엌에서 그 모습을 지켜보던 계희영은 알 듯 모를 듯한 미소를 지었다. 정식은 동구 밖으로 달아나면서 속으로 중얼거렸다.

'나는 갓놈이 싫어. 싫단 말이야. 나는 그냥 정식이야, 김정식이라고!'

한 해 뒤, 정식이 일곱 살 되던 해에 일봉댁 전씨가 세상을 떠났다.

"흑흑, 할머니, 어엉엉엉엉!"

증조할머니의 영정 앞에서 정식은 서글피 울었다. 바로 옆에 있던 열네 살짜리 삼촌은 울지 않는데, 증손자가 오히려 흐느껴 우는 모습을 보고 어른들은 정식을 칭찬했다.

"에구, 기특한 녀석!"

정식은 그날 마룻바닥에 엎드려 눈물 콧물을 흘리면서 오래오래 울었다. 늘 말없이 자신을 응원해 주던 큰 어른이 이제 세상에 없다고 생각하니 못내 허전하고 서러웠던 것이다.

3

이듬해, 할아버지는 여덟 살이 된 정식을 4년제 사립 보통학교인 남산학교 1학년에 입학시켰다. 정식은 숫기가 없어서 같은 또래와 사귀기를 어려워했다. 그러한 정식에게 먼저 다가와 말을 걸어준 급우가 있었다.

"정식아, 이따 수업 끝나면 같이 집에 가자."

김상섭, 그는 정식보다 세 살 위의 십촌 대부였다. 항렬로 따지면 집안의 할아버지뻘이었다. 하지만, 둘은 골치 아픈 항렬 따위와는 상관없이 곧장 동무가 되었다. 정식이네 집과 이웃한 집에 마산댁이 살고 있었는데, 그 마산댁의 외아들이 바로 상섭이었다. 두 사람은 학교에 입학하기 전부터 잘 알고 지냈던 까닭에 형과 아우로서뿐만 아니라 둘도 없는 벗으로서 서로 사이좋게 지냈다.

그즈음, 보통학교에 들어간 다른 아이들과 마찬가지로 정식은 할아버지와 아버지, 어머니 등 어른들께 높임말을 했다. 마당에서 빨래를 널던 숙모를 본 정식이 고개 숙여 인사를 했다.

"작은어머니, 학교에 다녀왔습니다."

"어머! 우리 정식이가 웬일이야? 올림말을 다 쓰고."

예전 같으면 "새엄마, 학교 갔다 왔어."라고 했을 텐데, 마치 딴사람이 된 것처럼 경어체를 쓰니 계희영은 적이 놀라는 눈치였다. 그럼에도 정식은 계희영에게서 이야기 듣는 것을 멈추지는 않았다. 다만, 전처럼 아무 때나 막무가내로 이야기를 더 들려달라고 떼를 쓰지는 않았다. 전에는 강감찬 장군의 귀주대첩 이야기나 홍경래의 난과 같은 흥미진진한 이야기에 관심을 쏟았던 데 비해, 콧날이 시큰한 슬픈 이야기에 더 귀를 기울이게 되었다. 계희영으로서는 조카가 남산학교에 다니는 어엿한 학생으로서의 모습을 조금씩 갖춰 나가는 게 그저 대견해 보였다. 갓놈으로 불리는 것을 거부했던 때보다는 더 어른스러워졌다는 것도 눈에 띄는 점이었다.

정식은 반에서뿐 아니라 전교에서도 손에 꼽을 만큼 학교 성적이 뛰어났다. 국어는 물론이고 산수와 역사 등 전 과목에서 두각을 나타낼 만큼 공부를 잘했다. 이때, 국어를 가르친 서춘 선생은 정식에게 글 쓰는 재능을 발견하고 자주 다독여 주곤 했다. 정식은 서춘 선생의 집에까지 찾아가서 수많은 책을 빌려보았다. 서 선생은 정식이 쓴 글을 꼼꼼히 읽고, 잘된

점과 좀 더 고칠 점에 대해 세심하게 충고해 주었다. 시나 수필에 대해서 선생의 평가와 격려를 받는 사이 정식의 글재주 또한 나날이 발전하게 되었다.

정식은 학교에서 내주는 숙제는 집에 가서 반드시 풀어왔고, 다음날 수업에 필요한 준비물과 과제물도 잊지 않고 스스로 챙겨 갈 정도로 모범적이었다. 하지만, 방과 후에는 늘 뭔가를 깊이 생각하는 표정으로 집에 돌아오느라 늘 가까운 길을 에돌아 올 때가 많았다.

"정식아, 넌 날마다 왜 그리도 맨날 늦어? 나 먼저 간다."

단짝인 상섭이조차 무슨 생각에 골몰하느라 늘 뒤처져서 늦게 따라오는 정식에게 볼멘소리를 할 때가 있었다. 정식은 걸음을 느릿느릿 걸었다. 아니, 자신만의 생각 속을 천천히 걸었다. 세 살 때 잘못된 아버지, 집안 살림이 크게 기울 뻔했다가 가까스로 되살아난 일, 엄격한 할아버지, 애오라지 아들만 바라보는 어머니 등등 오만가지 걱정과 불안과 답답함을 곱씹으며 쳇바퀴를 돌고 있었던 것이다.

하지만, 정식은 남산학교의 수업 시간에는 발표를 잘하는 아이였다. 학예회 시간에는 연설도 곧잘 했다. 학교의 특별한 행사가 있는 날에는 아이들과 더불어 춤을 추거나 노래를 하는 등 늘 명랑하고 활달하게 지냈다. 어린 시절부터 스스로 익힌 풀피리를 잘 불어서 선생님들을 놀라게 했다. 그뿐 아니라 나무를 깎아 장기 알을 만들어 친구들에게 나눠 주는 등 여러 방면에 많은 재주를 지니고 있었다.

그즈음 조선에서는 사내아이들이 열 살쯤 되면 서둘러 결혼을 시키는 조혼 풍습이 있었다. 이 때문에 남산학교에는 상투 틀고 갓을 쓴 차림새로 등교하는 학생들이 꽤 있었다. 그런데, 학교에서는 조선총독부의 지침을 지키려고 그랬는지 어느 날 갑자기 학생들의 머리카락을 잘라 상고머리로 만들어버렸다.

"크흠! 신체발부 수지부모라 했거늘, 이 무슨 해괴한 짓거립니까?"

"아닌 밤중에 홍두깨라더니, 남의 귀한 자식 머리를 이 지경으로 만든 게 누구요?"

다음날, 학부모들이 찾아와 교무실에서 교장과 교사들에게 호통을 치는 사태가 벌어졌다.

"당장 우리 아이를 그만두게 하겠소!"

그날로 학생을 전학시키는 학부모도 여럿이었다. 정식도 이 와중에 삭발을 했지만 집안이 발칵 뒤집히는 일은 없었다. 일찍이 개화 문명에 눈을 떴던 할아버지야말로 이미 상투를 자른 지 오래였으며, 개화장(開化杖)을 짚고 중절모를 쓰고 다녔던 개화 신사였기 때문이었다. 사고가 나기 전, 아버지도 짧은 머리에 양복을 빼입었던 모던 보이였다.

얼마 후, 학교에서는 엉뚱한 일이 터졌다.

"오늘은 일본 천황의 생신날인 천장절 행사가 있는 날이다. 모두 나를 따라오너라."

그날은 학교가 쉬는 날인데도, 교장이 정식을 비롯해 성적이 우수한 몇몇 학생들을 대표로 데리고 교문을 나섰다. 곽산면사무소 부근의 학교에서 기념행사가 열렸다. 행사장에는 일경 간부들, 면장과 서기, 지주, 조선총독부 철도국 간부 등 이른바 지역 유지들이 빠짐없이 참석한 상태였다. 행사 내용은 지루하기 짝이 없었다.

"옛다, 모찌 가져가거라."

식이 끝난 뒤, 면사무소 직원들이 참석한 학생들에게 일본식 찹쌀떡을 선물로 주었다. 돌아오는 길에 정식을 비롯한 학생들은 김규현 선생 댁으로 가서 인사를 드렸다. 김 선생 댁에는 서춘 선생, 이돈화 선생을 포함해 몇몇 선생이 더 있었다. 그들은 강제로 나라를 빼앗긴 울분을 토로하고 있던 참이었다.

"오! 너희들이 웬일이냐?"

김규현 선생은 학생들을 보자마자 무척 반가워했다.

"천장절 행사에 참석하고 오는 길이에요. 면사무소에서 나눠준 모찌떡인데, 선생님께도 드리려고 갖고 왔어요."

김 선생은 이 말을 듣고는 벼락같이 호통을 쳤다.

"뭐라고? 천장절? 너희들이 정녕 왜놈 왕이 태어난 날을 기념하는 그 자리에 갔었단 말이냐? 도대체 너희들은 정신이 있는 게냐, 없는 게냐? 왜놈 왕은 우리 민족의 철천지원수가 아니냐? 게다가, 거기서 주는 모찌떡까지 받아먹어? 이런, 쓸개 빠진 놈들 같으니!"

평소에는 온화하기 짝이 없는 김규현 선생은 울분에 찬 목소리로 학생들을 나무랐다.

"하긴, 너희들을 탓해 무엇하랴? 왜놈들한테 잘 보이려고 너희들을 그곳에 데리고 간 교장선생 잘못이지. 그렇지만, 아무리 어린 학생들이라 할지라도 우리가 처한 현실을 잊지는 말아야지!"

서춘 선생도 묵직한 목소리로 한마디 했다.

"잘못했습니다, 선생님."

한바탕 비분강개를 쏟아내던 선생들은 고개를 푹 숙이는 제자들을 끌어안고 통곡을 했다. 스승의 통곡 소리에 학생들도 모두 어깨를 들썩이며 눈물을 터뜨렸다.

'바보 같으니, 아아 참으로 바보 같으니……. 일인 목도꾼들에게 폭행을 당해 만신창이가 된 아버지를 생각해서라도 내가 그리하면 안 되는 것을. 아, 나는 참으로 못났구나.'

정식은 뜨거운 눈물을 흘리면서 부끄러움에 몸을 떨었다. 자신이 얼마나 철딱서니 없는 짓을 저질렀는지에 대해 깊이깊이 뉘우쳤다.

그런 일이 있은 뒤부터 정식은 집 뒤에 있는 남산봉에 자주 올랐다. 산 정상에는 장군이 쓴 투구 모양의 투구봉이 있었다. 투구봉 산줄기에는 머리를 푼 옥녀의 형상을 한 구천봉이 우뚝했고, 투구봉과 구천봉 사이로 덕수물이 흘러내린다는 횡천골이 펼쳐져 있었다. 남산봉 기슭에는 정식이 제일 좋아하는 진달래봉도 있었다. 정식은 가끔 울적해질 때면 이곳에 혼자 와서 투구봉과 구천봉을 쳐다보았고, 발아래 횡천골을 굽어보면서 갖고 간 공책에 글짓기를 하곤 했다. 때때로 상섭과 같이 올 때도 있었는데, 그때는 끝말잇기 놀이로 한 걸음씩 떼며 즐거워했다. 남산봉에 함께 올라 거닐다가, 문득 뒤를 돌아보면서 상섭이 말했다.

"정식아, 저기 보이는 게 바로 곽산읍이야."

둘은 한동안 손톱만큼 작게 보이는 마을의 고샅길과 느티나무와 골목길을 내려다보았다. 바로 그때, 남행열차가 증기를 뿜으며 산모퉁이를 돌아오고 있는 게 보였다. 정식이 보물선이라도 발견한 것처럼 들뜬 목소리로 외쳤다.

"형, 기차가 오고 있어!"

기차는 먼 데서 갖가지 소식을 전해주려는 듯 규칙적인 바퀴 소리와 함께 연기를 뿜어대면서 들판을 가로질러 갔다. 두 사람이 서 있는 바로 앞쪽은 바다였다. 바다에는 고깃배 몇 척이 떠 있었다. 그 앞쪽에는 신미도의 삼각산이 유난히 도드라져 보였다.

"정식아! 너는 앞으로 커서 뭐가 되고 싶어?"

상섭이 불쑥 질문을 던졌다.

"나는, 시인이 될 거야."

저도 모르게 나온 대답이었다.

"시인?"

"응."

정식은 바다를 바라보며 수줍게 웃었다. 상섭은 정식의 말간 눈망울 속에 담긴 진심을 깨닫고는 실없이 장난을 치고픈 마음을 거둬들였다. 그동안 정식이 남몰래 공책에 뭔가를 적는 모습을 자주 봐왔기 때문이었다. 그러고 보니, 때때로 기분 좋은 날이면 알 수 없는 노래의 구절 같은 말들을 읊조리는 정식의 모습이 떠올랐다.

"그래. 꼭 되어라, 시인."

상섭은 노을에 물들어 가는 정식의 눈동자를 바라보며 맞장구를 쳐주었다. 정식도 상섭을 쳐다보며 씩 웃었다. 두 사람은 나란히 서서 아스라이 펼쳐진 수평선을 오래오래 바라보았다. 잔파도가 쉴 새 없이 기슭을 때리며 포말을 일으키고 있었다.

시간이 흘러, 열두 살이 된 정식은 남산학교를 졸업했다. 하지만 바로 상급 학교로 진학하지 못하고 집에서 2년간 쉬어야 했다. 할아버지의 금광 사업이 별안간 어려워져 파산할 지경에 이르렀기 때문이었다. 모든 게 하루아침에 변해 버렸다. 식솔 모두가 먹는 것, 입는 것도 아껴야 할 만큼 빈한해졌다. 정식은 어쩔 수 없이 논밭에 나가 일을 해야만 했다. 다행스럽게도, 2년 뒤 금광 사업이 호전되었다. 낮고 낮은 골짜기를 벗어나자 탁 트인 지경이 전개되었고, 더 높은 곳으로 오르는 오르막길이 열리기 시작했다. 사는 형편은 한참 잘나가던 때보다 더 풍족해졌다. 다시 공부를 계속할 만한 발판이 생긴 셈이었다.

4

정식은 열다섯 살 되던 해에 평북 정주군의 오산학교 중학부에 진학했다. 이듬해 봄, 할아버지의 주도 아래 혼례도 치렀다. 정식은 이때 처음으로 할아버지 의견에 이의를 제기했다.

"할아버지! 지금은 공부에 전념할 때인데 꼭 혼인을 해야 합니까?"

"공부는 공부고 혼인은 혼인이다!"

할아버지는 단호했다. 정식은 더 이상 반대를 하지 않았다. 그 무렵의 조혼 풍습에 의하면 정식의 결혼은 또래에 비해 오히려 늦은 편이었다. 신부는 평북 구성군 평지면에 사는 규수 홍단실이었다. 정식보다 세 살 위인 아내 단실은 어머니와 마찬가지로 배움이 없는 사람이었지만 살림살이에는 빈틈이 없고 부지런했다.

오산학교는 남강 이승훈이 평북 정주군에 세운 기독교 학교였다. 남강은 할아버지와도 일찍이 친교가 두터운 편이었다. 빈농의 아들로 태어나 유기상 점원에서 사업가로 자수성가한 이승훈은 1907년 7월, 평양에서 사자후를 토하는 도산 안창호의 연설을 듣고 큰 충격을 받았다.

"이태 전, 우리 조선은 일제와 강제로 맺은 을사늑약에 의해 외교권을 빼앗겼소. 참으로 통탄해 마지않을 이때에 이대로 두 손 놓고 있어야 합니까? 결단코 아니외다. 우리가 모두 솔선수범해야 하오. 하루빨리 민족교육을 실시하여 국가의 기둥들을 길러내야 할 것이외다!"

이승훈은 도산의 연설에 깊은 감명을 받은 나머지 그가 만든 비밀조직 신민회에 가입하여 독립운동에 뛰어들었다. 그러다가, 수개월 동안 수많은 고민을 거듭한 끝에 마침내 독립운동가를 육성시키는 민족학교를 짓겠다는 큰 결단을 내렸다. 그해 11월 24일, 남강은 자신의 전 재산을 털어 평안북도 정주군 갈산면 익성동 오산(五山)에 오산학교를 설립한 것이다.

남강은 민족의 얼을 지키고 나라를 일으킬 인재를 키우기 위해 오산학교의 교직원을 초빙하는 일에도 지극정성을 다했다. 한 번이 아니라 두 번 세 번씩 직접 찾아가 교직원으로 모시겠다는 정중한 부탁을 했다. 이 같은 각고의 노력 끝에 신채호, 조만식, 홍명희, 유영모, 염상섭, 김억 등의 교사진을 갖추었다.

일제는 조선을 강제로 합병한 뒤 무단통치에 들어갔다. 학교에서는 조선말 쓰기가 금지되었다. 민족의식이 투철한 오산학교의 교사들은 자신의 안위를 돌보지 않고 학생들에게 조선말과 조선 역사를 당당히 가르쳤다. 정식은 조만식, 이승훈의 말과 행동을 통해 민족혼을 배웠다. 학교 설립자인 이승훈은 몹시 추운 날 얼어붙은 오물을 깨고 변소 청소를 할 정도로 낮은 자세의 삶을 실천해 나갔다. 어느 하루, 이 모습을 본 학생들이 너도

나도 청소 도구를 들고 변소 청소를 하겠다고 나섰다.

"선생님, 그러다가 감기 드십니다. 저희들이 청소하겠습니다."

그러자 이승훈이 고개를 가로저었다.

"아니오. 학생의 본분은 공부하는 것이오. 이 일은 내가 할 테니 어서 교실로 돌아가시오."

이승훈은 학생들에게 깍듯이 존댓말을 하면서 청소를 마저 했다. 이 일이 있고 난 뒤부터 이승훈에 대한 학생들의 존경심은 더욱 커졌다.

정식이 입학한 해에 교장으로 재직 중이던 이는 고당 조만식이었다. 그는 일본 세이소쿠 영어학교에서 공부하던 중 간디의 무저항주의와 민족주의에 감명받은 바 있었다. 고당은 이것을 자신의 마음 바탕에 새기며 애국심을 키워 왔다. 아침에는 교장 조만식의 훈화가 있었다.

"조선 사람이 신학문을 배우는 까닭이 무엇인가? 일제의 사슬을 깨고 조선 사람 모두가 독립의 주역이 되어야 한다는 역사의 사명이 있기 때문이다. 그렇지 않은가, 여러분?"

조만식의 묵직한 음성이 교정에 울려 퍼지는 동안, 훈화 시간에 꾸벅꾸벅 조는 사람은 한 명도 없었다. 운동장에 서 있던 학생들의 눈동자마다 독립에 대한 열망이 뜨겁게 타오르고 있었다. 훗날 정식은 이때의 감흥을 바탕으로 시 「제이·엠·에스」를 썼다.

> 평양서 나신 인격의 그 당신님 제이·엠·에스
> 덕 없는 나를 미워하시고
> 재주 있는 나를 사랑하셨다.
> 오산 계시던 제이·엠·에스
> **십 년 봄** 만에 오늘 아침 생각난다.
> 근년 처음 꿈 없이 자고 일어나며.

얽은 얼굴에 자그만 키와 여윈 몸매는
닳은 쇠끝 같은 지조가 튀어날 듯
타듯 하는 눈동자만이 유난히 빛나셨다.
민족을 위하여는 더도 모르시는 열정의 그 임.

소박한 풍채 인자하신 옛날의 그 모양대로
그러나 아아 술과 계집과 이욕에 흥클어져
십오 년에 허주한 나를
웬일로 그 당신님
맘속으로 찾으시오? 오늘 아침
아름답다 큰 사람은 죽는 법 없어
기억되어 항상 내 가슴속에 숨어 있어
미처 거츠르는 내 양심을 잠재우리
내가 괴로운 이 세상 떠날 때까지.

시의 제목이기도 한 제이·엠·에스는 바로 오산학교에서 열정적으로 연설을 하던 고당 조만식의 영문 첫 글자에서 따온 말이었다.

이승훈은 학교의 예배 시간에 이렇게 외치곤 했다.

"지금 우리 조선은 일본의 노예 상태입니다. 이대로는 살아도 살아 있는 게 아니고, 죽어도 죽어 있는 게 아니오. 반드시, 반드시 독립을 쟁취해야만 우리 모두가 진정으로 살아 있는 생명체인 것이외다!"

조만식의 설득력 있는 웅변, 이승훈의 불같은 연설은 정식의 마음에 뜨거운 민족의식을 심어주었다. 조만식과 이승훈뿐만 아니라 오산학교의 모든 교사들이 애국지사요, 민족운동가였다. 역사, 지리, 수학, 물리, 영어 등의 과목을 배울 때도 교사들은 민족 현실을 논하며 비분강개할 때가 많았다. 설립 당시부터 전국적으로 화제를 몰고 왔던 오산학교는 그 자체가 독립운동의 산실이 되었고, 교사와 학생 모두가 독립운동가의 면모를 갖춘 산 교육장으로서 명성을 드높이고 있었다.

이 무렵, 정식의 마음 깊은 곳에 자리 잡은 문학적 재질을 발견해 준 스승이 있었다. 국어 선생인 안서 김억이었다.

어느 날, 김억은 칠판에 시제(詩題) 하나를 크게 쓰고는 손바닥을 탁탁 쳤다. 모두가 주목하자 그가 입을 열었다.

"자, 지금부터 수업 시간 내에 시를 한 편씩 쓰도록."

그런 뒤 교탁 위의 책을 덮고는 먼 산만 바라보고 있었다. 교실은 갑자기 백일장이 실시된 것처럼 술렁이더니 이내 차분해졌다. 교실 풍경은 다양한 인물 군상의 전시장 같았다. 시상이 떠오르지 않아 몸을 비비 꼬는 학생, 머리를 싸매고 무언가를 떠올리려 애쓰는 학생, 오만상을 찌푸리고 고개를 푹 숙이는 학생, 열심히 끄적거리다가 지우기를 반복하는 학생…… 저마다 종이에 뭔가를 적었다가 지우거나, 마음속으로 시상을 끄집어내기 위해 안간힘을 쓰느라 복잡한 표정들을 짓고 있었다.

그런 속에서 정식도 한 글자 한 글자 정성껏 써 나갔다. 이윽고, 정해진 시간이 되자 한 사람씩 교탁 위에 다 쓴 종이를 차곡차곡 올려놓았다. 김억은 학생들이 쓴 글을 읽어나가다가 어느 순간, 집중해 읽기 시작했다. 그의 표정은 놀라움으로 가득 찼다.

"김정식 군!"

"저, 저요?"

"그래. 군의 시는 전체적으로 균형 잡히고 운율도 잘 살렸다. 정말 멋진 작품일세."

안서 김억이 소월 김정식의 시적 천재성을 발견한 순간이었다. 본디 김억은 정식네 집안과 인척 관계였다. 그렇지만 정식이 옛날이야기를 곧잘 한다는 것을 몇몇 친척에게서 전해 들은 것 말고는 그에 대해 아는 게 별로 없었다. 김억은 강렬한 호기심이 생겼다.

"혹시 습작해 놓은 게 또 있나?"

얼떨떨하게 서 있던 정식은 고개를 끄덕이며 대답했다.

"집에 있습니다."

"좋아. 그럼, 내일 가져오도록."

"알겠습니다."

수업이 끝나고 집으로 돌아가는 내내 구름 위에 붕붕 뜨는 느낌이 들었다. 누군가로부터 인정을 받는다는 건 분명 좋은 일이지만, 갑자기 당할 때는 달랐다. 실감이 나지 않는 것이다. 하지만, 남산학교에 다닐 때부터 꾸준히 습작을 해 온 터여서 자신감이 생겼다. 동시에, 뿌듯한 마음이 들기 시작했다. 사실, 정식은 그동안 마음이 어수선할 때마다 집 뒤에 있는 산으로 자주 산책을 다니면서 시상을 가다듬곤 했다. 마을 사람들은 예로부터 남산봉을 흰 산이라는 뜻으로 소산(素山)이라고도 불렀다. 소산에서 보는 달은 유난히 희고 크게 보였다. 이 때문에 동네 사람들은 소산의 달을 흰 달이라고 했다. 정식은 여기서 착안하여 자신의 호를 흰달이라고 지을까 하다가 그냥 소월이라고 지었다. 습작 노트에는 한자로 소월(素月)이라는 호를 적어 두었다.

다음날, 정식은 그동안 보물처럼 간직해 오던 습작 노트를 학교에 가지고 갔다. 첫 수업이 시작되기 전, 교무실의 김억 선생에게 보자기로 둘둘 만 것을 내밀었다. 보자기를 벗겨 내던 김억이 눈을 둥그렇게 뜨며 말했다.

"노트가 여러 권이군. 소월이라……자네 호인가?"

"예, 선생님. 그럼, 저는 이만 가보겠습니다."

정식이 꾸벅 인사를 하며 교무실을 빠져나갔다. 김억은 곧바로 노트를 펼쳐 보았다. 한 글자씩 또박또박 쓴 글씨가 눈에 들어왔다. 정식의 모범적이고 바른 생활 태도를 보는 듯했다. 친숙한 음절들이 모여서 이룬 행과 연 속에는 매끄러운 가락이 스며들어 있었다. 자신이 평생 연구하면서 구사해 오던 음수율과 유사한 형태로 구현되고 있는 작품들에서 동질감이 느껴졌다. 앞 페이지의 어떤 구절에서는 조금 서툰 구석이 보여서 저절로 웃음이 나왔다. 하지만, 뒷장으로 갈수록 대체적으로 시적 수준이 고른 편이었고 잘 가다듬어진 가락들로 짜여 있는 시편들이 눈에 띄었다. 다른 노트도 펼쳐 보았다. 3음절과 4음절의 기본형을 유지하면서 민요조의 곡조를 연상케 하는 시들이 보였다. 갈피를 넘길수록 3·4조나 4·4조, 7·5조의 전통적인 음수율로 이루어져 있는 시편들이 다수를 차지하였다. 저절로 무릎을 치게 하는 절창의 수준에 도달한 시도 군데군데 섞여 있었다. 그 대목을 읽을 때는 숨이 막혔다. 김억은 금맥을 발견한 광부처럼 눈을 빛내기 시작했다.

"아! 이 학생은 정말 비범한 데가 있구나!"

퇴근한 뒤, 밤을 꼴딱 새워 습작 노트를 다 읽은 김억은 정식의 시적 재능이 탁월하다는 사실을 발견하고는 뛸 듯이 기뻤다. 다음날, 김억은 방과 후에 정식을 따로 불러서 개인 지도를 하기 시작했다. 이미 정식은 시에 운율을 붙이는 법에 대해 따로 지도할 필요를 느끼지 못할 만한 경지에 다다른 상태였다. 몇몇 시 구절에서 발견되는 불필요한 군더더기가 눈에 거슬리기는 했다. 이것을 덜어내어 더욱 압축하거나, 상징과 은유를 더욱 고조시키는 법에 대해서는 별도의 충고가 필요할 듯했다.

얼마 뒤, 김억은 자신의 집에 정식을 불렀다. 두 사람은 호롱불이 까무룩 해질 때까지 시작법에 대한 의견을 나누었다. 이들의 교류가 무르익어 가면서 사제 간의 정도 도타워졌다. 두 사람만의 시문학 수업은 정식이 오산학교를 졸업할 때까지 계속되었다. 이 일들은 머지않아 오산학교 전체에 알려지게 되었다.

어느 겨울날, 김억에게서 정식의 시재(詩才)에 대해 전해 들은 조만식 교장이 놀란 표정으로 물었다.

"허, 우리 오산학교에 소월이라는 특출한 학생 시인이 있었소?"

"그렇습니다. 소월은 김정식 학생이 스스로 지은 호라고 합니다. 소월의 습작 노트를 보니, 어떤 면에서는 저보다 더 뛰어난 시인으로서의 자질이 드러나 있더군요."

"그래서, 지금 김 선생님께서 정식 군을 몇 해째 지도하고 계신 거로군요?"

"형식적으로야 제가 제자를 지도하는 셈이라 할 수 있지만, 사실은 시를 쓰는 같은 도반으로서 서로 의논하며 동료애를 키우는 중이라고나 할까요? 하하하."

"원, 겸손하시기도 하구려, 허허."

차를 마시다 말고 이승훈도 한마디 거들었다. 교무실은 어느새 오산학교의 자랑이 될, 미래의 시인에 대한 덕담이 오가는 자리로 바뀌었다. 난로 가의 훈훈한 분위기는 한동안 더욱더 후끈해지고 있었다.

5

오산학교 졸업반인 정식은 그해 봄, 상급 학교로 진학할 생각을 하면서 꿈에 부풀어 있었다. 바로 그때 서울에서 3·1운동이 일어났다. 이 거족적인 운동에 발맞춰 평북에서도 만세운동이 벌어졌다. 졸업생 대표인 정식은 후배들을 이끌고 정주읍 장터로 갔다. 수많은 사람들이 모여들 즈음, 천도교 곽산교구장인 김경함이 앞으로 나서서 연설했다.

"우리는 지금 역사적인 순간을 맞이했습니다. 지금 이 자리에서 온 민족이 목청껏 독립을 외쳐, 세계만방에 우리가 독립국임을 알립시다. 대한 독립 만세!"

김경함이 선창하자 천도교도와 기독교인, 학생들과 농민들이 합세해 만세 삼창을 했다.

"대한 독립 만세! 대한 독립 만세! 대한 독립 만세!"

삽시에 구름떼처럼 불어난 시위대는 '대한독립만세'라고 쓴 커다란 기를 앞세운 가운데 작은 태극기를 흔들면서 장터 곳곳을 누비며 독립 만세를 불렀다. 학생들과 장꾼들, 지게꾼들, 농부들도 모두 태극기를 힘차게 흔들며 산천이 떠나가도록 만세를 외쳤다. 이때, 일경들이 나타나 일본도를 휘두르며 만세운동을 저지했다. 일경의 칼에 두 팔이 잘려 나가면서까지 만세를 부르는 사람이 생겼다. 길거리는 온통 피범벅이 되었다. 일본군 수비대는 밀려오는 시위대를 향해 총격을 가했다. 총탄에 맞아 사람들이 널브러졌다. 그 자리에는 붉은 피가 흥건했다. 하지만, 시위 군중은 아랑곳하지 않고 이 골목에서 저 골목으로 흩어지면서 만세를 불렀다.

이때, 일제에 의해 동원된 일본 소방대원들과 엽총 사냥꾼들이 나타나 만세꾼들을 사냥하기 시작했다. 그들의 만행은 차마 눈 뜨고 볼 수 없을 만큼 잔인했다. 일본 소방대원들은 들개를 잡을 때 쓰는 쇠갈고리로 사람들을 닥치는 대로 찌르고 잡아당겼다. 만세 시위를 벌이던 부녀자들의 늑골이 부서지고 아이들과 노인들의 배가 찢겨 창자가 쏟아지는 참극이 벌어졌다. 엽총 사냥꾼들은 멧돼지나 오소리를 사냥할 때 사용하던 사냥총으로 시위 군중들을 향해 무차별 발포하였다. 길거리는 삽시에 시체의 산, 피의 바다가 되어 갔다. 끔찍한 아비규환이 벌어졌음에도 시위대는 빈 몸뚱이 하나로 태극기를 흔들면서 끝까지 만세를 불렀다. 거리마다 골목마다 온통 흰옷 입은 사람들의 만세 소리로 천둥이 울리는 것만 같았다. 그날 오후, 온종일 만세를 부르고 다니던 정식은 멀리서 커다란 불길이 치솟아 오르는 것을 보았다.

"불이야!"

"학교가 불에 타고 있다!"

누군가가 외치는 소리가 들렸다. 마치 전류에 감전이라도 된 것처럼 놀란 정식은 죽을힘을 다해 화재가 난 곳을 향해 뛰었다. 가서 보니, 오산학교와 기숙사가 불길에 휩싸여 잿더미로 변하고 있었다. 심장이 벌렁거리고 말문이 턱, 막혔다. 마을 사람들이 불을 끄러 왔지만, 일경들의 제지로 뜻을 이루지 못해 가슴만 미어질 뿐이었다. 일경이 물러난 뒤에는 뜨거운 열기 때문에 가까이 가지도 못하고 발만 동동 굴렀다. 사람들은 안타까움과 슬픔, 분노와 절망이 뒤섞인 목소리로 이야기를 주고받았다. 그 소리는 넋두리처럼, 절규처럼 들렸다.

"오산학교가 불령선인들의 본거지라면서, 일본 헌병들이 학교에 함부로 뛰어 들어와 휘발유를 뿌리고 방화를 했답니다."

"조만식 교장 선생님을 비롯한 교직원들도 잡아갔댔지요?"

"저런, 쳐 죽일 왜놈들!"

"아, 어쩌나! 평안북도 정주에 민족학교가 세워진 걸 늘 자랑스럽게 여겼는데, 이제 모두 불에 타 버렸으니……."

정식은 오산학교와 용동교회까지 불태워 버린 일제의 만행에 치가 떨렸다. 분노와 증오로 가득 찬 마음을 가까스로 달래며 집에 돌아온 그는 종이에 뭔가를 써 내려갔다.

산산이 부서진 이름이여!
허공중에 헤어진 이름이여!
불러도 주인 없는 이름이여!
부르다가 내가 죽을 이름이여!

심중에 남아 있는 말 한마디는
끝끝내 마저 하지 못하였구나.
사랑하던 그 사람이여!
사랑하던 그 사람이여!

붉은 해는 서산마루에 걸리었다.

사슴이의 무리도 슬피 운다.
떨어져 나가 앉은 산 위에서
나는 그대의 이름을 부르노라.

설움에 겹도록 부르노라.
설움에 겹도록 부르노라.
부르는 소리는 비껴가지만
하늘과 땅 사이가 너무 넓구나.

선 채로 이 자리에 돌이 되어도
부르다가 내가 죽을 이름이여
사랑하던 그 사람이여!
사랑하던 그 사람이여!

  정식은 일찍 죽은 상섭의 죽음을 애달파하며 시상을 오래오래 가다듬던 중이었다. 열여덟 살 아까운 나이에 젊은 아내를 남기고 먼저 세상을 떠난 친구의 죽음에 큰 충격을 받았던 정식이었다. 깊은 슬픔에서 헤어 나오기 어려웠기에 쉽사리 그 일을 시화(詩化)하기를 주저해 왔었다. 하지만, 오산학교가 불에 탄 이 어마어마한 일 앞에서 정식은 어떤 식으로든 그 무언가를 표현하지 않으면 안 된다는 생각에 사로잡혔다. 막상 시를 쓰자니 수많은 상념에 휩싸였다. 먼저, 이 시에서 죽은 친구 상섭을 애도하는 마음을 담아 내리라고 마음먹었다. 또한, 오산학교를 불태운 일제의 만행에 대한 자신만의 생각을 담아내고자 했다. 마지막으로, 나라 잃은 설움뿐만 아니라 사랑하는 사람을 떠나보낸 이별의 아픔이 배어 있도록 표현할 작정이었다. 따라서, 여러 겹의 감정을 중첩해 놓은 이 시는 통렬한 아픔과 서러움이 바탕에 깔려 있어야 했다. 비통함의 끝까지 이르러야 했다. 아니, 이 시는 심장과 폐부가 찢어지는 절규 그 자체가 되어야만 했다. 그래야만 이 시가 하늘과 땅과 이 땅에 사는 사람들의 가슴을 적실 터였다. 새벽닭이 울 무렵, 한 편의 시를 완성했다. 제목은 「초혼(招魂)」으로 지었다.

'이제부터 나는 김소월로 살 것이다.'

제목 밑 지은이 이름에는 마치 다짐이라도 하듯, 김소월이라고 썼다.

오산학교를 졸업한 김소월은 곽산 고향 집으로 돌아왔다. 이듬해, 재정 문제로 허덕이던 남산학교가 급기야 폐쇄되는 일이 생겼다. 김소월은 곽산읍의 공립 보통학교에 갈 형편이 못 되는 동네 아이들에게 야학을 가르쳤다. 야학 장소는 숙모의 집이었다. 이곳에서 소월은 한글과 우리 역사, 셈법 등을 가르치면서 틈틈이 민족의 얼을 깨우치는 역사 속 위인들의 이야기도 들려주었다. 그 이야기들은 대부분 어릴 적 숙모 계희영에게서 들은 것이었지만, 자기만의 살을 덧붙여 더욱 맛깔나는 이야기로 재구성해 들려주었다. 얼마 뒤에는 아이들에게 학습의 재미를 부여하고자 숙모에게 이야기를 들려달라는 부탁까지 했다. 그 덕분인지 야학에 찾아오는 아이들의 숫자가 18명으로 늘어났다. 소월은 숙모의 사랑방에 모인 아이들을 향해 엄숙하게 말했다.

"여러분! 우리들은 지금 우리들의 정겨운 산과 강과 하늘과 논과 밭과 내와 골목길까지 남의 나라에게 빼앗겼습니다. 우리는 지금부터 힘을 길러야 합니다. 한글을 알아야 하고, 영어를 배워야 하고, 셈법도 잘해야 하고, 우리 역사도 잘 알아야 합니다. 그래야, 눈 번히 뜨고 빼앗긴 우리 조국을 되찾을 수 있습니다. 여러분이 살고 있는 농촌이야말로 우리 고유의 전통인 품앗이와 두레 정신으로 똘똘 뭉쳐야 하는 곳입니다. 근로정신과 협업의 중요성을 알고 실천에 옮겨야 합니다. 바로 거기서부터 우리 농촌을 살리는 힘이 생깁니다. 그 힘이 모이면 우리 대한의 독립을 이루는 더 큰 힘도 생길 겁니다. 알겠지요, 여러분?"

"예, 선생님!"

아이들이 큰 소리로 대답했다.

"좋아!"

소월은 만족스럽게 웃으며 칠판에 시 한 편을 썼다.

  나는 꿈꾸었노라, 동무들과 내가 가지런히

  벌 가의 하루 일을 다 마치고

  석양에 마을로 돌아오는 꿈을,

  즐거이, 꿈 가운데.

  그러나 집 잃은 내 몸이여,

  바라건대는 우리에게 우리의 보습 대일 땅이 있었더면!

  이처럼 떠돌으랴, 아침에 저물손에

  새라 새로운 탄식을 얻으면서.

  동이랴, 남북이랴,

  내 몸은 떠가나니. 볼지어다,

  희망의 반짝임은, 별빛이 아득함은.

  물결뿐 떠올라라, 가슴에 팔다리에.

  그러나 어쩌면 황송한 이 심정을! 날로 나날이 내 앞에는

  자칫 가늘은 길이 이어가라. 나는 나아가리라

  한 걸음, 또 한 걸음, 보이는 산비탈엔

  온 새벽 동무들 저저 혼자……산경(山耕)을 김매는.

"선생님, 질문 있어요!"

김소월이 칠판에 판서를 다 마치자, 한 아이가 손을 번쩍 들었다.

"어떤 질문이지?"

"이 시는 선생님이 쓴 거지요?"

"맞아."

"제목이 뭐예요?"

"응,「바라건대는 우리에게 우리의 보습 대일 땅이 있었더면」이라는 제목을 달았단다."

"선생님은 이 시 속에서 무엇을 노래하셨어요?"

"흠. 시는 시인이 쓴 것이지만 독자들의 해석에 따라 본래 뜻보다 더 풍성한 사유를 거느리게도 되지. 시를 쓸 때, 나는 이런 생각을 했단다. 알다시피, 지금은 일제에 의해 나라를 빼앗긴 상황이니, 나 자신이 '보습 대일 땅'조차 빼앗긴 어두운 민족 현실을 깨치고 선각자처럼 앞으로 나아가고자 하는 바람을 담아 보았다. 우리들이 우리들의 농토에서 오롯하게 밥과 곡식과 꿈을 일구면서 살아가면 좋겠다는 소박한 희구를 밑바탕에 깔아놓은 거야. 야학에 온 너희들과 더불어 수렁에 빠진 길을 벗어나 밝고 넓은 세계로 달려가면 좋겠다는 열망을 나누고 싶었지. 비록 실낱같은 희망일지라도, 그것이 보이기만 한다면 결코 놓치고 싶지 않은 게 나의 간절한 꿈이야. 그런 의미에서, 우리 모두 한 구절씩 낭독해 볼까?"

"예, 선생님!"

김소월은 한 구절씩 힘주어 낭독해 주었다. 아이들도 한목소리로 힘차게 한 구절씩 따라서 낭독했다. 시 낭송을 하는 아이들의 눈빛이 샛별같이 빛났다. 회색빛으로 침잠해 있던 교실이 아이들의 시 낭독 소리가 고조됨에 따라 점차 초록빛으로 살아나기 시작했다. 아이들과 함께 시 낭독을 하던 김소월의 가슴에 뜨거운 것이 출렁였다.

6

　김소월은 그해 2월, 김억의 도움으로 《창조》 5호에 시 「낭인(浪人)의 봄〉, 「야(夜)의 우적(雨滴)」, 「오과(午過)의 읍(泣)」, 「그리워」, 「춘강(春崗)」, 등 5편을 발표하면서 시작 활동의 포문을 열었다. 같은 달 《학생계》에 산문 「춘조(春朝)」를 응모하여 '지(地)'로 입상했다. 이듬해인 1921년 1월에는 《학생계》에 「이 한밤」 등 2편의 시를 응모하여 '천(天)'으로 입상했다. 이즈음 4월부터 6월 사이 김소월은 〈동아일보〉에 여러 시작품을 학생 문예로 투고하여 발표했다.

　21살 때인 1922년 4월, 김소월은 배재고등보통학교 5학년에 편입하여 중단했던 공부를 다시 시작했다. 이 무렵 서울에서 작가 나도향, 박종화 등과 어울리며 깊은 친분을 쌓는 한편, 《개벽》지에 「금잔디」, 「첫치마」, 「엄마야 누나야」, 「진달래꽃」, 「개여울」, 「제비」, 「강촌(江村)」 등 여러 시 편들을 발표하면서 활발한 시작 활동을 전개했다.

　어느 날, 김소월은 경성역 티룸에서 나도향을 만나고 있었다.

　"소월! 요즘 들어 내 가슴을 뜨겁게 했던 시 한 편을 읽을 테니, 들어보겠나?"

　나도향이 《개벽》지를 펼쳐 「개여울」이 실린 페이지를 열며 쾌활하게 말했다.

　"어디 한번 낭독해 보게."

　김소월이 담담한 표정으로 대꾸했다. 나도향은 목청을 몇 번 가다듬고는 낭독을 시작했다.

　　당신은 무슨 일로
　　그리합니까?
　　홀로이 개여울에 주저앉아서

파릇한 풀포기가
돋아나오고
잔물은 봄바람에 헤적일 때에

가도 아주 가지는
않노라시던
그러한 약속이 있었겠지요

날마다 개여울에
나와 앉아서
하염없이 무엇을 생각합니다

가도 아주 가지는
않노라심은
굳이 잊지 말라는 부탁인지요

그가 낭독을 마치자, 김소월이 박수 치는 시늉을 했다.
"거, 음성이 괜찮군."
"아닐세. 시가 좋은 거지. 실은, 《개벽》지에 실린 자네의 시 「개여울」을 몇 번이고 읽었는지 모른다네. 그런데, 이 시 말고 또 다른 시를 읽고는 내 마음에 감동의 파도가 덮쳐오더군."
"나를 너무 붕 띄우지는 말게. 어지러우니까. 방금 말한 그 시도 찾아서 낭독해 주게. 도향의 낭랑한 음성이라면 얼마든지 듣고 싶군."
"그래, 귀를 쫑긋 세워야 할 걸세."
나도향이 목청을 가다듬은 뒤 나직나직 낭송을 시작했다.

나 보기가 역겨워

가실 때에는

말없이 고이 보내 드리오리다

영변에 약산

진달래꽃

아름 따다 가실 길에 뿌리오리다

가시는 걸음 걸음

놓인 그 꽃을

사뿐히 즈려 밟고 가시옵소서

나 보기가 역겨워

가실 때에는

죽어도 아니 눈물 흘리오리다

　　김소월은 나도향이 낭독하는 동안 눈을 지그시 감았다. 수많은 상념이 교차되었다. 억누를 길 없는 벅찬 감정들을 추스르느라 눈꺼풀이 파르르 떨리기까지 했다. 마지막 구절이 끝날 무렵에는 짐짓 밝은 표정을 지어 보이며 낭독자를 칭찬했다.

　　"「진달래꽃」을 자네의 음성으로 듣게 되니 새롭네그려."

　　"소월 이 사람아. 자네는 지금, 이 시가 얼마나 많은 조선 사람의 심금을 울리고 있는지 아는가?"

　　"전혀 모르겠는데."

　　"경성의 모던 걸들은 이 시를 읽으면서 쓰러지고 난리가 없다네. 자네, 이 사태에 대해 책임질 수 있겠는가? 하하하."

"허허 원. 갑자기 웬 생떼람."

모처럼 만난 두 사람은 격의 없이 어울리는 이 시간이 얼마나 소중한
지, 눈빛을 교환하면서 서로의 의중을 확인하며 웃었다.

"월탄에게서는 소식이 왔던가?"

"응. 얼마 전에《백조》창간호를 우송해 주어서, 「밀실로 돌아가다」라
는 제목의 시를 잘 읽었다는 편지를 보냈다네. 참, 도향 자네가 쓴 소설
「젊은이의 시절」도 잘 읽었네."

"고맙네."

《백조》는 월탄 박종화, 홍사용, 현진건, 나도향 등 12명이 모여 창간한
문학 동인지였다. 애당초 휘문의숙 출신의 박종화, 홍사용과 배재학당 출
신의 나도향, 박영희 등이 자주 교류하다가 뚜렷한 목적의식 없이 동인지
를 창간하기에 이르렀다. 이 때문에 동인지는 딱히 어떤 유파나 주의 주장
이 없는 무색무취의 성격을 지닌 것이었다.

어쨌거나, 김소월과 나도향은 지난 몇 개월간 경성과 정주 사이의 거리
만큼이나 자주 만나지 못함을 못내 아쉬워했던 터였다. 그러한 까닭에 그
들은 최근 문학 잡지들에 발표된 시와 소설들에 대해 논의하는 시간을 기
꺼워했다. 더불어, 여러 문인의 안부와 근황을 화제 삼아 커피와 홍차를
마시면서 모처럼 즐거운 시간을 가졌다.

이듬해인 1923년에는 정식에게 잊지 못할 일들이 일어났다. 1월에 장
남 준호가 태어난 것이다. 큰딸 구생과 둘째 딸 구원을 연년생으로 낳은
지 이태만이었다. 3월에는 배재고등보통학교 제7회 졸업생이 되었다. 같
은 달 배재고보 교지《배재》에 「접동」, 「비단안개」, 「봄바람」, 「달밤」, 「깊
고 깊은 언약」, 「오시는 눈」, 「길손」 등 일곱 편의 시를 비롯해 번역소설
「떠돌아가는 계집」 등을 발표했다. 또한, 《개벽》지에 「예전엔 미처 몰랐
어요」, 「삭주구성(朔州龜城)」, 「가는 길」, 「산(山)」을, 《신천지(新天地)》에
「왕십리(往十里)」를 발표하는 등 눈부신 활약을 벌였다.

3월이 가기 전, 김소월은 정주에서 스승 김억의 부름을 받았다.

"선생님, 그간 무탈하셨는지요?"

"덕분에 잘 있다네. 자네도 잘 지내지? 요즘 들어 자네가 시작 활동을 부쩍 열심히 하고 있어서 참 흐뭇하였다네. 《개벽》지와 《신천지》에 실린 시편들을 두루 읽어보았는데, 모두 명편이더구먼."

"과찬이십니다."

"아닐세. 괜한 칭찬이 아니고 마음이 매우 흡족했다네. 일전에 자네가 보내준 《배재》지도 잘 보았다네. 여러 시편들 중에서 특히 「접동새」라는 시가 큰 울림을 주었네. 오산학교 다닐 때 자네의 습작 노트에서 본 적이 있구먼. 내 기억이 맞지?"

"예. 그때의 습작 노트에는 짧은 메모 형태로 써 두었더랬지요."

"아마도, 자네의 숙모님께서 들려주신 설화를 바탕에 두고 시를 쓰려 한다는 얘기를 했던 것 같은데."

"맞습니다. 기억하시는군요."

"기억하다마다. 그 설화는 나도 알고 있던 터라서 각별히 관심을 두었었지. 가만, 한번 읽어볼까?"

김억은 눈을 지그시 감고 김소월의 「접동새」를 나직이 읊조렸다.

접동
접동
아우래비 접동

진두강(津頭江) 가람 가에 살던 누나는
진두강 앞마을에
와서 웁니다

옛날 우리나라

먼 뒤쪽의

진두강 가람 가에 살던 누나는

의붓어미 시샘에 죽었습니다

누나라고 불러보랴

오오 불설워

시새움에 몸이 죽은 우리 누나는

죽어서 접동새가 되었습니다

아홉이나 남아 되던 오랩동생을

죽어서도 못 잊어 차마 못 잊어

야삼경(夜三更) 남 다 자는 밤이 깊으면

이 산 저 산 옮아가며 슬피 웁니다

시편 암송이 끝나자, 김소월이 찬탄해 마지않았다.

"선생님, 제 시를 끝까지 외우고 계시다니요. 정말 놀랐습니다."

"자네야말로 정주가 낳은 신동이라고 어릴 때부터 소문이 자자했잖은가. 자네의 비상한 기억력에 비하면 나는 조족지혈이지."

"별말씀을요."

"그런데……."

김억은 안경을 고쳐 쓴 뒤 김소월을 물끄러미 쳐다보았다. 오산학교 시절, 방과 후 김소월이 김억의 집에 들러 시의 운율이며 주제와 소재의 활용법에 관한 설명을 듣거나 토론을 할 때 가끔 보던 모습이었다. 궁금한 점을 물을 때 혹은 자신의 속마음을 털어놓을 때 항용 나오던 일종의 버릇이었다. 그런 그의 습관을 잘 알기에 김소월은 그의 다음 말을 기다렸다. 잠시 뜸을 들이던 김억은 본론을 꺼냈다.

"본래 접동새 이야기의 결말은 우리가 알다시피 고을 사또가 악독한 의붓어미를 징치하는 것 아닌가? 그런데, 자네의 시에서는 본 이야기와는 사뭇 다른 장면으로 끝을 맺었더군. 그렇게 대미를 장식한 자네의 생각을 듣고 싶다네."

김억이 화두를 꺼내니 다시금 까까머리 오산학교 시절로 되돌아간 듯한 기분이 들었다. 수많은 날들 동안 두 사람은 시에 대해서, 문학에 대해서, 그리고 민족 현실에 대해서 열정적인 의견 교환을 하였다. 스승과 제자로서, 그리고 함께 문학을 하는 동반자로서 때로는 의견이 갈리기도 하고 때로는 합치하기도 하면서 사유의 폭을 넓혀 왔던 기억이 새로웠다.

"저는 이 시를 쓸 때 남다른 감회가 없지 않았습니다. 선생님 말씀처럼, 어릴 적 숙모에게서 가슴 졸이며 듣던 오누이 이야기를 오래오래 묵혀두고 있다가 접동새를 모티프로 한 시 작품으로 세상에 내놓은 것이 사실입니다. 옛 설화에서는 사또가 계모의 악행을 낱낱이 밝힌 뒤 불에 태워 죽이는 형벌을 가하는 것으로 대미를 장식합니다만, 이 시에서는 그것을 생략했습니다."

"설화의 원본을 더 살려서 미학적으로 완성도를 높이려는 노력은 왜 하지 않았나?"

김소월의 설명을 묵묵히 듣고 있던 김억은 갑자기 미간을 찌푸리며 말했다.

"무슨……뜻인지요?"

김소월은 자신의 말을 중도에 자르고 성마르게 따져 묻는 듯하는 김억의 태도가 낯설게 느껴졌다.

"무릇 설화든 민요나 민담이든 원본이 갖고 있는 자체 완결성이라는 게 잊지 않겠나? 그러한 자체 완결성을 충분히 살리면 더욱 나은 문학성을 얻을 수도 있을 텐데 말이야."

김소월은 그의 질문이 일견 당황스러웠다. 아니, 질문을 빙자해 자신의 견해가 옳다고 들이미는 것처럼 여겨졌다. 조금 부담스럽긴 했지만, 이 기회에 자신이 평소 생각하고 있던 지론을 밝히는 게 낫다는 생각이 들었다. 그러한 까닭에 주저하지 않고 답변을 했다.

　"선생님, 텍스트의 자기 완결성을 보존하는 것은 시인이 아니라 민담 수집가의 몫이 아닐는지요? 그보다는 변형과 생략 또는 비약을 통해 차라리 슬픔을 극대화함으로써 비극의 끝까지 이르게 하고 싶었습니다."

　"자네의 논지에도 일리는 있지만, 지나치게 자의적으로 판단하는 우를 범하지 않을까 염려가 되는군. 내 질문은, 왜 그 텍스트의 고유성을 훼손했는가 하는 점에 닿아 있는 것일세."

　같은 질문이 반복되자, 대화가 겉도는 느낌이 들었다. 김소월은 분명하고 강한 어조로 매듭을 지었다.

　"안서 선생님! 저는 이 시를 쓸 때, 설화를 곧이곧대로 시 속에 몽땅 풀어 넣는 것은 시가 할 일이 아닐 거라고 저 자신에게 말하곤 했습니다. 시적 화자가 시 속에서 인위적인 카타르시스를 부여해 버리면, 읽는 이가 스스로 찾아야 할 의미를 축소시키거나 감동에 도달할 여지를 없애는 것일 테니까요. 일본 경찰들이 오산학교를 불태운 뒤, 저는 그 충격적인 장면을 한시도 잊은 적이 없었습니다. 밤하늘을 붉게 물들이며 활활 타오르는 불꽃 너울이 어쩌면 제 시에 방향을 제시해 주었는지도 모릅니다. 그 뒤로부터 시에서는 가장 인상적인 장면을 확 잡아당겨서 읽는 이의 눈앞에 곧바로 제시하는 것이 중요하다는 생각이 가슴 밑바닥에 자리 잡기 시작했습니다. 저는 평소에 특별한 시론(詩論)을 지니지도, 주창하지도 않았지만 그렇게 시를 쓰는 게 왠지 저 자신에게 잘 맞는 방식이라 여긴 까닭이었지요. 우리가 익히 알고 있는 접동새 설화의 결말을 과감히 버리고, 저 나름대로 슬픔의 현재성을 부여한 데에는 그러한 계기가 있었던 것입니다."

"소월! 열정적인 발언 잘 들었네. 그렇지만, 시작법에 대한 나의 견해 또한 새겨 두었으면 하네, 한데, 오늘은 자네가 다른 사람처럼 보이는구먼. 아무튼, 문운을 비네."

"고맙습니다, 선생님. 늘 강녕하십시오."

스승과 작별한 뒤 혼자가 된 김소월은 길거리에 서서 곰곰 생각에 잠겼다. 김억의 태도와 발언이 여느 때와는 달리 생경하게만 느껴졌던 것이다. 마치, 어제까지 동료였던 사람이 갑자기 경쟁자가 되어 나타난 것을 경계하는 듯한 눈빛이며 말투였다. 물음표가 하나 더 생긴 셈이어서 혼란스럽긴 했다. 하지만, 그는 이내 툭툭 털고 자리를 떠났다. 남들이 들을 수 없는 혼잣말로 중얼거리며 발걸음을 옮겼다.

'사람이 언제나 한결같을 수야 없을 테지. 그래, 별일 아닐 거야.'

4월에는 현해탄을 건너가 일본 동경상대에 입학해 유학 생활을 시작했다.

"할아버지! 저, 일본으로 유학을 가겠습니다."

김소월은 지난해 가을부터 유학을 준비해 오다가 겨울이 되어서야 할아버지에게 도움을 청했다.

"오, 그래? 좋은 결정을 했구나. 다른 건 걱정 말고 학업에만 전념해다오."

집안의 장손인 데다가 학교 성적도 우수한 손주였기에 할아버지는 쾌히 응낙했다. 그런 과정을 거친 뒤, 추위가 물러가고 봄이 되자 벼르던 유학길에 오른 것이다.

그렇지만, 벅찬 꿈을 안고 떠났던 유학 생활은 뜻하지 않은 일로 인해 중도에 그만두게 되었다. 그해 9월 1일 관동대지진이 일어나 일본 열도가 재난에 휩싸이는 이변이 생겼던 것이다. 이즈음, 일본에 살고 있는 조선인들이 우물에 독을 넣어 사람들을 독살하려 한다는 괴소문이 퍼졌다. 미증

유의 자연재해로 인해 인심이 흉흉해지고 무정부 상태에 빠지게 되자, 일본 내무성에서 '조선인들의 방화, 폭탄 테러 등에 유의하라'는 내용의 공문서를 경찰서에 하달했다. 이것을 일본의 신문사가 반복적으로 보도한 뒤, 유언비어가 기정사실인 것처럼 착시 현상을 불러일으켰다. 마침내 가짜 뉴스가 진실을 뒤덮고는 조선인을 공격할 구실로 탈바꿈했다. 공황 상태에 빠진 관동 지방의 일본인들은 조선인들이 눈에 띄기만 하면 남녀노소 가릴 것 없이 마구잡이로 학살하기 시작했다. 이 엄청난 조선인 대학살 사건은 훗날 관동대진재라는 명칭으로 바꿔 부르는 요인이 되었다.

"급 귀국 요망."

이 무렵 조선에서 한 통의 전보가 날아왔다. 일본에서 일어난 엄청난 지진, 조선인들에 대한 학살 사건 때문에 두려워진 할아버지가 자신을 급히 부르는 것이었다. 김소월은 학업을 계속하고 싶었다. 하지만, 일본에 더 있다가는 언제 불귀의 객이 될지 알 수 없는 노릇이기도 했다. 김소월은 유학 생활을 중도에 포기해야 한다는 아쉬운 마음을 곱씹으며 급히 짐을 싸서 귀국하고야 말았다.

"이보게 소월! 구사일생 귀국을 환영하네. 마음도 가라앉힐 겸, 나와 함께 동인 활동을 하지 않겠나?"

정주에 도착해 인사차 만난 자리에서, 김억이 뜻밖의 제의를 했다. 지난번에 팽팽하게 의견을 주고받던 것을 잊은 것처럼 여겨질 만큼 다정한 모습이었다.

"무슨 동인……인가요?"

"'영대(靈臺)' 동인일세. 소설가 임장화가 편집인 겸 발행인인데 김관호, 김동인, 이광수, 주요한, 전영택 등이 동인으로 참여했다네."

"아, 그렇군요. 저도 참여하겠습니다."

김억의 제안을 받고 '영대' 초창기 멤버로 참여한 김소월은 이 잡지에 시 「밭고랑 위에서」 등을 발표하면서 동인들과 합류했다. 1925년에는 같은 동인지에 「꽃촉(燭)불 켜는 밤」, 「무신(無信)」 등을 발표했다. 또한, 《조선문단(朝鮮文壇)》에 「물마름」, 《문명(文明)》에 「지연(紙鳶)」을 발표했으며 5월에 발간된 《개벽》지에 시론 「시혼(詩魂)」을 발표함으로써 왕성한 창작열을 보여주었다.

그해 겨울, 김소월은 첫 시집 《진달래꽃》을 매문사에서 발간했다. 지금까지 써온 시 126편을 모두 갈무리한 이 시집은 김소월이 살아생전 자신의 손을 거쳐 만든 유일한 시집이었다.

눈이 간간이 흩뿌리던 날, 김소월은 경성역 티룸에서 나도향과 다시 만났다. 두 사람은 뜨거운 김이 모락모락 피어오르는 커피를 사이에 두고 모처럼 환담을 나누었다.

"받아주게. 내 첫 시집일세."

시집 『진달래꽃』을 받아 든 나도향이 얼굴 가득 환한 웃음을 지으며 김소월의 두 손을 맞잡았다.

"소월! 첫 시집 출간을 진심으로 축하하네. 이렇게 멋진 일이 있나? 정말이지, 내 일처럼 기쁘기 한량이 없네."

"그토록 기뻐해 주니 고맙네."

"얼마 전, 《개벽》지에 발표한 자네의 시론도 잘 읽어보았네. 그 무렵 자네가 나에게 보낸 편지에서, 이 시론은 자네의 시 작품을 논평한 안서에 대한 반론 성격으로 쓴 글이라고 했지? '시혼도 산과도 같으며 달 또는 별과도 같다고 할 수 있으니, 시혼 역시 본체는 영혼 그것이기 때문에 그들보다도 오히려 그는 영원의 존재이며 불변의 형성일 것은 물론입니다.' 라는 구절은 꼭 시의 한 구절 같더군."

"지나친 칭찬일세. 내가 쓴 시론에서는 특별한 문학적 이념이나 전문적인 비평적 언술이 없다네. 그저 나 자신이 평상시 말하고 느껴왔던 시에 대한 생각을 아포리즘 혹은 시적인 차원의 언어로 기술한 것뿐일세. 좀 시시하지?"

"아닐세. 시시하긴. 비록 거룩한 비평 언어들로 무장한 글은 아닐지라도, 나는 그 글에서 자네의 평소 생각을 읽을 수 있었다네. 말하자면, 자네가 구사하는 민요조의 시편들은 우리 민족의 고유한 정조(情操)를 바탕으로 빚은 조선의 노래라는 것 말일세."

"그렇게나 나를 높이 띄우지는 말게."

"띄우는 게 아니라 바람결에 태우는 걸세. 지금보다 더 높이 높이 날아가라고. 껄껄껄."

"허허, 도향. 지금 이야기는 좀 신선했네."

두 사람은 커피를 한 잔 더 시켜 마시며 오랜만에 활달하게 웃어젖혔다.

"가만. 귀한 시집을 받았으니 보답을 해야겠네. 자네 시를 한번 낭독해 보겠네. 아니, 그보다, 먼저 해야 할 일이 있구먼. 잠깐만 기다려 보게."

나도향은 이렇게 말한 뒤 가방에서 커다란 한지와 간단히 쓸 수 있는 붓 한 자루를 꺼냈다. 그는 한지를 넓게 편 후 붓으로 시를 써 내려가기 시작했다.

산유화

김소월

산에는 꽃 피네
꽃이 피네
갈 봄 여름 없이
꽃이 피네

산에
산에

피는 꽃은
저만치 혼자서 피어 있네

산에서 우는 작은 새요
꽃이 좋아
산에서
사노라네

산에는 꽃 지네
꽃이 지네
갈 봄 여름 없이
꽃이 지네

시의 결구를 다 쓴 그가 갑자기 마담을 향해 소리쳤다.

"이보시오, 마담! 귀한 분의 시이니, 이것을 잘 보이는 곳에 붙여 두면 어떻겠소?"

나도향이 넉살 좋게 말하자, 기품 있게 생긴 마담이 환하게 웃으며 두 손으로 한지를 받았다. 그러고는 종업원을 시켜 벽난로의 정중앙 위쪽 벽에 잘 붙여놓았다.

"어때요? 잘 보이시지요?"

마담이 환하게 웃으며 말하자 김소월이 무람한 표정을 지으며 친구를 나무랐다.

"여보게 도향! 어찌 이런 장난을 치는가?"

그 소리를 들은 나도향은 오히려 한술 더 떴다. 그는 경성 티룸의 실내 한가운데로 걸어가더니, 옹기종기 둘러앉아 차를 마시던 손님들을 향해 손뼉을 쳤다. 모두가 돌아보자 한마디 했다.

"손님 여러분! 저의 둘도 없는 벗 김소월 시인이 첫 시집을 낸 기념으로 둘이서 자축을 하고 있었습니다. 그러다가 이 시집 속에 들어 있는 빼어난 시 한 편을 제가 써서 벽에 붙였으니, 여러분도 마음껏 감상하시길 바랍니다."

나도향의 말이 끝나자, 창가 쪽 자리에 앉은 중년 남자가 일어나 홀 한가운데로 오더니 벽에 붙어 있는 시를 낭송하기 시작했다.

"산에는 꽃 피네 꽃이 피네"

그가 선창하자, 자리에 앉아 있던 모두가 일어서서 따라 읽었다.

"산에는 꽃 피네 꽃이 피네"

한 사람의 음성이 여러 사람의 음성으로 바뀌자, 마치 동굴에나 들어온 듯 홀 안 구석구석 시 낭송의 깊은 울림이 퍼져나갔다. 뭇사람의 음성이 겹치고 또 겹치는 동안 축하의 의미가 더욱 커져만 갔다. 이윽고 시 낭송을 끝낸 중년 남자가 다가와 김소월의 손을 잡고 축하의 인사를 건넸다.

"김소월 선생님! 저와 저의 일행은 선생님의 시를 평소에 읽고 이미 애독자가 되어 있었답니다. 그런데, 오늘 정말 심금을 울리는 좋은 시를 읽게 되어 얼마나 기뻤는지 모릅니다. 시집 속에 들어 있는 선생님의 시 한 편이 지금 우리들의 가슴을 이토록 적셔 주었으니, 앞으로 수많은 세월이 흘러도 그 감동은 영원히 변치 않을 것을 믿습니다."

그 모습을 지켜보던 나도향이 벗의 어깨를 툭 치며 한마디 했다.

"소월! 이 시처럼 이 나라 산천에서 우리 마음속의 산유화가 언제까지나 피고 지기를 바라네."

"고맙네, 도향! 고맙습니다, 여러분!"

김소월은 나도향 옆에 서 있는 중년 남자, 그리고 모여선 모두의 눈동자에서 거짓 없는 진심을 읽어낼 수 있었다. 그 순간, 한없이 평화스럽고 따스한 기운이 실내를 포근히 감싸는 것을 느꼈다.

7

몇 해 전, 동경 유학을 중도에 포기하고 돌아온 김소월이 찾아간 곳은 고향 정주였다. 하지만, 그곳은 어린 시절부터 그를 무겁게 짓누르던 감옥 아닌 감옥이었다. 아버지의 끝 간데없는 광증, 할아버지의 일방적인 훈계와 통제, 어머니의 장남에 대한 맹목적인 집착과 기대로 인해 숨이 막히는 공간이었다. 그보다 더욱 끔찍했던 것은 일경의 감시와 협박이었다.

"당신! 김정식 맞지? 일본에서 있었던 일을 숨김없이 자백해라!"

어느 날, 길을 막고 다짜고짜 경찰서로 끌고 간 일본 경찰 겐조는 김소월에게 막무가내로 윽박질렀다.

"무슨 말씀이신지?"

"다 알고 있어. 그러니 빨리 불어라. 그게 신상에 좋아. 관동대지진 때 어디서 뭘 했는지 다 불란 말이야!"

"저는 동경상대에 막 입학해서 예과에 다니고 있었습니다. 그런데 가을에 엄청난 지진이 일어나자, 걱정이 된 할아버지가 빨리 귀국하라고 해서 서둘러 입국했을 뿐입니다."

"그것 말고, 혹시 다른 수상한 짓을 한 적 없나? 간토에 간 적은 정말로 없나?"

"없습니다. 몇 번을 말해야 합니까?"

겐조는 말도 안 되는 소리를 해대며 갖은 협박과 모욕을 가한 뒤, 특별한 혐의를 찾을 수 없자 풀어주었다. 경찰서를 나온 김소월은 모골이 송연해짐을 느꼈다. 불쾌한 감정을 느낄 사이도 없이, 겐조가 그림자처럼 자신을 따라다니며 감시하는 것을 알게 됐기 때문이다.

겐조에게서 풀려나 집으로 돌아온 그를 반겨준 것은 숙모였다.

"정식아! 별일 없었어? 아까 네가 골목께에서 낯선 남자에게 붙들려 가던데, 그 모습을 보고는 심장이 덜컥 내려앉는 것만 같았단다. 그때부터 조마조마한 마음으로 대문께를 서성이며 이제나저제나 네가 돌아오기만을 기다리고 있었어. 어디, 다친 데는 없고?"

"괜찮아요."

김소월은 씩 웃고 말았지만, 감수성이 예민했던 숙모는 그 낯선 남자가 일본 경찰이란 것을 눈치채고 있었다.

"괜찮긴 뭐가 괜찮아. 힘들었을 텐데."

숙모는 걱정스런 어조로 조카의 손이며 얼굴을 찬찬히 살폈다. 김소월은 그러한 숙모가 오히려 가엾게 여겨졌다. 홀로 크나큰 집 살림을 도맡아 하면서 고생만 하는 처지가 안쓰러웠기 때문이었다.

김소월은 그로부터 며칠 동안 숙모를 설득하여 큰 숙부가 있는 평양으로 거처를 옮겨주었다. 꽤 오랫동안 견우와 직녀처럼 떨어져 있던 그들 부부가 모처럼 한 지붕 아래서 지내게 되었다. 김소월은 이 무렵 할아버지에게 독대를 신청했다.

"할아버지. 제가 일본 유학생이라서 일경의 감시가 유독 심합니다. 당장 구성으로 분가하겠습니다. 그러면 일경의 감시도 덜 할 겁니다."

"알았다. 어디에 있든지 몸 건강하거라."

할아버지는 집안의 장손이 잘못되는 것을 원하지 않았기에, 의외로 김소월의 청을 선선히 들어주었다. 이 과정에서 할아버지는 손자가 받게 될 지분을 나누어 주었다. 김소월은 아버지에게 부여된 논과 밭, 그리고 어머니 몫으로 매겨진 전답까지 몽땅 팔아서 처갓집이 있는 구성군으로 분가했다. 막상 할아버지와 아버지, 어머니라는 그물로부터 벗어나자 비로소 숨통이 트이는 것만 같았다.

가산을 정리하고 구성군 서산면 평지동으로 분가한 그는 식솔들을 먹여 살리기 위한 방편으로 새로운 일을 시작했다. 평지동에서 약 십 리쯤 떨어진 남시(南市)에서 동아일보 구성지국을 경영하게 된 것이다. 심부름하는 사동 한 명을 데리고 신문 보급에 힘썼지만 여의찮았다. 지국장인 김소월은 총무 배찬경, 기자 겸 회계원 노봉섭 등의 직원을 두고 사업을 규모 있게 하고자 노력했으나 1년도 안 돼서 문을 닫고 말았다.

그동안에도 일경의 감시는 심해졌다. 겐조는 함부로 이런저런 이유를 붙여 사람을 오라 가라 하는 걸 예사로 여겼다. 취조실에 한 번 들어가면 참을 수 없는 인격 모욕과 욕설, 행패에 가까운 수모를 안기기 일쑤였다.

김소월은 자신의 삶이 점차 마모되어 가는 것을 느꼈다. 이대로 가다가는 폐인이 되거나 쥐도새도 모르게 죽는 일이 일어나도 하나도 이상하지 않겠다는 위기의식마저 들었다. 겐조는 더욱더 집요해졌다.

"당신, 이광수 알고 있지? 그가 몇 해 전 《개벽》지에 쓴 「민족개조론」을 읽어보았나? 그 글을 보니, 조선이 일제의 식민지가 된 열 가지 이유를 자세히도 적어 놨더군. 조선인은 일본인에 비해 열등하다, 고로 조선은 일본의 지배를 받을 수밖에 없다, 이것이 그 글의 핵심이야. 어때? 동의하나?"

"아니오. 동의 못 합니다."

"뭣이? 움직일 수 없는 사실은, 조선은 지금 위대한 대일본제국의 신민이라는 사실이야. 그런데, 동의할 수 없다고? 건방진 조센징!"

"대체 나에게 원하는 것이 무엇입니까?"

"몰라서 물어? 대일본제국에 충성하라는 것이다."

"나는 뼛속까지 조선인이오. 그런 말은 수용할 수 없소!"

"지금 조선의 시인이나 소설가 중에는 대동아공영권에 승복하는 사람들이 많이 생기고 있다. 그들이야말로 천황 폐하와 대일본제국의 사랑스런 신민들이다. 시류를 좀 읽기 바란다."

"조국을 배신하는 자들을 어찌 닮으라고 하십니까?"

"동경 삼대 천재라고 아나? 최남선, 이광수, 홍명희, 이 세 사람을 일컫는 말이다. 동경 삼대 천재 중 최남선이 가장 먼저 일본에 납작 엎드렸다.

이광수도 이제 대일본제국의 충실한 신하이다. 남은 건 대쪽같이 뻣뻣한 홍명희뿐이지. 어쨌든, 김정식 너도 얼른 무릎을 꿇어! 알겠어?”

겐조는 실로 교활하기 짝이 없는 인간이었다. 장광설과 회유도 끝이 없었다. 그가 이토록 김소월에게 집착하는 이유는 알량한 일 계급 특진에 대한 흑심 때문이었다. 식민지 지식인, 그중에서도 문인들의 변절은 조선 총독부로서는 더할 나위 없는 횡재였다. 일본 제국주의를 홍보하는 데 최대 효과를 노릴 수 있기 때문이었다. 더구나, 조선 문단에서 뛰어난 시인으로 평가받고 있는 김소월에 대한 회유책이 성공한다면 겐조로서는 출셋길이 보장되는 거나 다름없었다. 그가 어쭙잖은 실력으로 여러 문학잡지를 읽고 문단 소식까지 주워섬기는 것을 보면 얼마나 출세욕이 대단한지 혀를 내두를 정도였다. 하지만, 그러면 그럴수록 김소월의 피로도와 모멸감은 극한까지 치닫고 있었다.

하루라도 술에 의지하지 않고서는 견딜 수 없는 나날들이 되풀이되고 있었다. 설상가상으로 사업은 망해 버린 데다가 일경의 감시까지 갈수록 심화되고 있어서 답답하기 이를 데 없었다. 또 하나 답답한 것은 구성 땅에서 내밀한 이야기를 터놓고 나눌 만한 사람이 없었다는 것이었다. 이런 상황이다 보니, 김소월은 술에 의지하는 날들이 많아졌다. 혼자서도 마시기 시작하더니, 그것도 싫어서 아내에게 술을 가르쳐 가면서 마셨다. 그는 대취하는 날도 많았다.

1930년 가을, 정주 남산동 큰집에서 숙모의 맏딸 선저의 결혼식이 있었다. 숙모가 홀로 시집살이하는 게 안쓰러워 김소월 자신이 앞장서서 평양으로 이사하게 한 뒤, 실로 5년 만의 상봉이었다. 그동안 숙모에게 편지만 하고 한 번도 다니러 가지도 않았다. 갈 처지도, 그럴 심정도 아니었다. 공연히 자신의 어지러운 심사를 들키고 싶지 않았기 때문이었다. 숙부와 숙모가 속으로 자신을 무정하게 여겼으리라 싶어 심란했고 겸연쩍었지만, 조카의 결혼식마저 모르는 체할 수 없어서 어쩔 수 없이 얼굴을 비추고야 말았다. 결혼식이 끝나고 피로연에서 김소월은 친척들이 주는 잔술을 거푸 마셨다. 그리고, 그토록 보고 싶었던 숙모를 얼싸안고 어린아이처럼 엉엉 울었다.

"숙모님, 저는요, 지난 몇 해 동안 울 상대조차 없어서 울지도 못했습니다. 어헝어헝."

숙모는 그런 조카를 보며 가슴이 미어지는 듯했다. 마치 친아들처럼 끌어안고 다독다독해 주었다.

"울지 마라, 울지 마."

하지만 김소월은 잔칫상에 놓인 술병을 들어 병째로 꿀꺽꿀꺽 들이켠 뒤, 또 꺼이꺼이 울기 시작했다.

"숙모님, 저는 슬퍼요. 몹시 슬프고 또 슬퍼요. 저는요, 그저 거미줄에 걸린 잠자리인가 봐요. 벗어나려 하면 할수록 거미줄이 저를 단단히 옥죄기만 해요. 어허허흑흑흑."

"그만 울래두. 얼마 전에는 조선에 천재 시인이 났다고 많은 이들로부터 칭송과 부러움의 대상이었던 어엿한 문인이잖아. 그런데 왜 울어, 응?"

어릴 적부터 명민하고 영특해서 신동 소리를 듣던 아이였기에, 엉망으로 취한 조카의 모습을 보는 게 무척 괴로웠다. 그만 마시라고 야단을 치고 호통도 쳤다. 그래도 소용없었다.

'이러다가 뭔가 잘못되면 어쩌나? 촉망받는 시인의 앞날에 어두운 그림자라도 드리워지면 안 될 텐데.'

숙모는 조카가 잘못될까 봐 자꾸만 엄습해 오는 두려운 생각에 몸을 떨었다. 코흘리개 때부터 아끼고 사랑해 왔던 조카였다. 마치 품 안의 자식처럼 귀여워하고 온 정성을 다해 옛이야기를 들려주는 동안 시집살이의 고되고 막막했던 세월을 견딜 수 있게 해준 살뜰한 아이가 아니었던가. 그런 그가 왜 이토록 황폐한 몰골로 자학을 하고 있는가. 그렇게 만든 것은 무엇인가. 생각할수록 깊고 깊은 곳에서 형체도 없는 추하고 잔혹한 무언가가 거대한 아가리를 벌리고 달려드는 것만 같아 소름이 돋았다. 숙모의 두려움이 현실로 바뀌기까지는 그리 오랜 세월이 걸리지 않았다.

그로부터 3년 뒤의 몹시 추운 어느 날, 김소월은 오후까지 겐조의 가학적인 취조를 받았다.

"이봐, 김정식! 내놔 봐!"

겐조가 밑도 끝도 없이 윽박질렀다.

"뭘요?"

"간토대지진 때 누구랑 만나서 작당을 했는지, 그 명단을 내놔 보란 말야."

"도대체 그 허무맹랑한 말을 왜 꺼냅니까?"

"허무맹랑한가? 좋아. 그렇다면 대일본제국에 충성하는 시를 한 편 써 봐!"

"뭐요?"

"못하겠나? 당신이 좋아하는 민족, 양심, 뭐 그런 것 때문인가? 이봐 조선 땅에는 이미 대일본제국에 충성하는 문인 나부랭이들이 한가득이야. 셀 수도 없이 많다고, 알겠어? 자네만 독야청청한다고 누가 알아줄 것 같아? 자네가 나에게 협조해 주면, 망해 버린 동아일보 구성지국을 내가 살려줄게. 앞으로 탄탄대로가 열릴 거야. 물론, 나에게도 진급과 영광의 길이 열릴 테고 말이야. 어때? 꿩 먹고 알 먹고 아닌가?"

겐조의 취조는 끝없는 소모전의 연속이었다. 정신이 마모되는 일이었다. 집요하게 되풀이되는 그의 장광설을 듣다 보면 혈압이 상승해 터지기 일보 직전까지 가는 일이 부지기수였다. 그럴 때마다 자신의 정신을 지키고 갈무리하지 않으면 미쳐 버릴지도 모를 일이었다. 김소월은 출구가 없는 미로에 갇힌 기분이었다. 그는 이 같은 상황 속에서 점점 지쳐 갔지만, 온 힘을 쥐어 짜내어 거칠게 내뱉었다.

"내 심장이 찢어질지언정 그런 일은 없을 거요!"

"허! 꼴에 자존심은 있어 가지고, 크하하흐흐흐."

겐조는 이 상황을 즐기는 듯 자못 여유 있는 표정으로 한껏 웃어젖혔다. 취조가 끝난 뒤, 김소월은 주막에 들러 탁주 한 사발을 시켜 꿀꺽꿀꺽 들이켰다. 견딜 수 없는 모멸감에 치를 떨며, 김치 안주도 집어 들지 않고 몇 사발인가를 거침없이 마셨다. 하지만, 취기가 조금 올랐을 뿐 정신은 또렷했다. 김소월은 주모에게 셈을 치른 뒤 술병을 손에 들고 주막을 나왔다. 그러고는 근처 약방으로 가서 꽤 큰 덩어리의 아편을 샀다. 손에 술병과 봉다리를 들고 개천가를 지나면서 그는 중얼거렸다.

'이것은 겐조와 나의 전쟁이 아니다. 겐조는 조연일 뿐, 더 큰 상대역은 욱일기 뒤편에 있다. 내가 죽느냐, 욱일기를 흔드는 시키면 놈이 죽느냐, 그것이 문제이다. 그런데, 내가 끝까지 버티기에는 너무나 힘에 부치는구나. 만약 내 육신이 여기서 멈출지라도, 내가 이 세상에서 영원히 사라지는 것은 아닐 것이다. 나에게는 나의 시편들이 있지 않으냐. 욱일기 뒤편에 도사린 추악한 악취는 언젠가 만천하에 폭로될 것이다. 그러나, 내가 이 세상에 뿌려놓은 나의 시편들은 언젠가 이 나라 백성들의 가슴에서 작은 씨앗으로 싹틀 것이다. 그러면 됐다. 그렇게 된다면 여한이 없을 터이다.'

유난히 밝은 달과 한 사내의 기다란 그림자가 흐르는 물 위로 어른거리며 출렁였다. 뼛속까지 파고드는 엄동설한의 한파가 옷깃을 파고드는 밤이었다. 집으로 돌아온 김소월은 자정 넘어 새벽녘까지 막걸리를 마시던 도중 아편을 한입에 털어 넣었다. 다음 날 아침, 남편이 거품을 물고 쓰러져서 움직이지 않는 것을 본 아내는 소스라치게 놀라고야 말았다. 서른세 살, 젊으나 젊은 남편의 온몸은 싸늘하게 식어 있었다. 베개 밑에는 아편을 쌌던 봉지가 삐죽 나와 있었다.

한 해 뒤인 1935년 1월 28일, 서울 종로구 관철동에 있는 백합원에서 김소월의 추도회가 열렸다. 정지용, 김기림, 김동환, 김억, 이광수, 이은상, 유도순, 박종화, 박팔양 등이 추도회 발기인으로 이름을 올렸다.

"김소월, 그의 이름은 조선 문학사에 길이 남을 기적이요, 축복이었습니다. 너무나도 이른 나이에 어찌 그리도 빨리 저세상으로 가셨습니까? 우리는 그가 생전에 남긴 절창 중의 절창인 「초혼」을, 이제 그를 위하여 절절한 가슴으로 부르노니, 님이시여! 부디 언제까지나 새벽빛처럼 청청히 빛나시기를 두 손 모아 비나이다."

추도사가 낭랑하게 울려 퍼졌다. 그 자리에는 그를 아끼는 40여 명의 독자들이 참석해 슬픔을 함께 나눴다. 문단 안팎에서 백여 명의 인원이 모여 백합원을 가득 채운 가운데 시인의 죽음을 엄숙하게 애도했다. 추도회가 이어지는 동안 밖에서는 눈이 하염없이 내리고 있었다.

4. 최서해 : 서늘한 촉감

- 김종성

1

관북사에서 부서져 오는 은은한 종소리가 학송의 귀에 어렴풋하게 들렸다. 계곡을 빠져나온 안개가 산기슭으로 기어올랐다. 안개가 자욱이 피어나 버드나무 가지 사이로 흘러내렸다. 안개가 스멀스멀 다가와 창문에 매달렸다. 종소리가 점점 멀어져 가고, 가냘픈 숨결 소리가 그의 귀를 적셨다. 그는 벌떡 일어나 창문으로 다가갔다. 안개가 짙게 깔려 가까운 거리도 분간할 수가 없었다. 청기와집 뒤 돈대에 뿌리를 내리고 있는 소나무 몇 그루가 안개 속에 고개를 내밀고 있을 뿐이었다. 날이 날카로운 단도처럼 서늘한 얼굴을 도도히 흐르는 안개가 에워싸기 시작했다. 어느새 안개가 진성령의 까만 눈동자를 삼켜버렸다. 도대체 글줄이나 읽고 돈푼이나 있는 사람들의 자식들은 학교에 다니는데 난, 난 왜 학교에 다닐 수 없단 말인가. 그는 다시 요 위에 몸을 뉘었다. 밤새도록 몸을 이리저리 뒤척이다가 동이 번히 터올 무렵 까무룩 잠이 들었다.

"학송이 아직 안 일어났냐. 어서 땔나무를 하러 가야지."

어머니의 가래 섞인 목소리가 문풍지를 흔들었다.

학송은 지게를 지고 집을 나섰다. 멀리 돈대 아래 청기와집의 기왓골 위로 햇살이 쏟아져 내리고 있었다.

신고산이 우루루 함흥차(咸興車) 가는 소리에
구고산 큰 애기 반봇짐만 싸누나

공산야월(空山夜月) 두견이는 피나게 슬피 울고
강심에 어린 달빛 쓸쓸히 비쳐 있네

가을바람 소슬하니 낙엽이 우수수 지고요

귀뚜라미 슬피 울어 남은 간장을 다 썩이네

석룡이 「신고산타령」을 흥얼거리며 걸어가고 있었다.

"석룡아, 같이 가자."

학송이 쫓아갔다.

학송이와 석룡은 발걸음을 빨리했다. 뱀사골 돌너덜 위로 눈 부신 햇살이 빗질하듯 내리고 있었다.

"오늘 저기 한 번 가볼까?"

석룡이 기와로 지붕을 인 사당을 가리켰다. 그곳은 사신(蛇神)을 모시는 곳이어서 마을 사람들이 가까이 가기를 꺼리는 곳이었다.

"사당엔 왜?"

"저기 한 번도 가 본 적이 없어서."

"그렇다면 가 보면 되지 뭘 그래."

학송이 성큼성큼 앞장섰다. 아침 햇살을 온몸으로 받으며 그가 발걸음을 디딜 때마다 보랏빛 꽃과 하얀 꽃들이 흔들렸다. 수풀 속에서 바스락거리는 소리가 났다. 학송이 지겟작대기로 푸나무 서리를 헤쳐 나가자, 새들이 일제히 하늘로 날아올랐다. 학송과 석룡이 조심스럽게 걸음을 뗐다. 기와지붕에 앉아 있던 까마귀들이 까악까악 울어대며 거칠게 날갯짓을 해댔다.

나무에 둘러싸인 사당 위로 나뭇잎이 우수수 흩어졌다. 석룡은 겁이 덜컥 났다.

"무섭다, 그만 가자."

석룡의 등으로 땀이 흘러내렸다.

"무섭긴 뭐가 무서워? 안에 뭐가 있는지 보고 가자."

학송이 사당으로 다가갔다. 숨을 들이 삼키고, 문틈으로 안을 들여다보았다. 큼직한 호피 무늬 비늘이 선명한 뱀이 똬리를 틀고 독을 뿜으려 혀를 내밀고 있는 그림이 눈에 들어왔다. 사신도(蛇神圖)였다. 그는 어깨로

문을 밀었다. 삐거덕거리며 문이 열렸다. 사당 안으로 들어가 사신도를 바라보았다. 뱀의 까만 눈동자가 그를 향했다고 생각하는 순간 우윳빛 안개 같은 것이 온몸으로 번져왔다. 다리가 후들거렸다. 잠들기 전의 몽롱한 환상 속을 헤매는 듯한 착각이 들었다. 그때 그는 사신도에서 튀어나온 커다란 뱀이 꿈틀거리며 자신을 휘감는 것 같은 느낌을 받았다. 순간 온몸이 뜨거워지고 입술이 바싹바싹 탔다. 눈이 충혈되고 의식이 몽롱해졌다. 이상한 일이었다.

"학송아, 뭘 해. 그만 가자."

석룡이 말했다.

그제야 학송은 우윳빛 안개 속에서 빠져나와 뒷걸음질 쳤다. 어느새 눈앞에 어른거리던 뱀의 까만 눈동자가 사라졌다.

"뱀은 없었어?"

석룡이 뒤돌아보며 말했다.

"뱀은 없고 눈알이 새까만 뱀 그림만 있었어."

학송이 미간을 잔뜩 찌푸린 채 말했다.

"눈알이 새까만 뱀 그림만 있었다고?"

석룡이 고개를 갸웃거리며 말했다.

"너도 자세히 들여다볼 걸 그랬나 봐."

학송이 손등으로 눈을 비비며 말했다.

"무섭다. 그만 가자."

석룡이 얼굴을 찡그리며 학송의 팔을 잡아당겼다.

"근데 말야 왜 사신도를 모셔 놓은 사당이 저기에 있는 걸까?"

학송이 궁금하다는 듯이 말했다.

"그게 궁금해?"

"사실 저 사당은 일본 사람들이 사신도를 모셔 놓고 기도드리는 데고, 지서에서 이따금 순사들이 와서 둘러보고 간대."

"근데 그걸 난 왜 몰랐지?"

"알아서 뭐 하게."

까마귀 울음소리가 점점 멀어졌다. 멀리서 바람이 숲을 밟고 지나가는 소리가 들려왔다. 새들이 푸드덕거리며 돌너덜 위로 날아갔다.

붉은 해가 청기와집의 기왓골 위에 머뭇거리고 있었다. 그들은 이야기를 주고받으며 천천히 걸음을 옮겼다.

"참 이상한 일이야."

아무런 말도 않고 앞만 보고 걸어가던 석룡이 갑자기 생각났다는 듯이 말했다.

"뭐가 참 이상한 일인데?"

"학송아, 낯선 사람이 찾아오지 않았니?"

석룡이 거북바위 밑에 지게를 내려놓으며 말했다.

"낯선 사람?"

학송이 다그치듯 물었다.

"뱀눈을 하고 검은 중절모를 쓴 사람이 찾아오지 않았어?"

"그런 사람이 찾아오지 않았는데……."

"그럼 뱀눈을 하고 검은 중절모를 쓴 사람에 대한 소문은 못 들었어?"

"응 못 들었어."

"못 들었으면 됐어……."

"무슨 말을 하려다 말면 어떡해?"

"그게……. 진성령이 아버지하고 무슨 연관이 있을 거 같아서……."

석룡이 말끝을 흐렸다.

"진성령이 아버지하고?"

학송이 낫질을 멈추었다.

"……진성령 아버지가 장거리에 갔다 온다고 집을 나간 지 한 파수가 지났는데 아직 집으로 돌아오지 않고 있대."

"한 파수가 지났는데도 안 돌아와?"

"응, 두만강을 건너갔다는 소문도 있고……."

"두만강을 건너갔다는 소문이 돈다고?"

"이 말은 아무에게도 얘기하면 안 돼."

석룡이 말을 끝내고 허리를 세웠다.

학송은 낫으로 나뭇가지를 자르다가 그를 바라보았다. 멧부리로 넘어가는 해가 그의 등 위에서 머뭇거리고 있었다.

전나무 숲 위에 기우는 햇빛이 붉은 띠처럼 걸려 있었다. 장거리로 가는 들머리까지는 십 리의 산길이었다. 산길 옆으로 기다란 몸을 비틀며 뱀이 지나가는 모습을 한 시냇물이 물안개를 일으키며 흘러가고 있었다. 산길이 두 갈래로 나누어지는 호랑이바위에서 오른쪽으로 난 길옆으로 들어가면 뱀사골 돌너덜이 시작되었다. 돌너덜에는 똬리를 틀고 있는 뱀들이 종종 목격되었다.

잔양이 내리기 시작한 수수밭을 바람이 핥고 지나가자, 하늘을 향해 솟아난 수숫대들이 서걱거렸다. 짐승의 울음소리 같은 바람 소리가 잦아졌다. 산길 양쪽은 온통 수수밭이어서 막 패기 시작한 수수가 잔양 속으로 붉은 울음을 토해냈다. 수수 잎새가 한층 잔양 속에 붉게 잠겼다. 앞장선 석룡의 말소리는 뒤따라가는 학송의 귀에 또렷하게 들렸다.

"진성령이 시름시름 앓다가 자리에 드러누운 지 보름이 지났대."

"……."

"마을 사람들이 진성령이 귀신병에 걸렸다고 수군거리고 있어."

"시름시름 앓다가 삐적삐적 말라가는 병이 귀신병이라는 이야기는 나도 들은 적이 있어."

학송의 눈에서 불씨가 피어오르고 있었다.

"너, 진성령 좋아하지?"

"좋아하긴 뭐……."

"네가 청기와집 앞을 서성거리고 있는 거 내가 다 봤어."

"……."

"언제부터 좋아했지?"

석룡이 맨송맨송한 턱 끝을 치켜들며 눈을 반짝거렸다.

"그게……."

학송이 말끝을 흐렸다.

안개가 자욱하게 깔렸다. 장거리에 양쪽으로 늘어선 집들이 희끄무레했다. 학송은 앞을 잘 가누지 못했다. 그가 안개를 밟고 장거리로 가는 갈림길로 들어섰다. 안개 속에서 불쑥 고개를 들이민 인력거를 피하다가 여학생과 부딪쳐 쓰러졌다. 그때 학송의 가슴에 안겨 있는 여학생의 까만 눈동자가 바싹 다가왔다. 그 순간, 서늘한 촉감이 가슴에 와닿았다. 죄송해요. 여학생이 학송의 가슴을 벗어나며 웅얼거리듯 말했다.

여학생의 까만 눈동자가 학송의 눈앞에 자꾸만 아른거렸다. 며칠 후 그는 보신여학교에 다니는 그 여학생의 이름이 진성령이라는 것을 석룡으로부터 들었다. 성진고등보통학교의 남학생들 사이에서 그녀는 유명했다. 그녀를 모르는 사람은 성진고등보통학교 학생이 아니었다. 성진고등보통학교를 다니지 않는 학송만 몰랐다.

"……학송아, 사람은 자기 분수를 알아야 해. 명식이가 진성령을 1년 내내 쫓아다녀도 안 만나 준다던데. ……진성령이 어디 우리 같은 사람들을 거들떠보기나 하겠니?"

석룡이 낫질을 계속하며 말했다.

"우리 같은 사람들이 어떤 사람인데?"

"……글쎄다."

"……거들떠보지 않으면 거들떠보게 해야지."

학송이 잠시 말을 끊었다.

"예나 이제나 권세 있고, 돈 있는 사람들 세상이잖아."

석룡이 지게를 지고 일어서며 말했다.

학송도 땔나무를 지게에 지고 그의 뒤를 따랐다. 아침부터 멀건 수제빗국으로 배 속을 채운 탓인지 허기가 명치 속을 무두질했다.

학송이 어머니가 차려온 점심상을 마파람에 게 눈 감추듯이 비운 후 장거리로 향했다.

이 배얌으로 말할 거 같으면
배얌을 먹고 사는 배얌인디
이걸 갖다가 먹어서만 좋으냐
간장에 삼 년, 소금에 삼 년, 된장에 삼 년
삼삼은 구, 구 년을 간했다가 바르는데

뱀이 약효가 좋다는 이야기를, 약장수가 구성진 목소리로 풀어놓고 있었다. 학송은 걸음을 멈추고 약장수의 뱀타령에 귀를 기울였다.

학송은 뱀타령을 흥얼거리며 장거리를 쏘다녔다. 붉은 해는 아직 장거리의 한복판에다 햇빛을 쏟아 내리고 있었지만, 장거리는 벌써 사람들의 발소리가 끊어지고 있었다. 성진서점 옆 골목 초입에서 좌판을 벌여 놓고 있는 권 노인은 연방 거리를 오가는 사람들에게 눈길을 주었다. 그러나 오가는 사람들은 아무도 난전에 눈길을 주지 않았다. 학송은 길가에 지게를 벗어 놓고 좌판 위를 눈으로 훑어내렸다. 추월색, 혈의 누, 은세계, 자유종, 설중매 같은 신소설들과 춘향전, 심청전, 유충렬전, 구운몽, 채봉감별곡 같은 구소설이 펼쳐져 있었다. 구소설들 곁에 누렇게 바랜 책들이 쌓여 있었다. 학송은 겉장이 찢겨져 나간 일문판 『세계문학사』를 한 권 사서 지게 멜빵을 어깨에 걸쳤다.

학송은 보신여학교로 가는 길목을 지키고 있었다. 그는 사흘째 되는 날 동무들과 이야기를 주고받으며 지나가는 진성령의 얼굴을 훔쳐볼 수 있었다.

그날 이후 학송은 진성령을 보지 못했다. 그는 진성령에 대한 소문을 한 마디라도 놓치지 않고 들으려고 장거리를 돌아다녔다. 그러나 귓바퀴에 차가운 바람 소리만 잉잉거릴 뿐 아무런 소식을 듣지 못했다. 그러던 어느 날 학송은 성진서점에 갔다가, 여학생들이 진성령의 아버지가 수갑을 찬 채 순사들에게 에워싸여 성진역에서 함흥행 열차를 탄 뒤 뒤 진성령이 귀신병에 걸렸다고 소곤거리는 소리를 들었다. 진성령이 교실에서 갑자기 뱀처럼 혀를 날름거리며 온몸을 떨었대. 팔과 다리를 자꾸만 부르르 떨다가 벌떡 일어섰다는 거야. 그녀의 두 눈이 위쪽으로 찢어지면서 괴물의 울음 같은 소리를 냈대. 교실로 젊은 선생님들이 뛰어오고, 교감 선생님이 헐떡거리며 달려왔대. 급기야 교장 선생님까지 오셨대. 응급차가 와서 진성령을 성진의원으로 싣고 가고 나서야 소동이 멈췄대.

'진성령이 귀신병에 걸렸어'라는 말이 온종일 학송의 귓바퀴 언저리에서 맴돌았다.

"진성령이 병원에 입원했다가 퇴원해 요즈음 집에서 요양 중이래."

석룡이 말했다. 그는 귀썰미가 있어서 한 번 들은 것을 잘 잊지 않았다.

"그럼 진성령을 누가 돌봐주고 있대?"

학송이 물었다.

"글쎄다. 진성령이 작은아버지가 서울에서 내려와서 무당을 데려와 굿판을 벌이고 서울로 도로 올라갔다는 이야기를 들은 후로 진성령에 대한 이야기를 들은 게 없어."

석룡이 말했다.

"근데 진성령이 굿을 했다는 소문은 무슨 이야기야?"

"진성령이 작은아버지가 무산에서 용하다는 무당을 데려와 굿판을 한 판 벌였는데 도무지 차도가 없었대. 그래서……."

"그래서 어떻게 되었대?"

"진성령의 작은아버지가 무당을 찾아가 굿값을 내놓으라고 하니까, 굿

한번 한다고 귀신병이 다 나으면 내가 떼돈 벌지 하면서 붓끝에 먹을 찍어 하얀 종이에 '진봉수가 두만강을 건너가다 붙잡혀'라고 휘갈겨 쓰면서 말하기를……."

석룡이 말끝을 흐렸다.

"휘갈기 쓰면서 말하기를?"

학송이 말끝을 높였다.

"……그 집 사정을 들어보자니 아버지는 두만강을 건너가다 붙잡혀 감옥에서 죽은 귀신이 씌어 있는 팔자인데, 딸은 귀신병으로 죽을 팔자는 아냐. 그러니까 내가 하라는 대로 해. 바짝 마른 거 보니 바짝 마른 귀신병에 걸린 게 틀림없어."

"바짝 마른 귀신병을 치유 방법이 있습니까?"

"병원에 입원해 치료해도 안 낫고, 굿을 해도 안 나으니, 마지막으로 해볼 게 있긴 한데……."

"그게 뭔데요?"

"먼 길까지 왔으니까 비방을 알려주지."

칼을 들고 춤을 추던 무당이 짧게 말했다.

"……."

"뱀을 잡아 고아 먹으면 상태가 호전될 거야. 몸 상태가 혼자 걸을 수 있을 정도가 되면 매일 아침 해 뜰 때 성황당에 가서 이슬을 맞으며 치성을 드려봐. 그러면 효험이 있을 거야."

연두저고리에 다홍치마를 떨쳐입고 춤을 추고 난 무당이 한 마디 한 마디 잇새로 밀어냈다.

장거리에 나간 학송은 진성령의 집에서 뱀을 잡아 올 사람을 구한다는 소문을 들었다. 그는 성진에서 자기가 뱀을 제일 잘 잡는다고 사람들의 귀에다 밀어 넣고 다녔다.

마침내 그 소문이 진성령의 귀에 들어갔다.

"학송아, 누가 찾아왔다."

어머니의 말에 학송이 문을 열고 마당으로 나섰다. 진성령의 동생이 머뭇거리고 있었다.

"오늘은 내가 바쁘고 하니 내일 일찍 내가 찾아가겠다."

학송이 말했다.

날이 밝자, 학송이 깨끗한 옷으로 갈아입고 한천변으로 향했다. 거리에는 오가는 사람이 뜸했다.

청기와집 추녀가 보였다. 학송이 느린 걸음으로 돌담을 돌아갔다. 대문을 밀고 들어서자, 진성령의 동생이 마당으로 뛰어나왔다.

"제발 우리 언니 좀 살려 주세요."

진성령의 동생이 학송의 옷소매를 당기며 말했다.

학송이 진성령이 누워 있는 방으로 안내되어 갔다. 그녀의 야윈 얼굴이 푸르딩딩한 전등 밑에서 하얗게 빛났다. 학송은 심장이 멎는 것 같았다.

"뱀은 날이 따뜻해질 때 많이 나와요. 뱀은 뱀사골 돌너덜에 가면 자주 보이니까, 내가 잡아다 줄 수는 있어요."

학송이 말했다.

"뱀을 잡아서 고아 먹을 수 있게 껍질도 벗기고 창자도 빼내서 가져다주세요."

진성령의 동생이 끼어들었다.

"그렇게 손질해다 드리면 뱀을 고아서 먹을 수 있겠어요?"

학송이 말끝을 높였다.

"병만 낫는다면야 무슨 짓이든 못 하겠어요."

진성령이 입술을 실룩거리며 말소리를 희미하게 게워 냈다. 퀭하게 깊어진 눈의 한가운데에서 까만 눈동자가 불빛을 받아 뱀눈처럼 번들거렸다.

"그렇다면 내가 뱀을 잡아서 껍데기를 벗기고 창자를 빼내 깨끗이 씻어서 갖다줄게요."

다음날 학송은 가늘고 긴 나무 막대기 끝에다 말총으로 만든 고리를 메서 뱀사골 돌너덜로 갔다. 돌너덜 밑에 도사리고 있는 뱀을 가늘고 긴 나무 막대기로 툭툭 건드리며 약을 올렸다. 독이 오른 뱀이 꼬리를 치며 고개를 치켜들고 금세라도 쫓아올 기세였다. 그때 그는 나무 막대기 끝에 매달아 놓은 말총 고리를 살짝 뱀의 목에다 걸고 확 잡아챘다.

깨끗이 손질한 뱀을 진성령의 동생에게 전한 이튿날, 학송이 새벽안개를 밟고 당고개로 갔다. 과연 진성령이 동생과 함께 성황당 앞에서 치성을 드리고 있었다.

"일찍 왔군."

학송이 혼잣소리로 중얼거리며 진성령을 훔쳐보았다.

그날 밤 학송이 일문으로 된 『문장연습』을 읽다가 닭들이 횃대 위에서 꾸꾸 거리며 날개를 퍼덕거리는 소리를 듣고 잠자리에 들었다. 그의 눈앞에 안개가 끼기 시작했다. 큼직한 호피 무늬 비늘이 선명한 뱀이 똬리를 틀고 독을 뿜으려 혀를 내밀고 있는 사신도가 보이는 것 같았다. 온몸이 노곤하게 풀리며 안개 자락 같은 잠이 스르르 덮쳐왔다. 사신도에서 우윳빛 안개를 헤치고 뱀이 기어 나왔다. 뱀은 까만 눈알을 번득이며 혀를 날름거렸다. 어느새 뱀이 진성령으로 뒤바뀌어 그를 천천히 휘감았다. 까만 눈동자가 그의 얼굴 가까이 바짝 다가왔다. 그의 몸 아래쪽에서 싱싱한 가물치가 파닥거렸다. 큼직한 호피 무늬 비늘의 서늘한 촉감이 온몸으로 전해졌다. 그의 몸 아래쪽에서 파닥거리던 가물치가 미동도 하지 않자, 진성령이 안개 자락 모양으로 사라졌다. 그때 서해는 마당에서 나는 인기척을 들었다.

어둠 저편에서 은빛 가루를 뿌리며 달빛이 가라앉았다. 오동나무 잎에 달라붙는 어둠을 달빛이 갉아먹고 있었다. 발소리가 담장 너머로 날아왔다. 이윽고 달빛을 밟고 인력거가 마당으로 들어섰다. 키가 겅중 하니 큰 사내가 몇 번인가 헛기침을 하였으나 안에서는 아무런 대답이 없었다. 다시 헛기침을 두어 번 하자, 창호에 매달려 있던 어둠이 달아나고 불빛이 마당으로 달려 나왔다. 마당을 향해 난 장지문이 열렸다. 달빛에 서해의 졸음이 잔뜩 매달린 얼굴이 드러났다. 그가 옷깃을 여미며 걸어 나왔다. 달빛이 바짓가랑이로 자꾸 감겨들었다.

"이 밤중에 무슨 일이시오?"

서해의 입술에서 빠져나온 말소리가 마당으로 싸늘하게 떨어졌다.

"설매정에서 보내왔습니다……."

그제야 서해는 기다란 눈썹을 치켜들며 인력거에 시선을 던졌다.

"설매정에서 왜?"

"그건 가 보시면 아시게 될 겁니다."

"잠깐 기다리시오."

서해가 문을 닫고 방 안으로 들어갔다.

장지문에서 불빛이 흔들렸다.

"여보, 조심해서 갔다 와요."

분려가 섬돌로 내려서며 말했다.

"자, 갑시다."

서해가 인력거로 바투 다가갔다.

달이 구름 속으로 숨어버렸다. 인력거꾼이 지카다비를 힘차게 구르며 내달리기 시작했다.

서해는 인력거에 앉아 거리에 짙게 깔린 어둠을 바라보았다. 깊이를 알 수 없는 어둠이었다. 어둠을 바라보던 그가 겨우 숨을 돌리며 눈썹을 내리깔았다. 온누리를 덮고 있는 어둠이 깊어 도무지 그 깊이를 알 수 없어. 그의 입에서 가냘픈 신음소리가 새어 나왔다.

2

　그해 겨울 성진보통학교를 다니고 있던 학송은 아버지 밑에서 사자소학, 동몽선습, 추구 등을 읽었다. 기초한문을 끝낸 그는 소학을 읽고 대학과 중용를 읽었다. 그는 다른 사람보다 뛰어나진 못해도 남에게 부끄럽지 않을 만큼 한문 서적을 읽었다. 그의 아버지는 호방하고 의협심이 강한 사람이었다. 한방(韓方)을 공부해 사람들에게 침을 놓고, 한약을 처방해 주는 한방의(韓方醫) 노릇을 하던 그의 아버지는 두만강을 건너 만주로 떠났다. 학송이 열 살 되던 해였다.

　학송의 아버지는 만주와 시베리아 접경인 헤이룽강(黑龍江) 부근에서 총을 어깨에 메고 갈밭을 돌아다니는 독립군이 되었다. 성진보통학교를 중도에서 그만두게 된 학송은 세상과의 인연을 끊고 산, 강, 풀 그리고 나무를 벗 삼아 모든 괴로움을 잊고 오로지 자연 속에 파묻혀 지내고자 하였다. 그러나 아버지가 만주로 떠난 후 가장 노릇을 떠맡게 된 그는 힘든 생활을 헤쳐나가지 않으면 안 되었다. 그는 땔나무를 하러 지게를 지고 형제봉으로 향했다. 땔나무를 한 짐 해서 장거리에다 내다 팔아《학지광(學之光)》과《청춘》을 살 요량이었다.

　그 무렵 학송은 임 훈장이 지도하는 한천서당에 나가 논어와 맹자, 그리고 시경(時經)을 배우고 있었다. 한천서당에서는 해마다는 생도들을 대상으로 하는 백일장을 한천변에서 열었다.

　성진평야를 관통하는 한천 위에 물오리 세 마리가 떠 있었다. 나이 지긋한 임 훈장이 물오리 떼를 가리켰다.

　느티나무 아래에 둘러앉아 있던 생도들의 시선이 물 위의 물오리에게로 모아졌다.

　"자 오늘의 글감은 물 위의 오리 떼와 야국(野菊) 중 하나를 글감으로 선택해 산문 1편을 쓰면 됩니다."

임 훈장이 말했다.

입을 다물고 있던 생도들이 웅성거리기 시작했다.

그때 학송이 벌떡 일어났다.

"산문시 형태로 지어도 되겠습니까?"

학송이 임 훈장을 바라보며 말했다.

"……넓은 의미에서 산문시도 산문이라고 볼 수도 있으니 쓰고 싶은 대로 써봐요."

임 훈장이 웃으며 대답했다.

주위는 다시 조용해졌다. 이따금 새들이 날갯짓을 해대는 소리가 정적을 깨트릴 뿐이었다.

"다 지은 사람은 제출해도 될까요?"

학송이 번쩍 손을 들었다.

"다 지었으면 제출해도 되요."

여기저기서 웅크리고 앉아 시상을 다듬던 생도들이 고개를 들고 학송을 바라보았다.

임 훈장이 학송이 지은 글을 들여다보았다. 이윽고 그가 천천히 고개를 들었다.

"'추교(秋郊)의 모색'이라 제목이 좋네. '고요한 추양(秋陽)은 벌써 서산에 사라지고 자색 농운이 해천(海天)을 채색한 때라. 이도(利刀)로 살과 뼈를 삭삭 에는 듯한 금풍(金風)은 삽삽(颯颯)하며 모일(暮日)에 귀소하는 군조(群鳥)의 성(聲)과 수풀 가운데에서 슬피 우는 귀뚜라미의 소리 무한한 시취를 일으킨다. 여(余)는 한천 제방에 입(立)하여 만야만산의 추색을 바라본다. 아아 궁시(弓矢)같이 신속한 광음! 퍼진 녹음은 2월화에 승한 두견 성(聲)이 자자하던 남북 청산은 어느덧 추절추풍에 물들어 오직 사시 부조(不凋)하는 송림만 남기고 모조리 산화한 듯 유혈한 듯 홍색을 자랑하며 찌는 듯하는 염양하에서 농부가 비지땀을 흘리며 김을 매며, 제초(除

草), 포충(捕虫)하여 폭풍우에는 상할까 염려하며 한발에는 마를까 고심하던 만야백곡도 벌써 익어서 금풍이 지날 때마다 황금파를 일으킨다. 어떤 곳은 벌써 예취(刈取)하여 이곳저곳에 가려 놓았다. 졸졸졸 흘러 내려가는 한천 양안에 하무(夏霧)가 몽롱한데 꾀꼬리가 환우(喚友)하며 비거비래(飛去飛來)하던 양류며 아카시아도 반쯤 시름없으며 그 나무 사이 녹색이 상존한 청초 중에는 맑고 아름다운 야국이 만발하여 충성충성한 향기가 코를 찌른다. 여(余)는 부지중 입을 열어 소리 하였다. 아아! 피었다. 피었다. 야국이 피었다. 난 너를 사랑하노라, 춘하의 호시절 다 버리고 한기를 능멸이 여기고 상하(霜下)에 피는 너의 높고 맑은 기개를……' 잘 썼어. 학송이는 작가가 될 재능이 있어 보여."

임 훈장이 무릎을 탁 쳤다.

"산문시라고 할까요, 흉내를 내봤습니다."

학송이 머리를 긁적이며 말했다.

"근데 산문시라기보다 수필이네. 좋은 수필이야. 이번 장원은 단연 학송이네."

임 훈장이 말했다.

한천에 붉은 석양이 내려앉기 시작할 무렵 백일장 심사가 끝났다.

"보통학교도 못 나온 학송이가 장원이라니…… 말도 안 돼."

명식이 이기죽거렸다.

"그러게 말이야. 학송이가 붓글씨를 잘 쓰는 건 인정하지만……."

"한문 어투의 글이 잘 쓴 글이라고?"

생도들이 웅성거렸다.

백일장에서 학송은 상장과 부상으로『한자사전』을 받았다.

학송은 장거리로 갔다. 그동안 벼르던《학지광》을 사기 위해서였다. 학송은 백일장에서 받은 상금을 다 털어 성진서점에서 신소설과 구소설을 샀다. 그는 밤을 새워 책을 읽었다. 그날 밤, 그는 자신의 소설집이 성진서점 진열대에 진열되어 있는 꿈을 꾸었다.

1917년 1월 이광수가 『무정』을 〈매일신보〉에 연재하기 시작했다. 성진면 내에서 〈매일신보〉를 구독하는 사람은 여럿 있었으나, 학송이 아는 집은 이 면장댁이 유일했다. 학송은 『무정』을 읽기 위하여 날마다 20리가 넘는 장거리까지 걸어가서 『무정』을 읽고 돌아오곤 했다.

『무정』은 신소설적인 요소와 구소설적인 요소를 동시에 갖고 있는 것 같았다. 그러나 『무정』은 신소설도 아니고 구소설도 아닌 것 같았다. 이제까지 그가 보아온 소설과는 내용과 형식이 판이했다. 그는 『무정』을 거듭 읽었다.

"학송아, 그 소설이 그렇게 재미있냐?"

"네."

"그러다 신문이 다 닳아 떨어지겠다."

이 면장이 웃으며 말했다.

"죄송합니다."

"아니다. 내일 또 와서 읽도록 해라."

이 면장이 학송이 건네는 신문을 들고 안방으로 들어갔다.

두만강을 스쳐온 바람이 학송의 뺨을 때렸다. 바람 끝이 얼음 조각처럼 날카로웠다. '우봉 이씨 이호용지묘'라고 쓰인 묘비 뒤로 커다란 묘로 바람이 휘감았다. 낙엽에 발이 푹푹 빠졌다. 곰바위 밑에 지게를 내려놓았다. 손끝이 얼어 펴지지 않았다. 그는 낙엽과 마른 나뭇가지를 모아 화톳불을 지폈다. 바람이 숲을 거칠게 밟고 내려와 곰바위를 때리고 지나갔다. 화톳불이 흩어지면서 불티가 낙엽 위로 흩어졌다. 낙엽에 불이 붙었다. 그는 소나무 가지를 꺾어 불을 끄기 시작했다. 소나무 가지로 불붙은 낙엽을 내리쳤다. 불붙은 낙엽이 흩어졌다. 산등성이에서 바람이 다시 몰려왔다. 불이 활활 타올랐다. 불이 붉은 혓바닥을 날름거리며 묘를 휘감았다.

사람들이 거칠게 숨을 몰아쉬며 올라왔다. 우봉 이씨 문중 사람들이었다. 그들은 이 면장의 지휘 아래 불을 끄기 시작했다. 한 시간 남짓 삽과 괭이로 불이 붙지 않은 곳의 낙엽을 모두 걷어 내 방화선을 구축해 불길이 번지는 것을 막았다. 더 이상 불길이 번지지 않자, 안절부절못하고 서 있는 학송에게 우봉 이씨 문중사람들이 다가왔다.

"남의 조상 묘를 홀랑 태우다니, 이런 쳐 죽일 놈이 있나."

이 참봉이 학송에게 발길질을 했다.

"캑."

학송이 짧게 비명을 내지르며 쓰러졌다.

우봉 이씨 문중의 젊은 사람들이 달려들어 학송을 짓밟았다. 그가 비명을 내지르며 낙엽 위에 데굴데굴 뒹굴었다.

"그만, 그만."

이 면장이 숨을 거칠게 몰아쉬며 소리쳤다.

"이 자식은 맞아야 정신 차립니다."

이 참봉이 몽둥이를 치켜들었다.

"그만두세요."

이 면장이 이 참봉의 앞을 가로막았다.

학송이 신음을 발하며 몸을 일으켜 세웠다.

"학송아, 많이 다치진 않았니?"

이 면장이 그의 얼굴을 만지며 말했다.

"괜찮습니다."

학송이 말했다.

우봉 이씨 문중 사람들이 시커멓게 탄 묘를 향해 걸어갔다.

학송은 지게에 기대어 산 아래를 바라보았다. 함흥으로 가는 화물열차가 기다란 몸뚱이를 비틀며 남쪽으로 내리닫고 있었다. 언젠가는 열차를 타고 서울로 갈 날이 있겠지. 학송은 웅얼거리며 지게 멜빵에 오른손을 들이밀었다.

학송은 지게를 지고 절룩거리며 산에서 내려왔다.

고샅으로 들어서자, 마을 사람들이 걱정스러운 눈길로 학송을 바라보았다.

"아이고, 아이고. 사람을 이 지경으로 만들어 놓다니……."

어머니는 피투성이가 된 학송을 부둥켜안고 울음을 터뜨렸다.

1918년 학송은 이광수의 소개로 세 편의 산문시를 《학지광》에 실리게 되었다. 그 세 편의 산문시는 사실 「우후 정원의 월광」·「추교의 모색」·「반도 청년에게」라는 제목의 수필들이었다.

학송의 가슴은 들끓었다. 그 기쁨은 무엇이라고 표현할 수 없었다. 그는 어머니를 졸라 그 자신의 글이 실린 《학지광》을 성진서점에서 샀다. 학송은 집으로 돌아오는 길 위에서도 《학지광》을 읽었다. 밥을 먹다가도 《학지광》을 읽었다. 땔나무를 하러 가서도 《학지광》을 읽었다. 《학지광》을 읽고 또 읽었다. 학송은 그것만으로 만족할 수 없었다. 그는 장거리로 가 친구들을 만났다.

"《학지광》에 내 글이 실렸다."

학송이 말했다.

"《학지광》에?"

석룡이 놀란 얼굴로 물었다.

"여기 봐."

학송이 《학지광》을 석룡에게 펴 보였다.

"드디어 학송이에게도 한 줄기 빛이 비쳐 드는구나."

석룡이 「우후 정원의 월광」과 「추교의 모색」을 연달아 읽고 나서 말했다.

학송은 석룡과 함께 성진서점으로 갔다. 성진고등보통학교에 다니는 명식이 《개벽》을 들고 친구들과 이야기를 나누고 있었다. 명식은 이 참봉의 맏아들이었다.

"학송이의 글이 《학지광》에 실렸어."

석룡이 《학지광》을 희재 앞으로 내밀었다.

"성진에 인물 났네. 인물 났어."

희재가 《학지광》을 들여다보며 말했다.

"인물은 무슨 인물. 학송인 보통학교도 마치지 못했잖아."

명식이 곤혹스러운 듯 얼굴을 일그러뜨린 채 쥐여짜는 듯한 목소리로 말했다.

"명식이 너 휘문고등보통학교로 전학 간다며?"

잠자코 서 있던 석룡이 갑자기 생각났다는 듯이 물었다.

"그렇게 됐어."

명식이 짧게 대답했다.

"언제 서울로 올라가는데?"

희재가 물었다.

"다음 주에 갈 거야. 입학하기 전에 하숙집도 알아봐야 하고."

명식이 말했다.

"명식이 너, 진성령이 때문에 서울로 가는 거 아니지?"

석룡이 물었다.

"그 넓은 서울에서 진성령이 어디 살고 있는지 알고 찾아가 만나……."

명식이 말끝을 흐렸다.

학송은 집으로 돌아오면서 앞으로 어떻게 살아갈 것인가 골똘히 생각했다. 일제는 한국 농민들을 수탈하는 토지조사사업 등 식민지 정책을 강행해 한국 농민들은 열악한 환경에 처하게 되었다. 남의 땅을 빌려 농사를 지어서는 입에 풀칠조차 할 수 없었다. 양식은 물론 빚만 쌓였다. 궁핍한 삶을 살게 되었던 한국 농민들과 노동자들은 고향을 버리고 간도로 떠나거나, 국내를 유랑하며 목숨을 겨우겨우 이어가고 있었다.

학송은 더 참을 수 없었다. 그는 이 상황을 어떻게 헤쳐 나갈까 생각해 보았다. 그는 어머니를 모시고 있는 한 세대의 가장이었다. 고향을 떠나 간도로 가서 부지런히 농사를 지어 가족을 배불리 먹이겠다는 생각을 했다. 초가를 지어 놓고 글도 읽고 무지한 농민들을 가르쳐서 이상촌을 건설할 꿈도 간직하고 있었다.

1918년 학송은 헤이룽강 언저리에서 아버지가 군복을 입은 몸이 되어 다니는 것을 봤다는 풍문을 듣고 아버지를 찾아 두만강을 건넜다. 서간도에 도착했을 때 동이 번히 밝아왔다. 백두산 서북편 서간도 한 귀퉁이에 있는 빼허(白河)의 촌락은 등진 산과 앞으로 낀 강 사이에 게딱지처럼 끼어있었다. 다섯 호의 집들이 밭을 따라서 여기저기 흩어져 있었다. 모두 굵은 나무를 찍어다가 우물 '정(井)' 자로 틀을 짜 지은 집이었다. 빼허 사람들은 그것을 '귀틀집'이라고 했다. 지붕은 대개 조짚으로 이었다. 더러는 나무껍질로 지붕을 이은 집도 있었다. 그 모습은 마치 한국의 거름집과 같았다.

두만강을 건너 시베리아로 가는 길옆에 있는 빼허에서 농사를 지으려해도 빈 땅이 없었다. 학송은 어머니와 함께 지나인(支那人) 지주의 밭을 갈아 겨우 굶지 않고 살아갈 수 있었다. 그러나 헤진 옷을 사거나 신발을 살 돈이 없었다. 어머니가 밭일을 하다가 비탈진 밭에 쓰러지는 바람에 몸져 드러누웠다. 지주에게 돈을 빌려 약을 샀다. 빚은 늘어만 갔다. 지나인 지팡살이(小作人) 노릇을 해서 빚을 갚을 수 없었다. 그 이듬해부터 그마저도 가뭄과 흉년이 들어 수확물을 제대로 거두어 드릴 수 없었다. 하루에 두 끼만 먹다가, 한 끼만 먹게 되었다. 그러한 상황에서도 학송은 틈만나면 구니키다 돗포(國木田独歩)의 단편집을 비롯한 일본 소설과 도스토옙스키의 장편소설을 비롯한 러시아 소설을 다락에서 꺼내 읽었다.

"식구들은 굶고 자빠져 있는데 소설을 읽을 정신이 있냐?"

"……"

"네놈이 사람이냐?"

지나인 지주가 『죄와 벌』을 낚아채 마당으로 집어 던졌다.

학송이 마당으로 달려가 『죄와 벌』을 집어 들었다.

"빨리 빚부터 갚아라. 이 짐승보다 못한 새끼야."

지나인 지주가 학송에게 욕설을 퍼부었다.

골짜기에 눈발이 날리기 시작하자, 학송은 허기진 배를 채우기 위해 두부를 만들어 팔았다. 그러나 숙련되지 못한 기술로 만든 두부는 걸핏하면 쉬기 일쑤였다. 학송과 그의 어머니는 그 쉰 두부를 물에 씻어 끓여서 끼니를 때워야 했다. 두부 장사를 그만두고 서간도 일대를 떠돌며 수피 장사를 했다. 그러다가 그는 헤이룽강 주변을 돌아다니면서 수피를 사고파는 뜨내기 장사꾼의 딸을 만나 결혼을 했다. 그해 겨울에는 수피를 사고팔아 돈을 좀 손에 쥐었으나, 지나인 상인들이 헤이룽강 주변을 오르내리며 수피를 쓸어 담다시피 하는 바람에 그는 수피 장사를 그만두고 건어물 장사를 했다. 건어물 장사는 이미 거래처를 갖고 있는 지나인 장사꾼들의 등쌀에 좀처럼 거래를 틀 수 없었다. 학송은 원금마저 다 날리고 빈털터리가 되었다. 빈곤은 날로 심해졌다. 이틀, 사흘 굶은 적도 한두 번이 아니었다.

위가 뒤틀리고 송곳으로 찌른 듯 아팠다. 고통을 참기 어려웠다. 그때마다 학송은 아편을 빨고, 배에다 뜸을 놓았다. 아편을 한 대 두 대 빠는 습관이 몇 달이나 계속되었다. 이틀이나 굶고, 산에 가서 땔감을 한 짐 해서 팔러 갔다가 집으로 돌아왔다. 아이를 배어서 배가 제법 불룩한 아내가 무엇을 먹다가 깜짝 놀라 손에 쥐었던 것을 얼른 아궁이에 집어넣었다. 순간 그의 얼굴이 붉어졌다. 무얼 어머니와 나 몰래 먹고 있었을까? 아내는 아무 말 없이 머리를 숙이고 앉아 있다가 허리를 세워 부엌 밖으로 나갔다. 그는 아내가 먹다가 아궁이에 던진 것을 찾으려고 부지깽이로 아궁이를 뒤지었다. 싸늘하게 식은 재 속에 누런 것이 눈에 띄었다. 그는 그것을 집었다. 귤껍질이었다. 거기엔 베어먹은 잇자국이 나 있었다. 귤껍질을 쥔 그의 손이 떨렸다. 그의 눈에 눈물이 괴었다.

남편이라는 놈이 아편이나 빨고 있으니 집안이 이 꼴이 된 게지. 헛웃음이 나왔다. 이래서는 안 되겠다는 생각이 날카로운 칼이 되어 가슴을 마구 찔러댔다. 이를 악물고 아편을 끊었다. 첫날은 어떻게 버텼으나 이틀째 되는 날은 죽음보다 더한 고통이 왔다. 이를 악물고 참았다. 앞으로 2, 3개월 더 아편을 빨면 난 완전히 파멸할 거야. 가슴 한편에 작가가 되겠다는 꿈을 꼭꼭 쌓아놓고 어떤 어려움이 닥쳐와도 견뎌온 그였다. 학송의 작품이 실린《학지광》을 펴보며, 학송에게도 한 줄기 빛이 비쳐 들고 있다고 말하며 자기 일처럼 기뻐했던 석룡의 얼굴이 떠올랐다. 아편을 끊고 나흘이 지났다. 차츰 괜찮아졌다.

빼허의 골짜기로 겨울이 찾아들었다. 땅에 코를 박고 납작 엎드려있는 초가집의 봉창이 금세 어둑해졌다. 작은 강을 앞에 끼고 우뚝 서 있는 큰 산 뒤로 해가 숨어버리자, 굵은 눈발이 흩날리기 시작했다. 학송은 흐트러진 머리카락을 거두어 감고 수건으로 이마를 질끈 동인 위에 까맣게 그을은 대팻밥모자에 끈을 달아 쓰고 땔감을 마련하기 위해 집을 나섰다. 우우. 차디찬 바람이 몰려왔다. 산허리에 뿌리를 내리고 있던 참나무 가지 끝에 쌓였던 눈들이 한꺼번에 휘날렸다. 좁은 산골짜기는 뿌연 눈안개 속으로 빨려 들어갔다. 학송은 지게 멜빵을 당겨 지게가 허리에 붙게 한 뒤 산비탈로 느린 걸음으로 올라갔다. 나뭇가지를 톱으로 짤라 칡 줄기로 묶었다. 무릎을 굽혀 나뭇짐을 지게에 졌다. 키도 넘는 나뭇짐을 지고 가까스로 일어선 학송은 발걸음을 조심스럽게 옮겼다. 지겟작대기로 산비탈을 딛으며 엉금엉금 걸어갔다. 지게 멜빵이 두 어깨를 꽉 죄어 왔다. 가슴이 빠그라지는 듯이 아팠다. 두 다리가 전기 먹은 발동기처럼 후들거렸다.

"조센징이 나무 도적질을 해."

산주가 산비탈로 올라오며 소리쳤다.

학송이 걸음을 멈추었다.

"이 도적놈의 새끼."

산주가 발로 학송의 다리를 걸어찼다.

학송이 산비탈에 꼬꾸라졌다.

산주는 학송의 멱살을 거머쥐고 지서로 향했다.

"도망치지 않을 테니 멱살을 거머쥔 손을 떼세요."

"이 도적놈의 새끼, 오늘 영창에 꼭 집어처넣고 말 거야."

산주가 멱살에서 손을 떼며 씩씩거렸다.

진흙투성이인 학송의 멱살을 잡고 산주가 지서 안으로 들어서는 것을 보고 순사들이 자리에서 일어섰다.

"이 조센징 놈이 나무를 도적질하다 나한테 들켰지 뭡니까."

산주가 말했다.

"나무 도적질은 왜 했습니까?"

둥그스름한 얼굴의 순사가 팔짱을 낀 채 누르퉁퉁하게 뜬 얼굴의 학송에게 물었다.

"늙은 어머니와 애 엄마가 굶고 있는 걸 눈 뜨고 볼 수 없어 두부라도 만들어 팔아 쌀 됫박이나 만들어 볼라고 산에 들어가 말라 죽은 나무를 베어온 겁니다."

학송이 눈물을 흘리며 말했다.

산주를 아래위로 훑어보던 지서장이 고개를 돌렸다.

"그렇다고 함부로 산에 들어가 나무를 베오면 안 되지."

지서장이 흙투성이인 토수래 바지저고리 차림의 학송을 향해 말했다.

지서에서 풀려난 학송이 절뚝거리며 눈 속에 묻혀 있는 귀틀집의 싸리문을 밀었다. 백금의 울음소리가 마당으로 흘러나오고 있었다.

"쯧쯧. 네 꼴이 말이 아니구나. 어서 옷을 갈아입어라."

눈시울이 눈 밑에 그늘을 드리우고 있는 어머니가 혀를 찼다.

마을을 둘러싸고 있는 산줄기가 잿빛으로 잠겨 들었다. 어머니가 금세라도 눈을 퍼부을 것 같은 잿빛 하늘을 바라보다가 안방 문고리를 잡아당겼다.

학송이 옷을 갈아입고 안방으로 들어가자, 백금이 울음을 터뜨렸다.

"백금이 체했는지 에미 젖도 안 먹고……."

어머니가 한숨을 몰아쉬며 허리를 펴고 일어섰다.

"뭘 먹어야 젖이 나오든지 할 텐데."

아내가 백금의 입을 젖꼭지에 갖다 대며 울음을 터뜨렸다.

학송이 마당 한 가운데에 서서 차디찬 잿빛 하늘을 쳐다보았다. 그는 빼허를 떠나 고향으로 돌아가리라 마음먹었다. 고향으로 돌아가면 작가 수업을 본격적으로 하기로 결심했다.

1923년 봄, 학송은 5년간 살았던 빼허를 혼자 떠났다. 그는 무릎이 헤진 바지에 삼으로 삼은 미투리를 신고 있었다. 우두커니 서서 두만강 너머 회령땅을 바라보던 그는 바지를 걷어 올렸다. 그는 차디찬 강물에도 아랑곳하지 않고 강물 속으로 발을 내디뎠다. 둔치에서 양말을 갈아 신고 걸음을 옮겼다.

학송은 걸음을 멈추고 신회령 역사를 물끄러미 바라보았다. 이윽고 그는 천천히 걸음을 옮겼다. 녹색으로 물들기 시작한 물버들의 가지가 흔들리고 있는 냇가를 지나 폭이 좁은 곳에 이르러 내를 건넜다. 진달래가 붉게 물들어 가는 오산을 오른편에 끼고 농부들이 퇴비를 주고 있는 남새밭을 지났다. 그는 콧방울을 옴씰거리며 콧김을 뿜어냈다. 동문고개의 마루에 올라섰다. 그의 눈앞에 회령 시가지가 넓게 펼쳐졌다. 기와지붕의 용마루 선이 얼굴을 내밀고 있는 사이로 우뚝우뚝 솟아 있는 양옥들이 햇빛 속에서 하얗게 빛나고 있었다. 쌍줄로 늘어서 있는 전깃줄 아래로 자동차가 먼지발을 일으키며 달려갔다.

학송은 중앙로로 느릿느릿 걸어갔다. 두만강 잔물결에 그림자만이 어른거리던 해가 물속으로 숨어버리고, 어둠이 밀려왔다. 가로등에 불이 하나, 둘 들어오고, 길가에 늘어선 집들의 창문에서 붉은 불빛이 흘러나왔다. 그는 물먹은 솜처럼 축 처진 다리를 끌고 여관을 찾아 두리번거렸다. 그는 본정통으로 들어섰다. '회령여관'이라는 간판이 가로등 불빛에 붉게 얼비쳤다. 그는 회령여관에 거처를 정하고 일자리를 찾아나섰다.

"이게 누구야?"

코 밑에 수염이 거칠거칠한 희재가 성큼성큼 다가왔다. 그는 학송의 성진보통학교 동기였다.

"이게 얼마 만이야."

학송이 눈을 끔벅이며 말했다.

학송은 희재의 도움으로 짐꾼 일을 하기 시작했다. 그는 짐을 지게에 지고 나르다가도 쉬는 시간이면 주머니에 넣어 두었던 구니키다 돗포를 읽곤 했다. 일을 끝내고, 여관으로 돌아와 씻고 나서 벌겋게 달아오른 어깨를 오른손으로 만졌다. 붉은 핏방울이 손가락에 묻어났다. 수건으로 핏방울을 닦고 나서 일문으로 번역된 러시아 문학전집을 꺼냈다. 도스토옙스키를 읽었다.

학송은 작품을 써서 〈동아일보〉 독자란에 투고했다. 시조 「춘교에서」와 「고적」이 게재되었다. 용기를 얻은 학송은 단편소설 「누구의 편지」와 「평화의 임금」을 써서 《신생명》에 투고했다. 두 작품이 모두 《신생명》에 게재되자 학송은 잔뜩 고무되었다.

학송은 서간도에서 겪은 일들을 소재로 하여 단편소설을 썼다. 그것이 「토혈(吐血)」이었다. 서해는 이 단편소설을 〈동아일보〉에 투고했다. 마침내, 1923년 1월 〈동아일보〉 독자란에 「토혈」이 게재되었다. 《학지광》에 그가 쓴 글이 실렸을 때보다 더 기뻤다. 그는 작가의 길을 향하여 한 걸음 한 걸음 걸어가기 시작했다.

"북관(北關)에서 너만큼 글을 잘 쓰는 사람이 어디 있니."

석룡이 말했다.

"고마워. 성진에서 여까지 찾아오고."

학송이 말했다.

"성진으로 가자. 아무래도 성진은 큰 도회니까…… 네가 성진으로 오면 살 집은 우리 친구들이 구해볼게 걱정 말고……"

석룡이 말했다.

"참 고마운 말인데 그게 간단한 문제가 아니야."

학송이 말했다.

"두부를 만들어서 장거리에 나가 팔면 지게꾼 노릇을 하는 거보다는 나을 거야."

석룡이 말했다.

"그래 생각해 보자. 아무래도 성진이 회령보다 내가 문학 공부하는 데더 도움이 될 거야…… 고향이기도 하고."

학송이 말했다.

회령으로 온 지 석 달 열흘쯤 되는 날, 학송은 빼허로 갔다. 그가 두만강을 건너간 이후, 지서에서 순사들이 일주일에 한 번씩 찾아왔다고 어머니가 말했다. 그는 서둘러 가족들을 데리고 두만강을 건넜다.

"〈북선일일신문〉이라는 데도 투고해 봐."

석룡이 이삿짐을 옮기며 말했다.

학송은 서해라는 이름으로 「자신」이라고 제목을 붙인 시를 〈북선일일신문〉에 투고했다.

「자신」이 〈북선일일신문〉에 게재된 그해 여름, 나남에서 음악회가 열렸다. '나남'은 러일 전쟁 후 일본군이 병영(兵營)을 설치한 곳으로 군사적 요충지로 변모하고 있었다. 이정숙이 서해가 쓴 「자신」에다 곡을 붙여 노래하여 청중들로부터 우레와 같은 박수를 받았다고 〈북선일일신문〉이 보도했다. 이 기사를 본 학송은 가슴이 뛰었다. 이때부터 그는 아호를 서해로 정했다.

서해는 종성에 〈북선일일신문〉 기자 김동환이 와 있다는 소식을 듣고 조운과 함께 그를 찾아갔다.

"아니 조운 형은 만주에서 언제 왔소?"

동환이 조운 앞으로 손을 내밀며 물었다.

"서해를 만나러 왔다가, 종성으로 간다기에 같이 왔습니다."

조운이 말했다.

"근데 조운은 어떻게 알게 되었소?"

동환이 서해를 향해 물었다.

"만주를 떠돌 때 영고탑이라는 곳에서 만났어요. 조운이 방랑자였기 때문에 우리 두 사람은 의기가 투합되어 금방 친해졌지요."

서해가 말했다.

그들은 좁은 수수밭 고랑을 거닐며 문학에 대한 이야기를 나눴다. 잘 익은 수수의 쌉쌀하고 달짝지근한 냄새가 수숫잎을 타고 내려와 그들의 콧속으로 스며들었다.

"〈동아일보〉에 난 「토혈」을 읽어봤는데, 재능이 있어요."

동환이 걸음을 멈추며 말했다.

"내가 소설을 써도 될까요?"

서해가 수숫잎을 만지작거리며 물었다.

"서해 같은 사람이 소설을 안 쓰면 누가 소설을 써요. 구상하고 있는 작품이 있으면 여러 번 고쳐 써서 문예지에 투고해 봐요."

동환이 걸음을 옮기며 말했다.

그해 겨울 이광수는 도쿄에 있을 때 최학송이라고 서명한 편지를 받았다. 그때 그는 함경북도 성진보통학교를 다녔고, 한학을 공부했다고 자신을 이광수에게 소개했다. 이어서 그는 "선생님의 글을 읽고 감동을 받아서 선생님께 편지할 뜻이 생겼습니다"라고 썼다. 이광수가 답장을 보내왔다. 그 후 두 사람 사이에 여러 번 서신 왕복이 있었다.

서해는 올해에 반드시 문단에 정식으로 데뷔를 해야겠다는 결심을 하고 단편소설을 한 편 써서 잡지사에 투고했다. 드디어 1924년 1월 《조선문단》 창간호에 이광수의 추천으로 「고국」이 실리게 되었다. 주인공 운심이 3·1운동이 일어나던 해 큰 뜻을 품고 고국을 떠나 서간도를 떠돌다가 열패감에 사로잡혀 다시 고국으로 돌아오나 찾아갈 곳도 없어, 두만강 부근의 회령에 머물면서 도배장이로 나선다는 이야기를 담은 단편소설이었다.

서해는 작가로서 성공하기 위해서는 아무래도 관북을 떠나 서울로 가야겠다고 생각했다. 그는 이광수에게 선생님을 믿고 상경하겠노라는 편지를 썼다. 이광수는 그에게 무모하게 할 일도 없이 서울로 올라와 봤자 고생만 할 것이니 성진에서 독서를 하고 작품을 쓰면서 기회가 오기를 기다리라고 답장했다.

1924년 5월 《금성》 3호에 「적성(赤星)을 손가락질하며」를 추천받아 문단에 나온 동환은 북선일일신문사 기자를 그만두고, 동아일보사 기자로 임명되어 서울로 올라갔던 것이다. 그 무렵 그는 장편 서사시집 『국경의 밤』을 펴내 문단의 주목을 받고 있었다. 서해는 그에게 서울로 가게 도와달라고 편지를 썼다. 동환으로부터 아무런 소식이 없었다.

서해는 막연히 아는 사람들을 염두에 두고 막무가내로 서울로 갈 결심을 했다.

석룡이 붉은 보따리를 들고 다가왔다.

"이거 원고지야. 혈혈단신으로 서울로 가는 내가 무엇을 해줄 수 있을까 생각하다가 원고지를 사 왔어. 서울로 가서 작가로 꼭 성공해라."

석룡이 붉은 보따리를 서해에게 건넸다.

"에이고, 그동안 선생님도 없이 혼자 문학 공부하느라 얼마나 고생했누. 부디 서울 가서 좋은 선생님들을 만나서 우리 북관 사람들의 한을 담은 작품들을 써서 세상에 알려주게. ……얼마 안 되지만 여비로 보태쓰게."

임 훈장이 흰 봉투를 학송의 주머니에 넣어주었다.

"애비야, 서울 가면 자주 연락하거라."

어머니가 울음을 삼키며 말했다.

"백금이 아바이, 서울 가서 자리 잡으면 우리 식구들 데리려 내려와야 해요."

아내가 백금을 안고 눈물을 훔쳤다.

서해는 경성역(京城驛)에서 내려 동아일보사로 전화를 걸었다. 김동환 기자는 취재하러 나갔다고 전화를 받은 기자가 말했다. 서해는 임 훈장이 준 흰 봉투에서 지전을 꺼내 세 보았다. 그는 경성역 앞의 쪽방에 짐을 풀었다. 설렁탕과 호떡으로 버티며 열흘 동안 거리를 헤맸으나 밥을 벌어 먹을 자리는 나지 않았다. 동환에게 전화를 여러 번 걸었으나 그때마다 자리에 없어서 통화를 할 수 없었다. 그는 여름 양복을 내의도 입지 않고 맨몸에다 입고 거리로 나섰다. 속이 쓰리고 얼얼했다. 온몸이 뒤틀리는 것 같았다. 현기증이 일면서 몸이 비틀거렸다. 가로등을 짚고 한참 서 있었다. 어디로 갈 것인가. 수중에 가진 돈은 거의 바닥이 나고 말았다. 아침은 겨우 먹었지만, 점심은 굶을 수밖에 없었다. 해가 짧아진 초겨울이라 점심은 먹지 않아도 되겠지만 저녁은 든든하게 먹어야 했다. 누굴 찾아갈까. 서해는 발끝으로 길바닥을 툭툭 차며 생각에 잠겼다. 명식을 떠올리고, 원서동으로 그를 찾아갔다. 휘문고등보통학교에 다니는 그도 하숙을 하는 처지라는 것에 생각이 미치자, 밥을 굶었으니 밥 한 끼 얻어먹자는 말이 차마 입에서 나오지 않을 것 같았다. 서해는 골목길에 서서 '하숙생 칩니다'라고 붓글씨로 쓴 종이가 붙어 있는 솟을대문을 우두커니 바라보다가 발길을 돌렸다. 그는 터덜터덜 걸어 쪽방으로 돌아왔다. 방을 여러 개의 작은 크기로 나누어서 한두 사람 들어갈 정도의 크기로 만들어 놓은 쪽방은 냉골이었다. 두 끼를 아무것도 먹지 못하고 요를 깔고 누워 이불을 목까지 끌어당겼다. 몸이 으스스 떨리고 배에서 꼬르륵거리는 소리가 났다. 마치 죽음의 경계선과 손을 뻗치면 닿을 것만 같은 거리에 서 있는 것만 같았다.

이튿날 서해는 아침도 굶고, 점심때가 되어서 동아일보사로 동환을 찾아갔다. 그는 취재를 나가고 자리에 없었다. 젊은 여기자가 동환의 하숙집 주소가 적힌 쪽지를 건네주었다. 뒷면에 '취재가 늦게 끝날 것 같음. 저녁 때 하숙집으로 찾아오길 바람'이라고 적혀 있었다. 서해는 네 끼나 굶은 탓인지 어질어질했다. 의자에 앉아 출입문을 들락거리는 사람들을 우두커니 바라보다가 그는 허리를 세워 일어났다. 문을 밀고 밖으로 나오자, 차가운 바람이 서해의 몸을 휘감았다. 어둠이 거리에 물밀어 왔다. 가로등이 골목길에 가득한 어둠을 밀어내고 있었다. 하숙집에 방금 귀가한 동환이 늦은 저녁을 먹다가 문을 밀고 고개를 들이미는 서해를 바라보았다. 서해는 네 끼를 굶은 끝에 겨우 밥을 얻어먹었다.

"일자리를 얻을 때까지 여기 머물게."

동환이 말했다.

서해는 아침 일찍부터 저녁때까지 일자리를 찾아 서울 거리를 헤맸다. 그러나 그가 일할 만한 곳은 좀처럼 나타나지 않았다.

동환의 하숙집에서 더부살이한 지 보름째 되는 날, 서해는 이광수가 살고 있는 아주개로 향했다. 흐린 품이 꼭 눈이 올 듯하더니 오후 무렵에 함박눈이 내리기 시작했다.

머리를 손 갈퀴로 대충 가린 다음 서해가 이광수의 집 대문을 두드렸다. 키가 크고 광대뼈가 불거져 나온 그가 야윈 얼굴을 마당으로 들이밀었다.

"최학송이올시다."

서해가 고개를 수그렸다.

"아니 무턱대고 찾아오면 어떠합니까?"

이광수는 깜짝 놀랐다.

"전 오직 선생님만 태산같이 믿고 고향을 떠나왔습니다."

서해가 우렁우렁한 목소리로 말했다.

"……그래 앞으로 숙식 문제는 어떻게 할 셈인가?"

이광수가 머리를 쓸어올리며 서해를 물끄러미 바라보았다.

"제가 작가의 길을 걸을 수만 있다면 아무 일이나 열심히 해 나갈 각오가 되어 있습니다."

서해가 붉고 두꺼운 입술을 열어 말했다.

"……."

우뚝한 코와 깊은 눈매가 흰 얼굴 속에서 또렷한 이광수가 미간을 찌푸렸다.

서해는 자기의 방랑 생활에 대해 그 대강을 이광수에게 이야기했다.

"어쩌겠나. 당분간 우리 집에 머물면서 앞으로의 일을 생각해 보세."

이광수가 마뜩잖은 낯꽃을 우그러뜨리며 말했다.

며칠 후 이광수는 서해에게 양주 봉선사의 주지 스님에게 찾아가 보도록 소개장을 써 주었다.

"봉선사에 가서 책도 읽고 사색을 하도록 하게."

이광수가 자신의 솜옷을 한 벌을 싸서 서해에게 건네주었다.

"그렇게 하겠습니다."

서해가 짧게 대답했다.

수개월이 지났을 때였다. 그날 눈이 많이 내린 날 아침이었다. 서해가 사전에 통지도 없이 표연히 아주개로 돌아와 이광수의 집 대문을 밀고 마당으로 성큼성큼 들어섰다.

"그 중놈이 아니꼽게 굴기에 눈구덩이에 메다꽂고 왔습니다."

서해가 콧김을 연방 쏟아내며 말했다.

"메다꽂고 왔으면, 죽었을지도 모르잖는가?"

이광수가 걱정스럽다는 듯이 말했다.

"두 다리를 떨고 있는 걸 보고 왔으니, 딴 사람이 눈구덩이에서 빼내 주었겠지요."

서해가 말했다.

"그래…… 그동안 뭘 좀 썼는가?"

이광수가 물었다.

"산속에서 한가하게 중노릇하면서 시간을 보낼 수 없어「탈출기」라고 제목을 붙인 단편 하나를 끄적거려 봤습니다."

서해가 말했다.

"「탈출기」라?"

"성진에 두고 온 어머니와 자식을 생각하며 썼습니다."

"다 고쳐 쓰면 보여주게나."

서해가 들고 있는 보따리에 눈길을 주며 이광수가 말했다.

조선문단사는 동대문 밖 용머리 언덕배기에 있는 방인근의 자택 방 한 칸을 편집실로 사용하고 있었다. 조선문단사의 사장인 방인근은 스스로 기성 문인을 자처하고 있었다.

"장래가 촉망되는 이 젊은이를 잘 이끌어 주게."

이광수는 서해를 방인근에게 추천했다.

서해는 조선문단사의 사환 겸 편집기자가 되었다. 그는 방인근의 집 문 간방에서 기식하며 조선문단사에서 일했다. 더운밥 식은 밥 가릴 만한 계제도 못 되는 서해는 방인근이 시키는 대로 일을 했다. 밤늦도록 인쇄소에서 교정을 보았다. 눈이 핑핑 돌았다. 혼자 화장실 갈 틈도 없이《조선문단》편집과 교정을 보느라 서해가 바쁘게 돌아칠 때 방인근은 갓 바람이 나서 기생집과 요릿집에 수시로 들락거렸다. 방인근이 기생의 치마폭에 휩싸여 헤어 나올 줄 모를 때 서해는 제물포역으로 가는 열차를 탔다. 제물포역에서 내린 그는 스물예닐곱 되어 보이는 역원에게 다가가서 자신이 조선문단사 기자임을 밝히고 급하게 서울로 전화를 걸 일이 있다고 말했다. 역원이 송수화기를 그에게 건네주었다.

"조선문단사입니다."

방인근의 아내가 전화를 받았다.

"방 선생님과 함께 제물포에서 묵게 되는지도 모릅니다."

서해가 잇새로 말소리를 밀어냈다.

"제물포에는 무슨 일로?"

방인근 아내의 목소리가 날카로웠다.

"지금 취재차 제물포에 왔습니다."

서해가 송수화기를 역원에게 건네주었다.

방인근이 대낮부터 기생을 품에 안고 밤을 지새울 요량을 하는 동안 서해는 서울로 되돌아가기 위해 제물포역에서 열차를 탔다. 한 마리 뱀처럼 몸뚱이를 비틀며 재바르게 노량진을 지난 열차는 한강철교로 스며들었다. 차창에 넘실거리는 한강을 바라보며 그의 가슴에 착잡한 생각이 갈마들었다. 경성역에서 내린 서해는 조선문단사로 가지 않고 월송정으로 가서 늦은 저녁을 얻어먹었다. 그는 방인근이 기생을 품고 자는 방의 윗목에서 새우등처럼 옹송그리며 잠이 들었다. 가녀린 몸매의 기생이 신음을 발하며 몸을 비틀었다. 방인근의 헐떡거리는 숨소리가 이불 사이로 새어 나왔다.

서해는 《조선문단》의 편집과 교정은 물론 방인근의 외도 시중까지 들었다. 그는 조선문단사 편집실에서 새우잠을 자고, 방인근이 식사할 때 끼어들어 밥을 얻어먹었다.

《조선문단》의 편집위원들의 모임이 있던 날이었다. 이광수가 편집실로 들어왔다.

"오뉴월 염천에 겹옷을 입고 다녀서야 되겠나."

이광수가 땟국이 흐르는 겹옷을 입은 서해에게 보따리를 건넸다.

"선생님, 이게 뭡니까?"

"옷이네. 내 아내가 자네에게 전해 주라 했네."

"고맙습니다."

서해가 고개를 수그렸다.

"그리고 참, 봉선사에 가 있을 때 썼던 「탈출기」를 손을 보아서 가져오게. 내가 3월호 편집회의를 할 때 추천하겠네."

이광수의 조그마한 눈이 안경 속에서 끔벅거렸다.

「탈출기」는 《조선문단》에 투고했다가 선외 가작으로 밀려났던 작품이었다.

드디어 《조선문단》 6호에 「탈출기」가 실렸다.

가난한 삶에 대한 분노를 서간체라는 기법을 사용하여 묘사하고 있는 「탈출기」가 발표되자마자 염상섭은 3월호 창작소설 가운데 제일 좋은 작품이라고 격찬했다. 현진건도 좋은 소설이라고 평가했다. 이에 고무된 서해는 「박돌(朴乭)의 죽음」을 《조선문단》 8호에, 「기아와 살육」을 《조선문단》 9호에, 「큰물 진 뒤」를 『개벽』 64호에 연달아 발표했다. 이상화는 서해를 러시아 작가 막심 고리키에 견주어 조선의 막심 고리키라고 말했다. 김기진은 《개벽》에 월평을 쓰면서 서해의 작품이 색다른 경향을 보여주고 있다고 평했다.

서해는 개벽사로 원고료를 받으러 갔다가 편집장과 담소를 하고 있던 김기진을 만났다.

"호랑이도 제 말 하면 온다더니 최 작가님도 점잖은 분은 못 되는가 봅니다."

말끔한 얼굴에 안경을 쓴 편집장이 자리에서 일어서며 말했다.

"인사하세요. 김기진 선생님이십니다."

편집장이 서해를 큰 키에 강파름한 얼굴의 김기진에게 소개했다.

"최 작가, 작품 잘 읽었소. 최 작가야말로 무산계급의 고통과 눈물을 세상에 알릴 수 있는 작가요. 일본 제국주의 식민지 통치하의 불합리한 사회 현실을 비판하고 그에 항거하는 조선 인민들의 투쟁을 인민들에게 보고하는 작가로 최 작가가 적격자요. 해서 내가 최 작가를 집행부에 잘 이야기할 테니 조선프롤레타리아예술가동맹의 정회원으로 가입하길 권하오."

김기진은 문예 단체 염군사(焰群社)와 파스큘라(PASKYULA)가 합동하여 프롤레타리아문예운동의 조직적인 전개를 목적으로 하는 조선프롤레타리아예술가동맹(KAPF)이 발족할 때 창립 회원으로 참여했다.

"그래 주신다면 저야 좋지요. 북관 출신 반거충이인 제가 동경 유학생 출신들이 득실거리는 예술 단체에 끼일 수 있다는 거 자체가 저로서는 영광이지요."

서해가 말했다.

"조선프롤레타리아예술가동맹은 최 작가 같은 노동자 계급을 비롯한 민중들을 전제적 세력으로부터 해방시키기 위해 문학도 프롤레타리아 해방에 이바지해야 한다는 목적으로 조직된 문예운동단체요."

"……."

"동경 유학생 출신들이 무산계급 예술운동을 하는데 분명히 모순과 한계는 있지만은, 그들의 노력을 애써 외면할 필요는 없어요. 러시아프롤레타리아작가동맹(RAPP), 중국좌익작가연맹(左聯), 전일본무산자예술동맹(NAPF)은 우리 조선프롤레타리아예술가동맹과 뜻을 함께하는 단체입니다. 그들과 함께 무산계급 예술운동을 하는데 동경 유학생 출신 문인들의 역할이 큽니다."

릿쿄대학(立敎大學)에서 영문학을 공부할 때 아소 히사시(麻生久)로부터 노동운동의 중요성과 러시아 문학도 배운 김기진은 귀국하여 한국 문단에 최초로 프롤레타리아 문학 이론을 선보였다.

"동경 유학생 출신 선생님들이 쓰신 작품들을 읽어보아서, 선생님들의 고명들은 익히 알고 있었습니다."

서해가 말했다.

"앞으로 최 작가의 활약에 큰 기대를 걸고 있습니다."

"이렇게 용기를 북돋아 주시니 그 은혜 백골난망입니다."

서해가 김기진이 내민 오른손을 두 손으로 꽉 잡고 고개를 숙였다.

"근데 최 작가가 동경 유학생 출신 작가들의 작품을 읽어보았다니, 내가 회월과 논쟁을 벌인 것을 다 읽어봤겠군."

"읽어보다마다요. 선생님께서 《조선지광》에 발표한 「문예월평」에서 회월 박영희 선생님의 소설 「철야(徹夜)」와 「지옥순례」를 신랄하게 비판한 것을 읽어봤습니다. '부세(浮世)의 시인'이 빈궁한 생활을 겪으면서 이 사회에는 2종의 계급이 대립하고 있다는 것을 인식하고 계급의식에 각성하고 자기의 무산계급으로서의 임무를 자각한다는 것을 그리고 있는 「철야」는 소설이 아니요, 계급의식, 계급투쟁의 개념에 대한 추상적 설명에 시종하고 있다고 비판했습니다. 선생님은 '소설 건축론'을 제기하면서 '소설이란 한 개의 건축이다. 기둥도 없이, 서까래도 없이, 붉은 지붕만 입히어 놓은 건축이 있는가?'라고 질문을 던졌지요. 그러면서 선생님께서는 '회월 형은 이것을 선전문학으로 썼을 것이다. 그러나 선전문학도 문학으로서의 요건—소설로서의 요건을 구비하지 않으면 안 될 것이다'라며 박영희 선생님을 비판했지요."

"하하, 꼼꼼하게도 읽어보았네그려."

"박영희 선생님에 대한 선생님의 비판을 저는 이렇게 읽었어요. 주제를 처음부터 끝까지 추상적 설명으로 드러내려 했기 때문에 작품 형상화에 실패했다. 또한 목적지를 정해놓고 작품을 무리하게 끌고 가려 하는 바람에 등장인물의 성격 묘사와 실감 나는 묘사에 실패했다. 요컨대 박영희 선생님의 「철야」와 「지옥 순례」는 문학의 선전성에만 치우쳐 소설로서의 요건을 갖추지 못했다는 것이지요."

"최 작가가 단순히 본인이 겪은 체험만 쓰는 작가인 줄 알았는데 문학

이론 공부도 단단히 했네그려. 앞으로 평론을 써도 되겠어요."

김기진이 말했다.

"과찬이십니다. 일문으로 된 비평문 좀 읽었을 뿐입니다."

"아니 북관 골짜기를 벗어나 본 적이 없는 사람이 일문으로 된 비평문을 읽어요?"

김기진이 뜨악한 얼굴로 물었다.

"선생님께서 성진이 형편없는 깡촌으로 알고 계신 거 같은데요, 성진서점에 가면《학지광》과《개벽》같은 잡지뿐만 아니라 일문으로 된 일본문학전집과 러시아문학전집도 사볼 수 있습니다."

"하하, 그래요. 내가 그것을 몰랐습니다. 최 작가는 일본어를 잘하는가 보군요."

"일본어로 된 소설과 비평서를 읽는 데는 아무런 불편이 없습니다."

"일본어를 읽을 수 있다 해도 한자가 많이 섞인 일문은 읽기 힘들 텐데……."

김기진이 말끝을 흐렸다.

"한방의였던 아버님으로부터 사자소학, 추구, 통감 같은 한문을 배웠고, 한천서당에서 사서삼경, 고문진보 같은 한서들을 배웠습니다."

서해가 우렁우렁한 목소리로 말했다.

"오, 우리 조선문단에 대형 작가가 나타날 거 같소."

김기진이 말했다.

"대형 작가까지는 그렇고요, 문단 말석에서나마 끝까지 살아남으면 좋겠습니다."

"그래요. 흠, 회월이 내가 쓴 평론에 맞서 반론을 제기한 「투쟁기에 있는 문예비평가의 태도」도 읽어봤소?"

"네 읽어봤습니다. 박영희 선생님은 선생님의 '소설 건축론'에 '문학 치륜(齒輪)설'과 '시기상조론'으로 대응했더군요. 박영희 선생님은 현 단계는 '투쟁기'이고, '투쟁기'에 완전한 프롤레타리아문학을 생각하는 것은 시기상조의 공론(空論)에 불가능하다고 주장하더군요. 그렇기 때문에 현 단계에서는 투쟁을 위한 작품을 창작해야 하며, 그를 위해서는 프롤레타리아 전 문화, 나아가 프롤레타리아 혁명운동의 한 부분이 되어야 한다고 주장하고 있더군요. 그러므로 문학은 완전한 건물이 아닌 건축의 한 부분, 즉 '서까래'나 '기둥'이나 '기왓장'도 될 수 있다고 박영희 선생님은 반박하고 있더군요. 박영희 선생님의 비평문을 요약하면 프롤레타리아 문학은 "큰 기계의 한 치륜"이라는 것입니다."

"아주 정확하게 비평문을 읽었군."

"……."

"이번 논쟁을 최 작가는 어떻게 보고 있는가?"

"우리 문단은 바야흐로 내용을 추구하는 문인들과 형식을 추구하는 문인들이 은연중에 대치하고 있는 모양새인데요. 이건 작금의 우리 조선 문단에서만 벌어지는 현상이 아니라고 봅니다. 한줄기의 바닷물을 끼고 있는 일본 문단에서도 벌어진 일이고, 또 멀리 서양 문단에서도 벌어진 일입니다. 내용을 추구하는 문인과 형식을 추구하는 문인의 논지를 들어보면 형식을 추구하는 문인은 문학이 문학이 되는 까닭은 형식이 아름답느냐, 형식이 아름답지 못하느냐에 달려 있다고 보고 있습니다. 형식의 아름다움이라는 것은 결국 기교를 가리키는 것이 아니겠습니까? 구상이나 수법이 아름다워야 그 작품들이 작품으로서의 생명이 있다는 것입니다. 반면에 내용을 추구하는 문인의 논지는 기교가 떨어지더라도 내용이 충실한 것과 충실하지 않은 것에 문학이 문학으로서의 생명을 가지느냐 가지지 않느냐가 판가름 된다고 보고 있는 것입니다."

"그렇다면 최 작가는 내용과 형식을 따로 보는가, 아니면 함께 보는가?"

"저는 내용과 형식을 분리하여 보고 싶지 않습니다. 내용과 형식은 새의 두 날개와 같고, 자동차의 두 바퀴와 같이 서로 유기적 관계를 맺고 있기 때문에 이원적이 아니요, 일원적이 될 것입니다. 더 정확하게 말하면 '될 것이 아니요', '되어야만 할 것입니다.'"

서해가 말을 마치고 찻잔을 당겨 입에 가져갔다.

"앞으로 최 작가한테 품은 기대가 크네."

김기진이 서해의 손을 굳게 잡았다.

"많이 가르쳐 주시고 이끌어 주십시오."

서해가 두 손으로 김기진의 손을 잡으며 말했다.

서해의 어머니로부터 조선문단사로 편지가 왔다. 백금 어미가 백금을 놔두고 야밤에 뒷간에 간다고 나간 뒤 사흘이 되어도 집으로 돌아오지 않는다는 내용이었다.

잡지를 발송하느라 오전 내내 분주하게 움직였던 서해는 편지를 펴들고 멍하니 서 있었다.

"아빠"하고 백금이 쫓아다니던 모습이 자꾸만 눈에 아른거렸다. 작가로 성공해 보겠다고 혈혈단신 서울로 떠난 아들을 생각하면서 이리 뒤척 저리 뒤척 잠을 이루지 못하고 있을 어머니를 생각하니 가슴이 갑갑해졌다.

1926년 1월 서해는 전라남도 광주에 출장을 갔다가 영광으로 가서 1925년 《조선문단》에 시조 「법성포 12경」을 추천받으면서 본격적으로 작품 활동을 시작한 조운을 만났다. 그곳에서 그는 조운의 여동생 분려를 만나게 되었다. 그녀의 다소곳한 몸짓은 서해의 눈길을 자꾸만 당겼다. 영광을 떠나는 날 분려가 정류장까지 나왔다. 서해와 분려는 편지를 서로 주고받다가 그해 4월 8일 조선문단사에서 화촉을 밝혔다. 처음 있는 문단 결혼식이었다. 문인들이 부조한 430원을 가지고 방인근 자택 마루에서 최남선의 주례로 30여 명의 문인들이 축하하는 가운데 결혼식을 올렸다.

이광수가 서해의 결혼식장에 '일금 3원(三圓)'을 인편에 보냈다. 결혼식을 치르고 얼마 후에 서해는 이광수가 보낸 '일금 3원'을 인편에 도로 이광수에게 보냈다. 그는 왜 서해가 '일금 3원'을 되돌려 보냈는지 알 수 없었다. 그는 서해를 만나면 물어보리라고 생각했으나 이내 그 사실을 잊어버리고 말았다.

「중추계급과 사회」와 「소년에게」를 발표하였던 이광수는 1922년 5월 월간지 《개벽》에 「민족개조론」을 발표했다. 「민족개조론」은 발표되자마자 지식 계층과 청년들로부터 맹렬한 비난과 분노를 불러일으켰다. 그는 「민족개조론」에서 열악한 민족성을 가진 조선을 구제하는 길은 민족개조운동뿐이라는 것을 강조했다. 이때부터 사실상 이광수는 친일의 길로 들어섰던 것이다.

서해가 발표한 소설이 평론가들의 평문에 오르내리고, 신문의 문화면을 장식하면 장식할수록 사람들이 이광수가 서해의 뒷배라고 수군거렸다. 보통학교도 마치지 못한 북관 산골 촌놈이 출세한 것은 이광수라는 든든한 뒷배가 있기 때문이라고 비아냥거릴 때마다 서해는 모멸감을 느꼈다.

1926년 한 해 동안 서해는 『혈흔(血痕)』을 펴내기 위해 안간힘을 썼다. 마침내 그해 12월에 글벗사에서 그의 첫 창작집인 『혈흔』이 나왔다. 이미 발표한 작품과 신작을 합하여 모두 11편의 단편소설이 수록되었다. 출판사에서 『혈흔』을 받아 든 서해는 세상을 다 얻은 것처럼 기뻤다. 동환을 비롯한 문우들이 출판 기념회를 열어주겠다고 나섰다.

"지금부터 최서해 작가의 첫 창작집 『혈흔』의 출판 기념회를 시작하겠습니다. 저는 소설 쓰는 이종명입니다."

종명이 좌중을 둘러보며 말했다.

종명이 『혈흔』이 글벗집 출판사에서 출판하게 된 경위를 설명한 뒤, 동환이 연단으로 나와 서해의 '인간과 문학'에 대해 이야기했다.

"이십 오륙 세에 이르기까지의 4, 5년 동안의 시기는 서해에게 득의의 시대요 비약의 시대였습니다. 눈보라 치는 북새(北塞), 두만강변에 묻혀 있던 한 사람의 무명 소년이었던 서해가 춘원 선생의 도움을 받아 「고국」

을 문단에 내보여 세상에 질문을 던진 뒤 계속하여 「탈출기」·「그믐밤」· 「큰물 진 뒤」 등 무게 있고 뛰어난 명편을 내놓아 조선의 문단과 사회에 이름을 알리기 시작했습니다. '조선문단 합평회' 좌석 같은 데서는 서해를 가리켜 '조선의 고리키'라고 격찬하였고 프롤레타리아예술 동맹 계열의 신예 평론가들은 서해의 작품들을 프롤레타리아 문단 건설의 지표로 삼았습니다. 이리하여 사람들은 차츰 서해의 작품을 읽으려고 하였고 조선의 문단과 사회는 서해에게 사랑과 명예를 주려 하고 있습니다. 이십 대의 청년 작가로 이만큼 짧은 기간에 명성과 덕망을 얻은 작가도 우리 문단에 그리 흔하지 않습니다. 장차 '서해의 시대'가 오려고 하고 있습니다. 서해 자신으로 보아도 이때만치 가슴속에 야심의 불이 붙고, 또 붓끝이 봄물 머금은 풀과 나무들처럼 생기가 돋아나는 때는 없으리라 생각합니다. 서해의 건필과 건강을 빕니다. 감사합니다."

동환이 연단에서 뒤로 한 발짝 물러섰다.

"다음 순서로 오늘의 주인공인 최서해 작가가 나와 인사말을 하겠습니다."

종명이 말을 끝내고 연단에서 물러 나왔다.

긴장된 얼굴을 하고 앉아 있던 서해가 천천히 연단으로 나왔다.

"오늘 저의 첫 창작집 『혈흔』의 출간을 축하해 주기 위해 바쁘신데도 불구하고 이렇게 왕림하여 주셔서 감사합니다."

서해가 잠시 말을 멈추었다가 다시 천천히 입을 열었다.

"저는 지금 제가 살아가고 있는 이 세상 사람들과는 정반대의 길을 걸어가고 있습니다. 어떠한 뜻을 가지고 그렇게 걸어가고 있는 것이 아니라 어찌하다 보니 그렇게 걸어가게 된 것입니다. 그런 것이 하나의 성벽이 되고 이데올로기가 되어서 지난해 봄부터는 뜻을 가지고 세상과 정반대의 길을 걸어가고 있습니다. 이것이 저에게 행복이 되는지 또는 불행이 되는지 그것은 제가 괘념하는 바가 아닙니다. 저는 다만 제가 걸어가고자 하는 그 길을 못 걸어갈까 걱정할 뿐입니다. 세상 사람들이 저를 비웃거나 깔보거나 그것은 제가 알 바가 아닙니다. 저는 다만 '참인간'의 '참생활'이란 목표 아래서 제가 옳다고 믿는 것이면 살이 찢겨 나가고 뼈가 부스러져서 피투성이가 되더라도 목표를 향해 걸어가 보고자 합니다. 저는 항상 괴롭습니다. '삶이 괴로우냐? 세상이 괴로우냐?' 저는 주문을 외는 것처럼 이것을 외웁니다. 저는 거기서 어떤 철학상의 이치를 찾으려고 해서 외우는 것이 아니라 너무도 괴로운 끝에 저도 모르게 입에서 흘러나오는 소리입니다. 그렇지만 저의 고통을 아는 사람은 없습니다. 저도 많은 벗을 가졌지만 제가 고통을 겪고 있다고 생각하는 사람은 없습니다. 저를 사랑하고 저를 이해한다는 사람이 한 분 있지만, 그분도 저의 속 깊은 고통은 모릅니다. 저는 항상 웃습니다. 사람을 만나면 말을 많이 합니다. 저를 아는 친구는 누구나 제가 잘 웃고 잘 떠드는 줄 압니다. 어떤 사람은 저를 '선동자'라고 말합니다. 어떤 사람은 저를 '바람'이라고 이릅니다. 어떤 사람은 저를 '이데올로기가 없다'고 말합니다. 어떤 사람은 저를 '목표가 없다'고 말합니다. 어떤 사람은 저를 '낙천가'라고 말합니다. 무엇이라고 하든지 그것은 평하는 사람의 의견에 따라서 다르겠지만 저는 이때까지 '저'를 내 뜻에 부합하도록 비판하는 사람을 보지 못했습니다. 저는 그것이 슬플 것도 없거니와 좋을 것도 없습니다. 혹 어떤 때 제가 저의 불평을 말하면 모두 코웃음을 칠 뿐입니다. 사람이란 자기가 고통이라고 생각하는 범위 안의 고통을 제일 큰 고통으로 알고 있는 까닭이라고 생각합니다."

갑자기 서해가 얼굴을 찡그리며 배를 움켜쥐며 말을 멈췄다.

"죄송합니다. 제가 위병이 있어서…… 인사말은 이것으로 가름하겠습니다. 감사합니다."

서해는 배를 움켜쥐고 연단에서 내려왔다. 동환이 컵에 물을 따라서 왔다. 서해는 주머니에서 호시위산을 꺼내 입에 털어 넣고 물을 마셨다. 천천히 걸어가 창가의 의자에 앉았다.

"다음 순서로 주요한 선생님의 축사가 있겠습니다."

종명이 주요한을 바라보며 말했다.

주요한이 연단으로 나가 축사를 시작했다. 서해는 배를 오른손으로 쓸어내렸다. 서간도에서 걸린 위병은 서해를 괴롭혀 온 지 10여 년이 넘었다. 서간도에서 배가 아플 때마다 그는 아편을 달인 물을 마셨다. 그때마다 곧 위의 통증이 가라앉곤 했다. 두만강을 건너 고국으로 돌아온 뒤에도 위가 아플 때마다 아편을 달인 물을 마셨다. 그러던 그가 위가 아플 때마다 위산을 먹기 시작한 지 3년째가 되었다. 그전에는 그것도 못 먹었다. 친구들은 서해가 위산을 밥 먹듯이 먹는 것을 보고 버릇이 된다고 나무랐다.

"의사에게 진찰받고 약을 먹어야 한다니까."

동환이 아늠을 어루만지며 말했다.

"의사한테 진찰받으면 돈이 들잖아."

서해는 들은 체 만 체했다.

의사에게 진찰받고 약을 쓰면 위병에 맞는 약을 먹을 수 있다는 것을 서해는 모르지는 않았다. 문제는 진료비와 약값이었다. 태전위산이나 호시위산을 먹으면 위의 고통이 곧 잦아들었다. 그의 위병에 잘 맞았다.

서해가 위병으로 너무 고통스러워하니까 동환이 찾아와 그를 경성의학전문학교 부속병원으로 데리고 갔다. 내과에서 진료를 받고 호시위산을 지었다. 위병이 심하여 고통스러워 방바닥을 벌벌 기어다닐 때 분려가 약봉지를 서해에게 건네주었다. 약이 떨어지면 어떻게 해 볼 수가 없었다.

분려가 약봉지를 감추고, 서해가 고통스러워 데굴데굴 구를 정도가 되면 약봉지를 내놓곤 했다. 병원에 가서 진료를 받고 약을 타 오려면 적어도 이삼 원은 가져야 이삼일을 먹을 약을 타 올 수 있었다. 위산은 이삼십 전이면 삼사 일분을 살 수 있었다.

"……최서해 작가의 『혈흔』은 내용뿐만 아니라 형식에도 공을 드린 흔적이 여기저기 보이는 창작집입니다. '놀라운 조선, 쫓겨난 조선, 발가벗은 조선, 고민하는 조선, 아사하는 조선 및 조선인'을 적나라하게 묘사한 최서해의 작품들은 모은 『혈흔』은 우리 조선인들이 길이 기억할 명편입니다. 감사합니다."

주요한이 연단에서 내려왔다.

1923년 11월에 휴간되었다가 1926년 3월호에 속간되었던 《조선문단》이 통권 17호를 내고 6월에 폐간되자, 서해는 그해 10월에 조선문단사를 나왔다. 그는 일자리를 찾아 여기저기 돌아다녔다. 그러나 좀처럼 일자리를 구할 수 없었다. 그는 끈 떨어진 뒤웅박 신세가 되었던 것이다. 끈 떨어진 뒤웅박 신세가 된 사람은 또 있었다. 조선문단사 사장이었던 방인근이 바로 그 사람이었다. 그가 한창 주가를 올릴 때는 〈동아일보〉 문화면에 "방인근 선생이 고뿔로 경성의학전문학교 부속병원에 입원하였다"라는 기사가 나기도 했던 조선 문화계의 유명 인사였다. 삶은 호박에 이빨도 안 들어가는 소리인 줄 알면서도 지인들에게 손을 벌였으나 잡지사 운영비를 더 이상 조달할 수 없게 된 그는 집에만 틀어박혀 밖에 나가지 않았다. 급기야 방안에서만 기신거리던 그는 남진우에게 조선문단사를 넘겼다.

서해는 다시 조선문단사에 입사하여 편집을 맡았다. 그는 위병을 앓으면서도 「홍염(紅焰)」을 써서 《조선문단》 4권 1호에 발표했다.

"어서 오십시오."

남진우가 편집실로 들어서는 김기림과 윤기정을 향해 말했다. 뒤따라 이종명이 들어왔다.

"오늘 월평회는 대담을 나누는 형식으로 진행하면 좋겠습니다."

종명이 말했다.

"서로 마주 보고 앉아 자연스럽게 대화를 나누는 식으로 진행하면 되겠군."

김기림이 안경을 벗어들고 눈을 비비적거리며 말했다.

"좋습니다."

윤기정이 말했다.

"그럼 시작하시지요."

종명이 가방에서 취재 노트를 꺼냈다.

김기림: 서해는 벌써 한국 문단에서 독특한 지보(地步)를 확고히 차지한 작가라고 생각합니다. 그의 작품 활동의 시기를 볼 때 《조선문단》에 발표한 「홍염」이 정점에 이른 작품이 아닌가 합니다.

윤기정: 저도 그렇게 생각합니다. 서간도의 한 마을에 이주해 살고 있는 조선인 빈농들의 비참한 생활상을 그리고 있는 「홍염」에서 제가 첫 번째로 눈여겨본 것은 자연 묘사입니다.

김기림: 자연 묘사요?

윤기정: 네. 자연 묘사요. 보통학교조차 졸업하지 못하고 관북 지방과 서간도에서 농사를 짓거나 단순노동을 하며 살아왔기 때문에 서해는 문체나 기교 같은 면에서 보자면 뛰어나기는커녕 문학청년의 습작 수준밖에 안 된다고 혹평을 하는 사람도 있는데요, 그것이 편견이라는 것이 화제작이었던 「탈출기」와 이번에 발표된 「홍염」에 의해 명백하게 밝혀졌어요. 문장을 보세요. 오랫동안 갈고 닦은 문장입니다. 자연 묘사가 힘이 있어요. 힘이.

김기림: 춘원 선생님이 《조선문단》에 서해를 추천할 때도 "기교와 문체에는 다소 미숙하지만 진정과 노력이 보이며 장차 서해가 문단에 크게 소리칠 날이 올 것이다"라고 했었지요. 서해는 줄기차게 공부하는 작가입니다. 이제 기교와 문장 면에서도 서해가 결코 다른 작가에 비해 떨어지지 않는다는 것을 「홍염」이 보여주고 있지요.

윤기정: 「홍염」에서 제가 두 번째로 눈여겨본 것은 의식의 흐름 기법입니다.

김기림: 저도 「홍염」에서 의식의 흐름 기법을 눈여겨보았는데요. 여명의 하늘을 붉게 태우는 적극적 의지로서의 홍염이 아니고 작가의 회고 세계 속에서 고요히 타오르는 향수와 추억의 홍염에 주목했지요.

윤기정: 서해 소설의 특성의 하나가 이국(異國)정조입니다. 서해 소설의 주인공들은 대부분 북만주라고 하는 황무지를 무대로 택했습니다.

김기림: 우리들에게 있어서 북만주의 황무지는 민족 생활의 신 무대인 동시에 전연 미지수인 청춘의 미래에 가로놓인 인생의 광야이기도 합니다.

윤기정: 「홍염」은 서해가 북만주 일대를 떠돌아다닐 때를 배경으로 하여 쓴 서해 작품 유형의 하나라고 봅니다. 「홍염」 속에는 비인간적인 학대가 그려지고 있고, 잔인을 극한 복수가 그려지고 있습니다. 서해가 묘사한 만주의 로맨티시즘이 빼허를 때때로 찾아오는 눈보라와 같이 그 근저에 강렬하게 파동치고 있는 겁니다.

김기림: 서해의 작품은 우리들 조선의 젊은 세대가 가지고 있는 가장 큰 고전적 존재의 하나입니다. 문자 그대로 서해의 작품은 문학사상의 존재이며 고전이라 할 수 있습니다.

"선생님들 긴 시간 수고하셨습니다. 요 앞 식당에 함께 가서 점심 식사를 하시지요."

남진우가 말했다.

"그럽시다."

김기림이 허리를 세우며 말했다.

김기진은 〈동아일보〉에 기고한 「창작계의 1년」이라는 평론에서 「홍염」을 '재래의 작품보다는 뛰어난 작품'이라고 평가했다. 그리고 노동자들의 삶의 고통과 착취의 현실을 그린 소설을 발표해 온 윤기정은 《조선지광》

에 기고한 「1927년 문단의 총결산」이라는 평론에서 「홍염」을 '방향 전환기에 취할 만한 작품'이라고 평가했다. 서해는 계속해서 「전아사(錢迓辭)」, 「낙백불우(落魄不遇)」 등의 단편소설을 발표하면서 작가 생활을 이어갔다.

그러나 1927년 3월에 《조선문단》이 3호를 내고 폐간되자, 서해는 또다시 일자리를 찾아 여기저기로 떠돌지 않을 수 없었다. 《현대평론》에서 편집을 맡게 되었으나 무보수나 다름없어서 이것저것에 손을 대었다. 그러나 서해는 여기서 생기는 수입으로 가족들의 입에 겨우 풀칠이나 할 수 있었을 뿐이었다.

그 이듬해 서해는 중외일보사에 입사하여 기자 생활을 하게 되었다. 발행권이 취소된 〈시대일보〉를 조선일보사의 편집국장을 역임한 이상협이 인수하여 〈중외일보〉라고 제호를 바꿔 서울 명치정(明治町, 지금의 명동) 82번지에서 1926년 11월 15일 창간하였다. 〈중외일보〉 창간사에서 이상협은 "대중의 충실한 동무로서 백의(白衣) 대중의 행복을 희구하여 진두에 나서는 선봉이 될 것과 척후자가 될 것을 원한다"고 선언했다. 당시 신문의 월정 구독료는 1원이 일반적이었는데, 〈중외일보〉가 정가 60전의 '가장 값싸고 가장 좋은 신문'을 표방하고 나섰다. 그러나 〈중외일보〉는 재정 상태가 악화되어 하루하루 신문을 발행하기도 어려웠다. 서해는 중외일보사 기자라는 명함을 뿌리며 서울 시내를 돌아다녔으나 생활은 곤궁했다. 그는 땟거리가 없어서 굶은 적이 한두 번이 아니었다.

서해가 일거리를 찾아 종로 거리를 헤매고 다닌 지도 사흘이 지났다. 점심시간이 훌쩍 지나가 있었다. 아침을 거르고 나온 탓으로 몹시 배가 고팠다. 관북집이라고 쓰인 간판이 걸린 식당 앞에 걸음을 멈췄다. 먹이 날아간 탓인지 간판의 글씨가 희미했다.

"관북집이요, 관부집이요?"

서해가 문을 열고 안으로 들어가며 말했다.

"관북집입니다."

눈꼬리 가득 잔주름이 잡힌 관북댁이 말했다.

"간판의 글자가 흐릿해 관부집인 줄 알았습니다."

서해가 취재 가방을 옆자리 의자에 올려놓으며 말했다.

"원래 잘 쓴 글씬데 세월 이기는 장사가 없다고, 간판을 단지 십 년이 넘었지 아마. 글씨가 흐릿해졌어요."

관북댁이 말했다.

"저도 글씨는 잘 씁니다. 한천서당에서 배웠지요."

"한천서당이면 성진의 한천서당?"

"어떻게 한천서당이 성진에 있는지 알아요?"

서해가 의자를 당겨 앉으며 말끝을 높였다.

"내가 서울에 살기 전까지 성진에서 살았어요."

깊은 눈가의 주름살에서 관북에서 서울까지 흘러들어온 그녀의 살아온 흔적이 보였다.

"그렇군요."

"댁이 글씨를 잘 쓰면 다시 써 주세요. 마침 간판을 새로 갈 생각으로 판자를 맞춰 놨어요."

관북집이 말을 끝내고 안쪽으로 들어가서 판자와 붓과 먹을 준비해 나왔다.

서해가 일필휘지로 관북집이라고 썼다.

"조선의 명필이 여기 있었네."

서해는 관북댁이 글씨 써준 값 대신 차려온 음식으로 허기진 배를 채우고 일어섰다.

"진흙탕에서 싸우는 개처럼 악착같고 끈질기기가 한이 없어 당해낼 방법이 없는 관북 사람이 먹글씨도 잘 쓰니 문패를 깎아서 팔아도 식구들 배를 곯게 하진 않겠어요."

관북집이 빈 그릇과 수저를 치우면서 말했다.

"잘 먹었습니다."

서해가 취재 가방을 어깨에 메며 말했다.

"지나가는 길에 또 들르세요."

문을 열고 나가는 서해의 등 뒤로 관북집이 말을 던졌다.

천도교 중앙대교당에서 취재를 끝내고 돌아오다 안국동에서 종명을 만났다.

"오래간만이네. 같이 저녁이나 먹으러 가세."

종명이 서해를 끌고 태서관으로 들어갔다.

"요즘도 중외일보사에서 일하고 있다는 이야기는 듣고 있네."

종명이 의자를 앞으로 당기며 말했다.

"자주 연락을 하지 못해 미안하네."

서해가 맞은편 의자에 앉으며 말했다.

"기자라는 직업이 항상 바쁜 직업이 아닌가."

종명이 말했다.

"뭘 먹을 건가?"

종명이 차림표를 들여다보며 물었다.

"아무거나 시켜."

서해가 말했다.

"그럼 스키야키(鋤燒)를 시키지 뭐."

종명이 차림표를 내려놓으며 말했다. '스키야키'는 넓고 얕은 냄비에 얇게 썬 쇠고기와 채소에 간장과 설탕을 넣고 양념 국물을 부어 조리한 일본의 나베 요리(鍋料理)였다.

아침과 점심을 굶었던 서해는 걸신들린 듯이 스키야키를 먹었다.

"몹시 시장했던 모양이군. 다른 걸 더 시킬까?"

종명이 말했다.

"사실 말이네……."

"무슨 말을 하려고 그렇게 뜸을 들이나. 어세 말해보게."

"나는 이렇게 배부르게 맛있는 스키야키를 잘 먹었지만 집안 식구들은 아침부터 굶고 있다네……."

"집안 식구들이 굶고 있어?"

"그렇다네."

"자네가 신문사의 기자가 되었다는 소식을 듣고 이제 좀 형편이 펴지나 했는데……."

"입사한 지 2년이 다 되어가는데 월급이라곤 1개월 치밖에 받지 못했다네. 말하자면 무보수 봉사인 셈이지."

"저런 저런……."

종명은 벌어진 입을 다물지 못했다.

"그래서 말인데 염치없지만 1원만 꾸어주게나."

서해가 낮은 목소리로 말했다.

"돈을 얼마 갖고 나오지 않아서……."

종명이 지갑에서 1원을 꺼내 서해에게 건네주었다.

"고마우이. 내가 무슨 글이든 돈이 되는 일이면 밤을 새워 써서라도 자네의 은혜를 갚겠네."

서해가 말했다.

"자네는 주요한의 평대로 '놀라운 조선, 쫓겨난 조선, 발가벗은 조선, 고민하는 조선, 아사하는 조선과 조선인'을 그린 작가가 아닌가. 돈이 되는 일이면 무슨 원고라도 쓰겠다는 게 말이 되는가."

"처자식이 굶고 있으면 자네도 어쩔 수 없이 나와 같은 생각을 할 걸세……."

"「홍염」과 「탈출기」 같은 명편 소설을 쓴 자네로 하여금 그런 생각을 갖게끔 만든 조선 사회가 원망스럽네. 문화운동의 전위 분자라고 할 수 있는 문인들이 좋은 옷을 입고 좋은 음식을 먹는 거는 바라지도 않지만,

하루 세 끼 입에 풀칠은 할 수 있게 해주어야 되지 않겠어. 더군다나 전 조선에서 이름을 날리고 있는 자네 같은 작가가 그렇게 작품을 많이 쓰고, 잡지사로 신문사로 구두 뒤창이 닳도록 뛰어다녀도 하루 세 끼 입에 풀칠 조차 할 수 없다니…….”

종명이 말을 잇지 못했다.

“우리 문인들의 목을 옥죄이고 있는 시대 상황이 언제 좋아질까…….”

서해가 미간을 일그러뜨린 채 입을 꾹 다물었다.

“언젠가는 좋아지겠지.”

종명이 혼잣소리하듯 말했다.

“…….”

“참 자네가 신문 기자로 일하고 있어서 하는 말인데……. 조선 땅에 일인(日人)들이 들어오면서 사신을 모시는 사당이 조선 땅 각처에 들어서고 있다는 이야기가 들려 오고 있어. 기삿거리가 되지 않겠나?”

종명이 갑자기 생각났다는 듯이 말했다.

“사신이라면 뱀신을 말하는 거지?”

서해가 확인하듯 물었다.

“맞아. 뱀신. 그 뱀신을 그린 사신도를 사당에 모셔 놓고 기도를 드린다는 거야.”

종명이 말했다.

“사신도를 모셔 놓은 사당이 내 고향 성진에도 있는데……. 마을 사람들은 아예 그 근처에 가지도 않아, 그곳이 무얼 하는 곳인지도 모르고 관심도 없었어.”

서해가 얼굴을 굳힌 채 말을 이었다.

“그게 문제란 말이야. 뱀신을 모시는 사당 문제가 그리 간단한 문제가 아냐. 일본에서는 뱀 자체를 시조신으로 여겨. 일본을 건국한 아마테라스 오미카미(天照大神)의 동생 스사노오노 미코토(素戔嗚尊)는 머리가 여덟 개달린 뱀인 야마타노 오로치(八岐大蛇)의 몸에서 칼을 꺼내 나라를 지키는 보도(寶刀)로 삼았어. 이것이 바로 일본 3대 국보의 하나로 전해지고 있는 천총운검(天叢雲劍)이야. 근데 일본의 뱀신 신앙은 일선 동조론(日鮮同祖論)과도 연결고리가 있어.”

종명이 잠시 말을 멈추었다.

“일선 동조론은 말 그대로 일본인과 조선인은 동일한 조상에서 나온 피로 맺어진 가까운 혈족이며, 언어와 풍속, 신앙 등 문화도 본래 같았다고 강조하는 이론이잖아. 뱀신 신앙을 이야기하다가 일선 동조론은 너무 나간 이야기 아냐?”

서해가 말했다.

“일선 동조론은 멀리는 에도 시대까지 거슬러 올라가지만, 처음 학술적으로 제기된 것은 1890년에 도쿄제국대학(東京帝國大學) 교수 구메 구니타케(久米邦武)·호시노 히사시(星野恒)·시게노 야쓰쿠(重野安繹) 등 세 사람이 공동으로 집필한 『국사안(國史眼)』을 세상에 내놓은 이후부터야. 『국사안』에서는 아마테라스 오미카미의 동생 스사노오노 미코토가 그의 아들과 조선에 갔으며, 조선의 금과 은을 가져가기 위해 배를 만들었고, 신라와도 교류했다는 내용이 서술되어 있어. 이 이야기는 일본에서 가장 오래된 역사책인 『니혼쇼키(日本書紀)』의 기사를 역사적 사실로서 그대로 서술한 것이었지. 『국사안』의 내용은 일본의 소학교와 중등학교 교과서에 수록되어 일선 동조론을 확산시키는 역할을 했어.”

종명이 말을 끝내고 턱을 괴었다.

“일선 동조론이 일제의 한국 지배를 정당화·합리화하고 한국인의 저항을 무마시키려는 의도로 주장된 것이라는 정도는 나도 알고 있어.”

서해가 말했다.

“뱀신을 모시는 사당 문제를 취재해봐. 좋은 기삿거리가 될 거야.”

종명이 말했다.

"뱀신을 모시는 사당 문제를 제대로 취재를 하려면 전국을 돌아다니며 발로 뛰어야 할 될 텐데……. 취재비가 만만찮게 들 텐데……."

서해가 말끝을 흐렸다.

"취재비가 만만찮게 들어가는 게 문제겠구만."

종명이 눈을 깜박거리며 고개를 주억거렸다.

"……."

"……근데 자네가 방인근 사장을 따라 기생집을 들락거린다는 이야길 듣고 한가지 마음에 걸리는 게 있어."

종명이 다시 입을 열었다.

"그게 뭔데?"

서해가 상반신을 앞으로 기울였다.

"사실은 말이야. 이토 히로부미(伊藤博文)의 양녀가 되어 일본의 조선 정보원으로 활동한 배정자가 기생들을 포섭해 정보를 알아낸다는 이야기도 있어."

종명이 허리를 세우며 말했다.

"걱정하지 마.《조선문단》을 그만둔 뒤 방인근 사장님을 만나본 지도 오래되었어."

서해가 취재 가방을 앞으로 당기며 말했다.

3

인력거의 흔들림이 멎었다. 서해가 고개를 들었다. 새벽 여명이 설매정의 지붕 위로 내려앉고 있었다.

"자, 다 왔소. 내리시오."

인력거꾼이 뒤돌아보며 말했다.

서해가 인력거에서 조심스럽게 내렸다.

방문이 열리면서 갸름한 얼굴의 월명이 댓돌 아래로 내려섰다.

"수고했어요."

월명이 인력거꾼에게 말했다.

"공기가 찹니다…… 어서 들어갑시다."

월명이 서해를 향해 말했다.

차가운 바람이 문설주를 핥고 지나갔다.

"무슨 일로 새벽부터 인력거를 보냈어요?"

서해가 턱을 들어 월명을 바라보았다.

"듣던 대로 성격이 급하시군요."

월명이 나긋한 입술을 열었다.

"……."

"안으로 드시지요."

월명이 서해를 안으로 안내했다.

서해는 월명이 내미는 방석에 앉았다.

"이 방에서 기다리고 계시면 언니가 올 겁니다."

월명이 말을 끝내고 밖으로 나갔다.

"도무지 혼자서는 잠을 이룰 수 없었어. 경성부의 착제부(搾除夫)들 이야기가 자꾸만 귀에 맴돌아 미치겠구나."

굵은 목소리가 벽을 타고 흘러왔다.

작년 봄, 이완용이 68세 나이로 죽었을 때 그를 조롱하는 공동변소 낙서들이 사라져 청소를 담당하는 착제부들이 공동변소의 벽이 깨끗해지니까 무엇보다도 좋아했다는 소문이 장안에 떠돌았다.

이완용의 아들 이항구가 받은 최초의 관직은 사직서 참봉이었다. 그의 나이 18세 때의 일이었다. 대한제국의 외교권이 일제로 넘어간 뒤인 1906년에 그는 고종황제를 보좌하는 비서감승이 됐다. 그 뒤 1911년에 그는 옛 대한제국 황실을 담당하는 이왕직의 사무관이 됐고, 1918년에는 이왕직의 의식과장이 되었다.

"너무 괴로워하실 거 없어요."

진성령이 이항구 앞으로 오른손을 내밀었다. 그가 두 손으로 그녀의 오른손을 감쌌다.

멀리서 개 짖는 소리가 연이어 들려왔다. 말발굽 소리가 요란하게 다가왔다 사라졌다. 몸을 뒤척이던 이항구가 일어섰다.

"조선일보사 기자와 약속이 있어서."

이항구가 모자를 집어 들며 말했다.

"……그러고 보니 오늘은 동아일보사 사람들이 오는 날이지."

진성령이 자리에서 일어나, 옷을 추슬러 입었다.

웃음소리가 설매정 안에 번지고 있었다.

진성령은 이왕직 의식계장에게 음식을 집어주는 월명에게 흘낏 시선을 주었다.

"너는 왜 한마디도 하지 않고 그렇게 앉아만 있느냐? ……자, 술이나 한 잔 따르라."

의식계장이 반듯한 코 때문에 차가워 보이는 월명이 앞으로 술잔을 내밀었다.

"……"

의식계장의 눈과 마주치자 월명은 희미하게 웃었다.

월명이 의식계장에게 술을 따라 건넸다. 우봉이씨 농장 관리를 하다 시골에서 올라온 그는 무디고 촌스러운 티를 아직 못 벗고 있었다.

"너는 동가식서가숙하는 화류기생이니 오늘 나한테 한번 수청 들면 어떻겠느냐?"

의식계장이 줄곧 쏟아붓고 있던 시선을 월명으로부터 거두었다.

순간, 월명의 얼굴에서 핏기가 싹 달아났다.

"고맙습니다. 아침밥은 동쪽 집에서 먹고 저녁에는 서쪽 집에서 자는 지조 없는 기생이옵는지라, 어제는 대한제국 황실을 섬기고 오늘은 일본 제국 천황을 섬기는 이왕직 의식계장님과 어떻게 어울리겠습니까?"

말을 끝낸 월명의 입술이 일그러졌다.

"이년이 뭘 잘못 먹었나?"

얼굴의 선이 굵은 의식계장이 눈을 부라리며 자리에서 벌떡 일어섰다.

"대일본제국 관리들을 이런 식으로 접대해서 어찌 대일본제국의 충직한 신민이라 할 수 있겠는가?"

의식계장이 월명에게 삿대질을 해댔다.

설매정에 차가운 바람이 거칠게 일고 있었다.

그때 한 무리의 사람들이 마당으로 들어섰다.

"신문사 선생님들이 오셨습니다."

은화가 말했다.

의식계장이 뒷문으로 후다닥 빠져나갔다.

"어머 춘원 선생님 어서 오세요."

월명이 환하게 웃으며 앞으로 나갔다.

이광수 선생님이 이른 시간에 여길 왜. 서해는 고개를 갸웃했다.

"오래 기다리셨지요?"

진성령이 장지문을 닫으며 말했다.

"아, 네."

서해가 천천히 고개를 들었다.

그해 성진에서 갑자기 사라졌던 진성령이 그 앞에 서 있었다. 까만 눈동자와 날이 날카로운 단도처럼 서늘한 얼굴은 세월을 잊어버렸는지 교복을 입고 보신여학교를 드나들던 진성령의 바로 그 모습 그대로였다.

"어떻게 이런 일이……"

서해가 말을 잇지 못했다.

"난 진즉부터 최서해라는 작가가 성진의 최학송인 줄 알았댔어요."

"그럼 연락하시지 그랬어요."

"살다 보면 만날 날이 있으리라 생각했어요."

"…허긴 살다 보니 이렇게 만나는군요."

"며칠 전 남 사장님이 오셨기에 최 작가님 안부를 물었더니, 생활이 몹시 곤궁할 거라 말씀하셔서 한번 만나봐야겠다 생각했어요."

진성령이 앉으며 말했다.

"남 사장님이라면…… 조선문단사의 남진우 사장님을 말하는 겁니까?"

"네."

"최 작가님이 이렇다 할 일자리가 없다 하기에 우리 조합에서 내는《장한(長恨)》의 편집을 최 작가님이 맡아주시면 어떨까 해서 사람을 보낸 겁니다."

"잡지 편집이라면 이골이 난 나이긴 한데……."

서해가 말끝을 흐렸다.

"편집을 맡아주시면 가족들이 먹을 양식을 마련하는 데 부족하지 않을 만큼 수고비를 드리겠습니다."

진성령이 말했다.

"그렇게 합시다."

서해가 짧게 말했다.

"최 작가님은 이제나 그제나 시원시원해서 좋습니다."

진성령이 말했다.

서해는 설매정을 들락거리며《장한》을 편집했다. 그러한 가운데서도 그는 「갈등」을 《신민》에, 「부부」를 〈매일신보〉에 발표했다. 「갈등」과 「부부」는 서해가 분려와의 결혼 생활을 소재로 하여 쓴 작품이었다.

천도교 중앙대교당으로 가는 거리에 '조선문단의 현 단계 토론회'라고 쓴 펼침막이 펄렁거렸다. 천도교 중앙대교당 강당에는 조선프롤레타리아예술가동맹 회원들이 삼삼오오 짝을 지어 의자에 앉아 있었다.

임화가 사회자석으로 나왔다.

"동지 여러분 안녕하십니까? 저는 시를 쓰는 임화입니다. 오늘 제가 사회를 맡은 '조선문단의 현 단계 토론회'의 진행 순서를 말씀드리도록 하겠습니다. 먼저 김기림 선생님이 주제 발표를 하시고, 그 주제에 대하여 개별적으로 토론을 한 다음 전체를 종합하는 방식으로 토론회를 진행하도록 하겠습니다. 김기림 선생님께서 '조선문단의 현 단계'의 첫 번째 주제인 '최서해 단편소설 「홍염」에 나타난 의식의 흐름'에 대해 발표를 해주시겠습니다."

임화가 마이크 앞에서 물러나자, 김기림이 발표 자료를 들고 연단 앞으로 걸어 나왔다. 그는 조선프롤레타리아예술가동맹으로 대변되는 계급문학과 백조파로 대변되는 감상적 낭만주의를 비판하면서 시대에 걸맞은 새로운 문학 정신을 추구해야 한다고 주장해 문단의 주목을 받고 있는 시인이자 평론가였다.

"1931년 전반기에 우리는 두 권의 중요한 창작집, 즉 최서해 작가의 『홍염』과 이효석 작가의 『노령근해(露嶺近海)』를 가지게 되었습니다. 이 창작집들은 여러 가지 의미로 우리 문단에서 주목받고 있습니다. 오늘은 이 자리가 조선프롤레타리아예술가동맹이 주최하는 토론회 자리인 만큼 주로 최서해 작가의 두 번째 창작집 『홍염』에 실린 세 편의 소설—「홍염」·「저류」·「갈등」 가운데 단편소설 「홍염」을 가지고 이야기해 보려고 합니다. 새로운 소설 창작 기술로서의 '의식의 흐름' 기술이 아니라 할지라도 예술은 그 작가로서 대표되는 계급의 '의식의 흐름'을 비록 자연발생적인 불명료한 형식으로나마 담고 있는 것을 피할 수 없다고 생각합니다. 그런 의미에서 나는 오늘 이 자리에서 「홍염」을 이야기해 보고자 합니다. 이데올로기에 초점을 맞춰 가치 판단을 내리고자 하는 것이 아니라 예술 작품에 초점을 맞춰 가치 판단을 내리면서 그 속에 묘사된 지식 계급의

'의식의 흐름'을 이 시대를 살아가는 조선 지식계급의 운명과 관련지어 분석해 볼까 합니다."

김기림이 콧등으로 흘러내리는 안경을 고쳐 썼다.

"최서해 작가의 「홍염」에는 그의 소설 창작 유형의 하나인 비인간적인 학대가 있고 잔인을 극한 복수가 묘사되어 있습니다. 북만주의 자연 묘사가 특장인 최서해에 의한 로맨티시즘이 서간도 빼허에 휘몰아치는 눈보라의 묘사를 통해 강렬하게 파동을 일으키고 있습니다. 최서해 작가의 소설의 주인공들은 북만주라는 황무지를 무대로 하여 인간의 잔인과 야매(野昧)와 학대와 그리고 복수와 반항과 분만(憤滿)을 풀어놓고 있습니다. 최서해 작가는 「홍염」·「탈출기」·「저류」 같은 단편소설에서 압축된 인생의 극적 역량을 겨누었고, 풍족하여 그득하고 다이나믹한 플롯을 전개시켰습니다. 최서해 작가의 소설은 우리 근대문학의 최고봉이며, 특히 「홍염」은 '인텔리겐차의 충실한 인간사'였습니다. 이만 저의 발표를 마치겠습니다. 감사합니다."

김기림이 마이크에서 물러나자, 임화가 연단으로 걸어 나왔다.

"본격적인 학술 발표회장은 아닙니다만, 순서대로 김기림 선생님의 발표에 대해 개별적으로 질문하고 답하는 시간을 갖도록 하겠습니다."

임화가 좌중을 훑어보며 말했다.

"「홍염」과 「저류」와 「탈출기」 등의 작품에 나타난 최서해 동지의 작품 세계는 '남을 안 죽이면 내가 죽는' 세계이며 '네 고기를 내가 씹겠다'는 처절한 복수의 세계였습니다. 그러나 「갈등」과 「부부」의 세계는 최서해 작가가 그려온 작품 세계와는 판이한 인도주의적 경향을 띠고 있는 세계입니다. 전작에서도 전망의 부재라는 한계를 드러내고 있던 최서해 작가의 작품 세계가 압도적인 현실의 무게를 이기지 못하고 소설 속에서 이데올로기의 진출을 가로막고 있었는데 이제는 아예 전망의 부재를 넘어 전망의 파괴라는 단계에 왔습니다."

박영희가 일어서서 카랑카랑한 목소리로 서해를 비판하고 나섰다.

"박 선생이 지적하고 있는 전망의 부재라는 것이 모든 작가에게 해당되는 것은 아니라고 생각합니다. 나는 '최서해 작가의 작품 세계가 압도적인 현실의 무게를 이기지 못하고 소설 속에서 이념의 진출을 가로막고 있었는데 이제는 아예 전망의 파괴라는 단계에 왔'는 주장에 동의하기 어렵습니다. 예술 작품에서 이데올로기에만 치중하면 급기야는 예술 작품 그 자체를 파괴하게 된다고 생각합니다. 결국 얻게 되는 것은 이데올로기이고, 잃게 되는 것는 예술입니다."

김기림이 발언을 끝내고 자리에 앉았다.

김기림과 박영희의 논쟁을 듣고 있던 서해는 숙제를 해오지 못한 학생처럼 고개를 수그리고 강당의 한쪽 구석의 자리에 앉아 있었다.

'최서해 소설은 우리 근대문학의 최고봉이며, 특히 「홍염」은 '인텔리겐차의 충실한 인간사'라고 평가한 김기림의 발표에 대해 조명희를 비롯한 조선프롤레타리아예술가동맹 소장파들이 신랄하게 비판했다. 급기야는 공격의 화살이 최서해로 옮겨갔다. 어느새 김기림은 슬그머니 일어나 강당 밖으로 나가고 없었다.

"변절자 진봉수가 남긴 유산으로 진성령이 종로 한복판에 설매정을 차렸다는 사실을 최서해 작가는 모르고 있지는 않을 거라 생각합니다. ……마지막까지 지켜왔던 작가로서 자존심마저 버리고, 진성령이 발행하는 잡지 《장한》의 편집을 맡아 푼돈을 챙기는 최서해 작가가 급기야는 「갈등」과 「부부」 같은 세상과 타협하는 작품을 발표했습니다. 작가가 작품 활동을 하는데 세상과 타협하게 되면 일본 식민 통치를 받는 조선 작가들은 급기야는 일본제국주의자들의 앞잡이가 되어 친일 작품을 쓰게 되겠지요. 내가 생각하기에 최서해 작가가 몇 푼의 돈을 받으려고 친일 작품을 쓰는 작가가 되지 않을까 극히 저어하는 바입니다."

김기진이 말을 끝내고 머리를 쓸어올렸다.

"인신공격적인 말은 삼가시기를 바랍니다.《장한》은 설매정 주인 진성령이 주도해서 기생조합에서 발행하는 잡지인 것은 맞지만, 기생들의 동인지 비슷한 잡지로 친일 잡지는 아닙니다."

동환이 말을 끝내고 자리에 앉았다.

"《장한》이 변절자 진봉수의 딸 진성령이 발행하는 잡지라 했지 친일 잡지라는 말은 안 했소."

김기진이 쏘아붙이듯이 말했다.

"최서해 작가가 돈 몇 푼 벌려고 진성령의 치마폭에 싸여 놀아나고 있다는 말은 지나치다 생각합니다. 관북에서 보통학교도 채 마치지 못하고 밑바닥 프롤레타리아 생활을 하며 작가의 꿈을 키우던 최서해 작가가 굶주린 배를 움켜쥐고 돈 몇 푼 벌려고 서울 바닥을 헤맬 때 조선프롤레타리아예술가동맹이 그를 위해 쌀 한 말, 아니 밥 한 끼 사준 적이 있습니까?"

동환이 차분한 어조로 말했다.

토론장 여기저기서 웅성거리는 소리가 났다.

"원활한 진행을 위해 다들 진정하시기 바랍니다."

임화가 손으로 연단을 세차게 내리쳤다.

윤기정이 평론 '방향전환기의 조선소설—조명희의 「낙동강」을 중심으로'의 발표를 하고, 그에 대한 문답을 끝으로 토론회가 끝났을 무렵, 창문에 어둠이 달라붙기 시작했다. 서해는 구석에 웅크리고 앉아 조선프롤레타리아예술가동맹원들이 빠져나가기를 기다리고 있었다. 강당에 아무도 남지 않게 되자, 서해는 자리에서 일어나 가방으로 얼굴을 가리고 강당을 빠져나갔다.

"최서해 작가, 어딜 도망가는 거야. 한송식당으로 가야지."

윤기정이 서해의 어깨를 잡았다.

"……."

"비록 조선프롤레타리아예술가동맹에서 탈퇴했다 하나 어제의 동지이자, 오늘 토론회의 주인공인 최서해 작가가 뒤풀이에 빠지면 안 되지."

윤기정이 에멜무지로 말했다.

서해는 동료 작가들이 주는 술을 넙죽넙죽 받아먹었다. 그는 화장실에서 위 속에 남아 있던 맑은 물까지 게워 내고 한송식당을 빠져나왔다.

거리로 안개가 스멀스멀 번져가고 있었다.

조선의 고리끼가 죽었다고? 난 조선의 작가이지, 노서아(露西亞)의 작가도 아니고, 고리끼도 아니야. 난 그냥 살아오면서 겪은 경험을 있는 그대로 써왔을 뿐이냐. 끄윽. 저 북관에서 보통학교도 마치지 못한 반거들충이가 쓴 소설을 동경에서 유학한 문사들의 성에 차겠어. 끄윽. 노동자, 농민들이 먹는 설렁탕이 뭔지도 모르는 동경 유학생 출신 문사들이 방랑과 빈곤의 경험을 바탕으로 해서 쓴 내 소설을 이해할 수 있겠어. 끄윽. 난 결코 내가 프롤레타리아라는 의식을 가지고 소설을 쓴 건 아냐. 김기진이니 박영희 하는 작가들이 쓴 소설을 나도 읽어보았어. 끄윽. 가난과 빈곤의 문제에 관심을 가지고 작품을 쓰긴 썼지만, 그 작품이라는 게 책상머리에서 상상해 낸 가난과 빈곤이잖아. 이데올로기만을 앞세운 나머지 현실의 구체적인 현상을 포착하지 못하고 관념 속에서 허우적대고 있잖아. 끄윽. 내 소설이 전망이 부재하다고. 끄윽. 내가 쓴 소설이 현실의 무게를 이기지 못하고 침몰해 이데올로기를 담는 것에 실패했다고. 끄윽. 너네들이 걸작이라고 추켜세운 「홍염」은 첫 문장부터 마지막 문장까지 이를 악물고 고쳐 쓰고, 또 고쳐 쓴 거야. 끄윽. 내 소설은 내가 살아온 날들의 혈흔이지. 끄윽.

서해는 차츰 짙어져 가는 안개를 헤치고 설매정에 도착했다. 설매정의 처마 끝에 안개가 우윳빛으로 어려 있었다.

"진성령 나와. 북관의 최서해가 왔다."

대문이 열리면서 진성령이 안개를 밟고 나왔다.

"어머, 어머……. 최 작가님, 오늘 많이 취하셨나 봐."

진성령이 서해를 부축해 마당으로 들어섰다. 섬돌 위에 우윳빛 같은 안개가 띠처럼 도도히 흐르고 있었다.

"어서 신을 벗으세요."

진성령이 서해를 껴안았다. 까만 눈동자가 그의 얼굴에 바짝 다가왔다. 서늘한 촉감이 온몸으로 전해졌다. 그때 그의 눈앞에 안개가 서렸다. 큼직한 호피 무늬 비늘이 선명한 뱀이 똬리를 틀고 독을 뿜으려 혀를 내밀고 있는 사신도가 어른거렸다.

"어른거려. 자꾸만 어른거려."

서해는 진성령의 팔을 뿌리치고 뒤돌아 나왔다.

"술에 많이 취하셨나 봐. 주무시고 가시라니까."

진성령이 따라 나왔다.

"아내와 자식들이 내가 돌아오기를 기다리고 있어. 끄억."

진성령을 향해 서해가 손을 천천히 천천히 흔들었다. 안개가 설매정을 덮은 채 스멀스멀 그녀의 날이 날카로운 단도처럼 서늘한 얼굴로 기어올랐다.

일본군처럼 진주해 온 안개가 거리를 한 발짝 한 발짝 점령하고 있었다.

이 배얌으로 말할 거 같으면
배얌을 먹고 사는 배얌인디
이걸 갖다가 먹어서만 좋으냐
간장에 삼 년, 소금에 삼 년, 된장에 삼 년
삼삼은 구, 구 년을 간했다가 바르는데

서해는 뱀타령을 흥얼거리며 안개 속으로 휘적휘적 걸어갔다.

5. 이상 - 박숙희

커피를 맡는다. 익숙하면서도 낯선 MJB 커피 향은 동경(憧憬)이다. 커피 냄새는 냉혹하기만 한 현실과는 다르게 강한 쓴 내음에도 불구하고 고소하며 매혹적이다. 아니 매혹, 그 이상이다. 손톱이 일곱 개밖에 없는 아버지와 생일도 이름도 모른 채 평생을 산 어머니를 보면서 이상은 세상이 얼마나 음험한 곳인지 진작 알았다. 근원을 알 수 없는 불안과 초조가 일찍이 습관이 되어 납작할 대로 납작해진 이상에게 다른 세상에 대한 동경 따위는 없었다. 그런데 커피가 다른 세상의 냄새를 풍겼다.

커피를 마시는 것보다 맡기를 더 즐기는 그는 커피가 담긴 통에 아예 코를 들이박고 냄새 맡는다. 그러다가 간혹 커피 가루를 입에 넣어보기도 하는데 번번이 실망한다. 입안에서 텁텁하게 겉돌기만 하는 커피 가루는 본모습을 감추며 상대를 현혹하다가 정체를 들킨 커피의 실체다. 배신감보다는 아프다. 겨우 찾아내 의지하는 그것의 정체를 굳이 알려고 할 필요도 없었을 텐데 기어코 맛까지 본 대가는 냉정하다. 커피를 맡으면서 잠시 살아났던 생기가, 입안에 들러붙어 떨어지지 않는 커피 가루로 인해 완전히 사그라져 하루를 시작할 엄두가 나지 않는다. 매일매일 꼬박꼬박 찾아와 독촉하는 하루는 일수를 받으러 온 사채업자다. 어제처럼 오늘도 어김없이 찾아와 버티고 있는 하루에게 이상은 내놓을 수 있는 게 없다. 그렇다면 권태라도? 그러나 다방 창을 통해 쏟아져 들어오는 햇빛이 권태조차 하얗게 말려버린다. 권태보다 더 극단적인 햇빛을 돋보기로 들여다본다. 아무것도 보이는 것이 없는데 거기에서 불이 일어난다. 새로 쓰기 시작한 「봉별기」 원고 한 장이 연기를 내며 재로 변해간다.

금홍이 풍기는 분내는 위험하다. 짙어서 위험하다. 금홍이 화장하는 모습을 보면서 한때 이상은 권태를 잊기도 했다. 위험이 불러일으킨 흥분은 무기력한 권태를 밀어내기에 충분했다. 2년여 전 처음 보았을 때도 금홍은 화장이 짙었다. 열여섯가량 돼 보이는 어린 여자애가 하얀 분칠을 한 모습이 가부키 인형처럼 기이했다. 산과 들판 그리고 사람들뿐만 아니라 눈에 담기는 모든 것이 비슷비슷해 권태롭기 이를 데 없는 조선 한구석에서 발견한 금홍은 단연코 눈에 띄었다. 돌출된 외모를 하고 등장한 금홍 앞에서 이상은 잠시 권태를 잊었다. 열일곱이 아니라 스무 살이 넘은 데다가 이미 딸을 출산한 적도 있는 금홍의 과거는 금홍의 얼굴을 하얗게 뒤덮고 있는 분가루에 비하면 차라리 평범했다. 서른도 되지 않은 이상을 마흔 살이 넘은 중늙은이로 여기던 금홍에게 잘 보이기 위해 콧수염까지 밀어버리고 다시 금홍을 찾아갔을 때부터 시작된 두 사람의 사랑은 앓고 있던 병도 잊게 할 정도로 뜨거웠다. 그러나 금홍이 매일 아침 들여다보는 화장 거울에 비친 금홍과 뒤에서 그녀를 보는 자기 모습을 바라보는 일이 일상이 되면서부터 이상의 권태는 더 지독해졌다. 그리고 이상의 병도 다시 깊어졌다. 거울 속보다 더 고요한 방에서 매일 똑같은 모습으로 화장하는 금홍이 지겨워질 즈음 금홍은 외출하기 시작했다. 제비다방 마담 외다른 직업은 있을 리 없는 금홍이 매일 외출하는 사유를 이상은 묻지 않았다. 외출을 마치고 돌아온 금홍에게서는 늘 낯선 냄새가 났다. 분내보다 더 짙은.

축음기에서 들려오는 미샤 엘만의 바이올린 소리를 듣는다. 사라사테의 연주에 비하면 확실히 싱겁다. 그러나 랄로의 협주곡에는 기교가 화려하고 현란한 사라사테보다 미샤 엘만의 바이올린 연주가 더 어울릴지도 모른다. 랄로는 자신의 협주곡에서 바이올린 독주를 배제했는데 바이올린의 차갑고 날카로운 소리를 좋아하는 이상은 여러 악기 가운데 바이올린 소리에 특히 귀를 기울인다.

음악은 처음 귀에 꽂히는 순간이 제일 강렬하다. 주변을 통째로 삼키는 속성에도 불구하고 음악이 이상을 완전히 정복하기는 어렵다. 한순간 자신을 잠시 내어주었다가 이내 시들해지기 일쑤인 이상은 그래서 음악을 수시로 바꾼다. 곡의 중간쯤에 싫증을 느낀 그는 랄로 협주곡이 다 끝나지 않았는데도 내리고 베토벤의 템페스트를 새로 축음기에 올린다. 역시 베토벤은 베토벤이다. 예고와 동시에 폭발하며 질주하는 베토벤을 고스란히 따라가지 않을 수 없다. 검고 깊은 어둠 한가운데에서도 격렬할 수 있는 베토벤의 미친 열정을 이상은 사랑한다. 그리고 잠시 끼어드는 완전한 고요. 그러나 그 고요는 폭풍을 내포한 고요이기에 팽팽하다. 특히 휘몰아치는 강풍 속에서도 도도하게 흐르는 아름다운 선율은 권태로 말라 있는 이상을 끝내 적신다. 이런 순간 덕분에 늘 허공을 맴도는 이상의 인생이 허탕으로만 끝나지 않게 된다. 짧지만 완전한 몰입. 비록 찰나일지라도 자신을 살게 하는 진짜 이유가 바로 거기 있다는 것을 이상은 안다. 하지만 이 곡을 자주 들을 수는 없다. 안정된 마음으로 집중해서 들어야 하는 곡이라 마음이 평화로운 날만 듣는다. 특히 호흡이 빨라지는 3악장을 산란한 마음으로 듣다가는 자칫 정신이 잘못될 수도 있다. 권태로 인해 주로 맥없이 있다가 어쩌다 생기가 돌면 빛보다 빠르게 번득이며 마음이 산란해지기가 십상인 이상에게 평화로운 순간은 드물다. 때문에 제비다방에서 가장 많이 들을 수 있는 음악은 모차르트다. 가볍고, 가벼운 척하며, 기어이 가볍기를 자처하는 모차르트는 이상이 어떤 순간에도 들을 수 있는 음악이다.

마담이 자리를 비우고 없는 제비다방에 손님이 끊긴 지는 오래되었다. 금홍이 아침부터 외출하기 시작하면서부터 줄어들더니 이제는 아예 손님이 없다. 다방에 손님이 꽤 드나들고 할 때는 방에 틀어박혀 잘 나오지 않던 이상이 금홍이 자리를 비우는 요즘엔 주로 다방에서 시간을 보낸다. 한쪽 벽에 나란히 걸려 있는 그림 속의 남자 둘과 함께 이상이 지키고 있는 빈 다방 안은 한여름인데도 냉하다. 이상이 직접 그린 자화상과 구본웅이 그려준 초상화는 같은 사람을 그린 것인데도 닮은 구석이 전혀 없다. 파이프 담배를 피우지 않는 이상에게 파이프를 입에 물게 해놓고 구본웅이 그려준 초상화는 아무리 봐도 이상이 아니다. 늘 파이프 담배를 입에 물고 사는 구본웅은 모델인 이상을 앞에 앉혀 놓고 정작 그린 것은 이상이 아니라 자기 자신이었다. 아무도 없는 다방을 지키면서 같이 있는 세 남자는 같은 듯 다르다. 그림 속 남자들을 쳐다보고 있는 그림 밖의 남자는 시시각각으로 변하는 자기가 누구인지 자기도 모르는 것 같다. 파이프를 입에 물고 있는 그림 속 남자는 꽤 비딱해 보이는데 그렇다고 무슨 일을 저지를 것 같지는 않다. 또 한 남자. 이상이 직접 그린 그림 속의 또 한 남자가 흥미롭다. 무표정한 얼굴에 동굴처럼 깊은 눈은 너무 무뚝뚝해서 아무것도 말해주지 않는다. 이 남자를 알 수 있는 사람은 오직 이 남자뿐이다. 스스로 미궁에 빠진 자의 모습이다.

어슬렁거리며 다방 안을 둘러보던 이상은 다시 창가 자리에 가서 앉는다. 아까 타다 남은 원고지 한 장이 탁자 아래에 떨어져 있다. 그러나 줍지 않는다. 탁자 위에도 원고지가 어지럽게 널려 있다. 그것 역시 이상은 정리할 생각이 없다. 순서 없이 뒤죽박죽되어도 상관없을 글이다. 배천온천에서 금홍을 만난 이후 있었던 일을 쓴 이 원고는 눈을 감고도 쓸 수 있는 글이다. 은유도 없고 비밀도 없는 나른한 나열은 딱히 앞뒤가 필요 없다. 그냥 떠오르는 대로 쓰기만 하면 된다. 기억이 순서대로 떠오르는 것이 아니듯이. 오늘 아침 금홍이 외출한 데까지 쓴 「봉별기」의 다음 원고는 금홍이 집으로 돌아오고 나서 다시 쓸 것이다. 그런데 갑자기 한 문장이 떠오른다.

속아도 꿈결 속여도 꿈결 굽이굽이 뜨내기 세상 그늘진 심정에 불 질러 버려라.

금홍이 종종 부르던 노래 가사다. 밖에서 누가 던져 넣기라도 한 듯 이상의 마음에 들어온 이 노랫말을 서둘러 빈 원고지 칸에 적어넣는다. 다른 건 몰라도 이 노랫말의 문장만은 적절한 자리를 찾아 배치할 것이다.

이 노래를 부를 때의 금홍은 이십 대의 풋풋한 여인이 아니라 족히 사십은 되어 보이는 농익은 여성의 모습이었다. 스물한 살인데도 열여섯으로밖에 보이지 않는 금홍의 외모와 현실을 살아가는 태도에 있어서는 사십 대 여인 뺨칠 정도로 노련하기 짝이 없는 금홍의 이중성을 비판적으로 말하는 친구도 있지만 이상은 개의치 않는다. 한 인간에게 매료당하는 데는 이유가 없다. 금홍이 거짓말하는 것을 뻔히 알면서도 속아줄 뿐만 아니라 노여워하며 화를 내지도 않는다. 다 알면서도 속아준다는 것 또한 아는 금홍이라는 여자의 능청과 뻔뻔함을 미워할 수 없는 자신을 이상은 이해할 수가 없다.

몰락한 양반이긴 하지만 양반의 체면과 자존심이 무엇보다 중요했던 백부는 양자로 들인 이상을 엄격하게 가르쳤다. 그런 성장 배경으로 인해 이상의 내면 깊숙한 곳에는 보수적인 가치관이 뿌리 깊게 자리 잡고 있다. 하지만 이상 자신과 주변 지인들의 삶의 방식은 지극히 현대적이다. 그래서 이상은 늘 19세기와 20세기의 틈바구니에 끼여 고뇌한다. 머리로는 19세기를 봉쇄해 버려야만 한다고 생각하는데 현실에서는 그렇지 못하다. 금홍에 대한 이상의 태도 또한 같은 맥락이다. 금홍의 거짓말과 간음이 별일 아니라는 듯이 모른 척하면서 속으로 괴로워하는 것이다.

김기림과 정지용의 추천으로 〈조선중앙일보〉의 학예부장이었던 이태준에게 발탁되어 시작된 「오감도」 연재는 시작부터 말썽이었다. 「오감도」라는 말은 사전에도 없으니 오자가 아니냐는 것이다. 뿐만 아니었다. 시 제목에서부터 시작된 물의는 꼬리에 꼬리를 물고 일어났다. "무슨 개수작이냐", "무슨 미친놈의 잠꼬대냐" 같은 독자 투서는 끊이지 않았고 이상을 죽여야 한다는 극단적인 비난을 서슴지 않는 독자도 있었다. 그러나 이상은 독자들의 이런 저항에도 불구하고 '작자의 말'을 썼다. 그러나 그 글은 발표되지 못했다.

왜 미쳤다고들 그러는지 대체 우리는 남보다 수십 년씩 떨어지고도 마음 놓고 지낼 작정이냐. 모르는 것은 내 재주도 모자랐겠지만 게을러 빠지게 놀고만 지냈던 일도 좀 뉘우쳐 봐야 아니 하느냐. 여남은 개쯤 써 보고서 시 만들 줄 안다고 잔뜩 믿고 굴러다니는 패들과는 물건이 다르다. 2천 점에서 30점을 고르는데 땀을 흘렸다. 31년, 32년 일에서 용대가리를 딱 꺼내어 놓고 하도들 야단에 배암꼬랑지는커녕 쥐꼬랑지도 못 달고 그냥 두니 서운하다……

아무튼 독자들의 엄청난 분노를 사면서까지 20세기 모더니즘을 지향하는 이상이지만 금홍과의 관계에서만은 모더니즘적으로 처신할 수가 없는 것이다.

외간 남자와 정을 통하고도 말간 얼굴을 하고 집으로 돌아오는 금홍을 보면서 고통스럽지 않을 수 없다. 그러나 그 아픔은 금홍의 외도 때문이라기보다는 금홍을 마음으로 받아들인 사실 자체로 인한 아픔이라고 애써 합리화해 보기도 한다. 마음을 준 대상은 그것이 비록 사람이 아닌 사물이라 할지라도 통증을 수반한다. 그것이 무엇이든 우리는 결국 그것과 이별해야만 한다. 특히 금홍은 만나는 순간부터 이별을 염려하게 만드는 여인이었다. 금홍과의 이별을 상상하면 금홍이 무슨 짓을 하든 미워할 수가 없다. 하지만 다행인 것은 자기조차 사랑할 줄 모르는 이상은 타인도 온전히 사랑할 줄 모른다는 것이다. 금홍을 좋아하면서도 종종 싫증을 내는 것이 그 증거다. 아침마다 창을 통해 들어오는 햇빛만큼 이상이 사랑한 것은 이 세상에 없다. 그러니까 금홍 때문에 괴로워하는 자신의 마음에 대해서도 너무 걱정할 게 없다는 것이 이상의 생각이다.

　제비다방의 통유리창은 이상의 야심작이다. 다방 안에서도 사람을 볼 수 있고 다방 밖에서도 사람을 볼 수 있도록 하려고 통유리창을 제안했을 때 아무도 찬성하지 않았다. 경성 어디에서도 그런 걸 본 적 없다는 것이 반대하는 사람들의 한결같은 이유였다. 하지만 바로 그 이유 때문에 이상은 자기 생각이 옳다고 확신했다. 늘 보던 것 말고 한 번도 본 적이 없는 것, 주로 하던 방식이 아닌 다른 방식, 그런 것을 찾아내고 시도하는 것이 이상의 존재 이유이다.

　통유리창으로 되어 있는 창가 자리에 앉아 이상이 제일 많은 시간을 보내면서 하는 일은 바깥 구경이다. 오가는 사람들이 많은 종로 거리 풍경을 창 안에서 바라보는 일은 종일이라도 할 수 있다. 가로 세로로 교차하며 지나다니는 전차와 버스들, 등에 업힌 아이가 젖이 고파 칭얼대는데도 옆에 있는 아낙네와 수다 떨기에 바쁜 아이 엄마, 중절모와 양복으로 잔뜩 멋을 낸 신사가 빨갛게 입술을 칠한 젊은 여인을 연신 힐긋거리다가 발을 접질리는 장면, 흰색 무명 한복을 입은 여인네가 소매를 걷어붙이고 뒷짐을 진 채 한쪽 팔을 들어 어딘가를 가리키는 모습, 사람이 사람을 태우고 다닐 수 없다는 말이 유행처럼 번지면서 급격하게 줄어들기 시작한 인력거와 새로 눈에 띄기 시작한 자전거. 프랑스 유학을 마치고 돌아와 동아일보 미술 기자가 된 이마동이 신문에 연재하며 그린 삽화처럼 이상의 눈에도 종로 거리의 풍경이 수십 장의 삽화가 되어 담긴다. 제비다방을 등진 채 서 있는 무명 한복을 입은 여인 곁으로 비슷한 차림새의 한 여인이 다가오는데 자세히 보니 옥희. 오랜만에 보는 여동생이 반가우면서도 거북하다. 옥희는 십중팔구 돈 이야기를 꺼낼 것이다.

　"오라버니 잘 있었수?"

　다방 문을 열고 들어서는 옥희 표정이 무겁다.

"응 그래."

"언니는 외출 나간 모양이오."

"그렇다."

"식사는 하셨수?"

"아니다."

"차려주우?"

"그럴 것 없다."

옥희가 다방에 온 용무를 짐작하면서도 이상은 얼른 아는 체하지 않는다.

"그게 말이우 오라버니……."

자기 탓도 아닌데 늘 염치없어하는 옥희가 안쓰럽다.

"내가 미리 챙겨주었어야 했는데 늦었구나."

부모님 생활비를 받으러 오는 옥희는 번번이 대신 죄인이 된다.

"오라버니도 어려울 텐데……."

"괜찮다."

"몸은 좀 어떻수?"

이 년 전 각혈을 하는 통에 놀란 식구들은 이상의 건강이 항상 걱정이다.

"그만그만하다."

옥희 입에서 딱히 딴소리가 안 나오는 걸 보면 부모님은 별일 없이 지내는 듯하다. 그래서 굳이 안부를 묻지 않는다.

"……."

여동생과 오라버니가 나눌 수 있는 대화는 그걸로 끝이다.

들어온 지 10분도 되지 않아 나갈 채비를 하는 옥희에게 이상은 지난 달보다 더 적은 돈을 내민다.

"요새 다방이 좀 어렵다."

"미안해요 오라버니."

문을 열어주는 오라버니를 쳐다보지도 않고 서둘러 다방을 나선 옥희는 일부러 집과는 반대 방향으로 나 있는 길모퉁이를 돌아 이내 모습을 감춘다.

　가족은 허공에 매달려 있는 이상을 땅으로 끌어 내리는 중력이다. 가족이 없었더라면……. 아니다. 이상을 땅으로 끌어당기는 가장 강력한 중력은 이상 자신이다. 이상을 결박하는 것은 가족이 아니라 뿌리 깊은 권태이며 초조다. 어디서부터 시작되었는지 알 수 없는.

　구본웅과 함께 점심 식사하기로 약속한 조선호텔로 향한다. 동아일보 건물 옆에 진을 치고 앉아 있는 점쟁이와 관상쟁이는 지루하고 긴 여름 한낮에 지칠 대로 지친 표정을 한 채 자기들끼리 수군거리고 있다. 거리에서 걸식하며 지내는 어린아이들은 웬일인지 보이지 않는다. 초여름부터 핀 빨간 장미 꽃잎들이 도로에 떨어져 행인들 발에 무참히 밟히고 있다. 장미 꽃잎은 밟히면 밟힐수록 더 붉어진다. 그리고 그 자리에 피 같은 붉은 액체가 고인다. 가던 길을 일부러 멈추지는 않았으나 붉은 액체의 선명한 핏빛은 이미 이상의 뇌리에 강하게 각인되었다. 카스텔라 색의 각혈, 장밋빛 나비 등의 언어가 맥락 없이 머릿속을 굴러다닌다. 이 언어들과 이 순간의 느낌을 기억해 떠올리게 되면 원고지에 글을 쓰게 될 것이다. 그러나 떠올리지 못하면 이 순간은 영원히 사라지고 마는 것이다.

　조선호텔 앞에 도착한 이상은 건물 앞에서 잠시 걸음을 멈춘다. 호텔 외양보다는 건물을 지을 때 사용되었을 철근 철골, 시멘트, 모래 등에 더 관심을 가지며 호텔을 쳐다본다. 건축을 전공한 이상의 습관이다. 경성에 들어선 현대식 건축물을 볼 때마다 이상은 건물의 외양보다는 그런 것들을 먼저 떠올린다. 유럽에서는 이미 한물간 건축양식을 일본은 본국뿐만 아니라 그들의 식민지인 조선에까지 도입해 경성에서 볼 수 있는 건축물 대부분이 르네상스풍이다. 그런 건축물에 강한 거부감을 느끼는 이상은 자신이 추구하는 건축양식을 제비다방에 모두 투영시켰다. 대로변에 있는 붉은 벽돌 건물 1층에 통유리창을 낸 것 하며, 다방 안 벽은 모두 흰색으로 칠하고 장식 또한 최소화했다. 얼핏 을씨년스러워 보이기도 했지만 새로운 건축의 본고장인 유럽 건축물에 대한 동경이 있었던 이상은 자신이 운영하는 제비다방이라도 자기가 원하는 대로 꾸미고 싶었던 거였다. 하지만 정작 제비다방은 이상과 어울리는 예술가들 외 사람들에게는 관심을 끌지 못했다.

원구단이 있는 후원으로 들어가니 구본웅이 먼저 와 있다. 등을 돌린 채 앉아 있는 구본웅의 뒷모습을 보면서 슬쩍 염증이 인다. 사람을 싫어하는 버릇이 또 작동한다. 구본웅은 이상에게 고마운 존재다. 그림 그리기를 좋아하면서도 형편이 어려워 그리기를 주저하는 이상에게 값비싼 화구를 선물한 사람도 구본웅이다. 그리고 간간이 조선호텔로 불러내 이상으로서는 엄두도 내기 어려운 호텔 식당의 코스요리를 즐길 수 있게 하는 것도 구본웅이다. 그런데도 이상은 수시로 구본웅에게 싫증을 느낀다. 구본웅이 금홍을 흠모하는 것은 일찍부터 아는 사실이라 새삼스러울 게 없다. 그러니까 질투심 때문에 구본웅을 싫어하는 게 아니라는 말이다. 굳이 이유를 들자면 모자다. 무엇 때문인지 구본웅은 어떤 장소에서도 모자를 잘 벗지 않는다. 그래서 구본웅을 떠올리면 모자와 파이프 담배가 제일 먼저 떠오른다. 이상이 보기에는 귀족 취향의 허영 같다. 그러나 정작 이상 자신도 구본웅이 추구하는 것과 같은 허영에다 허세까지 더해 자신을 포장하는 자기를 안다. 그러므로 이상이 사람들에게 습관적으로 느끼는 싫증은 궁극적으로는 자기 자신에 대한 것일지도 모른다. 어쨌든 구본웅과 대면하기 전에 이상은 구본웅에게 느끼는 싫은 감정을 빨리 마음에서 지워야 한다. 몸이 불편한 사람일수록 상대의 감정에 예민하다. 구본웅도 그렇다. 게다가 구본웅은 이상의 감정에 대해서는 특히 더 민감하게 군다. 그래서 이상은 초인적인 노력으로 불편한 감정을 없애려고 노력한다.

몸이 불편한 구본웅이 후원 테이블에 앉아 있다가 호텔 후원으로 들어서는 이상의 인기척을 느끼고 엉거주춤 일어서 돌아섰을 때 아직 자기감정을 해결하지 못한 이상은 잔뜩 일그러진 표정으로 구본웅과 맞닥뜨린다.

"날이 많이 덥구면."

굳이 할 필요도 없는 쓸데없는 말을 내뱉는 이상의 표정이 더 일그러진다. 안면 근육이 오그라드는 것이 가뜩이나 마른 몸의 살이 더 빠질 것 같다.

젠장. 꼭 이래야만 하나. 있는 그대로 자신의 감정을 표출하고 싶은 욕구가 화산처럼 솟구친다. 미운 건 밉다고 말하고, 싫은 놈은 두들겨 패주고, 꼴 보기 싫은 인간은 관계에서 도려내 버릴 수만 있다면 이상의 지병도 싹 나을 것 같다.

평소에는 하지 않던 인사법으로 말을 건네는 이상을 구본웅이 묘하게 쳐다본다.

저렇게 알 듯 말 듯 한 표정도 마음에 안 들어. 속으로 생각하며 다가간 이상이 구본웅에게 손을 내민다. 내민 이상의 손을 잡는 대신 왼쪽 어깨를 툭 치며 인사를 대신하는 구본웅에게 은근히 화가 치민다. 네 살이 위이지만 몸이 아파 학교를 다니다 말다 하는 바람에 소학교를 이상과 함께 졸업하게 되면서 구본웅은 이상과 친구처럼 지내게 되었다. 그런데 구본웅은 이상이 잊을 만하면 제스처나 말 등으로 자신이 손위라는 것을 이상에게 환기시키는 것이다. 악수 대신 이상의 어깨에 손을 갖다 대는 것도 그런 맥락이다.

경제적으로는 어려움이 없으나 몸이 불편한 구본웅은 떨칠 수 없는 그늘이 있다. 그래서 딱히 노력하지 않아도 퇴폐적으로 보이는 구석이 있다. 내용도 잘 모르면서 신 유행을 좇는 젊은 사람들이 성정과는 어울리지 않게 퇴폐적인 척하는 꼴을 못마땅하게 여기는 이상은 구본웅의 퇴폐는 그나마 인정한다. 말이 점잖고 온화한 데 비해 어둡고 거칠며 탁한 그의 그림도 구본웅의 퇴폐적인 분위기를 정당화시켜 준다.

호텔 직원의 안내를 받아 두 사람은 식당 안으로 들어간다. 자리에 앉아 냅킨을 무릎에 올려놓자마자 준비되어 있던 음식이 나온다. 콩소메와 레터스 샐러드다. 본국에서는 가난한 농민들이 먹는 음식이라 여기며 천시하던 콩소메가 어쩌다 조선에서는 가장 고급 요리로 대접받게 된 것인지 알 수가 없다. 그러하거나 말거나 이상은 콩소메가 맛있다. 커피만큼은 아나나 콩소메도 이상이 동경하는 세상의 맛이다. 상추와 거의 비슷한 레터스는 맛보다는 이름이 더 마음에 든다.

"금홍이 말일세."

콩소메를 한입 먹기 위해 스푼을 드는데 구본웅이 금홍이를 입에 올린다. 이상은 대꾸 대신 눈으로 구본웅을 쳐다본다.

"오는 길에서 봤다네."

갑자기 입맛이 사라진 이상은 들고 있던 스푼을 탁자 위에 내려놓는다.

"요즘 새로 그리고 있는 자네 그림 이야기나 해보게."

금홍이 이야기를 더 하고 싶지 않아 대화를 다른 방향으로 돌리려고 하는데도 구본웅은 기어이 금홍이 이야기를 계속한다.

"모르는 남자와 함께 덕수궁 쪽으로 가더군."

상대방과의 관계에서 공격적인 성향을 전혀 내비치지 않는 구본웅인데 금홍이 일에 대해서만은 종종 과격하고 대담해진다.

"뒤따라가 보지 그랬나?"

기어코 심사가 뒤틀린 이상이 이죽거리며 말한다.

"금홍이와 어울리는 남자가 누군지 궁금하지도 않나 자네는?"

말을 하는 구본웅의 얼굴이 붉어진다. 금홍과 함께 사는 이상 자신보다 더 질투를 느끼는 것 같은 구본웅을 어이없다는 표정을 지으며 바라보자 구본웅이 얼른 눈치채고 변명한다.

"그러니까 내 말은……."

"식사나 하시게."

이미 식어버린 콩소메를 다시 떠 입에 넣으며 이상이 말한다.

전채요리로 나온 레터스 샐러드는 아직 손도 대지 않았는데 직원이 메인 요리를 가져온다.

서둘러 나온 오리 간 구이와 로스트비프를 썰기 위해 나이프를 챙기는데 구본웅이 묻는다.

"요새 그림은 좀 그리나?"

"글 쓰는 사람에게 그림은 왜 묻나?"

"나는 자네 글보다 그림에 관심이 더 많거든."

"왜지?"

"자네가 그린 그림을 보면 꺼져가던 내 열정에 다시 불이 지펴지니까."

구본웅의 말에 이상은 최근에 구본웅이 스케치해 놓은 그림 하나를 떠올린다. 탁자 위에 놓인 작은 화분과 영어가 쓰여 있는 종이 몇 장 위에 벗은 여성의 몸을 그려 넣은 것이었다. 기존의 화풍에서 벗어나고 싶어 하던 구본웅이 새로운 시도를 하는 것 같은 스케치였다.

"닭을 그려보는 건 어떤가?"

"뜬금없이 웬 닭인가?"

"닭이란 놈들이 말일세. 자세히 들여다보면 재미있는 구석이 많더라고. 그놈들도 사람처럼 마음에 드는 암탉이 나타나면 대번에 알아보고 기를 쓰며 암탉을 차지하려고 하는 거야. 담장을 넘어 암탉이 있는 곳으로 가려다가 다리가 부러지든 말든, 목구멍이 철조망에 걸려 죽든지 말든지 아랑곳하지 않고 암탉이 있는 곳으로 향하는 수탉들의 집념을 관찰하다 보면 꺼져가던 자네의 열정도 저절로 되살아나게 될걸세. 우리 인간들과는 다르게 그 녀석들은 포기라는 것을 전혀 모르는 것 같더라니까. 일단 목표가 생기면 죽음을 불사하고 달려들더란 말이지. 마지막 남은 힘까지 다 끌어올려 목표물을 향해 돌진하기 직전, 모가지 털을 벌컥 일으켜 세운 채 숨을 헐떡거리며 꽥꽥거리는 수탉 놈을 보면 죽어가던 사람도 벌떡 일어날 것 같더라니까. 그런 순간의 닭 그림을 그릴 수만 있다면 나도 닭을 한번 그려보고 싶네."

이상의 말에 구본웅은 아무런 대꾸도 하지 않고 로스트비프를 나이프로 썰고만 있다. 시중을 드는 직원은 디저트를 내어와야 할 타이밍을 엿보며 두 사람의 식탁 주변을 계속 서성거리고 있다.

"닭이 사람보다 낫군."

로스트비프를 썰던 나이프를 든 채 구본웅이 말한다.

"무슨 말인가?"

"좋아하는 여인을 앞에 두고도 속 시원하게 표현도 못 하는 사내보다는 자네가 말하는 닭이 더 낫다는 말일세."

"그런 사람이 배천에서 내가 금홍을 권했을 때 왜 마다했나?"

"그거야……. 자네가 어떻게 해서든 금홍이 마음에 들어 보려고 콧수염까지 대뜸 밀어버리는 걸 보고 내 마음은 포기해야겠다 생각한 거지. 금홍이도 이미 자네에게 마음을 준 것 같았고. 이미 다 지나간 일이니 그만하세. 그건 그렇고 지난 4월《카톨릭청년》2호에 발표한 시 정식(正式) 말일세."

너는 누구냐 그러나 문밖에 와서 문을 두드리며 문을 열라고 외치니 나를 찾는 일심(一心)이 아니고 또 내가 너를 도무지 모른다고 한들 나는 차마 그대로 내어버려 둘 수는 없어서 문을 열어주려 하나 문은 안으로만 고리가 걸린 것이 아니라 밖으로도 너는 모르게 잠겨 있으니 안에서만 열어주면 무엇을 하느냐 너는 누구기에 구태여 닫힌 문 앞에 탄생하였느냐

"이 부분이 특히 마음에 와닿더군. 새삼스러울 건 없지만 자네도 나와 같은 고민을 하고 있다는 것을 다시 확인한 것 같아서 말이야."

기다리다 못해 자몽 소르베와 바닐라 아이스크림을 들고 온 호텔 직원이 묻는다.

"요리는 다 드신 것인지요?"

잠시 뜸을 들이던 구본웅이 호텔 직원에게 치워도 된다는 의미의 손짓을 한다.

달콤한 바닐라 아이스크림보다는 산뜻한 맛의 자몽 소르베를 더 좋아하는 이상이 자몽 소르베를 한 스푼 떠서 입에 넣는다. 정신이 번쩍 들 정도로 차갑고 시원하다. 안개가 낀 듯 맑지 않던 머릿속이 일시에 개운해진다. 오늘 먹었던 음식 중 이것이 최고이다.

구본웅과 헤어져 거리로 나서니 비가 내린다. 여름에 내리는 비 치고는 얌전하다. 보슬비처럼 내리는 비를 그대로 맞으며 걷다 보니 살짝 한기가 느껴진다. 늘 아슬아슬한 육체가 걱정되어 이상은 걸음을 빨리한다. 호텔에서 나설 때는 오랜만에 종로 거리를 산책이나 해야 하겠다고 생각했는데 생각을 바꿔 곧장 제비다방으로 향한다.

다방 문을 열자마자 기름 냄새가 코를 찌른다. 금홍이 비가 오는 날이면 종종 부치던 전 냄새다. 다방 한쪽 구석에 있는 부엌에서 금홍이 얼굴을 내민다.

"어디 다녀왔수?"

"구형이 보자 해서……."

"나도 아까 길에서 그 사람 봤는데……."

금홍이 아무렇지도 않게 말한다.

"두 사람이 무슨 이야기를 나눈 게유?"

"왜?"

"그냥 궁금해서 물어보았수."

"당신 흉이라도 보았을까 봐?"

이상의 말에 샐쭉한 표정을 지으며 금홍이 다시 부엌으로 들어간다. 잠시 후 금홍은 막걸리와 전을 들고 이상이 앉아 있는 창가 자리로 온다.

"함께 한잔하려우?"

금홍이 술상을 차린 건 오랜만이다.

"어쩐 일로 술상을 차렸누?"

"오늘 당신과 사생결단을 내려고."

"무슨 사생결단?"

되묻는 이상의 등골이 오싹해진다.

"이제 나도 지쳤수."

"뭐가?"

"몰라서 묻는 게유?"

"……."

"쌀독에 쌀 떨어진 지가 언젠데……."

갑자기 피로감을 느낀 이상이 비칠거리며 일어서 방 쪽으로 걸어가려고 하는데 금홍이 이상을 주저앉힌다.

"오늘은 하늘이 두 쪽이 나도 내 당신과 담판을 지을 것이오."

"그래서 외간 남자를 만나고 돌아다닌 게야?"

이상의 말이 끝나기도 전에 오른쪽 볼에서 불이 번쩍한다. 졸지에 당한 일이라 넋이 나가 있는 이상에게 금홍이 퍼붓는다.

"못난 사내 같으니라구. 식구 입에 풀칠도 못 시키는 주제에 그런 말이 어디서 나와."

독이 오를 대로 오른 금홍의 낯빛이 희다 못해 푸르다. 그러나 빨갛게 칠한 입술만큼은 여전히 요염하게 빛을 발하며 뜨거워 보인다.

경을 칠 년. 남의 남자와 놀아난 주제에. 음란하고 앙큼스러운 요물. 등의 말들이 입안을 맴돌았으나 이상은 한마디도 내뱉을 수가 없다. 금홍이 패악을 부리다가 갑자기 서럽게 우는 통에 하려던 말을 죄다 삼키지 않을 수 없다. 우는 금홍을 달래는 대신 이상은 술을 마신다. 금홍이 만들어 온 안주는 입에 대지도 않고 연거푸 술잔만 들이키는데도 취하기는커녕 오히려 정신이 더 말짱해진다. 다 알면서도 서로 모른 척하며 쉬쉬하던 비밀을 다 발설해 버린 두 사람은 더 이상 지탱할 것이 없다. 이제 어떻게 해야 하나? 만사가 끝난 것 같다.

다방 의자에 앉아 울고 있는 금홍을 혼자 두고 방으로 들어간 이상은 한여름인데도 이불을 둘러쓰고 누운 채 잠을 청한다. 그러나 아무리 오래 눈을 감고 있어도 잠이 들지 않는다. 평소에는 수면제를 먹은 사람처럼 온종일 잠에 취한 상태로 지내는 경우도 많았다. 그런데 정작 잠을 청하니 잠이 오지 않는다. 몸은 천근만근 무거운데 의식은 흥분이 지나쳐 잠시도 가만히 있지 못하고 미쳐 날뛴다. 움직일 힘이 조금이라도 몸에 남아 있다면 거리로 뛰쳐나가 광인처럼 무작정 거리를 질주하고 싶다. 그러나 누군가가 아방궁을 거저 주겠다고 해도 일어나 그것을 받아쥘 힘조차 없다. 얼마나 오래 잠을 이루지 못하고 뒤척였는지 한밤중에만 들을 수 있는 야경꾼의 딱딱이 소리가 귀를 때리듯 가까이서 들려온다. 딱딱이 소리는 잔뜩 예민해져 있는 이상의 신경을 더 심하게 긁는다. 야경꾼이 치는 딱딱이를 당장 빼앗아 땅바닥에 내동댕이쳐 박살을 내고 싶다. 다행히 딱딱이 소리는 오래 머물지 않고 멀어져 간다. 그즈음 설핏 잠이 들어 짧은 꿈을 꾼다. 개가 날뛰고 닭이 날뛰다가 나비가 되어 나는 꿈이 너무 생생해서 꿈인지 생시인지 분간이 안 간다. 악몽에 다시 잠이 깬 이상은 뜬눈으로 밤을 보낸다. 금홍과 둘이 누우면 꽉 찰 정도로 좁은 데다가 드나드는 문이라고는 하나밖에 없으며 창문 또한 쉽게 열리지 않아 도둑도 들어오려다가 도로 나가기가 십상인 방안에서 이불을 둘둘 만 채 온몸을 감싸고 있으면서도 이상은 공포를 느낀다. 누군가가 들이닥쳐 낮에 도로에서 본 장미 꽃잎처럼 자신을 밟아 뭉개버릴 것 같다. 공복 탓일 것이다. 구본웅과 함께 한 점심에서도 별로 먹은 것이 없는 데다가 저녁도 걸러 텅 빈 뱃속이 잔뜩 오그라들어 급기야 헛것을 보는 것인가 보다, 생각하며 정신을 가다듬으려고 안간힘을 다하는데 다방 뒷마당에서 자고 있던 닭 한 마리가 새벽을 알리며 운다. 살았다.

닭 울음소리에 안심하며 심신이 조금 누그러진 이상은 그러나 선뜻 잠자리에서 일어나지 않는다. 또 시작된 오늘을 너무 일찍 마주하고 싶지 않다. 계속해서 자리에 누워 있으나 일어나 움직이거나 다를 것이 없겠지만 최대한 하루를 미뤄볼 심산이다. 그러나 어제 초저녁도 되기 전부터 누워 있어서 그런지 등이 아프다. 그래도 이상은 자리에서 일어나지 않고 오른쪽으로 몸을 조금 돌려 모로 눕는데 버선 한 짝이 눈에 들어온다. 때 묻은 버선 한 짝이 왜 이상의 얼굴 앞에 놓여 있는지 알 수가 없다. 그러고 보니 금홍이 곁에 없다. 그제야 금홍의 소재가 궁금해진 이상은 마지못해 몸을 일으켜 주위를 둘러본다. 둘러볼 것조차 없는 좁은 방 안에도, 부엌 바로 옆에 붙어 있는 변소에도 금홍이 없다. 부엌 너머 보이는 다방에도 금홍은 없다. 닭이 있는 뒷마당에도 금홍은 없고 이름 모를 붉은 꽃만 무성하다.

갑자기 울음이 터져 나온다. 크고 화려한데도 불구하고 잎들이 하나같이 흐느적거리며 축 늘어져 있는 화단의 붉은 꽃 때문이다. 화단에서 어쩌다 따로 떨어져 나온 꽃잎 하나가 덩그러니 놓여 있는 땅바닥에 철버덕 주저앉은 이상은 어린아이처럼 목놓아 운다. 어제 금홍이 자기 앞에서 울던 것보다 더 서럽게 운다. 울면서 생각한다. 지금 쓰고 있는 소설 「봉별기」에 자기가 울었다는 이야기를 써야 하나 말아야 하나? 금홍이 가출하고 없는 집에 혼자 남겨진 이상이 어린아이처럼 펑펑 우는 장면은 세상 사람들이 알고 있는 이상의 이미지와 걸맞지 않다. 세상 사람들이 알고 있는 이상은 금홍이 집을 나가도 눈 하나 까딱하지 않고 느긋하게 커피를 마시며 베토벤을 듣는 도도한 모습이다.

우는 동안 잠시 비어 있던 머릿속에 새로 싹을 틔운 단어와 문장들이 채워지기 시작한다. 그것들이 공중으로 흩어져 버리기 전에 붙들어 앉혀야 한다. 너무 오래 비어 있어 배고픔도 느껴지지 않는 뱃속 일을 해결하는 것보다 책상 앞에 앉는 것이 먼저다. 하룻밤 사이에 상할 대로 상해 버려 발아할 씨앗조차 남아 있을 것 같지 않은 정신의 부산물에서는 어쩌면 썩은 내가 진동할지도 모른다. 그래도 써야만 한다.

> 이 방에는 문패(門牌)가 없다 개는 이번에는 저쪽을 향하여 짖는다 조소 (嘲笑)와 같이 안해의 벗어놓은 버선이 나 같은 공복(空腹)을 표정(表情)하면 서 곧 걸어갈 것 같다 나는 이 방을 첩첩이 닫치고 출타(出他)한다 그제야 개는 이쪽을 향하여 마지막으로 슬프게 짖는다   —「지비(紙碑) 3」

시를 쓰는 동안 이상은 잠시 금홍을 까맣게 잊는다. 늘 그렇듯이 이상은 자기가 써놓은 시가 자신에게도 낯설다. 자기 마음이나 머리에서 생겨난 것이라기보다는 외부의 누군가가 그것을 쓰게 한 것 같다. 그렇다 하더라도 이상은 시를 쓰는 순간 유일하게 자신에게 충실해진다. 그래서 한 글자도 조작이나 거짓이 없다. 토해내듯 쓰인 시가 적힌 원고지 위에 뒷마당에서 본 붉은 색 꽃잎 하나가 떨어져 있다. 그리고 이상의 입에도 또 다른 꽃잎 하나가 매달려 있다. 두 번째 각혈이 시작되고 있다.

6. 김동리 : 생(生)의 구경적(究竟的) 형식

– 김찬기

동리는 문 교수와 윤 교수 두 사람의 성화를 당최 이길 수가 없었다. 동리는 끝내 두 교수의 손에 이끌려 기어이 토론장으로 들어서고 만 것이었다. 그러니까 자그마치 십 년도 넘은 일이었다. 특히나 문 교수는 남들처럼 화갑 기념 논문집을 봉정하는 것이 영 마뜩잖다며 화갑 기념 논문집보다는 고희 기념 논문집을 봉정하자는 안을 내와 동리와 그의 문하생들을 기어코 설득하고 나섰다. 문 교수는 김동리의 문하생은 아니었지만, 동리 문학을 주제로 하여 박사 학위 논문을 제출하고 지방의 한 국립대학교 국문과에 자리를 잡은 이후로도 꾸준하게 동리 문학과 관련한 소논문을 발표해 온 터여서 자칭 동리의 제자연을 해오던 터였다. 문 교수는 여전히 창작열이 왕성한 현역 작가를 대상으로 한 논문 봉정식은 그 자체로 작가에 대한 심대한 결례라며 한사코 화갑 기념 논문집보다는 고희 기념 논문집 봉정을 고집했었다. 사실 동리 역시 내심으로는 문 교수와 의견을 같이 하던 터였다. 웬일인지 예순이 막 들 즈음부터는 불쑥불쑥 마치 다릿짓이라도 하는 양 그 몇 년 동안 시들시들해져 있던 창작열이 솟아올랐다.

결국 서너 달을 더 견디지 못하고 동리와 그 문하생들은 문 교수에게 손을 들었다. 동리 선생의 문하생들은 선생의 문학을 총체적으로 조명하는 고희 기념 학술대회를 개최하고, 그 결과를 논문집으로 묶어 선생께 봉정하자는 쪽으로 의견을 모았다.

오늘이 바로 십여 년 전에 뜻을 모았던 그 고희 기념 학술대회의 마지막 날이었다. 동리는 집에서 느지막하게 점심을 먹고 학술대회가 열리는 J 대학으로 향했다. 동리는 학술대회 저녁 뒤풀이 자리에는 미당도 온다는 전갈을 윤 교수로부터 미리 받은 터라 그쪽으로나 먼저 가 술이나 한 잔 걸치고 있을까 하는 생각이었지만, 윤 교수의 부탁을 저버릴 수도 없었다.

"선생님, 오늘 학술대회는 다섯 시쯤 끝납니다. 박사 과정에 있는 김 군이 선생님을 모시러 갈 것이니 김 군과 함께 잠시 제 연구실로 오시면 문 교수와 함께 모시러 가겠습니다."

윤 교수는 우여곡절 끝에 동리의 후임으로 J 대학 국문에 몇 년 전 어렵사리 자리를 잡은 터였다. 그래서인지 동리는 퇴임 후에도 종종 윤 교수를 떠올릴 때마다 영 개운찮은 기분을 떨쳐버릴 수가 없었다. 그러나 채 일 년이 지나지 않아 동리의 우려는 씻은 듯이 사라지고 말았다. 윤 교수는 사람 됨됨이가 워낙 도량도 넓고 인품까지 관후하여 그의 부임을 옴팡지게 반대한 교수들로부터도 두터운 신망을 얻고 있었다. 게다가 천성으로 세상의 이끗과도 거리가 먼 인품을 타고난 터라 속티라곤 도무지 찾을 수 없는 위인인 듯싶었다.

"무엇보다도 오늘 학술대회에 논문을 발표한 학자들과 대학원생들은 말할 것도 없고 소식을 듣고 찾아온다고 연락이 온 일반인들도 다수 있습니다. 그분들께서 선생님을 잠시라도 뵙고 싶어 합니다."

이제 꼼짝없이 제자에게 스승 된 도리를 다해야 할 지경이 된 것이었다.

"선생님 그럼 학술대회가 끝날 때쯤 해서 문 교수와 함께 연구실로 찾아뵙겠습니다."

윤 교수가 다시 말을 이었다.

"어어 참, 여전하구려! 내 그럼 잠시 염치 불고하고 기다리리다. 그리고 박사 과정 학생은 우리 집에 보낼 필요 없어요. 학교가 엎어지면 코 닿을 데 있지 않소. 하여튼 윤 교수는 정말이지 사람을 옴짝달싹 못 하게 오라로 묶는 힘을 갖고 있는 사람인 모양이오!"

동리는 아침나절에 윤 교수와의 통화 끝에 한 자신의 말을 다시 한번 떠올렸다. 동리가 몇몇 학과 후배 교수들의 반대를 모른 체하고 군이 윤 교수를 자신의 후임 교수로 낙점을 한 연유는 다른 데 있지 않았다. 공부의 세기로야 S 여대에 있는 윤 교수의 학부 동기인 황 교수가 아무리 깎아

봐도 서너 발은 앞서 있는 형편이었고, 자칭 동리의 제자연하는 문 교수는 말할 것도 없이 그야말로 저만치 앞서 있었다. 그럼에도 동리는 짐짓 모르는 체하고 일찌감치 윤 교수를 자신의 후임으로 낙점하고 더 나가 그것을 학과 교수들에게 넌지시 내비치기까지 했다. 윤 교수는 꽃이 피면 우는, 딱 벙어리 같은 사람이었다. 동리는 윤 교수의 사람됨이나 그가 쓴 문장의 문식(文飾)이 딱 벙어리 같다는 생각을 늘 하곤 했다.

동리는 그렇게 윤 교수와 얽힌 일들, 그리고 어떤 식으로든 자신을 연단으로 불러내 그동안의 반세기 문학 인생을 돌아본 소회를 물을 것이라고 직감하고 그에 걸맞은 소회를 어떻게 드러낼지 궁리를 짜내고 있었다.

"성익입니다!"

문이 열리며 윤 교수가 빼꼼히 얼굴을 내밀며 한 말이었다. 윤 교수는 학부 시절부터 창창한 중견 학자가 된 지금에 이르러서도 여전히 동리를 처음 대면하는 때는 늘 자신의 이름만 쏙 빼내 불러낸다. 성도 호도, 납덩이처럼 무거운 호칭어도 모조리 삭제된 날것 그대로의 '성익'만이 날씬하게 떠오르는 말법이었다.

"예상대로 문 교수님 발표에 관심이 집중되나 봅니다. 그동안 출중한 논문들을 참 많이 발표하셨으니까요. 게다가 선생님 관련 논문들은 유달리 더 돋보입니다."

윤 교수의 말대로 문 교수야말로 자타가 공인하는 동리 전문가였다. 동리는 자신의 문학적 이념을 '구경적(究竟的) 생(生)의 형식(形式)'으로 명제화하고, 그 젖줄을 도스토옙스키의 원초적 인간형이나 불교의 법에서 찾아보려는 문 교수의 작업이 동리 자신의 생각과도 어지간히 들어맞아서 자못 반갑기도 했었다.

윤 교수 말처럼 문 교수의 피날레 발표는 예상을 훨씬 더 뛰어넘는 관심을 불러일으키고 있는 모양이었다. 학회에 참석한 일반인들까지 문 교수의 발표를 두고 열띤 질의응답이 이어지고 있었다. 윤 교수는 마치 상전

댁에 심부름이라도 온 것처럼 조심스럽게 허리를 굽신거리며 미리 마련해 놓은 자리로 동리를 안내하고는 자신은 동리 곁에서 두 자리 떨어진 자리로 착좌했다.

"그게 바로 제가 말하는 '구경(究竟)'이란 의미입니다. 좀 편하게 말씀드릴까요. 말하자면 불교의 법은 어떤 것을 보태도 빼도 늘 그 자체에서 벗어날 수 없는 것, 곧 그것이 내겐 일종의 원형이란 말로 치환이 된 거죠. 문학적 어법으로 말하면 도스토옙스키가 만들어 놓은 '구경'과 서로 잇닿아 있다는 것이기도 하고요."

문 교수가 수염이 좀 덥수룩한 청년을 올려다보며 한 말이었다. 청중석 뒤쪽에 일반 참가자들과 함께 앉아 있는 것을 보면 공식 초청자는 아닌 듯했지만, 그렇다고 완전히 문학과 무관한 사람도 아닌 듯했다.

"선생님께서 말씀하신 내용은 학부 시절에 이미 읽었던 문학사의 논리와 크게 다른 것은 아닌 것으로 생각됩니다. 다만, 제가 관심이 있는 것은 선생님께서 명제화하신 동리 문학의 원형으로서의 '구경적 생의 형식'이 실상은 늘 현실주의 문학 진영의 비판 대상이 되었는데, 이에 대한 선생님의 견해를 듣고 싶다는 겁니다."

예사롭게 넘길 질문이 아닌 듯싶었다. 석사 학위 이상의 문학 공부가 선행된 일반인이거나 문학 공부를 업으로 삼은 청년인 듯싶었다.

"다시 길게, 아니 좀 희끄무레한 대답을 다시 할 수밖에 없군요."

문 교수가 힘없이 미소를 지었다.

문득 오늘의 학술대회 개최 건으로 동리의 문도들과 옥신각신하던 십여 년 전의 문 교수 모습이 떠올랐다. 그때도 꼭 저런 미소를 지었었다. 동리는 그때의 그 미소가 담긴 함의를 잘 알고 있었다. 그 미소 끝엔 여지없이 문 교수의 야무진 반격이 시작되곤 했다.

"그런데 문제는 제 대답이 질문하신 분에게는 어떤 또 다른 의문을…… 제가 좀 전에 희끄무레하다고 하지 않았습니까. 대답을 해야 하는 제 자신에게도 그건 마치 안개 같다고나 해야 할까요. 제 딴은 대답을 해놓고 보면 그렇다는 말씀입니다."

동리는 자신이 한 말을 문 교수가 다시 옹골차게 옷을 입힌 것이기는 하지만, 그 '구경적 생의 형식'이란 말이 실은 그렇게 안개와 같은 말로 쉽사리 풀어질 일은 아니라는 생각을 했다. 이런 사정을 누구보다 잘 아는 문 교수가 또 저렇게 안개 운운하는 것을 도무지 알 수 없었다.

"질문하신 분에게 질문 자체에 대한 본인의 생각을 되받아 물어보는 것이 예의가 아닌 줄은 알지만, 그럼에도 불구하고 묻겠습니다. 질문자께서는 현실주의 문학 진영의 동리 문학 비판에 대해 어떤 견해를 갖고 있습니까?"

문 교수답지 않은 답변이었다. 그래서일까. 질문자인 청년조차도 잠시 두 눈을 한번 가늘게 뜨고는 조롱기까지 슬쩍 묻어 나는 어조로 말을 이어갔다. 문 교수 역시 조금은 겸연쩍은지 씩 멋쩍은 미소를 잠시 지어 보이고는 앞에 놓인 생수병을 집어 들어 컬컬하다는 듯 목을 축였다. 그러고는 그제야 동리와 윤 교수가 있는 쪽으로 시선을 돌리며 슬그머니 눈인사를 보냈다. 눈이 마주친 문 교수에게 동리가 가볍게 목례로 알은체했다.

"당황스럽습니다. 저는 아직 학위 논문조차 마무리 짓지 못한 학생인데다가 그저 혈기 하나만 믿고 도랑방자한 행동이 뭔지도 모르는 애송이에 불과합니다. 그렇지만 제게는 현실주의 계열 문학인들의 동리 문학 비판이 지금도 여전히 유의미한 비판인지 단지 알고 싶을 뿐입니다."

청년의 태도는 결연했다. 윤 교수는 그 결연함 속에 잔뜩 품고 있는 청년의 마음을 알기에 속을 모르는 남들이 보이기에는 시건방지기 짝이 없는 수작처럼 보이기까지 하는 그를 그냥 지켜보기로만 했다. 사실 그 청년은 윤 교수의 박사 과정 지도 학생이었고, 학부 시절에는 학생 운동의 한 가운데에 서 있다가 쫓기는 신세가 된 이후로는 노동판을 이리저리 돌아다니며 노동 운동의 최전선에서 뛰다가 결국 실형 전과까지 얻은 경험을 갖고 있었다. 그러다가 칠 년 전 가을에 바람처럼 윤 교수 앞에 나타나 학업을 청했었다. 그의 말인즉 노동 운동의 극좌화를 더 이상 견딜 수가 없었다는 것이었다. 그는 윤 교수의 제자로 들어온 이후 거의 미친 듯이 문학 공부에 몰입하여 단숨에 몇 년 동안의 공백을 너끈하게 메웠다. 게다가 심성까지 올곧아 내심으로 윤 교수의 마음을 사로잡았다.

"질문자께 제가 갑작스럽게 되려 한 질문이 불쾌하셨다면 저 역시 너그러이 용서를 구하고자 합니다. 다른 교수님들께서는 그렇지 않은 것으로 알고 있습니다만, 저는 좀 별나다 싶을 만큼 기존의 문학사에서 이미 평가가 된 것들에 대해 다시 평가를 해주십사 하는 학생들의 질문을 받을 때마다 갑작스럽게 힘이 빠지곤 합니다. 그 이유는 지금도 모르겠습니다. 그건 질문이 아니니 당신이 스스로 알아내라 하는 거만함이나 불성실과도 좀 다른 것입니다."

문 교수가 거기까지 말하고는 심호흡을 크게 한 번 하고 나서도 얼마간 말을 더 잇지 않고 있다가 다소 가라앉은 음성으로 다시 말을 이어가기 시작했다. 문 교수에게는 동리가 어림으로 짐작한 것보다는 훨씬 더 당황스러운 질문이었거나 대답 자체가 동리를 어떤 식으로든 고념해야 하는 일로 여기고 있는 듯도 했다. 사실 문 교수가 후자의 이유로 저렇게 궁태를 드러내는 말을 하는 것이라면 어떤 식으로든 동리의 마음을 불편하게 하는 것도 사실이었다.

"여태껏 평가를 평가해 달라는 말에 그렇게 부담을 느끼는 것을 보면 아직도 공부가 영글지 못해서 그런 것이라고, 그렇게 주리를 틀 듯 제 마음이나마 애써 무두질을 해두지 않으면 도시 견딜 수가 없는 겁니다. 거듭 말씀드리자면, 문학사 평가에 대한 평가는 늘 제게 우쭐거리는 비평 행위로 귀결되다가 결국은 그 희끄무레한 안개 같은 것과 만나게 되죠. 문학이란 뭐죠? 라는 물음이 아닌, '생'이란 뭐죠? 라는 그 엉뚱한 물음에 들어서게 되는 겁니다. 그러니 제가 안개 운운한 것을 부디 너그러이 봐주시길 바랍니다."

문 교수가 깊은 한숨과 함께 스스로 말을 끊었고, 그러고는 곧바로 반쯤 비워진 생수병의 물을 마저 쿨렁쿨렁 마셔댔다.

그때였다.

"선생님, 회피로밖에 안 들립니다."

너무나 투명하고 어기찬 음색이었다. 문 교수는 말할 것도 없고 장내의 모든 청중의 시선이 일제히 윤 교수의 제자인 바로 그 청년에게 쏠려 있었다.

"그럼 제 질문은 접겠습니다. 그렇지만 비록 애송이 학생이지만, 선생님께 외람되이 한 말씀 올릴 기회를 얻을 수 있겠는지요?"

윤 교수가 어쩔 줄을 몰라 창백하게 굳은 얼굴로 그저 어색한 미소만 띤 채 소매만 꼬깃거렸다.

"해방 공간의 문학사를 봐도 그렇고 지금도 마찬가지라고 봅니다. 현실주의 문학 진영의 '민족' 개념 전유는 그때나 지금이나 여일하게 있어 온 것이어서 특별하게 다른 평가의 영역이 될 것 같지는 않다는 생각입니다. 이와 관련하여 동리 선생님께서는 이미 해방 공간에서부터 현실주의 문학 계열의 문학인들은 자신들의 문학적 슬로건을 솔직하게 '계급 문학'이나 '경향 문학'이란 말로 언표하지 않고, 슬그머니 '민족 문학'이란 잠칭(潛稱)을 사용하여 왔다고 평가하신 적이 있습니다. 저는 사실 선생님께 민족 문학 진영에 대한 동리 선생님의 이와 같은 평가에 대한 선생님의 평가를 묻고 싶었던 것입니다. 그런데 선생님께서는 제 질문에 대한 선생님의 답이 희끄무레한 안개 같은 것이 될 수밖에 없다며 굳이 제 질문을 비껴가고 계십니다. 제 말씀이 그른 것입니까?"

윤 교수 제자의 말투는 여전히 어기차서 듣는 청중의 마음을 꼼짝없이 붙들어 놓고 있었다.

"세상에 어찌 그른 질문이 있겠습니까! 더더욱 문학에서 말이죠. 그런데…….."

바로 그 순간이었다. 갑자기 문 교수의 말문이 육중한 철문이 철커덩 닫히듯이 닫혔다. 이어 동리의 나지막한 목소리가 이어졌다.

"우리 문 교수님께서 제 사정 봐주시느라 말문이 얼어가는 것 같구려. 그래 이리 결례를 무릅쓰고 이 자리에 잠시나마 끼어들겠나이다. 오늘이 내게는 한없이 영광스러운 날이올시다. 이런 경사스러운 날에 말문을 막아놓고 있어서야 말이 되겠소. 정말이지 우리 중진 학자님들은 말할 것도 없거니와 신진기예 학도들의 기탄없는 의사 표명이 있어야 오늘의 자리가 더 뜻깊지 않겠소. 절대 빈말이 아니외다. 오늘 참가하여 주신 여러분 한 분 한 분의 말씀이 제가 궁극으로 듣고자 하는 말이며, 그것이 또한 제가 여러분께 외람되이 마지막으로 하고픈 말씀이외다. 부디 흉금을 터놓고 보잘것없는 제 반생의 문학에 의견을 기탄없이 나눠주신다면 그것으로 제 마지막 소회의 말씀도 갈음하겠나이다."

동리의 카랑카랑하게 맑은 목소리가 장내를 휘저어 놓듯이 흘러나오자 팽팽한 긴장감이 가일층 감돌았다. 일흔을 넘어서지만 아직도 목소리가 카랑카랑하고 여전히 그 기세는 무서울 만큼 등등했다.

"선생님의 간곡한 당부의 말씀을 우리가 저버릴 수는 없습니다. 그러니 선생님의 말씀을 끝까지 잘 곱새겨서 모두 유종의 미를 거두고자 합니다. 자, 문 교수님! 선생님의 고견을 기탄없이 다시 말씀하여 주시죠."

사회를 보는 황 교수의 말이 끝나자마자 기다렸다는 듯이 문 교수가 다시 말을 이었다. 문 교수도 이쯤 되면 본격적으로 윤 교수 제자와 대거리를 할 모양이었다.

"사실 문학사란 기존의 평가에 대한 다양한 평가 행위를 통해 심원해지고 그러한 과정을 통해 문학사의 거대한 편폭이 만들어지는 것 또한 부인할 수 없는 사실입니다. 그런데 왜 그런지 모르겠습니다만, 저는 문학 작품이란 평가로 정위를 찾든, 혹은 그 반대이든 평가의 과정을 거치면서 항용 앙상해진다는 제 나름의 아집 때문에 한 작품에 대하여 두 번을 말하는 경우는 좀처럼 없습니다. 물론 동리 선생님의 작품은 그 예외이기는 합니다. 작품이 결단코 세계의 본질에 끝내 가닿지 못하고 미끄러질 수밖에 없는 운명인 것처럼 평가 또한 어떤 경우에도 절대로 작품의 본질에 가닿을 수 없다는 겁니다. 가닿을 수 있다는 생각 자체가 망상이라고 생각합니다."

문 교수가 저토록 강력하게 자신의 생각을 피력하기는 근래 보기 드문 일이었다. 그러자 그동안 낯빛이 불그레하게 상기된 채로 머리만 수그리고 있던 청년의 낯빛이 금시로 파랗게 질리는 듯했다.

"제가 선생님의 말씀을 곡해하고 있는지 모르겠습니다. 선생님께서 말씀하시는 그 '앙상해짐'이란 말씀의 진의가 설마 비평 혹은 문학 이론의 무용론을 말씀하시는 것은 아니겠지요?"

점잖은 말투였지만 엷게나마 어떤 결기 같은 것이 묻어나고 있었다.

"어려운 질문입니다. 그리하여 제 대답도 희끄무레한 안개 같은 것이 될 수밖에 없는, 그야말로 다시 문학이란 무엇인가와 같은 본질적 물음 앞에서 문학 이론의 효용 같은 문제들은 어찌 되었든 '있거나 없거나' 별 상관이 없는 문제로 귀결될 수밖에 없는 것이니까요. 그래서 달리 표현할 길이 없기에 희끄무레한 안개 같은 것이라 명명한 것이죠."

문 교수 특유의 장광설이 시작될 조짐이 보이기 시작했다.

"그렇다면 선생님의 지금 그 말씀을 현실주의 문학론의 한계를 암암리에 전제하시고 계신 것으로 이해해도 되겠습니까?"

청년도 물러서지 않았다.

"그렇지는 않습니다. 요는 이렇습니다. 잘 아시다시피 문학은 적어도 그 자체로 두 가지 정도의 답을 늘 갖고 있는 양식이지요. 문학이 뭐냐고 누가 묻는다면, 그 하나의 대답으로 『죄와 벌』이나 『삼대』를 읽어보세요,

그리시면 잘 알 수 있을 것입니다. 이 대답은 특히 보통 사람이 할 수 있는 최고의 대답이 될 수 있겠습니다. 한편 문학을 여러 개념적 설명을 들어 대답할 수 있는 많은 방법이 있겠습니다. 선생님이나 저 같은 사람들이 쉽게 할 수 있는 대답이 되겠지요. 그렇다면 이 두 대답의 무한 접근 곧 보통 사람의 표현론과 전문가의 인식론 저 밖에서 구태여 너희들과 섞이지 않고 문학을 바라보겠다는, 이른바 저만치서 홀로 피어 있는 꽃처럼 돌올한 존재들의 생각을 가늠해 볼 수도 있겠죠. 이름하여 '작가'라고 불리는 존재들의 '색다른 해답'이 없을 수 없습니다. 그런데 저를 당혹스럽게 하는 두 가지 사실이 있습니다. 그중 하나가 실은 허다한 작가들이 우리 같은 사람들의 해석 행위 그 자체를 그리 미더워하지 않는다는 점입니다. 우리 같은 사람들의 허다한 해석 행위, 그것을 비평이나 이론의 결과물로 봐도 되는 그러한 행위가 실은 작가들의 작품을 '앙상하게' 만들어 놓는다는 것이지요. 그리고 나머지 하나 역시 참으로 흥미로운 데요, 작가들 자체가 자기 작품을 잘 설명하지 못한다는 것이죠. 물론 동리 선생님은 예외이기는 하지만요. 아무튼 전에 제가 말한 것처럼 제 식으로 표현하면 '앙상해짐'에 대한 두려움 때문이겠지요. 제가 해석 행위 그 자체로는 절대 세계나 작품의 본질에 가닿을 수 없고, 다만 끊임없이 미끄러져 '앙상해진' 작품의 흔적만 남을 수밖에 없다는 말은 바로 이런 생각들에 기초하기 때문에 그리된 것이지요. 이렇게 말해놓고 보면 늘 제 대답 자체로 인해 문학이 마치 희끄무레한 안개로 휘덮이는 것 같아요. 물론 그것은 결단코 작가의 곤혹스러움과는 다른 것이어서 늘 도구화이거나 목적론의 운명에 빠질 위험이 도사리고 있는 것이죠. 제가 평가에 대한 평가의 두려움을 갖고 있는 이유도 이와 크게 무관하지 않습니다."

예상대로 문 교수의 장광설이 펼쳐졌다. 문 교수의 막힘없는 장광설이야말로 학계에서도 이미 정평이 나 있었다.

"그럼에도 불구하고 선생님께서는 그동안 동리 선생님의 작품에 대한 수다한 논문들을 지속적으로 제출하여 왔습니다. 이는 선생님의 지금 말씀과는 전적으로 배치되는 것으로 사료되는 것이기도 하거니와 선생님께서 그토록 경계하시는 문학의 도구화 목적론의 위험을 스스로 자처하시는 것 아닌가요? 실은 선생님이야말로 동리 선생의 문학을 대변하기 위한……."

"그 무슨 무엄한 언사요! 질문의 범례를 한참이나 벗어났소이다."

그동안 마치 묵언 수행이라도 하는 도반의 무리라도 되는 양 좀처럼 말을 아끼며 사회를 보고 있던 황 교수가 단박에 청년의 말허리를 끊어내며 치고 들어온 말이었다. 사실 지정 토론자의 토론 과정이 종료되고 플로어 질문 차례에서 윤 교수의 제자가 갑작스럽게 끼어들며 토론의 분위기가 확 달아오른 상황이었다. 통상 플로어 토론은 토론 막바지에 와서 마무리 겸 초청 주빈 인사말을 듣기 앞서 예사로이 하는 토론이었다.

"제가 무람없이 굴었다면 송구합니다. 분명 제 본의는 오늘의 80년대 우리 문학사의 구도 자체가 여전히 동리 선생님께서 이미 해방 공간에서 정식화한 구도에서 조금도 벗어나지 않은 것이라면, 이러한 구도가 함의하고 있는 의미망 자체는 민족·민중문학 대 순수문학의 구도에 대한 해명을 통해서만 선명해질 수 있다는 생각에서였습니다. 부디 선생님들께서 넓으신 아량으로 미욱하기 짝이 없는 청년 학도를 가납하여 주시옵기를 앙망하옵니다."

윤 교수의 제자라는 그 청년이 사회자인 황 교수의 말에 따라 쉴 새 없이 머리를 조아리며 사죄를 하는 것으로 사태는 일단락되었으나, 결국 청년으로 인해 야기된 사건의 파장은 끝내 거기에서 잦아들지 않았다. 동리는 윤 교수의 제자라는 그 청년의 의기가 퍽 인상적이었다. 동리는 윤 교수에게 특별히 부탁해서 그 청년을 저녁 식사 자리에 함께 배석시켜 줄 것을 요청했다. 이와 더불어 학술대회 뒤풀이 자리로 번다한 호텔 식사는 내키지 않으니 학교 아래쪽으로 쭉 늘어선 소박한 식당 가운데 하나를 골라 거기에서 식사 겸 술 한잔 편하게 걸치자는 의사를 미리 윤 교수에게로 전달한 터였다.

그런데 문제는 뒤풀이 자리로 마련한 잡어 매운탕 집의 상황이 영 복잡하게 꼬여가고 있는 듯했다. 이미 불콰하게 술이 오른 학생들이 삼삼오오 무리를 지어 매운탕 집의 네 구석 자리를 모두 차지하고 앉아서 뭔가를 숙덕거리고 있었다. 윤 교수나 문 교수를 비롯한 동리의 문도들 모두 하나같이 꺼림칙한 상황을 직감하고는 얼른 다른 장소를 물색해 볼 요량으로 수행한 학회 간사를 막 부르는 참이었다.

"군이 그럴 필요 없어요. 어차피 우리 뒤풀이 장소는 홀이 아니라 방이잖소. 또 오랜만에 학생들과 함께 어울린들 어떻겠소."

동리가 먼저 손사래까지 연거푸 치고는 매운탕 집에 딸린 방의 미닫이를 힘껏 밀고 방 안으로 들어갔다. 나머지 일행들 역시 하릴없이 쭈뼛거리며 동리를 따라 차례로 방 안에 들어갔다. 그러나 얼마 가지 않아서 동리는 적잖이 당황하지 않을 수 없었다. 갑작스럽게 밖의 홀에서 마치 폭발물이 터지는 듯한 누군가의 우렁찬 목소리를 선창으로 하여 목청을 따는 듯한 민중가요 합창이 시작되었다.

사랑도 명예도 이름도 남김없이
한평생 나가자던 뜨거운 맹세
동지는 간데없고 깃발만 나부껴
새날이 올 때까지 흔들리지 말자
세월은 흘러가도 산천은 안다
깨어나서 외치는 뜨거운 함성
앞서서 나가니 산 자여 따르라
앞서서 나가니 산 자여 따르라.

비장한 결기와 결단이 물씬 묻어나는 행진곡풍의 민중가요인 듯싶었다.

노래가 주는 비장감 때문이었는지 일행 전체가 누구랄 것도 없이 술잔을 내려놓고 시나브로 노래에 빠져들고 있었다.

사실 재작년 초봄 권력을 장악한 신군부가 5공화국을 출범시키자 그것이 도화선이 되어 민주 진영은 말할 것도 없거니와 전국 방방곡곡의 시민 단체나 대학가에서도 연일 공화국 출범의 부당성을 알리는 가열한 시위가 끊이질 않고 있었다. 동리 스스로도 정년 퇴임쯤 앞뒤로 일어난 패도의 역사와 정치로 인한 충격에서 벗어나지 못하고 있었다. 퇴임 후에도 윤 교수의 간곡한 부탁으로 대학원 강의는 여전히 맡고 있었지만, 대학원 강의는 학생들이 주체가 되어 스스로들 진행해 나가는 수업이어서 동리는 그저 조력자에 불과할 뿐이었다. 수업도 창작도 모두 흥이 나지 않았다.

홀에 있는 학생들이 사력을 다해 민중가요 속에 자신들의 울분을 토해 내고 있었다. 방 안에 있었던 동리 일행들도 술이 서너 순배 돌고 나자 어지간히들 취기가 오르는 모양이었다.

"선생님, 요즘 문학 서클 활동을 하는 학생들 중에는 글로 독재 권력이나 부조리한 현실에 대항하자는 논리를 펴는 학생들이 점증하고 있습니다. 그러한 학생들 중 일부는 지하 이념 서클에도 함께 가입하여 특정 사회 과학 이론을 공부한 후 더욱 과격하게 정치투쟁을 하는 학생들도 있습니다. 전공 공부는 아예 뒷전으로 물러난 형국입니다."

홀에 있는 학생들의 노랫소리가 좀 잦아들기 시작하자 그때까지 별말 없이 술잔만 애먼 기울이던 황 교수가 헛기침 끝에 좌중을 둘러보며 말문을 트기 시작했다.

"그러던가. 대학원생들은 그런 것 같지는 않더구먼."

동리가 황 교수의 말을 받으며 한 말이었다. 그러고 보면 동리가 재임할 때도 학과 내 문학 서클이 두 부류로 갈라져 있었다. 한 부류 학생들은 독재 권력이나 부조리한 현실의 문제에 대항하는 것이야말로 문학의 온전한 사명이 될 수밖에 없다는 모토 아래 민족·민중문학의 깃발을 높이 올리자는 학생들이 있는가 하면, 그 반대쪽 부류의 학생들은 문학을 정치투쟁의 도구로 삼는 목적주의 문학 이론의 배격을 주창하는 학생들 간의 미묘한 신경전이 없지 않았었다. 그러던 계제에 군사 정변이 일어나면서 민족·민중문학 논쟁은 삽시간에 학생들 사이에 주요 쟁점으로 부상하고 있었다.

"학부 학생들이야 그렇다 치더라도 요즘에는 대학원 석박사 학위 과정의 학생들까지 거기에 휩쓸려 들어가 줄을 대고 있는 형국이니 참으로 안타까운 일입니다."

그예 황 교수가 자신의 불편한 속내를 드러내고 있었다. 결국 황 교수의 발언은 윤 교수의 제자와 황 교수 간의 다툼에 불을 댕기는 심지가 되었다.

"그럼 선생님께서는 지금도 여전히 현실주의 문학 진영을 민족 문학이란 잠칭(潛稱)을 사용한 부류들로 인식하고 있는 것입니다."

다른 대학원생들과 마찬가지로 방 한쪽 구석에서 다소곳하게 앉아서 동리 일행의 이야기를 듣고만 있던 윤 교수의 제자가 발끈하고 나서며 내뱉은 말이었다. 기어이 사달이 난 것이었다.

"술이 좀 올랐는가 보네. 밖에 나가서 세수라도 한번 하고 들어오게."

윤 교수가 둘 사에 얼른 끼어들며 한 말이었다. 윤 교수의 말대로 학생은 취기가 얼근하게 돌아서 얼굴이 마치 주홍을 엷게 칠한 듯이 붉어져 있었다. 윤 교수는 학생의 성정을 잘 알고 있는 터여서 일단은 학생을 황 교수와 떼어놓는 것이 능사임도 잘 알고 있었다.

"으음, 자네가 바로 민중문학론으로 박사 논문을 준비하고 있다던 윤 교수 제자로군. 그 S대학 학부를 졸업하고 윤 교수 밑에서 지도를 받고 있다는 그 학생 맞지?"

술기운 때문인지 황 교수의 눈도 이미 붉은 핏발이 서 있었고 섬뜩할 정도로 날카로운 빛으로 번득이는 듯했다.

“그렇습니다.”

윤 교수 제자 역시 금방이라도 달려들 기세였다.

“강호 군, 어서 희철 군 일으켜 세워 밖으로 나가게!”

“아니 그럴 것 없어요. 윤 교수 제자라면 어차피 내 제자도 되지 않겠는가. 이 기회에 황 교수한테 한 수 배워보게!”

윤 교수가 언성을 좀 높이며 희철 군 옆에 앉아 있던 학생을 호명하여 희철 군을 데리고 나가라는 말을 하자 동리가 유 교수를 제지하며 한 말이었다. 희철 군의 두 겨드랑이 사이에 막 자신의 팔을 끼워 희철 군을 일으켜 세우려던 학생이 슬며시 팔을 뺐다. 희철 군은 잠시 휘청하더니 곧바로 꼿꼿하게 자세를 잡고 제자리에 앉았다.

“오늘과 같은 분단 시대에 민중이 주인이 되어 남북통일을 하고 좋은 세상도 만들자는 데에 반대할 사람이 누가 있겠는가. 하지만 말이야 문학이 정치권력을 타도하는 데에 목적을 두는 것, 이른바 정치화의 도구로 문학이 이용되는 것에는 절대 동의할 수 없다는 것이야.”

황 교수가 민족문학론을 주창하는 사람들에게 늘 입버릇처럼 하던 말을 다시 희철 학생에게 되풀이하고 있었다. 사실 황 교수의 이 주장은 어떻게 보면 동리의 주장을 그냥 베낀 복사판이나 다름이 없었다. 그래서인지, 몇 년 전 동리의 후임으로 한참 시끄러울 당시 거개의 사람들이 동리의 후임으로 황 교수를 콕 집어 지목하기도 했었다.

“전 선생님의 그 논리는 그대로 순수문학 진영의 논리를 반박하는 데에도 적실하게 유효하다는 생각입니다. 순수문학이야말로 지배 계급의 이익에 이바지하는 도구 그 자체일 수 있는 말씀입니다. 문학의 도구화 논리로 말씀을 드리자면 결국 양쪽이 똑같다는 말씀을 감히 드리고 싶습니다.”

희철 학생은 이제 황 교수를 빤히 건너다보며 조금도 물러서지 않은 채로 황 교수와 대거리를 하고 있었다.

“아하! 내 몰랐네. 선생의 작품이 이제는 영물스러운 부르주아의 서사

시로 추앙받겠구먼. 내 이제야 선생님의 구경적 생의 형식이란 말의 진의를 좀 알겠는데. 안 그러우?"

황 교수가 시선을 불안한 표정을 감추지 못하고 있는 윤 교수 쪽으로 시선을 돌리며 한 말이었다. 윤 교수는 가부좌를 틀고 앉아 마치 참선이라도 하는 양 두 눈을 지그시 감고 있었다. 술이 약한 문 교수는 술이 몇 순배 돌기도 전에 이미 한쪽 방구석 입을 헤벌린 채로 벽에 상체를 기대고 잠들어 있었다. 문 교수의 양다리는 두 발바닥을 서로 맞대어 붙여서인지 기묘하게 마름모꼴 모양을 만들어 내고 있었다. 동리는 그렇게 천진스럽게 잠든 문 교수를 보자 절로 입가에 웃음기가 번졌다.

"그러게 말입니다. 희철 군, 선생님들께 여쭙고 싶은 말은 원 없이 했을 터이니 이제 그만 강호 군과 함께 귀가하게나."

윤 교수가 엄전한 표정을 지어 보이며 시선을 두 제자 쪽으로 돌렸다. 술이 몇 순배 돌아간 상황이어선지 두 학생 역시 얼근얼근 취기가 돌아 있었다.

"아니 그런 것 같지 않아요. 희철 군이라고 했던가? 사실 내게 듣고 싶은 말이 있었던 것 아녀요?"

결국 동리가 입을 떼었다.

"어휴!"

누가 먼저랄 것도 없이 윤 교수와 황 교수의 입에서 동시에 장탄식을 뱉어냈다.

"오늘 참 좋아요. 희철 군을 보니 어언 스무 해 전의 어슴푸레한 기억이 떠올라요. 당신들도 지금의 희철 군과 영락없는 판박이였다오!"

동리가 빙그레 미소를 지으며 윤 교수와 황 교수를 건너다보고 있었다.

"그래요. 희철 군. 내 작품 충분히 그렇게 읽을 수 있어요. 구경적 생의 형식이란 말, 지금 생각해 봐도, 그거참 허망한 '관념적인 것'으로 읽혀요. 순수문학의 탈을 쓴 지배 계급의 전위 부대! 희철 군의 생각 그대로이지요.

그런데 희철 군, 오해는 말아요. 아직도 난 그거에 의지해 버티고 있소."

"선생님, 제가 제일 궁금한 것이 바로 그 점입니다."

희철 군이 궁금증을 더 견디지 못하고 동리의 말을 끊었다.

"그럴 터이지요. 그런데 희철 군, 내가 「무녀도」를 왜 그렇게 개작을 하려고 몸부림을 쳤는지 그 이유가 짐작이 가오?"

동리의 표정이 갑작스럽게 경직되어 가는 듯했다.

"완성도!. 완성도란 말이오!."

아하! 하는 장탄식이 다시 두 교수의 입에서 흘러나왔다.

윤 교수나 황 교수 공히 선생의 문하에서 수십 년 지내왔지만 저토록 명징하게 구경적 생의 형식이란 명제의 기원이 어디에서 왔는지 물어보거나 답을 들을 수 없는 터였다.

"저를 늘 장악하고 있었던 문제, 그것은 여러분들도 아시다시피 인간을 붙들고 있는 불가항력적인 운명이란 무엇인가로 좁혀지겠지요. 누구나 겪는 것이겠지요……."

동리는 갑작스럽게 대퇴부 안쪽에서부터 힘이 쭉 빠져나오는 듯했다. 참으로 이상스러운 경험이었다. 어느새 문 교수도 일어나 자세를 가다듬고 있었다.

"누구나 겪는 문제이기에 아마도 어떤 식으로든 그에 맞는 해결의 형식이 있을 것이라는 생각도 늘 해왔죠. 실은 서른이 넘어가면서는 더 구체화된 고민으로 다가왔고, 이제는 형식의 완성도만 갖춘다면 운명의 실체도 드러날 것이라는 확신, 아니 오만함이 더 강화된 겁니다. 그러한 생각은 일흔이 넘은 지금도 여전하여서 인간의 운명은 형식의 발견을 통해서만 비로소 드러날 수 있을 것이라는 믿음을 버리지 않고 있는 것이죠. 강박이라면 강박이겠지만, 바로 이 강박을 통해서만이 저기 저 문 교수도 말한 구경적 생의 형식이 비로소 드러날 것이겠지요. 형식의 완성을 통해서 성숙의 미달을 고민하는 불안에서 벗어나는, 이른바 삶의 가장 지극한 깨달음에 이를 수 있을 것이라는 생각을 하게 된 것입니다."

동리는 거기까지 말하고는 작은 한숨과 함께 입을 닫았다. 더는 힘에 부치기 때문이었다.

동리는 어떤 말도 더 잇지 않고 자리를 뜰 채비를 하고 있었다. 다섯 사람 모두 마치 뒷짐을 지고 먼 산을 바라만 보고 서 있는 사람들처럼 동리를 그냥 바라보기만 할 뿐이었다. 얼마 안 있어 동리는 엿판을 메고 떠나는 사람처럼 휘청휘청 방문을 열고 매운탕 집을 나섰다.

7. 황순원 - 김주성

1. 그날

그날이 오면 그날이 오면은
삼각산(三角山)이 일어나 더덩실 춤이라도 추고
한강물이 뒤집혀 용솟음칠 그날이
이 목숨이 끊기기 전에 와 주기만 하량이면
나는 밤하늘에 날으는 까마귀와 같이
종로의 인경(人磬)을 머리로 들이받아 울리오리다.
두개골(頭蓋骨)은 깨어져 산산조각이 나도
기뻐서 죽사오매 오히려 무슨 한(恨)이 남으오리까.

그날이 와서 오오 그날이 와서
육조(六曹) 앞 넓은 길 울며 뛰며 딩굴어도
그래도 넘치는 기쁨에 가슴이 미어질 듯하거든
드는 칼로 이 몸의 가죽이라도 벗겨서
커다란 북을 만들어 들쳐 메고는
여러분의 행렬에 앞장을 서오리다.
우렁찬 그 소리를 한 번이라도 듣기만 하면
그 자리에 거꾸러져도 눈을 감겠소이다.

- 심훈의 시 「그날이 오면」 전문

　그날이 왔다. 1919년 3월 1일 삼천리 방방곡곡에서 온 백성이 너도나
도 태극기를 흔들며 목놓아 외쳤던 '대한 독립 만세'의 그날. 삼천리 강토
를 뒤흔들던 그 외침은 총칼 아래 짓밟혔으나 결코 식지 않은 그 피맺힌
염원, 그 강고한 얼은 10년이 흐른 뒤에도 한 시인의 백지 위에 이렇게
다시 뜨겁게 토해지고 있었다. 이 염원 때문에 얼마나 많은 꽃다운 청년들

이, 지식인, 예술가, 종교인들이 차가운 감옥 형틀에서 사지가 비틀리고 목이 매달려 스러져 갔던가. 더불어 얼마나 많은 백성들이 대 이어 살아온 고향을 등지고 먼 이국땅 황무지 벌판을 헤매거나 물설고 낯선 거리를 떠돌았던가. 쇠북에 부딪쳐 두개골이 빠개지고 칼로 제 몸의 가죽을 벗기는 고통도 그 염원을 이룰 수만 있다면 가슴이 미어지는 기쁨이라고 절규했던 시인이 끝내 보지 못하고 떠났던 그날. 바로 그날이 온 것이다.

그날, 1945년 8월 15일 정오. 도쿄에서 날린 일왕 히로히토의 이른바 옥음방송(玉音放送)이 라디오에서 흘러나왔다. 라디오 자체가 귀한 시절이어서 방송 사실을 안 사람 또한 많지 않았다. 그나마 단파방송의 음질이 좋지 않아 무슨 말인지를 알아듣기 어려웠다. 기미가요로 분위기를 한껏 가라앉힌 뒤 왕이 백성에게 직접 전하는 말이니 내용이 심각하리라는 짐작들은 하고 있었다. 당시 일본어를 자유자재로 구사하는 조선인이 열에 두셋에 불과했던 사정을 감안할 때 그들만이 겨우 방송을 듣고 뜻을 새겨볼 수 있었을 것이다. 일본인들조차 제대로 알아듣기 어려운 난해한 문어체 문장에 외교 수사까지 섞여 있어 자세한 사연은 국제정세를 읽고 있던 극소수만이 알아듣는 실정이었다. 방송을 들은 일반 시민들의 반응은 제각각이었다.

"뭐라는 거야 이게. 일본어가 왜 이래?"

"전쟁이 어려워지니까 더 힘들 내라는 건가?"

"아니 연합국이 합의한 내용을 받아들이라고 아랫것들에게 이르겠다느니 어쩌구 하는데 연합국에서 뭘 합의했다는 말인가?"

"젊잖게 목에 힘을 주고는 있지만 대충 보아하니 일본군 사정이 좋지 않은가 보군. 전쟁을 끝낸다는 소리 같은데."

"그렇다면 징용 간 우리 아범도 돌아오는 건가?"

방송이야 어찌 됐든 거기 실린 내용은 전쟁이 끝났다는 메시지를 담고 있음이 분명해 보였다. 전쟁이 끝났다는 것은 무얼 의미하는가. 왜 일왕이 직접 나서서 그런 메시지를 전하는가. 기대와 의혹을 함께 불러온 이 메시지의 의미가 일본의 무조건 항복으로 확인된 것은 이튿날 아침 조간신문들을 통해서였다. 비로소 조선인들은 일제의 압제로부터 해방되었음을 알아차리고 거리로 뛰쳐나와 환호하기 시작했다.

그러나 이렇게 온 그날은 시인이 절치부심 몽매에도 염원했던 그날의 모습이 아니었다. 어제까지 자신들을 억압했던 일본인들이 서둘러 몸을 숨기고 짐도 제대로 챙기지 못한 채 도망을 치는가 하면 감옥에 갇혔던 정치범들이 풀려나는 광경을 지켜보면서 기나긴 압제에서 풀려났다는 기쁨은 느낄 수 있을지언정 어느 벽보, 어느 연설, 떠도는 소문 어디에도 조선이 독립했다는 내용은 없었다.

석 달 전 나치 독일이 패망하고 태평양전쟁의 전세도 급격히 기울어 갔으나 일제는 전쟁 수행 의지를 꺾지 않았다. 연합국의 최후통첩마저 나 몰라라 하던 일제는 히로시마와 나가사키에 원폭을 맞고서야 사태의 심각성을 깨달았다. 때맞춰 소련이 선전포고를 하고 일제의 관동군과 만주국군을 향해 몰려오자 결국 백기를 든 것이었다.

해방은 이렇게 찾아왔다. 그럼 정작 일제 식민정책의 최대 거점 역할을 했던 이 땅의 한민족은 그날을 위해 무엇을 했던가. 그렇다. 당연히 우리 한민족은 빼앗긴 국토와 주권을 회복해 독립 국가를 건설하기 위한 투쟁을 멈추지 않았다. 지식인, 자본가, 학생, 노동자, 일반 서민에 이르기까지 한민족의 전 구성원들이 각자의 능력과 방책에 따라 세력을 모으고 조직을 결성해 독립운동에 나섰다. 그 활동 무대는 국내를 비롯해 서북간도를 중심으로 한 만주 지역, 러시아의 연해주 지역, 중국 대륙, 하와이와 미국 본토를 중심으로 한 미주지역, 심지어 일본까지 한민족이 살고 있던 모든 지역에 걸쳐 있었다. 활동의 양상은 무장 투쟁, 의열 투쟁, 외교 활동, 실력 양성 등 다양했다. 이 외에도 모든 생활 현장에서 노동운동, 농민운동, 학생운동, 교육운동, 언론운동 등이 전개되었다.

이 거족적인 독립운동의 목적은 오로지 일제의 식민 지배에서 벗어나 온전한 자주독립 국가를 건설하는 것이었다. 그 자체로 너무나 당연한 가치를 추구한 것이요 거룩한 활동이 아닐 수 없었다. 나아가 이 독립운동은 인류의 정의와 양심을 지키기 위한 숭고한 노력이기도 했다. 당시 유럽 전역은 나치 독일 히틀러의 광란에 짓밟히고 있었으며 아시아 역시 일제가 벌인 전쟁의 참화 속에서 신음하고 있었다. 이 시기 전 세계인이 품고 있던 가장 절실한 화두는 인류의 짓밟힌 정의를 세우고 빼앗긴 양심을 되찾는 일이었다.

그런데 해방의 날에 한민족이 벌였던 그 숭고한 노력의 대가에 대해 말하는 이는 아무도 없었다. 아직 이것저것 따져볼 겨를이 없어서였을까. 원자폭탄까지 동원해 일제를 짓부숴 패망시킨 연합국의 선물과도 같이 찾아온 그날. 신은 아직 그 깊은 뜻을 보여주지 않고 있었다. 그리고 사람들은 그저 눈 앞에 펼쳐진 해방의 기쁨을 만끽하기에 바빴다.

이런 상황은 순원(황순원)의 생활 근거지였던 평양 일대도 예외가 아니었다. 그때 고향 마을(평남 대동군 재경면 빙장리)에서 은거하던 중 해방 소식을 접한 순원은 급히 평양 시내의 본가로 달려갔다. 서울만큼은 아니었지만 적어도 며칠 동안은 평양 거리에도 환희와 흥분의 분위기가 술렁였다. 3·1 만세운동 때 썼다가 장롱 깊이 감춰뒀을지 모를 빛바랜 광목천 태극기를 대문에 내건 집도 있었고 담벼락 여기저기 엊그제 일왕의 '중대 방송'을 알리는 벽보도 눈에 띄었다. 민족 지도자 누군가가 시국 연설을 한다면서 셀 수 없는 사람들이 어딘가로 몰려가고 있었다. 그들의 표정과 발걸음은 하나같이 기대와 흥분으로 들떠 있었다. 이런 쇄도를 막겠다며 곤봉을 들고 이리 뛰고 저리 뛰는 일본 경찰들의 외침은 두려운 게 아니라 안쓰러웠다. 거리에 선 순원의 마음에도 막연한 기대와 흥분이 차오르기 시작했다. 그러나 한편으로는 눈 앞에 펼쳐지는 이 광경, 이 기대와 흥분이 묘하게 낯설었다. 벼락 치듯 펼쳐진 이 상황이 어쩐지 그에게 기쁨만은 아니었다.

2. 겨레의 기억

평양 본가의 부모님과 처자식이 안전한 것을 확인한 순원은 8월 하순까지 본가에 머물며 세상 돌아가는 사정을 지켜보았다. 해방 직후 며칠 동안 거리에 넘실대던 환희와 기대의 분위기는 어디론가 사라지고 이상한 불안의 그늘이 그 자리에 드리우기 시작했다. 확인할 수 없는 불길한 소문들이 입에서 입으로 전해지며 사람들은 혼란에 빠지고 있었다. 순원은 사회 지도층에 발이 넓은 아버지(황찬영, 1892~1972)에게 상황을 물어보았다.

"아버님은 뭐 들으신 게 없으세요? 떠도는 얘기들이 영 갈피를 잡을 수가 없군요."

"난들 뾰족한 소식통이 있다더냐. 다들 누가 그러더라 뿐이지 확신은 못 하면서 걱정은 태산이구나. 조선 땅이 곧 둘로 쪼개진다느니 어떻다느니."

"해방된 지 며칠이나 됐다고 독립도 하기 전에 나라가 쪼개지다니요."

"듣자 하니 소련군이 곧 평양에 들이닥치고 서울에는 미군이 들어온다는구나. 미군은 아직 일본에서 준비만 하고 있는 모양인데 소련군은 벌써 나진, 청진의 일본군을 내몰고 엊그제 원산에 상륙해서 일본군 주력을 쓸어냈다는구나. 아직 못 봤느냐? 별모레 공설운동장에서 소련군 환영대회를 연다는 벽보 말이다."

"봤습니다. 하지만 소련군이 들어오는 건 일본군 잔당을 진압하고 치안과 행정을 접수하기 위해서겠지요. 설마 조선을 점령하러 오는 거겠어요?"

"허허, 대문 앞에서 '나 당신 집 털러 왔소!' 하고 소리치는 강도가 어디 있다더냐. 해방 다음 날 미국과 소련이 이 나라를 반반씩 갈라서 점령하기로 이미 합의를 봤다는 얘기가 있어."

이런 소문이 거리의 분위기를 싸늘하게 바꿨구나. 순원은 불안한 마음 한구석에 일말의 기대로 남아 있던 얘기를 꺼냈다.

"해방되자마자 건준(조선건국준비위원회)을 발족한 여운형도 아버님과 같은 우려를 얘기했지요. 하지만 그도 안정을 찾을 때까지 한동안 국제 세력이 우리를 지배하겠지만 목적은 독립을 도와주려는 것이지 방해하지는 않을 거라고 장담하지 않았습니까?"

순원의 부친은 씁쓸하게 웃었다. 평양 숭덕학교 고등과 교사로 재직하던 중 3·1 만세운동에 앞장섰다가 1년 6개월의 옥고를 치른 그였다. 그때 순원의 나이 다섯 살이었다. 그는 만세운동 당시 스물일곱이던 자신보다 세 살이나 더 먹은 아들 순원을 지그시 바라보며 말했다.

"경술국치 때 조선을 병탄한 일제가 내세운 명분이 뭔 줄 아느냐? 열강들의 침탈로부터 힘없는 우리 조선을 보호한다는 것이었다. 그리고 그 명분을 앞세워 우리 백성에게 내민 청구서가 어떠했더냐? 지난 35년간의 압제와 수탈, 민족 말살의 획책이 아니었더냐. 이제 저들이 일제의 손아귀에서 해방시켜 준 대가를 요구하러 오는 건지도 모른다. 내가 보기에 그들은 하느님이 보낸 천사의 군대는 아닌 성싶다. 그들이 내밀 청구서에는 무엇이 담겼을지……. 독립운동이든 건준이 바라는 것이든 우리의 염원을 담은 노력들이 닭 쫓던 개 신세가 되지는 말아야 할 텐데."

"비관적으로만 보기에는 아직 이르지 않은가요?"

"글쎄다. 어째 나는 낙관할 건덕지를 찾을 수가 없구나. 그나저나 이제 징용에 끌려갈 일은 없을 테니 너도 일간 고향에 내려가 짐을 정리해 올라오거라. 이런 때일수록 가족이 모여 있어야 한다."

소련군 환영대회의 물결이 평양 거리를 휩쓴 이후 평양은 소련군 일색으로 변해갔다. 9월 초 일본군 잔당을 소탕하기 위해 개성, 해주를 거쳐 동두천까지 내려갔던 일부 소련군은 더 남하하지 않고 북위 38도선 이북으로 되돌아왔다. 미군과의 내약을 짐작게 하는 대목이다. 이후 38선 이북은 15만여 명의 소련군이 각도 주요 도시의 행정기관과 경찰서, 법원은 물론 일본인 소유의 대기업과 철도, 통신 기관, 은행 등을 장악했다. 얼마 지나지 않아 소련군이 주둔한 곳곳에서 약탈과 폭행, 부녀자 추행의 만행이 횡행하자 주민들 사이에 '해방군이 아니라 불한당'이라는 야유가 터져 나왔다. 한편 38선 이남에서는 소련군보다 한발 늦은 9월 8일에 미군이 서울에 진주하여 총독부 대표로부터 공식 항복을 받고 이튿날 38선 이남에 군정을 실시한다는 포고문을 발표했다.

거대한 역사의 흐름이 막아설 수 없는 거인의 발걸음으로 성큼성큼 다가오고 있던 그때 순원은 2년여 동안 지내던 생활 흔적을 정리하기 위해 빙장리로 내려갔다. 여기는 순원의 조부모 부모가 대 이어 살았던 본향으로 부친이 관리하는 전답과 과수원, 임야 등 꽤 넓은 토지가 있었고 전답을 소작하는 이들이 여럿 살고 있었다. 지역 유지인 셈으로 선대가 마을에 베푼 일이 적지 않았다. 순원도 추석이나 설 무렵에 부모님을 따라 간간이 다녀가곤 해서 낯설지는 않았다. 그래도 원체 이른 나이에 떠나 코흘리개 시절의 죽마고우 하나 남아 있지 않고 보면 마을 주민들에게는 그가 외지인이나 다름없이 보였을 것이다. 하긴 평양에서 소학교, 중학교를 나와 일본 유학을 다녀왔고 시와 소설을 쓰는 작가로 활동해 왔으니 이곳 농촌과는 판이한 삶을 살아온 셈이다.

이런저런 자질구레한 살림 도구들, 운동 삼아 텃밭이라도 가꾸겠다며 마련했던 호미와 삽, 괭이, 삼태기, 낫과 톱, 등등. 막상 갈무리하다 보니 조용히 떠나려던 계획은 엇나가고 말았다. 할 수 없이 살림 도구와 농기구들을 나누어주기 위해 몇몇 이웃을 불러야 했다. 두 번 걸음 하지 않으려고 지고 갈 보따리를 꾸리고 보니 죄다 책이요 원고 뭉치였다.

"그동안 신세 많이 졌습니다. 다시 뵐 때까지 안녕히들 계세요."

"자네가 신세 진 게 뭐가 있나. 명절에 집집이 북어 꿰요 보릿고개에 볏섬 풀어 굶는 이들을 도운 게 얼만가. 신세는 우리가 졌지."

"이렇게 떠난다니 섭섭하구만. 아무쪼록 해방도 되었으니 하던 일 열심히 해서 성공하게나."

불과 한 달 전까지만 해도 일본 일류대학을 나온 젊은이가 힘 골 빠지는 농촌 사람들 틈에 끼어 무위도식한다며 백안시하는 이도 없지 않았지만 막상 떠난다니 덕담들을 나눠 주었다. 예고 없이 일제 관헌이 마을에 들이닥쳐 의심의 눈초리를 보낼 때도 요양 중인 폐병쟁이라며 한목소리로 바람막이를 해주던 그들이었다. 따뜻한 인정 앞에 순원은 코끝이 찡했다.

나는 무엇을 바라고 왔다가 지금은 또 무엇을 바라 이 짐을 지고 떠나는가. 짐의 무게가 광목천으로 걸어 멘 멜빵에 실려 어깨를 파고들었다. 짐보다 발걸음이 무거워서인가. 순원은 많이 가지 못해 걸음을 멈추었다. 동구 밖 느티나무 아래 서서 마을 쪽을 돌아다보았다. 초가지붕들이 옹기종기 모여 앉은 거기 골목에서 공터로 네댓의 아이들이 뛰어다니고 있었다. 아이들과 함께 뛰는 검둥이 흰둥이의 짖는 소리도 간간이 들려왔다. 저기 엎드려 있을 때 해 질 녘 들창 너머로 늘 내다보던 풍경이건만 새삼스레 아련한 추억만 같았다. 추석을 보름 남짓 앞둔 시절이니 논밭과 산기슭은 누렇게 빨갛게 색을 바꾸며 가을걷이 채비를 다그치고 있었다. 대동강 기슭을 찾아가는가, 일찍 길 나선 기러기 한 무리가 앞산 너머로 긴 보습 모양을 이루며 날아가고 있었다.

'아, 아무 일도 일어나지 않은 것 같은 이 평화, 이 안온함을 나는 왜 이제야 깨닫는가.' 순원은 다시 걸음을 떼었으나 서둘러 나아가지 못했다. 여기서 나는 왜 그토록 불안을 덮어쓰고 살았던가. 저 지게 지고 소 앞세운 남정네 뒤를 따라 광주리 머리에 인 아낙이 느긋이 돌아가는 곳. 오로지 고독만이 동무요 늘 외로움에 떨어야 했던 날들이 주마등처럼 스쳐 갔다. 암울한 동굴인 것만 같던 이곳은 기실 아늑한 둥지였다. 그 둥지에 밤마다 호롱불을 켜고 골방에 엎드려 아무도 읽지 않을 소설을 쓰던 자신의 모습이 애타게 그리웠다. 비로소 순원은 이곳이 자신의 영혼을 깨우고 살찌운 꿈의 산실이었음을 깨달았다.

순원이 일제의 강제징용을 피해 이곳으로 내려온 것은 1943년 가을이었다. 순원의 부친 황찬영은 3·1 만세운동으로 옥고를 치른 뒤 평양 시내로 이사했다. 일찍이 개화사상에 눈떴던 그는 자녀들은 물론 처가의 조카들까지 평양에 데려다 공부를 시켰다. 평양으로 나와 신식 학교를 다니기 시작한 순원은 당시로서는 드물게 스케이트를 타고 바이올린 교습도 받는 등 유복한 어린 시절을 보내며 성장했다.

일제는 1937년에 일으킨 중일전쟁이 장기화되자 이듬해 '국가 총동원법'이라는 것을 만들어 제국의 신민이라는 미명 하에 조선에도 적용하기 시작했다. 이렇게 시작된 징용은 초기 한동안 모집 형식을 취했으나 머잖아 각종 특례조항을 만들어 강제성을 띠어갔다. 1941년 태평양전쟁을 일으키면서는 강제성을 더욱 노골화했고 전세가 기울어 가던 1943년부터는 아예 강제징용을 법제화하였다. 그 대상은 16세부터 40세까지의 남자로 일본 각지와 사할린, 태평양 군도의 군수공장, 광산, 비행장, 건설 현장에서 하루 15시간의 중노동에 시달려야 했다. 군대식 통제 아래 사소한 실수에도 모진 매질을 당하기 일쑤였다.

당시 조선에서는 집마다 징용에 끌려가지 않으려고 전전긍긍이었다. 스스로 성병에 걸리거나 멀쩡한 팔다리를 망가뜨려 장애인이 되기도 했으며 죽창과 낫으로 저항하다가 일제 관헌의 총칼에 목숨을 잃기도 했다. 그때 스물여덟 살의 청년으로 집안의 장남이자 두 아이의 아버지이기도 했던 순원에게도 이 강제징용의 마수가 뻗쳐왔다. 쌀, 보리 같은 식량자원과 면화, 마(麻)도 모자라 고사리까지 훑어가는 살인적인 공출에 초근목피로 연명하고 있었을망정 생때같은 자식이요 가장으로서 지옥의 불길 속으로 끌려갈 수는 없었다.

순원에게 닥친 이 모진 세월을 견디게 해준 것이 창작이었다. 16세에 시 쓰기로 시작해 23세에 소설 창작으로 전환했다. 스무 살이 되던 1934년에 숭실중학을 졸업하고 동경 유학길에 오른 그는 와세다 제2고등학원을 거쳐 와세다대학 영문과에 입학, 1939년 졸업했다. 이 사이 결혼을 하고 아들도 얻는다. 순원이 걸어간 이런 자취는 재기발랄한 젊은이로서 입신출세와 안정된 삶을 꾸리기 위한 자연스런 행보였다. 그런 중에도 간단없이 이어진 문학 창작은 그에게 자신의 존재를 확인할 수 있는 가장 큰 징표였다. 그래서 일제가 민족 말살 정책의 앞줄에 세운 우리 말과 글을 지워버리려는 획책에도 꺾이지 않고 꿋꿋이 창작의 열정을 꺼뜨리지 않았던 것이다.

일제는 1937년 중국 침략을 기점으로 일상 사회생활에서 한국어 사용을 금지하고 일본어 사용만을 강요했다. 더불어 한국어로 간행되는 신문과 잡지에 대한 탄압의 도를 높이다가 1940년 이후에는 한국어 신문, 잡지 등 모든 한국어 간행물을 폐간시켰다. 이런 상황에서 순원은 소설로 전환한 후의 작품을 모은 단편집을 힘겹게 발간하고(1940), 뒤이어 「별」(1941), 「그늘」(1942)을 숨이 끊어지기 직전의 한 잡지에 가까스로 발표할 수 있었을 뿐 해방 전까지 공들여 빚은 대부분의 작품은 석유 궤짝이나 다락 구석에서 기약 없는 광명의 날을 기다릴 수밖에 없었다.

작가에게 자신이 창작한 작품을 발표할 수 없게 되는 것보다 더 비참한 상황이 어디 있겠는가. 독자와 만날 수 없는 현실에도 불구하고 그가 창작을 멈추지 않은 이유는 무엇일까. 그것은 스스로도 꺼뜨릴 수 없었던 창작의 열정과 그것을 불꽃으로 태워 올릴 모국어에 대한 사랑이 남달랐기 때문이었다. 모국어 한글, 거기에는 우리 한민족의 얼과 역사가 실려 있었다. 순원은 민족의 얼과 역사의 줄기, 이 땅에 살아왔고 살고 있는 뭇사람들의 꿈과 애환의 조각들을 모아 빛나는 작품들로 빚어냈다. 이 조각들을 모으는 작업은 인문학 자료를 뒤지는 데서 그치지 않고 삶의 현장을 애정 어린 눈으로 살피고 함께 살아가는 뭇사람들의 사연을 귀담아들어 하나하나 구슬로 꿰어나가는 일이었다.

겨울밤 눈 속에 묻었다 꺼낸 도토리를 한 알 두 알 까먹으며 할머니 얘기를 듣는 산골 아이, 꽃색시로 둔갑해 요술 구슬로 총각을 홀리는 여우, 아버지의 구박을 피해 머나먼 만주로 떠난 남편을 그리워하며 홀로 아이를 키우는 외기러기 여인, 어릴 때 버린 친구를 환갑이 돼서야 다시 만나 화해하는 늙은이. 그리고 아버지는 옥살이로 집에 없고 조밭 머리 따가운 햇볕 아래 홀로 김매는 어머니 곁에서 메뚜기와 뻐꾸기 소리만을 벗 삼던 자신의 어린 시절, 어머니 손을 잡고 대낮에도 말승냥이가 숨어 엿본다는 골짜기를 지나 외가를 오가던 기억.

이 모두가 할아버지, 할머니가 들려준 옛날얘기, 항간에 전해오는 전설과 신화, 이웃의 생생한 삶의 사연들이요 순원에게 그것은 바로 우리 겨레의 기억 속에 숨 쉬는 빛나는 보석이었다. 그에게 이 보석을 캐내는 일은 일제의 한글 말살에 대항하여 지켜내야 할 당위요 의무였다.

순원은 지난 세월에 자신이 걸어온 날들을 돌이켜보며 등에 진 짐의 무게가 어느덧 가벼워 있음을 깨달았다. 이제 이 작품들도 떳떳이 세상의 빛을 보게 되리라. 외로움과 분노와 불안 속에서 보냈던 날들이 간직된 고향 마을, 그곳은 정처 없는 자신의 영혼을 따뜻이 껴안아 준 사랑의 품이요 부쩍 어른으로 성숙시킨 도량이었다.

피신 아닌 피신의 길을 나섰던 때의 가을. 마을은 가을걷이 타작으로 북새를 이루고 있었다. 타작을 해봐야 이미 벼 이삭, 콩 꼬투리 개수까지 세어서 매겨놓은 공출량을 채우고 나면 남는 알곡이라야 겨울 한 철 겨우 넘길 양이었지만 농부들은 수천 년을 그래왔던 것처럼 추수의 기쁨에 들떠 있었다. 수확이 많은 집은 며칠 전부터 황토로 다진 마당에 탈곡기를 들여놓았고 적은 집은 멍석 위에 써레나 큰 얼개 빗 모양의 홀태를 세웠다. 마당 한 편에서는 콩 타작 도리깨질이 한창이었다. 실어 낼 공출 물량이 쏟아지는 날인 만큼 감시의 눈을 번득이는 일제 관헌들도 일꾼들의 흥을 돋울 막걸리에 돼지고기, 전 부침 안줏거리 등 평소엔 구경조차 힘든 먹거리들을 눈감아주었다. 아롱~ 까롱~ 탈곡기 돌아가는 소리에 아이들도 개들도 덩달아 신이 나서 이리 뛰고 저리 뛰며 한바탕 축제라도 벌어진 분위기였다.

왼 종일 타작 질에 몸은 지쳤어도 마음은 홀가분했다. 사람들은 알곡을 털고 난 북데기며 공터 곳곳에 쌓인 낙엽과 삭정이들을 긁어모아 모닥불을 피웠다. 화르르 치솟던 첫 불길이 잦아들면 몇몇이 벌건 불무덤을 헤치고 고구마나 밤톨을 던져넣었다. '어이, 알밤을 대가리도 안 까고 넣으면 어쩌나. 다 터져서 빈 껍질만 남는다니.' 아니나 다를까 금세 불 먹은 알밤들이 사방으로 뻥 뻥 튀었다. '에구 내 눈탱이까지 터지겠네.' 사람들은 사방으로 흩어졌다가 다시 불 주위로 모여들었다. 밤톨은 구경도 못 하고 겉이 새까맣게 탄 고구마들을 막대기로 끄집어내 툭툭 털었다. '밤들이 고구마 뱃속으로 들어갔나 보이. 고구마가 그냥 밤이야.' 이렇게 저마다 숯덩이가 된 고구마 하나씩을 들고 배를 갈라 호호 김이 모락모락 나는 속살을 베어 먹으며 얘기꽃을 피웠다.

먼발치로 이 광경을 지켜보던 순원은 모닥불이 다 사그라들어 어둠에 묻혔을 즈음 그곳으로 가보았다. 다 돌아간 줄 알았던 사람들이 몇 남아서 막걸릿잔을 기울이고 있었다.

"황찬영 어른 댁 큰 자제분 아닌가. 이리 와 한잔하시게."

"어르신들 말씀 나누시는데 방해가 됐군요."

"방해라니, 공출로 거진 다 뺏겼어도 타작마당이니 한잔해야 잖겠소."

순원은 수염 긴 어른이 내민 잔을 두 손으로 받아 들었다.

"몸이 안 좋대도 이렇게 거동할 수 있을 만하면 막걸리 한 잔쯤이야 약일 거요. 쭉 마시고 얼른 쾌차하시게나."

순원이 권한 어른에게 잔을 따랐다. 또 한 노인이 말했다.

"우리 아범도 병치레나 좀 했으면 좋았을걸. 하, 이 동네에 힘깨나 쓴다는 장정들은 싹 다 끌려갔어. 늙은이와 애들만 남다 보니 타작도 두 배는 더 힘이 드는구만."

순원은 괜히 죄스런 마음이 들고 가슴 한구석이 무거웠다. 잠시 침묵이 흐르는가 싶을 때 한 노인이 사그라든 잿더미를 휘휘 나무 막대로 헤집었다. 그저 뜻 없는 놀림인 줄 알았는데 반짝반짝 빛나는 불티들이 막대 끝에 빨갛게 묻어났다. 그뿐이 아니었다. 헤쳐진 잿더미 속에는 제법 이글거리는 불길이 '왜?'라고나 하듯 번득였다. 그 빨간 불빛이 둘러앉은 사람들의 얼굴을 벌겋게 비추었다. 다시 한번 막대기로 뒤적이자 마침 불어온 바람에 수많은 불티가 사방으로 흩날렸다. 순원은 그 의외의 모습이 신기하기만 했다.

"잿더미 속에 어찌 이 많은 불씨가 숨어 있지요?"

"모닥불이라는 게 원래 그렇다네. 다 꺼진 줄 알아도 티끌 같은 불씨들이 남아서 서로서로 껴안고 있다네. 이렇게 헤적이지 않으면 위에 사그라든 재를 이불 삼아 낼 아침까지도 불씨가 살아 있을 걸세."

순원은 놀라웠다. 이리 말하는 노인이 자신의 뒷덜미를 거친 손바닥으로 후려친 것만 같았다. 불씨, 그건 쉬 꺼지는 게 아니구나. 찬란하게 타오른 불꽃이 잿더미로 스러졌다고 해서 불씨마저 사라지는 건 아니구나. 잿더미는 언제라도 다시 타오를 불씨를 품속 깊이 간직해 두고 있는 거구나. 나도 가슴 속에 남아 있는 저 불씨를 키우자. 징용을 피해 이렇게 낙향은 했건만 언제까지 또 어떤 목표를 세워 소일할 것인지가 막연했었는데 돌연 그 길이 훤히 보이는 듯했다. 그래, 발표할 지면이 없고 읽어 줄 사람 하나 없더라도 내가 할 일은 변함없이 우리 글로 작품을 쓰는 일이다.

이후 순원은 가을이 가고 겨울을 나는 동안 불현듯 휘몰아치는 외로움에 잠 못 이룰 때, 창살 없는 감옥신세에 부아가 치밀 때, 아무리 생각을 쥐어짜도 써 나가던 글머리가 제자리 맴만 돌 때, 문득 다 식어 재만 남은 질화로를 부손으로 헤집어 불씨를 찾아내곤 했다. 그 반짝이는 작은 불씨들은 한여름 밤 들녘에 무수히 깜박이며 춤추는 반딧불 같은 꿈을 꾸게 했다. 순원은 집집 들창의 호롱불이 다 꺼지고 개 짖는 소리마저 들리지 않을 때까지 홀로 반딧불의 군무를 따라 들녘을 헤매었다. 달 없는 밤이면 반딧불의 군무는 더욱 휘황했으나 그도 소리 없이 내린 이슬에 바짓가랑이가 축축이 젖을 때쯤이면 깜빡하는 사이 모두 사라지고 말았다. 그 많던 반딧불들은 어디로 간 것일까. 고개를 들면 별은 더욱 빛나 은하수 주위에 온통 푸른 진주 구슬을 흩뿌린 것 같았다. 저기가 반딧불들의 고향이구나. 순원은 그 은하수 기슭의 밤공기를 가슴 깊이 빨아들이고 자욱한 풀벌레 소리를 밟으며 골방으로 돌아오곤 했다. 그런 밤이면 그의 영혼은 더없이 영롱하게 깨어나 호롱의 기름이 다 닳아 저절로 불이 꺼질 때까지, 첫닭이 울고 들창에 희부윰하니 먼동이 비쳐올 때까지 글쓰기를 이어갔다.

3. 그날의 의미

짐을 꾸려 돌아온 순원은 앞으로 무얼 할지 궁리하기 시작했다. 두 아이의 가장으로서 생계를 꾸릴 직장 구하는 일이 급선무였고 궤짝 속에 잠자는 작품들의 발표며 창작 활동을 본격화하는 일은 두 번째였다. 아무래도 운신의 폭이 넓었던 부친의 알음알음 노력이 있었지만 원체 혼란한 상황이라 믿을 만한 일자리를 구하기는 쉽지 않았다. 작품 발표할 기회를 잡기에도 출판계, 문단 역시 혼란을 진정하고 안정을 찾기에 부산한 마당이었다. 이런 현실 문제와 맞물려 돌아가는 시국마저 어째 기대 밖으로 달아나고만 있었다.

그러던 어느 날이었다. 부모님이 거하는 본채 쪽이 두런두런하여 내다보니 후리후리한 키에 혈색 좋은 사내가 신문지로 싼 뭉치 하나를 들고 성큼성큼 걸어오고 있었다. 순원은 그가 원응서라는 것을 한눈에 알아보고 뛰쳐나갔다.

"부친께는 인사드렸네. 이렇게 살아 있으니 다시 만나네그려."

"이게 얼마 만인가. 돌아왔다는 소식 듣고 내 일간 찾아보마 하던 참이었는데, 정말 반갑구만."

"황형, 그동안 골방에만 박혀 있어서 그런가. 안색이 허예졌어. 번득이는 눈매는 여전하네만."

"그런가? 원형은 그 희던 얼굴이 많이 탔군. 땡볕 아래서 버력 치우느라 몸이 많이 상한 것 같군."

2년여 만에 만난 두 사람은 순원의 서재 겸 사랑에 마주 앉았다. 순원이 징용을 피해 빙장리로 내려가던 무렵 원응서도 평안북도 정주에서 부친이 운영하던 광산으로 떠나 은거해 온 것이다. 순원보다 한 살 위인 원응서는 평양에서 태어나 일본 릿교대학(立敎大學) 영문학부를 졸업한 재원이었다. 둘은 1940년 여름 한 시인의 소개로 만나 가까워졌다. 비슷한 시기에 일본 유학을 했다는 인연에다 문학, 예술에 대한 견해가 통했고 애주가라는 공통점이 의기투합에 촉매제가 되었다. 원응서는 순원의 작품마다 '감동'이란 말로 당대 최고의 작가라고 칭찬했다. 무엇보다 순원이 일제의 한글 말살 정책으로 발표하지도 못할 소설 쓰기를 계속할 때 유일한 독자가 되어 위로와 격려를 아끼지 않았다.

"이 귀한 소주는 어디서 났나? 주전자가 꽉 찬 거 보니 한 되는 실하겠군."

"자네가 올 줄 알고 미리 수를 좀 썼지. 일본 놈들도 다 내뺐으니 이제 에틸알코올에 물 타는 짓은 안 해도 되겠지?"

순원의 아내가 손님이 가져온 고기를 굽고 이런저런 밑반찬 안주를 차려 들여왔다. 거푸 석 잔을 비운 두 사람은 그저 마주 보고 웃다가 누가 먼저랄 것 없이 손을 내밀어 움켜잡았다. 무슨 말을 어디서부터 시작할 것인가. 찌르르 가슴에서 정수리로 치솟는 술기운이 둘의 맞잡은 손을 통해 온몸으로 퍼졌다. 순원이 견뎌냈던 2년여 간의 외로움과 고독, 불안과 분노의 나날이 어찌 원응서로부터는 비껴갔을 것인가. 순원이 먼저 말을 꺼냈다.

　"그래, 뭐 활동할 거리는 찾아보고 있나?"

　"세상을 보게. 황형도 마찬가지겠지만 아직 제대로 돌아가는 게 없으니 일단 기다리기나 하는 중이네."

　"하긴 출판이건 잡지건 새로 시작은 한다고들 하지만 일본인들이 빠져나간 자리에서 새 틀을 잡으려면 시간이 걸릴 걸세. 원 형은 번역이 전문 아닌가. 그쪽도 이쪽이 자리 잡은 후에나 운신할 공간이 생길 테지."

　대화는 가족들 안부, 생활비 해결 대책 그리고 알 수 없이 돌아가는 시국 얘기 등으로 두서없이 이어지다가 원응서가 먼저 순원의 작품 얘기로 화제를 돌렸다.

　"어떤가. 자네 눈빛이 더 형형해진 걸 보면 그동안 적잖은 명작을 썼을 텐데 기대가 크네. 이젠 떳떳이 잡지에 싣거나 출판사에 넘길 수 있을 텐데, 여전히 내가 첫 독자가 되는 호사를 누릴 수 있겠지? 그런데 말이야……."

　원응서는 여기서 잠시 뜸을 들였다.

　"우리가 이렇게 다시 만날 수 있게 된 계기. 그러니까 자네는 해방이라는 이 대 사건을 어찌 보고 있는지 궁금하구만. 필시 소설로 쓰고 있겠지?"

　이렇게 뜸 들인 말을 잇고 나서 짐짓 괜한 말을 했다는 생각이 들었는지 입가에 멋쩍은 웃음을 지었다. 친구의 속마음을 읽어서일까. 순원도 고개를 끄덕이며 멋쩍은 웃음으로 화답했다. 얼마나 염원해 온 해방이며 더구나 이 땅의 식자라는 사람으로서 이 역사적인 사건에 대해 왜 할 말이 없을 것인가. 그런데 어찌하여 패에 몰린 바둑판을 바라보듯 쉬 그 대답이 터져 나오지 않는 것일까. 순원 역시 잠시 뜸을 들인 후 단숨에 잔을 비우고 말했다.

"시 두어 편을 썼지."

"역시……"

원응서의 눈이 금세 기대에 찬 빛으로 반짝였다. 순원이 자리에서 일어나 책상 서랍에 있던 몇 장의 원고를 꺼내 왔다.

"이제 아무도 말릴 사람이 없으니 직접 읽어보게나."

원응서가 '으흠!' 목청을 가다듬은 다음 원고지를 펼쳐 낭독하기 시작했다.

   그 날

   부르는 이 없어도
   찾아나서면
   모두 내 사람뿐이오.

   예와 다름없는 거리의 얼굴들이
   왜 이다지 반가웁겠소
   어느 유순한 짐승처럼
   비릿하고 찝찔한 거리의 몸내음이
   왜 이처럼 그리웁겠소.

   호박 광주릴 인 촌 아주머니는
   호박처럼 복스런

막내딸이라도 낳게 해줍쇼
무 지겔 진 촌 아주버니는
무밑처럼 시원한
만득자라도 보게 해줍쇼.

우리 말과 웃음이 없어도
서로 지나치고 만나느라면
몸내음처럼 체온도 합치는구려
여보시오 국수를 먹고는 국수처럼
다 같이 명길일 합시다.

부르는 이 없어도
찾아나서면
모두 잊을 뻔한 내 사람뿐이오."

- 황순원의 시「그날」전문

낭독을 끝낸 원응서는 손에 든 원고를 내려놓지 않고 다시 한번 눈으로 읽어 내렸다. 그의 눈가에 가느다랗게 주름이 잡혔다. 그리고 확인하듯 이렇게 물었다.

"그날이 그날인가? 8월 15일 해방 말이야."

"그날이라고 해 두세."

"늘 똑 부러지는 자네가 아닌가. 해 두세는 뭔가?"

"그저…… 내 심정이 그러했네."

원응서가 자작으로 소주 한 잔을 따라 마시고 나서 자세를 고쳐 앉았다. 그리고 눈을 지그시 내리감더니 읊기 시작했다.

"꿈, 어젯밤 나의 꿈 / 이상한 꿈을 꾸었노라 / 세계를 짓밟아 문지른

후 / 생명의 꽃을 가득히 심고 / 그 속에서 마음껏 노래를 불렀노라."

순원이 열여섯 살에 처음 세상에 내놓은 시 '나의 꿈' 앞 연이었다. 응서가 바로 이어 순원이 그 이태 후에 발표한 '우리 안에 든 독수리'라는 시를 읊었다.

"세상의 평화를 상징하듯이 / 넓으나 넓은 하늘에서 자유로이 날개 펴는 독수리 / 그러나 얼마나 많은 날짐승이 그 사나운 발톱에 피를 흘리고 / 그 날카로운 주둥이에 골이 패여 죽었던가 / 날쌘 몸집도 힘있거니와 불 쏘는 눈알 더욱 무섭구나 / 잔악한 존재여, 날짐승의 통제자여……"

순원이 팔을 내둘러 응서의 낭송을 제지했다.

"할 일도 없네. 그 어린애가 쓴 시를 여태껏 외고 있단 말인가."

응서가 순원을 똑바로 쳐다보며 말했다.

"어린애라고 했나? 그럼 지금 자네는 어른이란 말인가?"

응서의 '어른이냐'는 말이 순원의 고막을 헤집고 세차게 뇌수를 찔렀다. 술이 확 깨는 충격이었다.

"어른은 못 됐지만 생각은 바뀌었다는 말일세."

얼결에 이리 대답은 했지만 스스로도 미덥잖은 변명이라 느껴졌다.

"바뀌다니. 시인의 영혼이 더 예리해지지는 못할망정 어떻게 이리 무디어질 수가 있다는 말인가. 이게 진정 해방을 맞은 시인의 감동이란 말인가!"

전에 없이 격앙된 어조로 내뱉는 응서의 말은 탄식에 가까웠다. 순원의 작품을 읽고 그가 이토록 실망한 모습을 보이기는 처음이었다. 술기운이 돋운 객기라고 하기엔 그의 태도가 너무나 진지했다. 순원은 당혹스럽고 한편 미안하기까지 하여 어찌할 바를 몰랐다.

"내 혼이 무디어진 게 맞는 게지. 하지만 지금의 내 눈에, 내 귀에, 내 생각에 그 해방의 날이 그리 보이고 그리 들리고 그리 생각됐던 건 어쩔 수가 없다네. 미안하네."

차분했지만 가볍게 떨려 나오는 순원의 말을 들으며 응서는 마음을 가라앉히려는 듯 한동안 고개를 떨구고 있었다. 그리고 이내 고개를 들어 '그날' 원고를 다시 읽었다. 응서는 순원의 눈을 지그시 건너다보며 말했다.

"자네는 어른이 된 게 맞네."

그러면서 한결 밝아진 얼굴로 자신의 빈 잔을 힘껏 순원에게 내밀었다.

"미안하이. 실은 나도 내 마음을 종잡지 못하면서 자네에게 투정을 부린 걸세. 자네는 어른이 됐는데 나는 아직 어린앤가 보네. 무작정 흥분에 들뜬 분위기에 취해서 정말 우리가 꿈꾸던 세상이 왔다고 착각하고 있었나 보네. 꿈과 현실을 혼동하고 있었던 게지. 아니, 내 속마음은 자네와 다르지 않으면서도 부질없는 기대가 만만하니 자네를 다그치고 말았네. 다시 읽으니 자네가 그날의 진실을 얼마나 냉정하게 꿰뚫고 있는지 또 얼마나 어른스런 눈으로 그날을 맞은 사람들을 바라보고 있는지 알 수 있겠네."

순원도 입가에 미소를 띠었다.

"고맙네. 하지만 이제 겨우 서른 줄에 접어든 애송이더러 어른이라는 말은 거두어 주게."

"허허허. 내 이제야 하는 말이네만 자넨 오래전부터 어른이었다구. 애어른 말이야. 아마 소설을 쓰면서 더 그리된 게 아닌가 싶은데, 자네 작품에서는 이미 세상 다 살아본 노인네의 냄새가 풍기고 있어. 철부지 코흘리개부터 호호백발 영감님에 이르기까지 어찌 그리 모든 사람의 행동이나 감정까지 세세하게 표현할 수가 있단 말인가."

"알아들었네. 앞으로는 좀 젊어지도록 노력하겠네."

"이 사람하곤. 욕하는 게 아니래두."

"하하하. 우리의 재회와 희망찬 앞날을 위해 건배하세."

"대한독립을 위하여!"

4. 고향을 등지고

추석이 지나고 시월도 중순으로 접어들자 가을 색은 나날이 짙어갔다. 순원은 일자리를 알아보는 한편 그동안 써두었던 작품을 발표할 지면과 출판 기회를 엿보았으나 여의찮았다. 그런 중에도 새로운 작품을 구상하고 쓰기를 그치지 않았다. 이제껏 써온 소설이나 시와는 다른 시도라 할 라디오 드라마를 써서 방송국에 보내보기도 하였다. 응서 또한 취직을 위해 백방으로 뛰었으나 기약이 없었다. 자연히 두 사람은 짬짬이 만나 소주잔을 기울이며 앞날을 걱정하고 시국을 논했다.

평양 시내에는 눈만 뜨면 무슨 무슨 대회를 연다며 학교 강당이나 관공서 마당으로 사람들이 몰려들었다. 해방 직후 조만식 선생이 민족 지도자들과 함께 구성한 건준(평안남도 건국준비위원회)은 소련군 진주 후 공산주의자들과 연합을 꾀했으나 이내 공산주의자들에게 끌려가는 형국이 돼버렸다. 지방 각지에서도 민족 지도자들이 세운 크고 작은 조직이 활동을 시작했지만 곧 공산주의자들이 설립한 도 인민위원회가 세력을 장악했다. 각계각층, 농촌과 도시마다 농민위원회니 여성동맹이니 청년단체니 하는 조직들이 생겨나 북 전역을 빠르게 공산주의 물결로 휩쓸고 있었다. 그러나 이때까지만 해도 대부분의 주민들은 그런 변화가 밝은 앞날을 여는 희망의 물결이라 기대하고 있었다.

"황형도 저번 공설운동장에서 김일성이라는 자가 연설하는 걸 봤나?"

"아니, 원체 시끄러운 모임을 좋아하지 않아서. 아버님이 다녀와서 말씀하시더군. 새파란 친구가 우리말도 잘 못하더라 하시데. 아무튼 아버님은 고개를 가로저으시더라구."

"나는 한참 뒷줄에서 지켜봤는데 왕왕 쐑쐑거리는 스피커 잡음 때문에 무슨 말을 하는지 한 마디도 알아듣지 못했네. 그런데 말일세. 벌써 그자 이름 뒤에 장군이라는 칭호를 붙이고 항일 독립운동 영웅이라는 소문이 퍼지고 있더군."

"지난 수십 년 사이 독립운동한 사람 중에 김일성이란 이름을 가진 사람이 여럿 있다는데 그중 하나라고 해도 너무 젊다는 거지. 가짜라는 소문이 파다해."

"어쨌든 소련군 장교들이 죽 늘어선 앞에서 연설하는 걸로 보아 앞으로 그자를 지도자로 내세우지 않겠나?"

"그렇겠지. 대세가 공산주의 세상으로 흘러가고 있으니."

그해 겨울은 유난히 추웠다. 시베리아에서 불어오는 찬 바람이 온 조선 땅을 모질게 휩쓸고 있던 중에 라디오 방송과 신문 기사를 통해 연말 시민들의 관심을 뜨겁게 달군 것은 모스크바 3상회의의 결과였다. 골자는 앞으로 5년 동안 미·소·영·중 네 나라가 조선이 통일 독립 국가를 재건하기까지 남북의 모든 정당과 사회단체를 지원하는 신탁통치를 한다는 것으로, 발표 직후 남북의 모든 진영으로부터 거센 찬반 논쟁을 일으켰다. 그런데 남쪽은 해가 바뀌고도 극심한 찬반 시위가 계속되면서 주요 인사가 암살되거나 테러 행위가 벌어지는 등 혼란을 거듭하고 있었으나 북쪽은 재빨리 찬탁으로 기울며 안정되었다. 처음에 우왕좌왕하던 남쪽 박헌영 중심의 좌익 세력들도 곧 찬탁으로 가닥을 잡았다.

1946년 새해 벽두부터 신탁통치 찬반 시위가 들끓고 있을 때 순원과 응서도 이 문제에 관심을 가지지 않을 수 없었다.

"원형 자네는 어느 쪽인가. 찬이야 반이야?"

"나는 아직 갈피를 못 잡겠네."

"나도 마찬가질세. 하지만 이것만은 분명해 보이는군. 어 하는 사이 38선으로 남과 북이 갈리면서 미·소를 등에 업고 좌우 이념 싸움이 시작된 거야. 좌우 이념이 이렇게 둘로 쪼개졌는데 단일 독립 국가를 건설한다고? 해방 직후 아버님이 하신 말씀이 생각나네. 미·소에게 분할 점령된 순간부터 이 조선 땅은 갈라지기 시작했다고. 이게 바로 해방시켜 준 대가로 저들이 우리에게 내민 청구서가 아닐까. 실제로 경원선이 끊어지고 출입증 없이는 38선을 왕래할 수 없게 되지 않았나."

"소련과 김일성 세력은 왜 찬탁으로 돌아섰을까. 앞으로 어떤 일이 펼쳐질까?"

"아직도 혼란을 거듭하고 있는 남쪽과 달리 여기에선 삼상회의 전에 벌써 단독 정부나 다름없는 '북조선조직위원회'라는 걸 수립하지 않았나. 그리고 보게. 지금 연일 평양 거리를 메우는 시위군중은 찬탁 일색이고 반탁 세력을 민족통일을 가로막는 반동 세력으로 몰고 있지 않은가. 모든 게 소련과 그들이 앞세운 김일성에 의해 주도되고 있는데 신탁통치가 목표로 하는 '통일 독립 국가' 건설의 주도권을 선점하려는 속셈 아니겠어? 두고 보게. 그 길로 나갈 테니."

"이 숨 가쁜 발길이 결국 북의 공산화를 완성하고 내쳐 남쪽까지 공산화하려는 행보라는 말이지. 그게 소련의 계획이고 김일성의 목표라는 말이지?"

"그래 보이는군."

이 와중에도 희소식이 있었다. 오래 일자리를 찾아온 원응서가 순원의 주선으로 평양 시내의 한 여학교 영어 강사로 취직한 것이다. 학교 행정이 안정되면 정식 교사로 채용한다는 조건이었다. 얼마 뒤 응서의 소개로 순원도 같은 학교 국어 강사로 취직해 얼마간 생활의 안정을 얻게 되었다.

하지만 시시각각 변하는 시국은 그 작은 안정을 위협하기 시작했다. 매년 그래왔듯 설을 맞아 삼촌들과 조카들을 이끌고 고향 선산에 차례를 지내고 돌아온 순원의 부친이 전에 없이 침통한 얼굴로 순원을 불러 앉혔다. 마침 순원은 직장에 나갈 준비를 하느라 고향에 동행하지 못한 참이었다.

"지난가을에 서울로 가신 사돈에게서 기별이 왔구나. 거두절미하고 우리도 서둘러 남행을 결정하라시네. 거긴 혼란하기는 해도 사람 마음을 옥죄지는 않는다는구나. 말하자면 이곳의 보이지 않는 억압이나 불안이 없다는 것이다. 사는데 심사가 편하다는 게지. 그래 네 생각을 듣고 싶구나.”

순원의 장인은 주변에서 제일 먼저 월남을 단행한 사람이었다. 해방 무렵 순원의 처남은 대전에서 검사로 재직하고 있었는데 38선이 생기고 경원선 철도를 비롯해 남북을 잇는 모든 통행로가 끊기면서 연락이 두절됐다. 아들의 안전을 확인한 장인은 북으로 돌아오지 않고 서울에 남아 새 삶의 터전을 마련했다. 순원의 아내가 들려준 얘기로는 ‘공산화의 길로 가고 있는 북의 상황을 일찌감치 눈치채시고 장남이 있는 남쪽에 남기로 결심하셨다’는 것이었다. 순원은 아무래도 집안의 기둥인 부친의 뜻이 우선이라고 생각했다.

“아버님의 생각은 어떠신지요?”

“선산이 있는 고향을 떠난다는 게 어디 쉬운 일이냐. 무슨 난리가 난 것도 아닌데. 젊은 너희들과 새싹 같은 애들 장래를 생각하면…….”

순원의 부친은 확답을 못하고 말끝을 흐렸다. 순원은 부친이 혹 자신은 남겠다는 말을 하지나 않을까 하여 못을 박았다.

“간다면 다 함께 가야지요.”

“지난 성묘에 네가 함께 못 간 게 다행이구나. 동네 분위기가 영 어색하더구나. 보는 사람마다 데면데면 말 섞기를 꺼리는 듯 거리를 두고. 이 서방이 너는 왜 안 보이느냐면서 빙글빙글 웃는 모습을 보니 소름이 돋더구나. 전답의 상속자요 장남인 너의 동태가 궁금했던 게지. 알고 보니 그자가 농민위원장인가 뭔가 하는 감투를 쓰려고 일을 꾸미고 있다는 거야. 너도 알다시피 토지개혁이라는 미명 아래 조상 대대로 물려받은 땅을 죄다 몰수하려는 계획이 숨 쉴 새도 없이 진행되고 있더구나. 지주는 봉건주의 잔재 청산의 일 순위 대상이라는데.”

이렇게 말하는 중에도 함께 떠나겠다는 뜻은 들어 있지 않았다.

“김일성이 곧 발표한다는 북조선임시정부의 정강이라는 게 교원들 사이에 나돌고 있습니다. 스무 가지나 되는데 내용마다 민주주의, 자유, 인민의 복리 향상을 거론하고 있지만 그 저의는 결국 공산주의 혁명을 정당화하고 추동하는 내용들입니다. 일제 잔재 청산은 그렇다 쳐도 언론, 출판, 신앙, 집회의 자유를 보장한다면서 반민주주의 활동은 절대 금지하겠다는 건 어불성설이지요. 반민주주의에 대한 설명이 없으니 저들의 뜻대로 하겠다는 게 아니겠어요. 세금, 노동, 교육에 대해서도 절대 평등을 실현하겠다는데 이 또한 꿈같은 얘기로 들립니다. 무엇보다 소작제 철폐와 동시에 지주들의 토지를 몰수하여 농민들에게 무상으로 나누어주겠다는 내용은 곧 우리 집안에 닥칠 재앙이 아닌가요. 몰수 대상에 전답만이 아니라 임야와 관개시설까지 포함시켰군요."

"임야를 포함시킨단 말이냐? 처음 듣는 얘긴데. 또 관개시설이면 저수지를 말하는 게 아니냐."

부친은 난감한 표정으로 한동안 멍하니 천정을 올려다보았다.

"한마디로 개인이 가진 재산이나 벌이는 사업 일체를 허용하지 않겠다는 것입니다."

"아, 그렇게까지……."

순원의 부친이 임야와 저수지까지 몰수 대상이라는 말에 이토록 실망하는 데는 이유가 있었다. 전답까지야 대신 고생해서 농사를 지어온 소작인들에게 나누어진다면 나름대로 보람이 있다고 받아들이려 했다. 하지만 임야는 달랐다. 전답은 모두 산 아래 펼쳐져 있다. 산이 풍요해야 논밭이 기름지다. 순원의 부친 황찬영은 선대로부터 물려받은 선산 주위의 얼마간 임야에 자신의 노력을 보태 꽤 넓은 임야를 소유하고 있었고 이를 전답 이상으로 아끼며 가꿔왔다. 그 뜻은 자신의 대뿐만 아니라 후대에게 보다 큰 이익을 주기 위해서였다. 또 저수지는 산이 품은 젖줄이 아닌가. 산이 뿜어낸 자양을 듬뿍 담은 물, 논밭의 곡식을 살찌게 할 그 물이야말로 생명수나 다름없었다. 여름엔 한꺼번에 흐르는 큰물을 가둬 홍수를 막고 갈수기엔 가뭄을 해갈해 주는 것이다. 전답이 생활의 방편이었다면 임야와 저수지는 그 이상의 꿈을 담고 있는 사업이었다.

"아버님이 먼저 떠나시지요. 지주들의 저항이 없지 않을 것이고 그만큼 저들도 속전속결로 처리하려 할 것입니다."

"아직 발표는 되지 않았잖느냐?"

"발표 전에 너도나도 다 알라고 떠벌린 저들의 속내가 뭐겠습니까. 불을 피워서 뛰어드는 나방이를 먼저 잡으려는 거지요. 20년 넘게 마름이었던 이 서방이 완장을 차 보세요. 저 강령을 펼쳐 들고 득달같이 달려올 겁니다. 벌써 거리 곳곳에 농민대회가 열린다는 벽보가 붙었어요. 장인 어르신 말씀대로 서두셔야 할 것 같습니다. 저도 집안 정리 끝나는 대로 뒤따르겠습니다."

이튿날 순원의 부친과 세 삼촌 등 온 가족이 모여 월남 문제를 논의했다. 부친과 순원은 찬성했으나 세 삼촌은 반대했다. 딱히 몰수될 재산이 없기도 했지만 공산주의에 대한 인식이 아직은 위험을 무릅쓰고 고향을 등져야 할 만큼 부정적이지 않았던 듯하다. 이리하여 순원의 부친 황찬영이 남쪽을 향해 38선을 넘은 것은 3월 초였다. 그는 서울 동대문 시장에서 수산물 위탁판매 사업을 벌이고 있던 사돈집에 머물며 뒤따라올 순원의 가족을 기다렸다.

부친이 떠난 직후 인민위원회는 20개 정강 중 제일 먼저 토지개혁 법령을 공포하고 이미 치밀하게 짜인 계획과 조직원들을 앞세워 일사천리로 밀어붙였다. 돌아가는 분위기에 대부분의 지주들은 감히 반대할 엄두를 내지 못하고 자진하여 문서를 내놓았다. 혹 저항하는 사람이 있었지만 반동으로 내몰려 인민재판에서 모진 수모를 당하거나 스스로 목숨을 끊기도 했다. 이런 흉흉한 분위기에도 불구하고 몰수된 토지를 분배받은 농민들은 꿈에 부풀어 김일성 장군 만세를 외쳤다. 하지만 그들 중 이 꿈같은 상황이 훗날 어떻게 변해 갈지를 예측한 이는 아무도 없었다.

부친이 남으로 떠난 후 두 달 동안 순원은 주변을 정리하고 38선을 넘을 방도며 가져갈 짐과 결행 날짜, 위기상황이 닥쳤을 때의 대처 방법 등을 세세히 준비했다. 결행 전날 순원은 모처럼 친구 원응서와 함께 학교 근처의 선술집에서 만나 술잔을 기울였다.

"원형. 인민위원회가 언론, 출판, 집회의 자유를 보장한다면서도 반민주주의 활동은 금지하겠다는데 그게 무슨 뜻인가?"

"글쎄, 저희 맘에 드는 말만 하고 글쓰기도 그렇고 모임도 허가해 주는 내용만 가지고 하라는 거 아니겠어?"

"그게 무슨 민주주의인가. 자유라는 꼬리를 달지 말든지. 앞으로 글쓰기는 글렀나 보네."

"초기엔 혼란을 잠재우려고 그렇게 하겠지만 그게 말이 되나. 일제 시대나 다를 게 없는데 그걸 종래 끌고 갈려구."

"자넨 역시 낙관론자야. 그나저나 나도 인민위원회의 강령을 따르기 위해 일제 잔재 청산에 나섰다네."

"거창하군. 무슨 감투라도 썼나? 요새 여기저기 위원장 완장이 난무하던데."

"그런 건 아니고 우리 집 살림살이 1호인 일제 미싱과 그동안 보던 일본 책들을 모두 팔아버렸어."

"어 그래? 애국자 나셨네. 그런 의미에서 건배하세."

그날 순원은 응서와 밤늦도록 취하였다. 몇 번이고 내일 남으로 떠난다는 말이 목구멍까지 차올랐으나 순원은 끝내 그 말을 뱉지 않았다. 갑작스런 친구의 월남 결행에 동요를 일으켜 고민에 빠지게 해서는 안 되었다. 그뿐 아니라 한 직장에 다니는 처지이고 보면 자신이 떠난 후 이리저리 불려 다니며 곤경을 치르게 할 수는 없었다. 겉으로는 웃고 있었지만 언제 다시 만나게 될지 모를 작별의 시간 앞에서 순원의 마음은 쓰렸다.

이튿날 새벽 순원은 모친과 아내, 동생 순필, 자녀들을 데리고 남으로 향했다. 아무런 연락도 없이 순원이 결근한 사실을 안 응서는 어젯밤 술이 과했나보다 하고 퇴근 후 순원의 집으로 찾아갔다. '왜 이리 조용하지?' 마당, 집안 어디에도 인기척이 없었다. 이상한 낌새를 느낀 응서는 방문을 열고 안으로 들어갔다. '이럴 수가.' 간밤 술자리에서 일제 잔재를 청산했다는 순원의 말이 농담인 줄 알았는데 정말 일제 미싱과 일본 책은 물론 쓸만한 물건들이 모두 보이지 않았다. '내게도 알리지 않고 급히 이사 가야 할 사정이 있었나. 아니면 무슨……' 응서는 불길한 느낌과 서운한 마음이 뒤섞인 심정으로 조용히 순원의 집을 빠져나왔다.

원응서는 이틀 후 이웃의 얘기를 듣고 순원이 월남한 사실을 알았다. '아, 이 친구. 상황을 내가 짐작도 못한 걸로 만들고는 떠났군.' 그제야 응서는 작품에서만이 아니라 생활에서도 물 샐 틈 없이 치밀하면서도 아기자기한 짜임새를 가진 순원의 됨됨이를 거듭 확인할 수 있었다.

이후 황순원과 원응서는 6·25 전쟁 중에 피난지 부산에서 재회했다. 순원의 동생 순필이 6·25 당시 통역장교로 북진하던 중 평양에서 월남에 반대했던 삼촌들의 소식을 탐문했다. 한 분은 처형당했고 나머지 두 삼촌은 생사를 알 수 없었다. 휴전 직후 순원은 해방을 전후하여 자신이 고향을 등지고 남으로 내려올 수밖에 없었던 사연을 바탕으로 당시 북의 토지개혁 과정에서 벌어지는 사건들을 생생하게 기록한 장편 『카인의 후예』를 발표했다.

8. 최인훈 - 김현주

1

"동무에게 묻고 있는 것입니다. 그 교실에서 무엇을 배웠습니까?"

인훈은 교탁 뒤에서 할 말을 잃고 서 있었다. 학급 간부단 세 사람과 학교 청소년단 간부 한 사람이 노트에 무언가를 적고 있었다. 소년단의 벽보 주필 자격으로 쓴 인훈의 글이 문제가 된 것이었다. 회령에서 전학 온 첫날, 원산중학교 운동장에 널려 있던 바윗덩어리가 어수선해 보였다는 벽보에 대해 분단장이 지도원 선생에게 고발했다.

"온 인민이 참가한 역사적 위업, 학교 환경에 대해 꼬투리를 잡아? 그건 반동사상이야! 도대체 거기서 무엇을 배웠냐고 묻지 않는가!"

지도원 선생이 덧붙여 말했다. 지도원 선생 뒤에는 혁명경찰관이 앉아 매섭게 인훈을 노려보고 있었다.

"그 교실에서는 조선인이 일본 사람 되기를 가르쳤습니다. 일본 점령의 마지막 시기에 저는…."

"좋습니다. 그러나 이제 동무는 공화국의 미래를 짊어질 영광스러운 소년단원입니다. 앞으로 어떤 각오를 하고 있습니까?"

인훈은 진심을 말하면 안 된다고 생각했다. 이 난감한 상황에서 자기를 가장 유리하게 변호해야만 했다. 그러기 위해서는 훌륭한 답을 만들어내야만 한다. 그러나 입이 떨어지지 않았다.

그때, 공교롭게도 정전이 되었다. 정전은 느닷없었으나 흔히 있는 일이었다. 교실은 어두컴컴하게 변해버렸다. 부산스럽게 움직이던 지도원 선생이 어둠 속에서 초와 성냥을 겨우 찾아내 불을 붙였다. 촛불이 일렁이는 희미한 빛 속에서 그들은 함께 침묵했다. 교탁 위에 있는 촛불은 지나치게 희미했고 그림자들은 검은 괴물처럼 일렁거렸다. 한참이 지나도 전기는 들어오지 않았다. 지도원 선생이 소년 간부단 모두를 집으로 돌려보냈다. 인훈은 선 채로 어둠이 깔린 학교 운동장을 물끄러미 쳐다보았다. 오동나무가 바람에 흔들리고 있었고 잎사귀에 실린 더 큰 바람이 유리창을 덜컹 덜컹, 두들겼다.

"한 마디만 더 묻겠소. 일제시대 아버지 직업이 무엇이었습니까? 어째서 원산으로 이사했습니까?"

인훈의 아버지는 시골 읍에서 목재공장을 경영했던 성공한 사업가였다. 그러나 해방이 되어 중국공산당 팔로군이 회령으로 밀려왔다. 그들 가족은 피난하듯 빈손으로 이사했다. 아버지는 원산제재공장에 직공으로 취직했다. 예전 생활과는 비교할 수 없이 가난했으나 그럭저럭 먹고살 만했다. 인훈은 회령에서 공장주였던 아버지에 대해 어떻게 대답해야 하는지 알 수 없어 고심했다.

"대답하시오!"

지도원 선생이 기어이 화를 냈다. 두려움이 목을 조이는 것 같았다.

"동무는 지금 이 자리에서 자아비판을 하시오."

혁명경찰관이 큰 소리로 윽박질렀다. 그들의 화를 풀려면 그들이 원하는 답을 해야 한다. 인훈은 벽보의 글이 잘못되지 않았다는 생각을 포기하고 싶지 않았다. 그들이 요구하는 '자아비판회'는 언제 끝날까.

인훈은 무어라고, 입을 벌리긴 했으나 머릿속이 멍해지면서 아득했다. 자신이 어떤 대답을 했는지 도무지 정신이 없었다.

"동무는 인민사회의 공적이다, 는 결론이오. 이것으로 마치겠소."

지도원 선생이 인훈을 매섭게 노려보았다.

집으로 돌아가는 길은 과수원을 한참 지나야 했다. 깊은 밤이라 어두컴컴했고 인적조차 없었다. 인훈은 아버지의 과거를 말하면서, 자신을 끝까지 변호하려 했다는 생각 때문에 부끄러워 꺽꺽, 울었다.

인훈은 벽보 주필 자리에서 해임되었다. 제재소의 하급 직공이 된 아버지에게 처벌이 내리지 않은 것이 천만다행이었다. 홀가분해진 인훈은 집 가까운 원산도서관에서 책에 빠져 지냈다. 『쿼바디스』를 읽고, 『죄와 벌』, 『바람과 함께 사라지다』 등을 손에 잡히는 대로 읽었다. 도서관에 처박혀 있다 보면 무엇인가가 되기 위해 새로 태어나고 있는 느낌이었다. 답답한 현실보다 더 넓은 세계로 향하는 그 무엇을 책이 제공해 주고 있었다.

도서관에서 나오면 시장이 있었다. 인훈은 고서들이 손수레 가득 쌓여 있는 곳으로 발길을 옮겼다.

"아저씨! 이 책들은 다 뭐예요?"

인훈이 손수레 쪽으로 다가가 호기심 많은 눈으로 물었다. 벙거지를 쓴 늙은 남자가 인훈을 내려다보았다.

"학생은 못 읽을 텐디. 죄다 일본말로 써진 거라서."

인훈은 손수레에 쌓인 책들을 눈으로 훑어보다가 한 권을 뽑아 들었다.

"니 아버지 오시라고 해라. 책을 사려거든."

"울 아버지는 일하시느라 시장에 못 오시는데…."

인훈은 책 수레를 떠날 수 없었다. 도서관에도 비슷한 책들이 있었고, 모조리 일본어로 된 책이었다. 일본어를 익혔던 인훈은 손수레 옆에 붙어서 책을 읽고 서 있다가 사들였다.

"원산을 급히 떠난 일본인들이 버린 것이란다. 사람들이 무작위로 걷어다 팔고 있는 것이야. 그런데 네가 읽을 수나 있겠냐?"

어머니가 책을 들고 오는 인훈에게 말했다. 그러나 인훈은 이미 일본어에 능통했다. 아버지의 책장 옆에서 늘 서성거리면서 책을 읽고 살았던 소년이었다. 내용도 모르고 읽었던 『조선 경제사』도 그중의 한 권이었다. 아버지 책장 옆에 인훈의 책장이 새로 놓였다. 시장에 갈 때마다 책을 들고 오는 인훈을 위해 어머니가 싼값에 나온 일본식 책장을 사주었다.

매일, 광장에서는 대규모 군중집회가 열렸다. 인훈은 맨 뒤에서 구경하다가 땅에 굴러다니는 책 『강철은 어떻게 단련되었는가』를 주웠다. 가난한 노동자 '파벨'이 혁명군으로 나섰다가 수족이 마비되고, 두 눈이 실명되었어도 자기만의 소설을 써서 인민에 봉사한다. 그 내용에 충격을 받았다. 나도 소설로 내 생각을 말할 것이다. 인훈은 그때, 처음으로 소설을 쓰기로 결심했다.

어느 날, 작문 시간이었다. 인훈은 조명희의 『낙동강』을 읽고 독후감을 써냈다.

"동무는 반드시 훌륭한 작가가 될 거요."

정확한 예언. 작문 선생이 인훈의 문장력을 급우들 앞에서 대놓고 칭찬했다. 소설의 주인공에게 투영된 자의식은 인훈의 특별한 관점이라는 것이다.

6월 학기말 시험 기간이었다. 팔로군에 소속되었던 조선인들이 인민군으로 재편성되었다는 소문이 돌았다. 학교 운동장 너머 철도에서 군인들을 실은 화물열차가 매일 남쪽으로 내려갔다. 화물열차에는 전차와 대포가 노출된 채 실려 있었다.

원산에 UN 공군의 대형폭격기들이 하늘을 날아다녔다. B29. 2차세계대전에서 일본을 공격한 폭격기들이 새까맣게 모습을 드러내면서 도시에 맹공격을 가했다. 사람들은 혼비백산 대책 없이 당했다. 길을 걸어가다가, 극장에서 영화를 보다가, 시장을 보다가, 선창에서 생선을 팔다가, 늦가을 낙엽처럼 뒹굴면서 죽었다. 낮게 날고 있는 비행기에서 쏟아지는 포탄들을 피하지 못하고 사람들이 수없이 쓰러졌다. 비행기의 공습으로 낮에 철도가 파괴당하면, 밤에는 군사위원회가 사람들을 동원해 복구했다. 밤에는 파괴, 낮에는 복구. 남으로 가는 기차가 멈추지 않기 위해 철도는 매일 복구해야만 했다.

공산정권이 북쪽으로 피난을 갔고, 원산에는 남쪽 군대가 들어와 점령했다. 새 깃발과 구호와 노래가 시작되었는데, 인민공화국의 것과는 정반대였다. 학교 교실에서도 러시아어 수업 대신 영어 수업이 시작되었다.

겨울이 되었다. 전쟁은 판도가 완전히 바뀌고 있었다. 중국 군대가 내려오면서 도시를 전멸시킬 것이라는 소문이 무성했다. 북으로 진격했던 UN군이 쫓겨 오면서 사람들이 원산을 빠져나가기 시작했다. 헤아릴 수 없이 많은 사람들이 짐보따리를 이고 지면서 남쪽으로 피난을 시작했다.

원산항 바다에 해군 함정 LST가 들어왔다. 작은 배가 오가면서 피난민들을 큰 배에 실어 날랐다. 두 달 동안 남쪽의 임시정국에 협조했던 사람들이 우선순위였다. 그날 새벽이 다 되어서야, 인훈의 가족도 배에 겨우 올라탔다. 검은 바다는 위태로운 불빛으로 번쩍이고 있었다. 막막하고 컴컴한 바다였다. 배에 오른 사람들은 불안과 희망이 교차하는 남쪽 바다를 향해 마음이 먼저 달려갔다. 머리 위로 날아드는 폭탄을 피해야 할 절박한 생존, 피난민들은 바다 위에 뜬 부표처럼 출렁이면서 살기 위해 떠났다.

LST 안에 오른 사람들은 겹겹이 포개 앉고 빽빽한 중에서도 누울 자리를 정했다. 한밤중이 되자 배가 파도에 흔들거리면서 심하게 요동쳤다. 뱃멀미가 시작되었다. 아버지도 어머니도, 두 동생도 모두 멀미에 시달리면서 준비한 깡통에 몸엣것을 토해냈다. 인훈은 세상에서 살아있다는 감각이 갑자기 없어지는 것 같았다. 토하고, 토했다. 까무룩 탈진할 지경이었다. 몸이 파도에 떠오르면서 무언가에 부딪치는 느낌이었다. 어둠 속에서 죽은 자처럼 누워있었는데도 검은 바다에서 둥둥 떠다니는 기분이었다. 어지럼증 섞인 먹먹한 슬픔이 배 밑바닥에서부터 올라와 인훈의 작은 몸을 이불처럼 덮었다.

"북쪽 피난민 처지에, 남쪽에 가면 우리가 알아서 자기 몸을 지켜야 할 것이다. 전세가 바뀌어, 혹시 인민군이 다시 남으로 내려오면 우리는 또 어디에서 왔다고 할 것이냐."

아버지가 혼잣말처럼 웅얼거렸다. 회령에서 피난한 뒤, 원산에서 겨우 마음을 놓고 살만하다고 생각했는데 다시 전쟁이 일어났다.

-이제 우리는 또 어디에서 왔다고 할 것이냐.

아버지의 말이 충격처럼, 인훈의 뇌리를 쳤다. 인훈은 그때, 어둠 속 바다에서 분단국가의 비극을 처절하게 경험하고 있었다. 생애 최초로 집단 피난의 경험을 하게 된 것이다. 인훈의 기억 속으로 지난 일이 썰물처럼 빠져나갔다가 밀물처럼 스며들어 왔다.

2

피난민 수용소에서 풀려난 인훈의 가족은 외가 친척이 있는 목포에 짐을 부렸고, 인훈은 목포고등학교에 입학·졸업했고, 우수한 성적으로 서울대 법대에 입학하게 되었다.

인훈은 피난 온 서울대에 다니기 위해 부산 범일동으로 이사했다. 당시 범일동 일대는 급하게 지은 천막이 즐비한 피난민 거리였다. 아버지는 인훈이 살 곳으로 천막 '바라크'를 손수 지어주었다. 유리 창문 밖으로 자갈치시장 너머 부산항구가 내려다보이는 높은 지대였다. 인훈으로서는 처음으로 개인적 공간이 생긴 것이었다.

"피난민이라 해서 기죽지 말고 다니고, 돈이 필요하면 언제든지 편지하거라. 대학생이라 사야 할 책들도 많을 것이니."

아버지는 강원도 영월의 제재소에 취직이 되어 어머니와 두 동생을 데리고 떠나야 했다.

"혼자 밥도 해 먹을 줄 모를 텐데…. 어쩌겠냐. 아버지 직장을 따라가야 하니."

어머니의 지나친 걱정조차 인훈에게는 좋았다.

인훈은 가족이 없는 적적함 속에서 책 속에 빠져 지내면서 소설을 쓰기 시작했다. 고향 이야기『두만강』이었다. 문학에 흠뻑 빠진 법대 1학년은 매일 밤낮으로 독서하느라, 소설을 쓰느라, 수업을 빼먹기 일쑤였다. 그는 일제점령기 때부터, 해방까지의 시간을 깊이 들여다보았다. 자아를 형성한 북한과 피난민의 시각으로 보게 된 남한의 정치 상황, 그리고 가족 이주에 대한 글이었다. 북한에서의 일제 패망 직전부터 해방을 거쳐, 급기야 남한으로 무대가 옮겨지는 가족사였다.

그의 첫 소설『두만강』에는 그때까지도 의식을 떠나지 않고 있는 지도원 선생의 질문들이 등장한다. 두 체제 사이에서 갈등하는 개인의 운명이 극적으로 치닫는 상황. 지도원은 남한을 '썩은 부르조아', '이승만 괴뢰 집단'으로 몰아붙이면서 자아비판을 하라고 몰아세운다. 인민들에게 사상 교육을 주입시키면서 개인을 버리도록 강요한다. 인훈은 그때까지도 원산에서의 '자아'를 잃은 충격에서 벗어나지 못하고 있었던 것이다.

전쟁으로 정치가 급변하고 있는 혼란한 상황에서도, 인훈은 아버지가 공들여 지은 집에서 먹고살면서 시간이 나는 대로 고서점을 순례하듯 다녔다. 학교 강의를 빼먹기 일쑤였고, 서점 한구석에 서서 오래 책을 읽다가 집으로 돌아가곤 했다.

북한군이 물러가고 이승만 정부가 서울로 돌아간 후, 모든 관공서도 다시 서울로 이주했다. 인훈도 대학에 다니기 위해 서울에 정착했다. 그러나 학교에 거의 나가지 않아 출석률이 미달되었다. 소설을 쓰기 위해 1년 동안 휴학을 한 후, 대학의 마지막 학기를 등록하지 않았던 것.

학교 게시판에 공고가 붙었다. 출석률 미달자는 시험을 치지 말라, 는 공고였다. 그러나 인훈은 졸업 시험을 치르기 위해 강의실 책상 앞에 앉았다.

"출석률 미달자는 시험지를 내도 아무 소용이 없습니다. 한 학기 더 다녀야 합니다."

감독 교수가 말했다. 인훈은 순간적으로 그 자리에서 일어나 교실에서 나와버렸다.

"이봐! 앉지 못해? 여기서 나가면 다시는 들어올 수 없어. 저런 객기로 무슨 법학을 하겠다고!"

지도교수가 인훈의 뒤통수에 대고 쏘아붙였다. 정치적·사회적 혼란기의 법대생 인훈으로서, 그때의 감정은 제도권에 대한 반항심이었다. 강의에 불충실했던 후회이거나.

그날 이후, 학교 측으로부터 통지를 받았다. 졸업을 하려면 한 학기를 더 등록해야 한다. 두 번 생각하지 않고, 학교 중퇴를 결정했다. 원산중학교 때, 끝까지 자신이 쓴 글이 정당했다는 것을 말하려고 갈등했던 경험이 떠올랐다. 자신의 의지를 박탈당한 자아비판회에서 '자아'를 버려야 했던 모욕감이 떠올랐다. 인훈은 졸업을 눈앞에 두고 자퇴를 선택했다. 어쩌면 법학보다는 문학의 길을 선택할 수밖에 없었던, 의도하지 못했던 수순일 수도 있었다.

사실을 알게 된 부모님이 한 학기 등록금을 더 보내왔다. 너무 늦어버린 일이었다. 한 번 마음을 정하면 제 뜻을 조용히 밀어붙이는 성격. 아버지는 인훈의 서울대 중퇴에 대해 아무 말도 하지 않았다. 회령에서 재산을 모두 버리고 원산으로 피난할 때처럼, 현실에 대한 적응력이 빠르기 때문이었을까. 어쩌면 장남 인훈의 결정을 존중했을까. 어머니도 그 일에 대해 더 이상의 참견을 하지 않았다. 인훈은 제도나 규칙 속에 갇히는 것을 끔찍하게 싫어했고, 누군가의 간섭에 민감한 편이었다. 원래 자기 자신에게 집중하고 살았던 그는 또래들에 비해 생각이 많았다. 친구 사귀는 것보다는 독서에 빠져 살았다. 이런 아들을 끝까지 염려하면서 내색하지 않았던 아버지는 학교 문제로 다시는 말을 꺼내지 않았다.

인훈은 자퇴 후, 중단했던 『두만강』을 쓰기 시작했다. 그러나 현실은 녹록지 않았다. 아무 직업도 없이 소설만 쓰고 살 수 없었다. 대학 중퇴자의 무위도식. 소설가는 밥을 벌 수 있는 직업이 아니었다. 앞날에 대한 희망이 보이지 않았다. 직업도 없이 어떻게 먹고 살 것인가. 앞길이 뿌옇게 흐려 보여 도무지 안정감을 찾지 못했다.

딱 하나, 선택지가 남아있었다. 인훈은 군대 입대를 결심했다. 대학 중퇴 후, 막막한 현실을 정면 돌파해야 할 마지막 기회 같았다.

"야, 새끼야. 거기 너도 이리 와. 자리 없으면 바닥에 엎어져야지!"

거리에서 헌병들이 청년들을 마구잡이로 끌고 와, 열차에 강제로 구겨넣듯이 처박았다. 그런 경우, 병무청의 온갖 부조리로 인한 강제 조치가 대부분이었다. 인훈 또한 용산역에서 헌병들에게 끌려가다시피 하면서 객차에 올라탔다. 열차에 실려 간 종착지는 논산훈련소의 벌판이었다.

훈련소 지붕은 시멘트로 덮여 있었는데, 군대 내무반은 최소한의 공간에 1개 소대가 밀집된 채 공동으로 거주했다. 신병들은 자기 물건을 지키기 위해 서로를 의심했다. 좁은 곳에서 상호불신과 경계심으로 모두 전전긍긍했고 불안정한 상태였다. 매일 내무반에서 개인 비품이 없어졌고, 의심받은 자가 끌려가 구타당하기 일쑤였으나 끝내 찾을 수 없는 일이 비일비재했다. 구타와 폭력은 보편적인 일이었고, 누구한테나 일상적인 일이었다. 비인간적인 공동생활이었다. 성적인 비속어가 만연한 가운데, 성적 폭력이 난무했다. 대부분은 약자에게 주도권을 행사했고, 강자에게 동조하는 자들은 분위기를 맞추기 위해 언어폭력을 일상어로 사용했다.

독재정권 치하의 군대는 노예적 집단생활과 다름없었다. 신문에는 강제 징집당한 청년들이 '얼어 죽고, 굶어 죽고, 병들어 죽은' 사건이 심심찮게 보도되기도 했다. 청년들의 징집 입대는 혼란한 사회 분위기를 그대로 보여주었다. 당시, 폭력에 노출된 군대 생활의 실상이었다.

인훈은 신병 교육이 끝난 후, 통역관 시험에 합격해 부관학교로 가게 되었다. 개인의 권리가 없는 '병력'일 뿐이던 군대에서, 강제 노역과 상습 폭행에서 벗어나기 위한 최선이었다. 통역장교는 근무 외의 시간을 자유롭게 쓸 수 있었다. 그제야 독서를 할 수 있는 자유를 조금은 얻어낸 셈이었다.

그는 휴일마다 서점에 들러 소설과 철학책을 읽었다. 이집 저집의 장서를 비교하고 참조하면서 지적인 만족을 느꼈다. 판자촌 책방 거리의 단골이 된 그는 책을 뽑아 들고 오래 읽고 서 있는 사람으로 알려졌다. 그곳에서 보낸 시간이 바로 '그의 대학'이었다. 책들은 대학 강의실에서 진행되고 있는 강의들보다 더 깊고 넓은 지식을 가져다주었다. 학교에서 보낸 시간보다 더 많은 성취감을 얻어내면서, 인훈은 자기 인식을 형성하게 되었던 것이다.

어느 날, 인훈은 『사상계』 잡지를 들고 한적한 들판으로 나갔다. 나무 아래에 누워 하늘을 보다가 잡지를 뒤적였다. 그때, 눈길을 사로잡은 것이 있었다. 마르셀 프루스트의 『잃어버린 시간을 찾아서』의 한 부분.

주인공이 애인을 그녀의 집까지 바래다준다. 그러나 돌아가지 못하고 그녀의 집 창문을 오래도록 지켜본다. 그녀가 소문대로 다른 남자가 있는지 불안했던 주인공은 그녀의 집 창문 아래에서 서성거린다. 차마 문을 두드리지 못한다. 애인에 대한 의혹은 더욱 커졌고 불안은 깊어진다. 안타까움으로 인한 사랑의 불은 쉽게 꺼지지 않는다. 불타는 사랑과 열정의 심리가 인훈의 가슴을 뻐근하도록 가득 채웠다.

인훈은 찢겨 나간 잡지의 뒷면을 더는 읽을 수 없었다. 그 뒤, 주인공은 어떻게 되었을까. 과월호의 잡지 『사상계』를 직접 구해야 했다. 인훈은 궁금했다. 그것은 그동안 막연하게 생각했던 소설의 힘, 유혹 같았다.

프루스트를 읽었던 강렬한 충동으로 글을 쓰기 시작했다. 소설의 형식에 상관없이, 막연하게 주제를 생각하며, 막막한 원고지 위에, 미리 계획하지 않은 구성으로 쓴 최초의 단편소설, 「GREY 구락부 전말기」였다.

휴일이면 서울로 나갔다. 서점이 즐비한 광화문 거리 다방에 앉아 책을 읽곤 했다. 그러던 중, 소설가 안수길을 만났다. 안수길은 1959년 4월 잡지 『사상계』에 장편소설 『북간도』를 연재하기 시작했는데, 식민지 시대 민족의 수난을 그린 소설로 평가받으면서 독자들의 뜨거운 반응을 불러일으키고 있었다. 당시 『사상계』는 이승만 독재정권에 맞선 잡지로 학생들과 지식인들에게 많은 영향을 미쳤다. 인훈은 정기 구독자였으며 안수길을 내심 만나고 싶었다. 그동안 공들여 쓴 작품을 보여줄 좋은 기회였기 때문이다. 『북간도』로 이미 유명해진 소설가. 인훈은 그에게 700매에 달하는 『두만강』을 내밀고 싶었으나, 지레 포기했다. 꿈 같은 일이라고 생각했다. 어떻게 장편이랍시고, 스스로 검증도 못 한 채 내놓을 수 있단 말인가. 게다가 결말 부분을 더는 쓰지 못하고 중단할 수밖에 없었는데. 이 덜된 작품으로 어떻게…. 대학 시절 처음 쓸 때, 선명하고 투철한 의식은 어디론가 사라지고 말았다. 아무리 읽어도 주제가 제대로 드러나지 않은 글. 인훈은 회령, 원산, 그리고, 부산 피난민 시절의 이야기를 매듭지을 수 없었다. 분단국가 두 체제를 오갔던 가족의 이주사를 쉽게 결론짓지 못했다.

인훈은 『두만강』 대신, 군대에서 틈틈이 써왔던 습작을 안수길에게 내밀었다. 『자유문학』 10월 호에 안수길의 추천을 받은 「GREY 구락부 전말기」는 최인훈 소설의 시작점이었다. 그 후, 12월 호에 「라울전」을 발표하면서 2회의 추천을 거쳐 23세에 등단했다. 정훈장교, 보도장교 생활로 책을 읽을 수 있었던 자유가 이를 뒷받침했던 것이었다.

등단 이후, 그는 군대 생활의 비인간성을 한국 정치의 폭력적 행태로 차용한 소설을 썼다. 7년 동안 군대에서 경험한 '폭력과 전쟁에 관한 사유'는 그의 작품을 관통하는 주제가 되었다.

3

1960년 4 · 19혁명이 일어났다. 국민들이 이승만 정부를 무너뜨린 것이다. 3 · 15 선거는 아무렇지도 않게 폭력과 타락으로 치러졌고, 참지 못한 국민들이 켜켜이 쌓인 불만을 폭발시킨 시민혁명이었다. 사월의 그날, 한국의 자유가 탄생한 날, 그날의 주인공은 바로 젊은 세대였다. 25세의 인훈은 소설『광장』을 발표했다. 당시 이 작품은 폭발적인 사회적 반향을 일으켰고, 베스트셀러가 되어 대중적 인기를 얻었다.

주인공 명준은 석방 포로가 되어 인도 배 타고르 호를 타고, 동중국 바다를 항해한다. 6 · 25전쟁 전, 이명준은 남한에서 살았다. 아버지는 8 · 15해방 이후 월북했다. 이후, 어머니가 사망하자 이명준은 아버지 친구 집에서 객식구가 되어 얹혀살고 있다. 어느 날, 북한의 고위관리가 된 아버지의 대남 육성방송 때문에 경찰서로 끌려가 고문을 당한다. 철학도였던 그에게 형사가 묻는다. "마르크스 철학을 아느냐, 너는 빨갱이의 아들이다." 고문과 회유와 협박을 당한 후, 형사로부터 겨우 풀려난 이명준은 연인 윤애의 집에서 지내다가 인천 부두에서 밀수선을 탄다. 아버지가 있는 북한으로 가게 된 것. 아버지는 고위간부가 되어 있었고 이미 재혼한 상태였다. 이명준은 남한에서 환멸을 느껴, 북한으로 탈출했으나, 북한의 정치 또한 답답하기는 매한가지. 그러나 다시 남한으로 돌아갈 수 없었기 때문에 당 선전부에서 기자로 근무한다. 이명준에게 노동신문 편집장이 강요한다. "당의 명령대로 하면 그것이 곧 공화국을 위한 것이요. 개인주의적인 정신을 버리시오" 리얼리즘이란 사실을 사실대로 옮기는 것, 이라고 주장하는 이명준에게 자아비판을 해야 한다는 것이다.

'사회주의 리얼리즘은 인민의 근로 의욕을 양양시키고, 고무시키는 방향이어야 한다'는 것. 이것이 이명준을 숨죽이게 했다. 이때, 이명준은 당과 정부 및 전체 인민의 이름으로 냉정한 자아비판을 재빨리, 10분 내로 끝낸다. 당 간부들의 박수를 받았음은 물론이다.

어릴 적, 원산에서의 경험은 소설가 최인훈의 트라우마였던 것이다. 그 것은 절박한 깨달음이었다. 개인의 자유가 없는 북한 체제. 그 기억은 인 훈에게는 끝내 잊혀지지 않았던 것이다. 북한은 개인적인 욕망을 가질 수 없는 곳, 잿빛 공화국이었다. 집단적 획일화의 체제였다.

『광장』의 주인공 이명준의 갈등은, 인훈의 북한에 대한 통찰에서 온 것 이다. 북한은 획일적 이념을 강요하면서 개인을 불안과 공포에 몰아넣은 체제였다. 남한의 체제가 그나마 살만한 것은 아닌가, 생각했으나 그 생각 도 접어두었다. 분단국가의 두 체제는 개인이 결정 의지에 따라 선택하는 건 아니었다.

그러나 석방 포로 이명준은 남한과 북한 중 한 곳을 선택해야만 한다. 이때의 이명준의 머리칼은 흐트러져 있고, 핏발이 선 눈과 움푹 꺼진 볼의 형상이다. 북한 장교가 강요한다. 남인가, 북인가. 이명준은 중립국, 이라 고 말한다. 그가 가야 할 곳은 두 체제 중 어느 곳도 아닌 중립지대였다. 인민공화국으로 돌아가기를 강요하는 장교가 매섭게 묻는다. "동무는 어 느 쪽이오?" 이명준이 답한다. "중립국." 인민군 장교가 또 말한다. "동무 가 조국과 인민에게 바친 충성을 영웅적으로 평가하겠소." 다시 이명준이 말한다. "중립국." 남한 측 대표가 묻는다. "남한 2천만 동포가 있는 조국 의 품으로 오시오. 대한민국엔 자유가 있소." 이명준이 말한다. "중립국." 아무도 나를 아는 사람이 없는 나라, 중립국으로 갈 것이다. 이명준은 월 북하기 전에 겪었던 남한을 떠올린다. 남한에는 개인적 자유가 있다. 그러 나 정치가는 부패하고 타락했다. 개인에게 이념의 자유가 있는가. 자유가 있으나 자유롭지 못한 독재 체제. 그러니 남한도 아니다. 이명준은 자신을 고문했던 경찰과 고문실을 떠올린다. 남한의 체제 속으로 다시 돌아갈 것 인가? 이때, 선택의 기로에서 갈등한다, 그리고 정확히 말한다. "중립국."

그렇게, 제3국을 선택한다.

이명준의 생의 의미는 사랑하는 여인 은혜였다. 남한에서의 첫사랑 윤애와 헤어지고, 북한에서 만난 발레리나 은혜. 그러나 은혜는 당의 명령으로 모스크바 공연을 떠나고, 이명준은 홀로 남았다. 6·25전쟁이 터져, 이명준은 인민군 장교로 파견된다. 낙동강 전선의 총공격이 시작되었다. 그때야, 전선의 간호부로 자원한 은혜를 만날 수 있었다. 그들은 이명준이 발견한 동굴에서 깊은 사랑을 나눈다. 이 동굴이야말로, 개인의 밀실이었다. 밀실은 자유와 사랑이 이루어지는 곳이다. 그곳이야말로, 인간적인 삶을 이룰 수 있는 공간이다. 그러나 결국 은혜는 전사하고 말았다.

타고르 호에서 석방 포로 이명준은 고뇌한다. 중립국을 선택했으나, 그곳에 가서 어떻게 살 것인가. 의미가 없는 인생이 될 게 뻔했다. 그것은 이념 이전에, 자유 이전에, 사랑을 잃어버린 결과였다. 모든 슬픔과 무력감은 연인 은혜를 잃어버린 후에 왔다. 사랑하는 은혜 없이 어떻게 살 것인가. 삶이란 이념이 우선이 아니다. 사랑 없이, 목숨이 붙어 있으나 살 수 없는 이명준은 이미 희망을 잃었다. 그가 가야 할 곳은 제3국도 아닌 죽음. 결국 이명준은 타고르 호에서 바다로 투신한다. 그의 길은 오직 자유와 사랑뿐이었다.

당시, 『광장』은 안 읽은 사람이 없을 정도로 인기를 끌었다. 4·19혁명의 푸른 바람이 불고 있었기 때문이다.

이듬해, 1961년 5월 16일 박정희 소장이 쿠데타를 일으켰다. 제2공화국은 출범 9개월 만에 무너졌다. 이럴 수도 있나. 인훈은 당황했다. 쿠데타 세상은 요지경 속이었다. 군인들이 지배하는 세상의 폭압 정치가 시작된 것이다. 반란군을 지지하는 무리들은 세상을 공포 속으로 몰아넣고 있었다.

갑자기 낯설어진 도시에서 소설가로서 무얼 해야 하는가. 세상이 잘못

되었다는 것을 알면서, 인훈은 소설가로서 세상에 정면으로 맞서지 못하고 있었다. 나는 무엇을 써야 하는가.

인훈은 5·16쿠데타를 맞닥뜨린 당혹감을 비사실적으로 그렸다. 소설 「아홉 개의 꿈」. 부조리한 시간, 내란이 일어난 어느 가상 도시에서 벌어진 일이었다.

1963년 인훈은 소설 「금오신화」를 『사상계』에 발표했다. 김시습의 『금오신화』는 조선 전기를 배경으로 환상적이고 기이한 세계를 다룬 작품이다. 그러나 인훈의 「금오신화」는 6·25 한국전쟁을 배경으로 했다.

'전쟁에서 공산의용군으로 징발된 남한 출신 대학생 A가 간첩 교육을 받고 남파되는 길에 임진강에서 죽는다.' A에 대해 인훈은 이렇게 썼다. '의용군이라니, 정치는 참 멋대로 이름을 붙인다. A는 거리에서 잡혀서 대열에 편입된 것뿐이다.' 이 문장은 그의 입대 체험에 의한 것이다. 이 소설을 통해, 인훈은 군부 정치의 공포를 말했다. 정치의 유령이 횡행하는 시간은 전쟁과 같은 것. 인훈은 개인의 일상에 드리운 광기와 공포를 독백과 환상의 형식으로 서술했다.

소설을 치열하게, 정밀하게 썼다. 열심히 썼지만 발표한 작품들이 모두 책으로 출간되는 것은 아니었다. 출판 시장은 영세했고, 생업으로서의 순수문학 작가로 살기가 어려웠다. 그의 마음은 언제나 허허벌판에 서 있는 느낌이었다. 글과 자신과의 일치는 끊임없이 써야 하는 되풀이를 통해서만 유지된다. 그러나 '마치 한 번 마시면 헤어 나오지 못하는 술처럼', 어디론가 알지 못하는 곳으로 술술 바람이 통과하는 것 같은 그런 허전함이 깊었다.

인훈은 자신에게 주어진 화두를 붙잡으면서 깊은 사유에 빠져들었다. 그는 한국의 정치 현실에서 끊임없이 위태로운 지식인이었다. 글쓰기라는 것은 세계를 이해하는 철학에 가까운 예술인 것. 그는 시대를 들여다보며 정확하고도 깊은 통찰을 기울였다. 현재 상황은 엄혹한 군부독재의 시대.

단편 「총독의 소리」에서 그는 1965년 한일 협정 조인으로 인한 위기의식을 드러냈다.

　1973년 37세인 당시 그는 장편소설 『태풍』을 신문에 연재 형식으로 발표하게 되었다. 이 소설은 가상의 나파유국(일본)과 니브리타국(영국으로 추정) 사이에 끼어든 에로크(한국) 민족 출신의 육군 중위 오토메나크의 이야기다.

　인훈은 『태풍』을 쓰기 위해 전력투구했다. 구한말, 그리고 상대국 일본의 천황제, 유럽의 제국주의를 쓰기 위해 매일 읽고, 쓰고, 오래 고심했다. 백범 김구와 단재 신채호는 그가 즐겨 읽는 책이었다. 대체역사 소설, 『태풍』. 이 소설에서 무엇을 말할 것인가. 가상의 국가와 가공된 지형과 스토리를 전개해 나갔다. 상징과 암시의 형식으로 써야만 한다. 여기서 형식이란, 작가의 메시지를 말한다. 이데올로기로 고뇌하는 식민지 청년 오토메나크의 깨달음과 인식이 아름다운 묘사와 정치적 상황, 사랑으로 전개되어 있다. 이 소설에서 그는 자유분방한 세계적 상상력을 구사하고 있다. 그는 한반도의 분단 문제를 깊이 들여다보아야만 했다. 그러기 위해서는 과거 식민지 시대를 써내려 가는 시간이 필요했다.

　밤이 깊도록, 새벽이 올 때까지 그는 책상 앞을 떠나지 않았다. 백열등 아래서 눈앞이 흐릿해질 때까지 소설에 매달렸다. 신문 연재는 결코 쉬운 작업이 아니었다. 그러나 자신이 정한 주제를 끝까지 놓치지 않는 집요함으로 매진했다. 언제든지, 우리는 식민지 체제로 전환될 수 있는 위험을 지닌 분단국가일 뿐. 그것에 대한 인식 없이 이 소설은 마무리할 수 없다는 생각 때문이었다. 세계 속의 한국. 과거 역사에 대한 재해석 없이 어떻게 『태풍』을 완성할 수 있을 것인가. 그는 대한민국의 미래를 고민하고 또 고심하면서 퇴고에 퇴고를 거듭했다. 그제야 인훈은 자신이 오래 천착했던 화두, '식민지 시대 개인의 운명'을 소설의 주제로 풀어낼 수 있었다.

4

인훈은 미국 아이오와 대학의 '세계 작가 프로그램(IWP)'의 초청을 받아 미국으로 건너갔다. 그곳에 체류하는 동안 『광장』을 우리말을 살려 개작했다. 그곳에서는 소설이 아닌, 희곡 『옛날 옛적에 훠어이 훠이』를 집필했다.

미국 체류가 끝나갈 무렵, 인훈은 아버지를 모시고 동생 가족과 함께 휴가를 떠났다. 차 안에서 인훈은 아버지가 무언가를 매우 망설이고 있다는 것을 느꼈다. 지난번, 하지 못한 이야기의 끝을 내려고 하시는 것인가.

-너를 불안한 한국에 남겨두고 있으니 나는 편치 않구나.

아버지는 조심스러운 표정으로 인훈의 눈치를 살피며 마음을 감추었다. 미국의 집에서 매일 한국의 신문을 받아보았는데, 신문은 4, 5일 늦은 우편으로 배달되었다. 매일 아침 아버지는 신문을 뚫어지게 읽어내리다가 옅은 한숨을 쉬곤 했다. 아버지는 남한의 위태롭고 불안한 정치 상황을 걱정했다. 군부독재의 실상을 세세히 알고 있었던 것이다. 인훈은 송구스러워 아무 질문도 하지 못했다.

"굳이 다시 한국으로 가야 하겠느냐. 여기서 살면서 무엇이든 쓰면 되지 않겠나. 우리가 살아온 세월이 그렇다. 생활이 불안해서 떠나온 사람들의 이주는 당연한 것이었지. 나는 회령에서 원산으로, 원산에서 남으로 피난 온 것이 결국 잘했다는 생각이다. 우리 가족이 미국으로 이민을 올 때도, 네게 강권하지 않았다. 글 쓰는 사람이 제 나라에 있어야 한다는 생각 때문이었다. 네가 전쟁이 언제 터질지 모를 한국 땅으로 굳이 돌아가려는 것이 정말 불안하구나. 여기서도 얼마든지 글을 쓸 수 있어. 만일 다시 전쟁이 난다면 말이다…. 그때, 너는 어찌할 것이냐."

인훈은 아버지의 심정을 충분히 이해했다. 고국의 계엄령 포고 소식을 신문에서 읽은 아버지였다. 운전석에 앉은 동생은 숨을 죽이고 있었다. 동생 역시 불안감에 휩싸였다. 침묵이 흘렀다. 옆자리의 아버지가 대답 없는 인훈의 낯빛을 조심스레 살피고 있었다.

-한국으로 돌아간다는 것은 얼마나 무서운 일이냐.

아버지의 애타는 심정이었다.

-저는 돌아갈 것이고, 돌아가서는 여전히 글을 쓸 것이고….

인훈은 송구스러웠다. 차마 직접적으로 아버지에게 말하지 못했다. 지금 귀국을 한다는 것은 용기가 필요했다. 한국에서 벌어지는 군사독재 하의 끔찍한 일을 다시 직면하고 싶지 않았다. 독재정권에서 소설가는 무력감에 빠져 싸울 힘을 잃기 십상이었다. 그렇지 않다면 목숨을 내놓고 저항해야만 한다. 장남으로서 가족의 이민에 도움조차 줄 수 없었던 인훈. 그의 귀국이 홀로 된 아버지를 걱정시키고 있었다.

인훈으로서는 할 말이 없었다. 아버지는 핏줄의 안전함을 최우선으로 생각했다. 가족의 안전을 위해 피난을 했고, 이주자의 길을 걸을 수밖에 없었던 사람이었다. 아버지는 한국의 위험한 정치 상황을 벗어나 미국 이민을 선택한 것이 최선이다, 라고 말했다.

-이제야말로 나는 너를 안전한 나라에 두어야 한다.

아버지의 얼굴이 인훈에게 말했다. 아버지가 처음 이민의 뜻을 강하게 비쳤을 때, 동생은 적극 환영했다. 인훈의 가족은 위기의식에 민감한 피난민이었던 것이다.

"너무 걱정 마세요. 지금 돌아가지는 않겠습니다. 조금 더 머물겠습니다. 우리나라, 이제 이보다 더 큰 일이 터지겠습니까. 아버지 뜻을 따라 조금 더 있겠습니다."

인훈은 당장 귀국한다 해도, 먹고 살 수 있는 길이 없었다. 생계와 상관없는 막연한 직업, 소설가. 아내와 가족들에게도 가난과 불안을 다시는 겪게 할 수 없다.

-이제 어떻게 할 것인가. 한국으로 간다고 해도 당장 직업을 구하지 못하면…. 소설을 쓰지도 못하면, 지금 나는 어찌해야 할까.

인훈은 차마 떠나겠다는 말을 아버지에게 할 수 없었다. 서울에 있는 가족을 생각했다. 당장 돌아가더라도 생계를 해결할 도리가 없었다.

"형님. 지금 당장은 여기서 지내시는 게 어떠십니까. 돌아간다고 해도 지금 뾰족한 방도가 없으시니. 아버님도 지금 너무 외롭고 적적하시고요. 우리 부부가 모두 출근해버리면 혼자 종일 지내셔야 하니."

동생이 인훈을 설득했다. 어머니의 이른 죽음으로 아버지는 갑자기 늙어버린 듯, 마음이 쇠약해졌다. 그 아버지 곁에서, 조금이라도 평화를 느끼게 해드리고 싶었다.

-우리는 여전히 피난 중이구나.

인훈은 자신의 불안이 대를 이은 것임을 절실하게 느꼈다. 아버지의 결정은 한국전쟁 때, 가족을 이끌고 전쟁을 피했던 가장으로서의 책임감이었다. 피난. 인훈 또한 불안에 민감했다. 아버지와 장남 인훈의 화두는 살기 위한 이주였다. 그것은 두 체제를 가진 한국인으로서, 피할 수 없었다. 국민을 분열시키는 두 체제는 한국인의 숙명이었다. 서로 적대하는 분단의 위기. 그것은 영토가 분열된 한반도의 숙명이었다. 조금 사그라들다가도, 두 체재는 서로 적개심을 가진 채 으르렁거렸다. 고개를 쳐드는 독오른 뱀처럼, 틈만 있으면 서로를 기습하기에 바빴다.

5

답) 소설에도 여러 갈래가 있소. 사실을 있는 그대로 쓰면서 세상을 질타하는 이야기만이 소설은 아니지. 힘든 일상을 살아내는, 이름 없는 이들의 이야기를 소설화시킨다면 여간 대단한 것이 아니지 않겠소. 커다란 서사가 아닌 작은 이야기를 치밀하게 쓰는 일도 큰 의미가 있다는 말이지.

문) 작은 이야기를 품은 소설이란 무엇입니까.

답) 삶이라는 것이 수수께끼보다 더한 허깨비임을 일깨우는 일. 이것이 작은 이야기 소설이오. 그대가 살고 있는 세상의 실상을 이렇게 쓸 수만 있다면, 무엇이라 꼭 짚어 명료하게 말하지 않아야 하겠죠. 예를 들어 '조금 더 어슴푸레하게' 표현하는 것이랄까. 햇빛 아래의 삶처럼 환하게 보이는 것이 진실인 줄 알았지만, 그게 아니기 때문이오.

문) 사실주의 소설과 달리, 선생님 소설의 환상성과 부조리의 풍경들은 어떤 의미를 내포하는 것입니까.

답) 이 시대를 규격화하듯 보이는 대로 그릴 수는 없기 때문이오. 광기의 정치적 현실을 환상적으로 그려내는 것, 이것이 저항이라고 생각한다고 할까. 예술의 마지막 메시지는 그 형식이기 때문이지.

인훈은 서울예술전문대학에서 학생들을 가르치고 있었다.

"따라서 소설의 표현이라는 건, 상투적이지 않아야 합니다. 매우 신선한 선택을 말하는 것이죠."

그 한마디를 마친 순간, 질문했던 학생이 알아들었다는 얼굴로 머리를 끄덕였다.

인훈은 수업을 끝낸 후, 밖으로 나왔다. 학생들을 등 뒤에 두고, 복도를 지나 계단을 내려가면서 곰곰 생각했다.

-그렇다. 나는 작은 이야기를 쓰고 싶었던 게야.

인훈은 『소설가 구보 씨의 일일』을 그렇게 쓰고 싶었다. 박태원의 『소설가 구보 씨의 일일』을 패러디해서 자신만의 관점으로 재창작했다. 1960년대 후반 지식인의 절망과 무력감을 그린 소설. 인훈은 당대 양심적인 예술가의 초상을 담담하게, 그러나 바느질하듯 꼼꼼하게 써 내려갔다. 그에게 중요한 것은 기존의 것을 재해석하는 것이다. 우리의 역사와 문화를 현대적 관점으로 새롭게 쓰는 것. 인훈이 줄기차게, 한국 설화와 함께 다른 작가의 소설을 재창작했던 이유였다.

6

인훈은 희곡으로 장르를 바꾸었다. 문학 2기의 시작이었다. 그는 이제 새로운 길로 접어들고 있었다. 소설은 인식론에 바탕을 두는 장르였다. 무엇을 어떻게 표현해야 하는가. 무엇이 옳은가를 인물을 통해서 드러내는 소설은 당시, 많은 위험성이 내포되었다. 그에 비해 희곡은 강제적인 형식의 장르였다. 자신의 메시지를 전달해야만 하는 소명감. 그것은 자신의 정체성을 잃어버리지 않으려는 몸부림이었다.

『옛날 옛적에 훠어이 훠이』를 발표하면서 그는 한국연극영화예술상 희곡상을 수상하게 되었다. 이 작품으로 미국 뉴욕주 브록포트 대학의 초청을 받았고, 뉴욕 〈범아시아 레퍼토리〉 극단의 무대에 공연하게 되었다. 미국의 무대에서 미국 젊은이들이 한국의 집을 지어놓고서, 한국의 이야기를 엮어나가고 있었던 것이다. 그는 콧날이 시큰해졌다. 예술가로서의 보람과 성취가 가슴을 설레게 했다. 극작가로서 자신이 전해야 할 이야기가 미국 젊은이들에게 스며든 것이다.

이후, 『둥둥 낙랑둥』외 여러 작품을 썼고. 이 작품들이 무대에 올라 연극계에서 비상한 관심을 끌었다. 한국 희곡에 새로운 지평을 열었다는 호평이었다.

58세 인훈은 그의 마지막 소설 『화두』제1, 2권을 간행했다. '문단 데뷔로부터 35년, 첫 작품「두만강」으로부터 42년'의 세월이 흐른 다음이었다.

『화두』에는 해방, 조선인민공화국 수립, 한국전쟁, 4·19, 5·16, 유신, 광주 등 우리 역사의 핵심적 사건들과 독일 통일, 소련 해체 등 세계사의 쟁점들을 함께 포괄해 내는 작가 특유의 방대한 사유가 섬세한 기억의 회로를 따라 고압선의 전류처럼 압축되어 흐르고 있다. 그의 밀도 높은 사유는 한 지식인의 숨 막히는 세계사와의 정신적 대결에서 나오는 것으로 독자들을 그 감전을 피할 도리가 없다.

(…) 한반도 전체가 피난민으로 운명지워진 상황에 대한 치열한 정신적 도전과 명징한 논리적 분석은 우리를 압도하는 거대한 사상적, 예술적 교향악이다.

- 민음사 간행 『화두』의 표지 글에서

『화두』를 창작할 때쯤에는 그는 자신의 생애가 소설 같다, 고 생각한다. 사실에 근거한, 북한과 남한 두 체제 속을 경험하면서 소설가로서의 정체성을 잃지 않기 위해 고군분투했던 한평생이었다.

인훈은 원고지를 꺼내놓고 마주 앉는다.

문장에 대해 쓴다.

'문장의 작성자에게 퇴고(推敲)라는 작업 방식은 그의 직업상의 부활이요, 윤회다. 자기의 직업적 전생(前生)을 그때마다 다시 산다.'

'소설은 기억 놀이이며, 소설 속에서 개인은 생애를 몇 번씩이나 부활할 수 있고, 윤회할 수 있다.'

『광장』을 고쳐 쓴 이유였다. 1960년 첫 발표 후에 수차례 수정과 가필을 했던 그는 '내용과 형식'에 온 정력을 쏟아부었다. 처음에 600매였던 원고를 최종 800매로 수정하여 마무리하게 된 것이다. 이는 그의 투철한 직업 전생(全生)이었다.

주인공 이명준. 그가 살고 싶었던 세계와 소설가 인훈이 살고 싶었던 세계는 자유와 사랑이 있는 곳이었다. 역사와 이데올로기를 초월한, 사람의 삶을 추구했던 소설가. 민주주의에 대한 사유가 필생의 화두였던 최인훈. 그의 소설가로서의 시작과 끝은 피난민 아버지가 던진 한마디였다.

"이제 우리는 또 어디에서 왔다고 할 것이냐."

영원한 세계인으로서, 분단국가의 두 체제와 이념에 대한 사유를 그치지 않았던 소설가.

우리 민족은 여전히 두 체제 아래 있다. 분단 직후를 벗어나지 못한 상륙선의 난민 같은 민족.

대한민국의 미래는 여전히 『광장』의 현재형이다. 그는 예언처럼, 죽음 앞에서까지도 민주주의와 자유와 사랑을 추구했으며 소설가로서, 치열한 고민을 놓치지 않았다. 그의 소설 쓰기는 여전히 완성을 향한 수정 중이다.

9. 이문구 - 김세인

회오리바람이 불어오자 연사는 서둘러 집회를 마무리 지었다. 군중이 팔로 얼굴을 가리며 흩어졌고 학생들도 삼삼오오 어깨를 걸고 가버렸다.

동그마니 혼자 남은 문구는 할아버지가 하던 말씀이 떠올랐다.

"하얀 실은 푸르게 물들이면 푸르게 되고, 노랗게 물들이면 노랗게 된다."

친구를 사귈 때는 가려서 사귀라는 뜻이었다.

문구는 어깨를 축 늘어뜨리며 중얼거렸다.

"쳇, 나하구 어울리문 뻘건 물이 들까베 지들끼리만 뭉친 겨. 나를 빨갱이 취급하는 겨."

문구는 집회에서 연사가 "빨갱이는 씨를 말리자!"라고 외칠 때, 누구보다도 큰 소리로 복창했다. 아버지는 빨갱이 짓을 했지만 나는 아니라는 뜻으로 한 행동이었다. 이런 나를 봤다면 어머니는 어떤 심정일까 하는 생각이 들었다. 한쪽 뺨에는 차가운 물을, 다른 한쪽 뺨에는 뜨거운 물을 뒤집어쓴 듯 따갑고 화끈거렸다.

"몰러, 나두 몰러……."

머리를 감싸 쥐고 중얼거렸다. 배에서 꼬르륵 소리가 났다. 집에 가봤자, 점심은커녕 어머니의 앓는 소리만 들릴 게 뻔했다. 엉덩이를 털고 일어났다.

무작정 읍내를 쏘다녔다. 다리도 아프고 허기가 졌다. 쉴만한 곳이 없을까 하며 두리번거리다가 책방을 발견하고 들어갔다. 책방 특유의 냄새가 났다. 코를 벌름거리며, 책을 정리하고 있는 주인의 시선을 피해 안쪽으로 들어갔다. 냄새가 친근하고 다정하게 감겨왔다. 근원이 깊은 그 냄새의 진원지를 찾아서 기억을 더듬었다. 천자문과 명심보감을 배우던, 행복했던 시절의 할아버지 방이었다. 문구는 혼란스럽던 마음을 내려놓기 위해 스르륵 주저앉았다.

이튿날 학교가 파하자마자 책방에 들렀다. 전날 앉았던 자리로 가서 흠흠 냄새를 흡입했다. 무슨 마취제라도 마신 듯 정신이 몽롱해지면서 전신이 이완되었다.

책방 문이 열리고 한 묶음의 책을 든 손님이 들어왔다.

책방 주인은 손님이 가져온 책 묶음을 풀어서 살펴보고, 미리 준비해 놓은 책을 손님에게 내주었다. 잠시 후에 또 그런 손님이 다녀갔다. 그 손님들은 늘 보아오던 지역 사람들과는 뭔가 달라 보였다. 행색은 초라했지만, 행동거지나 말투가 점잖고 기품이 있었다. 문구는 약간의 충격을 받았다. 그즈음 학교에서는 공부는 뒷전으로 미뤄둔 채, 학생들을 집회에 동원 시켰으며, 왼쪽 가슴에는 '반공'이라고 쓴 리본을 달라고 닦달했다. 삶이 힘들더라도 미래를 생각하는 사람들이 있구나, 싶어지면서 할아버지 말씀도 떠올랐다.

사람은 짐승과 차이가 있어야 한다고, 먹고 사는 문제에 매이지 말고 늘 그 너머를 생각하라고 하시던 말씀이.

중학교 2학년이 될 때까지 문구는 책방에 들어가 본 적이 없었다. 그런데 책방은 상점 그 이상의 공간 그러니까 사람의 정신을 수양하고 성숙하게 해주는 정사(精舍)구나 하고 깨닫게 되었다.

다음날도 책방에 들러서 도둑 독서를 했다. 책을 붙잡고 있으니 잡생각이 없어졌고 허기도 느껴지지 않았으므로 거의 날마다 책방에 갔다.

그러던 어느 날 책을 읽다가 아주 충격적인 내용을 보았다.

'대구에 사는 문인 L씨가 좌익 혐의로 검거되었다.'

문구는 오금이 저렸고 숨이 가빠왔다. 조심스레 주변을 둘러본 후, 읽다 만 페이지를 펼쳤다. L씨를 구하기 위해서, 대구와 경상북도 문인들 그리고 서울에서 피란 가서 대구에 머무르던 문인들이 경무대에 탄원서를 냈다.

'이 사람은 본래 좌익이 아니다. 오해가 있는 것이다.'

이런 내용의 탄원서는 경무대의 공보비서관인 김광섭에게 전달되었고, 그가 이승만 대통령에게 간곡히 진언해서, 문인 L씨가 풀려났다는 내용이었다.

'그런디 L씨가 누굴까? 대관절 누구길래, 문인들이 연명으루다 탄원까지 올렸을까, 김광섭은 또 어떤 인물이길래……'

문구는 용기를 내어, 책방 주인에게 갔다. 그 페이지를 읽어보라고 하고, 김광섭이 뭐 하는 사람이냐고 물었다.

"선생은 시인이지, 『마음』이라는 시집도 출간하셨고."

책방 주인은 자상하고도 따뜻한 눈빛으로 이렇게 알려주었다.

문구는 책방 주인은 여느 물건을 파는 가게의 주인들과 달랐다.

엄혹한 시대에 목숨 내놓고 한 개인을 보호하려고 탄원하는 문인들의 의리가 참으로 감동적이라는 생각이 들었다.

할아버지가 자주 말씀하셨던 문장이 생각났다.

이문회우 이우보인(以文會友 以友輔仁), 어진 사람은 글로써 벗을 모으고, 벗으로서 어진 일을 돕는다.

책방을 나온 문구는 하늘을 올려다보았다. 바다처럼 드넓게 펼쳐져 있는 하늘빛이 너무도 청정했다.

'나두 문학가가 되어야겠어……!'

문구의 가슴에서 희망의 맥박 소리가 들렸다.

문구는 부지런히 귀가해서 곧장 책상 앞에 앉았다. 문학가가 되겠다고 다시 한번 각오를 다지고 나서 그 각오를 벽에 써 붙였다.

어떤 자세로 어떻게 살아야 문학가가 될 수 있을까, 고민했다.

순백의 누에고치가 떠올랐다.

질 좋은 뽕 외에는 그 어느 것도 입에 대지 않는 것이 누에의 특성이다. 먹을 때는 먹는 일에만 충실하고, 잠을 잘 때도 주변이 아무리 시끄러워도 깊이 잠을 잔다.

이로써 누에는 벌레이지만 벌레 그 이상의 지위를 얻었다.

문구가 생각할 때, 사람이지만 사람 이상의 지위를 지닌 부류가 문인이라는 믿음이 생겼다.

'자고로, 문인은 누에처럼 순수한 고집이 있어야 혀. 지금부터 나는 책만 파먹는 책벌레가 될 겨.'

문구는 이렇게 단심을 품었다.

빨갱이 자식이라고 지탄받는 일이 있어도, 너는 그래라, 나는 책이나 읽을란다, 하고 들입다 책을 팠다. 책을 읽을수록 경험해 보지 않은 많은 정보를 얻을 수가 있었고, 김광섭이 도와준 L씨는 「달밤」, 「낙엽」을 쓴 이호우 시인이라는 사실도 책을 통해서 알았다.

중학교 3학년이 되면서 문구는 공부에도 점점 흥미가 늘어갔다. 그런데 그만 어머니가 돌아가셨다.

사고무친 신세가 되어버린 처지로 손발이 부르트도록 가축을 돌보고 농사일해 가며 간신히 중학교를 마쳤다. 경제적으로 상급학교에 진학할 형편이 못 되었다. 설사, 상급학교에 진학하여 공부를 이어 나간다 해도, 제대로 된 직업을 갖기는 어려웠다.

아직 미성년임에도 불구하고 문구는 '요시찰인'으로 분류되어 행정 당국과 경찰에게 감시당했다.

문구가 할아버지에게 들은 집안의 내력은 이러했다.

문구네 가문은 목은 이색과 토정 이지함의 후손으로 유학을 숭상하던 집안이었다. 조부 이긍직은 충남 보령의 관촌 부락에 자리 잡으면서, 문구의 아버지는 초년에 군에서 서기를 지낸 이력으로 대서소를 운영했다. 그러다 보니 가게에 드나드는 사람들을 돕게 되었고 그들의 청으로 참여한 농민운동이 사회주의운동으로 발전하게 되었다. '무산계급의 옹호와 인민대중의 사회적인 위치를 쟁취한다.'라고 구호를 외치며 장날이면 쇠전이나 싸전 마당에서 강연하기도 했다. 해방을 맞으면서 남로당에 가담한 부친은 군 총책을 맡아 서해안 일대 여러 군의 지하조직을 관리했다. 6·25가 발발하자 문구의 아버지는 물론이고 문구의 형들도 학살당했다.

아버지와 형들이 그런 일을 당했을 때, 문구는 여남은 살의 어린애였으므로 직접 보지는 않았다. 그렇지만 그 지독하고 살벌한 분위기만은 고스란히 느낄 수가 있었다.

앞날에 대해 곰곰이 생각해 봤다.

농사를 짓고 살자면 몸이 무기인데 문구는 체질적으로 약골이었으며 평생 농투성이로 살고 싶지도 않았다.

'여기는 내 부모 형제를 잡아먹은 원수와 다름없는, 자다가도 몸서리쳐지는 징그러운 바닥이여.'

문구는 자신의 이력을 아는 사람이 없는 타관으로 거처를 옮기기로 했다.

문구는 집과 논밭을 판 돈을 들고 서울로 이사했다. 1959년 초봄의 일이었다.

신촌의 연세대학 부근에 허름한 집을 한 채 장만하여 짐을 푼 후, 시장 골목에 좌판을 벌여놓고 건어물과 마늘 등을 떼어다 파는 일로 생계를 유지했다. 그러나 벌이가 신통찮아서 물건을 둘러메고 떠돌이 행상에 나섰다.

행상을 나갔던 어느 날 엿장수의 손수레 위에 실려 있는 얇은 책자 한 권을 보게 되었다. 문구는 그때 문득, 옛 친구와 해후한 듯한 기분이 들었다. 가까이 가서 눈으로 훑었다.

『꽃의 소묘』, 김춘수.

등짐을 진 채 한 손으로 책장을 넘겼다.

누가 나의 이름을 불러다오.

그에게로 가서 나도

그의 꽃이 되고 싶다.

이 대목을 읽던 문구는 등짐을 내려놓았다. 자신의 이름에 얽힌 사연이 떠올랐기 때문이었다.

문구의 모친은 문구가 첫돌이 되던 해의 사월 초파일에 친정 식구들과 봄놀이 겸 홍산의 무량사에 갔다.

무량사의 한 노승이 문구를 유심히 바라보더니 혼잣말처럼 중얼거렸다.

"장차 자식 노릇할 아들은 이놈이구만……! 출생 일시가 어떻게 되오?"

"신사년 삼월 열엿샛날 유시에 태어났어유."

"이름은 뭐라 지었소?"

"이름은 짓기는 졌지만 …… '구(求)' 자 항렬인디, 일가에 동명이 많아서 걱정이네유……."

노승이 그 자리에서 문구(文求)라는 이름을 지어주었다.

기억을 더듬던 문구는 순간 호흡을 멈췄다. 그리고 손가락을 딱! 튕기며 속에 있는 말을 뱉어냈다.

"문구(文求), 글을 구하다!"

자기 말에 수긍하듯 고개를 끄덕이며 『꽃의 소묘』를 사서 일찍 귀가했다.

저녁을 먹으며 윗목에 놓인 책으로 눈길이 갔다. 강아지나 씨암탉을 한 마리 붙들어 온 듯 뿌듯해졌다. 책을 깨끗하게 닦은 다음 첫 페이지부터 차례대로 읽어나갔다.

잠자리에 누워서도 자꾸만 그 책에 신경이 쓰였다.

'아무래두 운명적으루다 뭔 일이 있을 거 같어. 문인이 되는 길을 알어

봐야 겄어.'

서라벌예술대학이라는 데에 가면 서정주, 박목월, 조연현, 김동리 등의 일급 문사들이 포진하여 있다는 사실을 알아냈다.

문구의 입에서 탄식처럼 깊은 한숨이 터졌다.

'겨우 중핵교 배끼 안 나온 주제에 언감생심 대핵교라니…….'

그러나 문인이 되고 싶은 욕구는 좀체 사그라지지 않았다. 할아버지가 늘 말씀하시던 지재유경(志在有逕)- 뜻이 있는 곳에 길이 있다-이라는 문구를 곱씹으면서 방법을 찾았다. '보결'을 생각해 냈고, 고등학교 졸업장을 매입해서 서라벌예술대학에 입학원서를 냈다.

무척 긴장되는 마음으로 면접장에 들어섰다.

여러 교수님 가운데에 김동리 선생을 보자 문구는 친근함이 느껴져서 저도 모르게 웃음이 나왔다. 중학교 이 학년 때에 읽은 「등신불」, 「역마」 등의 책날개에서 본 선생의 인상은 눈이 아주 작고 우묵해서 여간 까다롭지 않게 생겼었다. 그런데 직접 보니 인상이 부드러웠다.

김동리 선생이, 그 대학에 지원한 이유를 물었다. 문구의 입에서 속사포처럼 말이 튀어 나갔다.

"김동리 선생님을 뵈러 왔습니다!"

순간, 문구의 머릿속이 하얘졌다.

신이 도왔던지 입학시험도 무난히 통과해서 문구는 스물한 살에, 서라벌예대 문창과의 학생 신분을 취득할 수 있었다. 게다가 등록금의 반액을 면제받는 '을류 장학생'이 되었다.

입학식을 치르고 나서 신입생 환영회가 있었다. 동기들은 대부분 고등학교 때부터 전국 백일장을 휩쓸며 글솜씨를 인정받고 입학한 전력이 있다는 사실에 문구는 놀랐다.

소설 수업은 습작품을 제출해서 '합평'하는 방식으로 이뤄졌다.

동기들의 습작품에 비해 문구의 작품은 여러모로 부족했다.

"소설의 기초도 안 됐다."

동기들에게 이런 악평을 들었다. 문구는 자신도 그렇게 느꼈으므로 서운하지 않았다. 모로 가도 서울만 가면 된다는 각오로 열심히 습작했다. 전통적인 농어촌의 이야기를 써서 제출했다.

"사건도 줄거리도 제멋대로다."

"문장이 만연체인 데다 너무 낡았다."

동기들이 집중하여 포격해 댔다.

그러자, 김동리 선생이 일갈했다.

"나는 이 학생이 앞으로 우리 한국 문단에 아주 희귀한 스타일리스트가 되리라고 생각합니다."

김동리 선생은 이에 그치지 않고 그해의 기말고사로 '이문구의 습작소설에 대해 논하라.'라는 논제를 올렸다.

문구는 김동리 선생의 처사에 무한한 감사를 느끼면서도 한편으로는 무척 버거웠다. 기말고사로 정해진 자기 작품을 객관적인 관점으로 평가하는 일부터가 그랬다. 문구는 작품이 어떤 목적으로 쓰였는가, 에 대해 객관적으로 정리해 보았다. 주제도 약하고 사용된 소재 또한 약하다는 게 눈에 들어왔다. 다만 문체는 작중 인물의 목소리를 제대로 내고 있다는 판단이 섰다.

기말고사를 끝으로 방학이 되었다. 믿을만한 작가들의 초기 단편을 놓고 주제와 소재에 대해 어떻게 다뤘는지를 집중적으로 파고들었다. 창작은 '모방으로부터의 출발'이라는 것을 상기하면서, 가운뎃손가락에 못이 박히도록 필사했다. 소설 장르가 가진 특성이 이해되었고 작가마다 공식이 다른 지점이 보였다. 궁극에 가서는 자기 밭을 일구어 나가야 한다는 점을 깨닫게 되었다.

자신이 가장 잘 아는 것에서 글감을 찾았다. 소설 속의 인물도 보령의 이웃들을 등장시켜서 그들의 '입말'로 대화하도록 했다. 개학이 되어 작품을 제출했고, 이전보다 많이 달라졌다. 해학적이고 유머러스하다는 평을 들었다. 소설의 본령은 '재미'라고 배웠으니 일단은 팔 부 능선에는 오른 셈이었다.

이 부 능선에 오르려면 어떻게 해야 하나를 생각하다가, 재미와 반대되는 개념에 대해 고심했다.

'빵이 제대로 맛을 내려면 소금과 설탕의 비율이 맞아야 한다.'는 점을 깨달았다.

그 점을 염두에 두면서 계속 썼지만, 여전히 자기 복제를 하고 있었다.

잘못된 습관을 바로잡지 못하면 작품을 많이 써봤자 사상누각이 될 터였으므로 기초부터 다져나갔다.

먼저, 인물, 사건, 배경이라고 써서 책상 앞에 붙여 놓고 작품을 써나갔다. 인물과 배경을 도입부에 깔고 그다음 주제를 의식하며 사건을 풀어나갔다. 글이 차츰 문법의 범주 안으로 들어가면서 체계성을 띠었다.

이 학년에 올라가자, '등단'이라는 말이 자주 거론되었다. 작가로 등단하는 데에는 연좌제 같은 건 방해물이 되지 않는, 오로지 글 하나만을 평가한다는 것이 문구를 흥분하게 만들었다.

연말이 되자, 동기와 선후배들이 잇따라 당선 소식을 알렸지만, 문구는 낙선의 고배를 마셨다.

등단은 '콩나물 기르기'와 그 이치가 비슷하다. 물을 빨리 흡수해서 먼저 큰놈이 뽑히고 나면 그다음에 큰놈들이, 또 그다음 놈들이 뽑혀 나간다. 물만 꾸준히 받아먹으면 모두에게 기회가 온다. 상품으로서 가치가 없어서 도태되는 것이 아니다. 서라벌예대라는 콩나물시루에 안쳐질 때부터 이미 작가의 반열에 오른 것이나 진배없다, 문구는 이렇게 뱃심을 키웠다.

졸업장을 들고 교문을 나섰다.

뿌듯하기도 했고 좀 더 열심히 할 걸 하는 후회도 남았다.

글쓰기에 대해 제대로 학습을 받았으니 이제부터는 스스로 갈고 닦을 일만 남았어, 라고 자신에게 이르면서 기를 쓰고 글을 써서 신춘문예에 응모했지만, 또 떨어졌다.

동기들에게 묻혀 동리 선생을 뵈러 갔다. 문구는 선생과 눈도 제대로 맞추지 못한 채 세배를 올렸다.

선생이 문구에게 물었다.

"자네는 신춘문예 응모 같은 것도 안 하는 게야?"

"합니다."

"허면?"

"노상 떨어지네유."

"그럴 거다. 네 글은 나밖에 못 읽어낸다. 글을 다듬어서 가져오너라."

문구는 크게 감동했다. 마음과는 달리 입이 떨어지지 않아서 함구하고 있자, 동기들이 문구의 등을 두드려 주었다.

문구는 한 달간 글에만 전념해 보자고 작심하고 해인사로 갔다.

자신에게 고백하듯 말했다.

'하루에 한 편씩, 삼십 편을 쓰고 말 겨.'

잉크병을 등잔으로 개조해서 밤을 낮 삼아 원고지와 씨름했다. 하루에 한 편씩 쓰기는 쉽지 않았다. 어쩌다 글이 잘 풀려서 일필휘지로 써 내려간 적도 있긴 했지만, 대부분은 거푸집 비슷하게 원고 매수만 채워서 열흘 동안 얼추 열 편을 썼다.

열 하루째 되는 즈음, 그날은 글이 잘 풀려서 「다갈라 불망비」라고 제목을 달자마자 단숨에 원고지 팔십 매를 채웠다. 이튿날 맑은 정신으로 퇴고를 한 다음 김동리 선생께 우송하였다. 그 작품이 1965년, 《현대문학》에 초회 추천되었고 이듬해 「백결」이 현대문학》에 추천 완료되어 문구는 작가로 데뷔하였다.

작가가 되긴 했지만, 경제적 형편은 별반 나아지지 않아서, 막노동판을 전전하며 생활을 영위해 나갔다.

그러던 어느 날, 동기, 박상륭이 찾아왔다. 김동리 선생이 좀 보자고 하신다는 것이었다. 문구는 그길로 선생을 뵈러 갔다.

선생이 문구를 부른 까닭은 대강 이러했다.

우리나라 최초의 근대시라고 할 수 있는 최남선의 「해에게서 소년에게」가 발표된 해가 1908년이고, 1968년은 현대문학이 환갑이 된다. 그 기념으로 한국문인협회에서 《월간문학》이라는 잡지를 창간하게 되었다. 그러니 와서 일손을 보태라는 것이었다.

문구는 《월간문학》 원년 멤버로 편집부에서 일하게 되었다.

시국은 어지러워서 모 시인의 시를 문제 삼았고 결국 감옥에 가는 일이 발생했다. 문구는 불안했다.

'감옥에도 안 가야 되겠구……, 글은 써야 되겠는디…….'

이렇게 이 궁리 저 궁리하던 끝에 문구는 묘수를 생각해 냈다.

'내가 우리 집 얘기를 솔직하게 까발려 버리는 게 낫겠어. 나, 이런 사람인데 어쩔래, 하고 선수를 쳐버리는 것두 한 방편일 거여.'

문구는 이 계획을 주변 지인들에게 발설해 봤다. 시기상조다, 라고 충고하는 사람이 적지 않았다. 그러나 그 시기가 온다는 보장이 없다고 판단한 문구는 새로운 작품 구상에 들어갔다.

어릴 때 자신을 품었던 관촌마을에서의 추억이 아련하게 다가오면서 할아버지는 물론이고 동네 어른들에게 들었던 이야기들이 귓가에 들리는 듯했다.

소설의 공간적 배경은 관촌마을로, 시간적 배경은 일제강점기 말기부터 시작하기로 했다. 이야기의 서사는 공동체의 도리를 우선시하는 사람들이 자연과 조화롭게 살아가는 모습을 화제로 삼기로 하자, 어려서 할아버지께 들었던 일화와 관촌마을에서 문구가 직접 보고 들었던 사람들의 행동과 말씨가 생생하게 기억났다.

한편으로, '이문구의 소설은 사건도 줄거리도 없다, 기본기가 덜 되었다'라고 하던 동기들의 목소리도 귀에 들리는 듯했다. 소설의 형식을 생각하니 신경이 좀 쓰였다.

구성이라는 틀을 벗겨내자, 사실에 가깝도록 실감 나게 표현해 보자, 나 이문구 스타일로 한번 엮어보자, 고 작정하니까 슬슬 창작의 발전기가 돌아가기 시작했다.

문구는 어릴 적 틈만 나면 장다리와 찔레나무 순 등을 꺾어다 주던 옹점이가 떠올랐다. 옹기점의 독 틈에서 태어났다 하여 이름이 옹점이인 그녀는 일곱 살 되던 해에, 문구의 어머니를 따라 문구의 집으로 왔다.

옹점이는 늘 문구를 업고 들로 쏘다니면서 애조 띤 곡조의 노래를 불렀다.

"운다고 옛사랑이 오리오마는 눈물로 달래보는 구슬픈 이 밤……."

그렇지만 옹점이는 신명이 많아서 주로 신나는 노래를 잘 불렀는데, 원래 가사에다 그때그때의 자기 심사를 얹어서 부르는 취미가 있었다. 그중에서도 〈대지의 항구〉를 자주 불렀다.

죽 끓는 부엌짝 아궁지 앞에
동냥허는 비렝이야 해가 졌느냐
쉬지 말구 놀지를 말구 달빛에 밥을 벌어
꿈에 어리는 건건이 읃어서 움막 찾어가거라.

기억 속에 고스란히 자리 잡고 있던 옹점이의 육성이 송사리 떼처럼 문구의 귓전에 파닥거렸다.

옹점이는 입이 거칠고 성질도 사나웠지만, 누구든 억울한 일을 당하면 가만두고 보지 못했다. 문구는 낯선 순경들이 찾아와 가택 수사를 했던 그날을 잊을 수 없었다.

"워떤 옘병허다 용 못 쓰구 뎌질 것이 그류? 밥 짓구 국 끓이구 찌개 허면 하루 시끼니께 연기가 아홉 번 나지 워째서 해필 일곱 번이여. 끈나풀을 삼어두 워째서 그런들 익은 것으루 삼었으까. 그런 눈깔을 빼서 개 줄 늠 같으니."

"찢어서 잣 담글 늠. 그런 것은 안 잡어가유?"

"멥쌀두 먹구 찹쌀두 먹구, 열두 가지 곡석 다 먹었슈."

순경을 향해 거친 말들을 쏟아부었던 옹점이는 어슬렁대던 검둥이 뱃구레에 냅다 발길질하며 가열하게 욕을 해 부쳤다.

"이런 육시럴늠으 가이색깃 지랄허구 자빠졌네. 주둥패기 뒀다가 뭣 허구 이 지랄허여. 너 니열버텀 잘 굶었다. 생전 밥 구경을 시키나봐라."

옹점이는 순경 앞에서는 이렇듯 칼칼하고 모나게 굴다가도 전쟁으로 재난을 입은 전재민촌 사람들을 불쌍하게 여기며 물건을 팔아 주려고 문구에게 과자를 사주기도 했다. 문구의 어머니가 따져 물으면 당당하게 대꾸했다.

"그 옥상만 보면 지 애비가 모집 나갔다 나오면서 고상했다던 생각이 나서 딱해 못 견디겄어유. 그리서 쭉젱이 보리 한 종발 주구 옥상헌티 샀슈."

문구는 이러한 옹점이의 당차고 정 많던 모습을 주체성이 강한 인물로 형상화해서 「행운유수」에 담아냈다.

문구는 본성이 착하고 어진 신현석도 소개하고 싶었다.

신현석은 문구 집안을 삼대에 걸쳐 뒤치다꺼리하며 존경과 섬김으로 예를 다했다. 신현석이 장가가던 날 문구의 아버지는 양반의 체면을 내려놓고 어깨춤을 추며 격의 없이 마을 사람들과 어울리며 기쁨을 표했다. 할아버지 묘를 관리해 주고 어머니 장례를 도왔으며 문구가 서울로 이사 갈 때도 여러 가지 도움을 주었다. 그런 신현석이 백혈병을 치료하지 못하고 고향으로 내려가며 작별을 고할 때 문구는 울음을 참지 못했다. 그때 문구의 집 뒤 산마루로 붉은 달이 떠오르고 있었다. 그것을 상기하다 보니 '공산토월(空山吐月)- 빈 산이 달을 토한다.'라는 제목이 만들어졌다.

문구의 기억 속에 또렷이 남아 있는 인물 '대복'도 불러들였다. 문구보다 여남은 살이나 더 먹은 대복은 문구네 집과 사립문 하나 사이를 둔 옆집에 살고 있었다. 문구가 따라다니며 성가시게 굴어도 막냇동생 대하듯 받아주었다. 물총새를 잡거나 꿩, 산토끼, 조개와 게 등을 능란하게 잡는 대복의 솜씨가 문구는 너무나 부러웠다. 하지만 시절이 변해서, 대천해수욕장까지 미군들이 드나들면서 대복은 이들을 상대로 심부름도 해주고 돈을 벌더니 도둑질을 했고 급기야 소도둑으로 감방에 갇혔다.

6·25 사변이 발발했을 때 인민군 손에 옥문이 열려 대복이 출옥하게 되었다. 자기 집에 들러서 얼굴만 보이고는 문구의 집으로 온 대복은 쑥밭이 되어버린 문구의 집안 꼴을 대하고는 주저앉아 울음보따리를 풀었다. 한바탕 울고 난 대복은 문구의 어머니에게 큰절하고 나더니, 곁에서 훌쩍이는 문구를 얼싸안았다.

"월마나 놀랬데? 어린것이 월마나……."

문구는 "참고 견뎌야지 우쩌겠어……." 하며 어깨를 두드려 주던 대복의 손길이 떠올랐다. 대복을 떠올리자, 이야기가 물줄기처럼 유장하게 흘러갔다.

문구는 대복이 징집영장을 받고 출정하기 전날 밤을 떠올렸다. 문구의 머리를 쓰다듬으며 그는 말했다.

"원제 올 중 모르는 질이지만 죽으라는 법도 읎잖네. 욧시, 꼭 살아올 텅게 봐라."

그다음 날 화물 곳간차에 탄 대복이는 빨아 풀 먹여 다듬은 깨끗한 흰

베갯잇을 머리에 동여매고 외쳤다.

"엄니 잘 있어. 아버지도 잘 지슈."

문구는 대복이에게 잘 가란 말 한마디 더 하고 싶은 마음이 간절했지만 가로막아 선 헌병들 앞에서 엄두도 내지 못하고 기차가 떠날 때까지 그 자리에 서 있었다.

문구는 눈시울이 뜨거웠던 그날을 기억하며 「녹수청산」을 써 내려갔다.

단편을 좀 더 발표하고 창작집을 묶어야지 하고 있는데 장편 연재 청탁이 들어와서 장편 구상에 들어갔다.

1974년 1월부터 《월간중앙》에 『오자룡』을 연재하기 시작했다.

배경은 1600년대 충청도 서해안 보령 고을이며, 일생을 종으로 보낼 위인이었던 막대(莫大)가 고향을 떠나 타관을 떠돌다가, 사회의 부조리에 주목하고 의협심 충만한 인물로 거듭나는 과정을 그린 민중소설이다. 그즈음 작가들의 사회적 인식이 날카로워지고 있었고 문구도 이런 흐름에 힘입어 '역사소설'의 형식으로 구성을 짜서 집필했다. 월간지에 연재하는 일은 중노동에 가까울 정도로 원고를 써 나가야 했지만, 경제적으로도 다소 도움이 되어서 문구는 사력을 다해 집필에 매달렸다.

그러던 어느 날 문구는 '긴급조치 9호 위반' 명목으로 중앙정보부로 연행되었다.

"툭 허먼 북방 오랑캐를 팔어 쌌는디 그것은 멀쩡한 공갈이우. 즤늠들이 쓰고 있는 감투 자리를 연장헐라고 도적질해 먹는 것을 감쌀 겸, 어지고 순헌 백성들을 조롱허느라고 꾸민 핑계란 말이우……. 망헌 나라여. 무에든지 그저 뱁이라구 이름만 붙여버리면 다 되는 판이니께."

『오자룡』의 이 대목이, 1975년 신설된 유신정권의 방위세를 비난했다고 트집을 잡으며, 이박삼일 동안 심문했다. 문구는 어이가 없고 기가 막혔지만, 정부를 상대한다는 것은 계란으로 바위 치기나 마찬가지였다.

"반정부 활동 그만하고 시골에 내려가서 살아라."

심문하던 자는 이렇게 경고하며 각서를 쓰라고 종용했다. 문구는 그 종이에 사인하고 풀려났다. 독자들에게 『오자룡』 연재를 중단하는 변을 말할 차례였다. 참으로 억울하고 분통이 터졌지만, '불성실한 집필 끝에 미완성으로 중단됐다.'라고 개인적인 이유로 돌려서 말했다.

문구는 작가 생활을 거의 폐업하다시피 하고는 청진동 골목의 술집 '가락지'에 출근하다시피 하며 마음을 달랬지만, 붙잡고 있던 일감을 빼앗긴 데 대한 억울함과 정부에 대한 불만은 해소되지 않았다. 작가는 형편이야 어떻든 책을 떠나서는 살 수가 없었다. 그동안 관촌마을을 배경으로 발표한 단편들을 묶어 창작집을 출간하기로 했다. 관촌마을을 공간적 배경으로 하여 붓 가는 대로 쓴 데다, 그 제목들이 넉 자씩이었으므로 그 운율에 어울리도록 표제를 『관촌수필』로 붙였다.

책이 출간되었지만 잡혀가는 일도 없었고 서점가의 반응도 신통찮았다.

그런 그에게 누가 맞선 자리를 마련해주었다.

상대는 임경애라는 여성이었는데, 문구는 그야말로 경애하고 싶은 마음이 생겨서 결혼식도 생략한 채 신혼살림을 차렸다.

식구가 늘었음에도 문구는 여전히 '가락지'에 출근 도장을 찍었다.

어느 날, 작가 박광서가 나타났다. 그는 대한가족계획협회에서 화성의 발안에 세운 시범 사업소의 소장으로 내려가 있어서 가락지에 못 왔었다며, 발안 예찬에 열을 올렸다.

석포리만 가도 연안의 해물이라면 나지 않는 것이 없으며, 저수지가 있어서 낚시터가 지척인 데다, 차로 잠깐만 나가도 갯물과 민물이 동서양을 이루는 남양호가 있다는 것이었다.

얘기를 듣던 문구의 마음이 이미 발안의 물가에 한쪽 발을 담그고 있을

즈음, 박 작가가 발안 탐방을 제안했고 문구는 친구 몇 명과 함께 발안에 갔다.

냇물에 촉고를 쳐놓고 투망을 던지니 붕어와 피라미 등이 묵직하게 올라왔다. 화덕 불에 양은솥을 걸어놓고 솥단지가 그들먹하게 고기를 안쳐서 불을 땠다. 민물매운탕은 술 도둑이어서 원 없이 소주를 마시며 문구 일행은 대취하며 청유를 즐겼다.

집에 돌아간 문구는 아내에게 말했다.

"발안은 한내를 옮겨다 놓은 것 같구먼. 거기서 살았으문 좋겠는데, 알아야 면장을 한다구, 돈이 있어야 말이지……."

문구의 사정을 잘 아는 평곡, 염재만이 출판사에 다리를 놓아주어서 문구는 마침내 발안으로 이사 할 수 있게 되었다.

이사한 집은 오막살이 초가집이었다. 이엉을 이은 지 여러 해 되어 여기저기 골이 팬 지붕에는 풀이 우북했다. 문구 부부는 합심해서 쓰레기장이나 진배없는 집을 치우고, 집터서리를 일구어서 푸성귀를 심고 화초 씨도 뿌렸다.

아내는 홑몸도 아닌데 품삯 일을 다녔고 문구도 글 작업에 착수하기로 하고 자료조사에 들어갔다.

그 당시의 사회 환경은 산업화로 인해 농촌과 농민의 희생이 두드러지게 나타나고 있었다. 이 문제를 제대로 한번 다뤄보기로 하고 요목별로 정리했다.

농약과 농기구는 물론이고 생활용품 구매에 미치는 행정편의주의, 영농 기계화의 허실, 퇴비 증산을 외치는 관청과의 관민 대립 문제, 돼지 파동, 유흥업의 농촌 침투 및 농촌의 교육 등이 그 세부 사항이었다.

이것들을 대부분이 도시민인 독자들에게 어떻게 전달할 것인가, 어떻게 하면 재미있게 읽힐 것인가를 놓고 고민하다가, 뜬금없이 "서방인지 남방인지" 하는 춘향전의 한 대목이 떠올랐다.

순간 문구는 무릎을 탁! 치며 "좋구먼! 좋아!"하고 소리쳤다.

"벱씨가 아니라 날씨유."

"발은 밟아두 신발은 밟지 말어."

"불법적으로 썼슈. 물법적으로 썼지."

"시(셋)당숙이고 니(넷)당숙이고 간에."

"먹구 보는 농사꾼, 팔구 보는 장사꾼."

"빚구럭에 백혔건 빚데미에 치였건."

"이리 가두 흥, 전주 가두 흥 허메 살아왔지만."

"술덤벙 물덤벙 초싹거리구 들랑대는 겨?"

"고민이 농민이라니께."

"정신이 들랑들랑 시렁시렁 허지."

"콩새 앉는데 왜 촉새가 나스는 겨."

이런 말들이 문구의 머릿속에 버글버글 끓어올랐다.

문체를 이처럼 사설시조나 판소리 풍으로 시도하기로 했다. 1977년 발안 지역의 농민을 모델로 하여 당대의 농촌의 상황을 충청도 지역어를 쓰기로 하고 집필에 들어갔다.

「우리 동네 김씨」라는 제목을 붙여서 써 내려갔다. 글 쓰는 일이 이렇게 재미있어도 되나, 싶을 정도로 술술 풀렸다.

아내가 출산 기미가 있어서 함께 병원에 갔다. 초산이어서 아직도 멀었다는 의사의 말에 문구는 잠깐 책방에 들렀다. 『문예 중앙』 창간호가 나왔기에 그걸 들고 병원에 다시 가보니, 아내는 출산했다. 아들이었다.

"누가 글쟁이 아들 아니랠까미! 『문예 중앙』 창간호 허구같이 세상에 신고식을 하네 그놈 참!"

문구는 이렇듯 신바람을 내며 아들 이름을 산복이라 지어서 출생신고를 마쳤다.

이듬해에는 딸을 낳고 이름을 자숙으로 지었다.

아내가 아이를 잉태하여 출산하는 동안 문구도 질세라 글 작업을 했다.

제목 앞에다 '우리 동네'를 붙인 다음에 리씨, 최씨, 황씨, 정씨, 유씨, 강씨, 장씨, 조씨를 붙여서 9편의 단편을 발표했고 이것을 묶어서 『우리 동네』를 출간했다.

책은 별로 팔리지 않았고 청탁도 뜸했다. 산 입에 거미줄 치게 생겼으므로 다시 서울로 이사하게 되었다.

발안 동네에 경조사가 생기면 문구는 아내와 함께 나들이 삼아 발안에 가곤 했다. 애들이 얼마나 컸는지 보고 싶다는 어른들의 말도 있고 해서 한번은 두 아이를 데려갔다. 그런데 아이들은 그곳에서 살던 시절을 기억하지 못했다. 너무나 가난했으므로 집구석에 카메라 하나가 없어서, 백일, 돌에 사진 한 장을 못 찍어 준 것이 문구는 속상했다.

'그 아름다웠던 추억이 깡그리 삭제되었다니……. 아이들에게 어린 시절을 복원시켜 주자, 내 머릿속에 저장되어있는 추억이 희미해지기 전에!'

문구는 이렇게 마음먹고 추억의 필름을 재생시켰다. 산복이와 자숙이, 토끼랑 강아지랑 풀밭에서 어울려 노는 풍경이 동화의 한 장면처럼 펼쳐졌다. 그 풍경을 사진을 찍듯이 한 컷씩 풀어놓으니 동시가 되었다. 백육십 편의 동시를 봉투에 담아서 일단 보관해 두었다. 애들이 좀 더 커서 학교 들어가면, 이게 너희들 자라던 모습이니 읽어보아라, 할 생각이었다.

그동안 잊고 지내다가 큰애가 육 학년이 되었을 때 불현듯 그 원고가 생각났다. 백이십 편을 추려서 동시 집 『개구쟁이 산복이』를 출간했다.

이런저런 신경을 썼더니 몸이 자꾸 말썽을 일으켜서 종합검사를 받았다. 간염과 위궤양이라는 진단을 받았다. 고향에 내려가 휴양을 좀 했으면 싶었지만, 선대로부터 물려받은 전답과 집을 처분한 지 오래라서 마음을 접었었다.

그러던 차에 기회가 왔다. 왕래가 있던 친척이 이농하여 비워둔 집이 있으니 글방으로 쓰라고 해서 아예 매입했다. 식구들은 서울에 그대로 살고 문구 혼자 보령으로 내려갔다. 고향을 떠난 지 30년 만에 문구는 보령 군민으로 돌아온 것이었다.

집 근처 화암 서원에 자주 들렀다. 토정 이지함의 위패를 모신 이곳에 올라서서 내려다보면 청라 저수지가 한눈에 들어왔다. 파란 저수지를 내려다보자, 문구의 가슴이 사정없이 뛰었다. 가슴 밑바닥에 가라앉아 있던 셋째 형의 얼굴이 파문을 일으키며 저수지 수면 위로 올라왔다. 문구가 아직 연좌제가 뭔지도 모를 나이에, 둘째 형은 계곡에서, 셋째 형은 대천 바다에 산 채로 수장되었다고 들었다. 문구는 가슴이 답답해졌다. 어깨를 들어 올려 한숨을 토해냈다. 눈을 감고 잔 숨을 한 번 더 뱉어냈다.

마음을 모으고 고개를 숙였다.

'부디 평안히 잠드소서!'

청라 저수지로 시선을 던졌다. 죄 없는 청라 저수지를 보령의 물이라는 이유로 원수 삼지 않기로 했다.

그 뒤 자주 청라 저수지를 보러 갔다. 눈의 피로와 옹이진 근심을 풀어 놓으며 벗 삼았다. 집 근처에서 나는 돌나물을 무쳐 먹고 위와 간에 좋다고 하여 즙도 짜서 마셨다. 냉이며 달래 그리고 민들레와 고들빼기 등 집 주변에는 먹을거리가 지천이었다. 이런 나물들을 채취해서 먹으니 위염도 호전되었으며, 술친구들을 멀리하고 나니 간염도 좋아졌다. 고향에 내려온 덕분이었다.

『매월당 김시습』을 표제로 걸어놓고 집필에 들어갔다.

매월당의 삶에 대해 조망하고 그의 한시를 읽었다. 한시를 한글로 옮기는 작업을 하는데, 마음에 절절히 와닿는 대목이 많았다.

누구라 알았으랴 이 고향에 와서
나그네로 바닷가에 서성댈 줄을
늙마에 또 한 번 옷깃을 적시누나

『매월당 김시습』은 출간하자마자 20만 부 이상이 팔려나갔다. 덕분에 방이 한 칸 더 있는 아파트로 이사했고, 문구에게 작가가 된 지 27년 만에 제대로 된 '서재'라는 것이 생겼다. 다른 작품들도 동반 상승하여, 강연도 들어오고 저자 사인회도 열렸다.

좋은 일이 연이어 꼬리를 물었다.

SBS 창사 2주년 기념작으로 『관촌수필』이 선정되어 1992년 11월부터 1993년 2월까지 월화드라마로 방영되었다.

촬영의 상당 분량을 보령에서 찍었는데, 정작 보령에는 SBS가 나오지 않았다. 테이프를 사다가 집마다 돌려보는 진풍경이 벌어졌다. 작가 이문구는 물론이고 그의 부친 이름이 실명으로 텔레비전에 나왔다.

문구는 아버지와 아버지의 동료들을 복권 시켰다고 자평했다.

몸이 또다시 말썽을 일으켰다. 청라 저수지로 가고 싶었지만, 자의 반 타의 반으로 문단 정치하느라 바빠서 몸을 뺄 수가 없었다. 급한 일만 마무리되면 고향으로 내려가서 쉬어야지 하다가 그만 때를 놓치고 말았다. 위암이었다. 짐작했음에도 막상 의사의 입을 통해서 그 말을 들으니 충격이 컸다.

위암 수술을 받았고, 동시에 문구는 이제 환자 이문구로 전환되고 말았다.

아내가 슬퍼하는 게 몹시 속상하고, 짐이 되는 게 미안했다. 자신이 아무리 힘들고 고통스럽더라도 식구들에게 폐를 끼치고 싶지 않아서 괜찮은 척하며 평소대로 행동하려 애썼다. 영화 연출을 지망하는 아들에게 전주

국제영화제에 가서 영화도 보고 전주의 특산 음식을 먹고 오라고, 음식점을 소개하는 신문 기사를 오려주었다. 홈쇼핑업체에 다니는 딸이 우수 사원상을 받아와서, '아비 된 자로 기쁘기 그지없다'라고 모처럼 일기장에 밝은 소식을 한 줄 적었다.

체력이 허락하는 한도 내에서 글 작업을 했다.

아이에게 배운다는 옛말이 있듯이, 자식을 키우면서 오히려 그 애들에게 배운 일, 당시에는 미처 깨닫지 못했던 일들이 생각났다. 앞으로 태어날 손자들이, 건강하고 바르게 자라서 이 사회에 꼭 필요한 사람이 되기를 바라는 마음도 생겼다. 아프지 않고 건강했더라면 손주들에게 직접 들려주고 싶은 이야기를 동시로 적어서 동시집 『산에는 산새 물에는 물새』를 출판사로 보냈다.

아직도 다 풀어내지 못한 이야기가 가슴에 묻혀 있는데, 기력이 바닥이 났다.

이제 자신이 태어난 그곳 관촌으로 돌아갈 때가 되었구나 싶었다.

문구는 관촌마을이 좋아서 자신의 호도 명천으로 지었다. 명천은 관촌마을과 읍내를 가운데 두고 마주 보이는 과녁빼기에 있는 땅이다.

'명천(鳴川)- 울음을 우는 여울'

'울 명' 자는 울림과 메아리의 느낌으로, 갓난아기의 신성한 고고지성이라는 뜻으로 썼다.

지금까지 순전히 남의 덕으로 살았다, 싶다.

동리 선생께 가장 큰 빚을 졌다. 선생 덕에 작문으로 직업을 삼아서 작가로 살며 좋은 벗들을 만날 수 있었다.

형편이 나아지면 이들에게 밥도 사고 술도 넉넉히 좀 사고 싶었는데, 신은 어찌 그리도 야박한지…….

너무도 미안하고 가슴이 미어졌지만, 문구는 사랑하는 가족을 불러서 일렀다.

"내가 혼수상태가 되거든 이틀을 넘기지 말고 산소 호흡기를 떼라. 화장 후에는 보령, 관촌에 뿌려라. 문학상 같은 것 만들지 말고 기일에는 제사 대신 가족끼리 식사나 해라."

아침에 일어나보니, 눈이 내렸다.
문구는 중얼거렸다.
"이월에 눈이라니, 진작 서두르지 않구……!"
문구는 너무나 아쉬웠다. 기침이 터져 나왔고 아내가 깼다.
아무래도 얼마 남지 않은 것 같다고 그동안 고마웠다고 말했다.
그의 유언대로 화장되어 한 줌 흙으로 돌아가고 나면 계절마다 뻐꾸기와 부엉이가 그리고 대천의 명천리가 울음 울 것이었다.

한국현대문학사 연표

1897년	중·단편소설 「표본실의 청개구리」·「만세전」·「삼팔선」·「임종」· 「두파산」·「굴레」, 장편소설 『효풍』·「난류」·『취우(驟雨)』 등을 쓴 염상섭 출생.

1897년 중·단편소설 「표본실의 청개구리」·「만세전」·「삼팔선」·「임종」·
「두파산」·「굴레」, 장편소설 『효풍』·「난류」·『취우(驟雨)』 등을 쓴
염상섭 출생.

1900년 단편소설 「배따라기」·「감자」·「광염(狂炎) 소나타」·「발가락이 닮
았다」·「붉은 산」·「김연실전(金姸實傳)」 등을 쓴 김동인 출생.

1902년 시 「금잔디」·「첫치마」·「엄마야 누나야」·「나무리벌 노래」·「옷과
밥과 자유」·「바라건대 우리에게 우리의 보습 대일 땅이 있었다면」
등을 쓴 김소월 출생.

1903년 시 「동백잎에 빛나는 마음」·「언덕에 바로 누워」·「독(毒)을 차고」
등을 쓴 김영랑 출생. 프롤레타리아문학의 이론을 내세웠으며 조선
프롤레타리아예술가동맹의 실질적 지도자로 활동한 김기진 출생.

1904년 단편소설 「불우선생(不遇先生)」·「달밤」·「아무일도 없소」·「복덕방(福德
房)」·「패강냉(浿江冷)」·「농군(農軍)」·「밤길」·「돌다리」 등을 쓴 이태준
출생.

1906년 이인직, 최초의 신소설 『혈(血)의 누(淚)』를 〈만세보〉에 연재.

1907년 이인직 『귀(鬼)의 성(聲)』·「치악산」 출간.

1908년 이인직의 『은세계』, 이해조 『빈상설(鬂上雪)』·『철세계(鐵世界)』, 구
연학의 『설중매(雪中梅)』, 안국선의 『금수회의록(禽獸會議錄)』 등 신
소설이 발표됨. 단편소설 「모래톱 이야기」·「수라도」·「인간단지」
등을 쓴 김정한 출생. 문학평론 「미숙한 문학」·「현대주지주의 문학
이론」·「비평과 과학」·「명일의 조선문단」·「비평의 형태와 내용,
특히 월평을 중심으로 하여」, 문학평론집 『문학과 지성』, 『전환기의
조선문학』, 『문학원론』을 쓴 최재서 출생.

1910년 이해조 『자유종(自由鐘)』 출간.

1913년   한용운, 『불교유신론』(불교서국) 간행. 단편소설 「무녀도」·「황토기
(黃土記)」·「실존무(實存舞)」, 장편소설 『사반의 십자가』·『을화(乙
火)』 등을 쓴 김동리 출생.

1914년   최남선 《청춘》 창간.

1915년   단편소설 「황소들」·「독 짓는 늙은이」·「목넘이마을의 개」·「이리
도」·「학」·「소나기」, 장편소설 『카인의 후예』·『나무들 비탈에 서
다』·『일월』·『신들의 주사위』 등을 쓴 황순원 출생. 시 「화사(花
蛇)」·「귀촉도(歸蜀途)」·「추천사(鞦韆詞) - 춘향의 말 1」·「동천(冬
天)」·「신부」·「자화상(自畫像)」·「견우(牽牛)의   노래」·「춘향유문
(春香遺文)-춘향의 말 3」·「외할머니의 뒤안 툇마루」·「꽃밭의 독백
(獨白)-사소(娑蘇)   단장(斷章)」·「광화문」·「상리과원(上里果園)」을
쓴 서정주 출생.

1917년   이광수, 장편소설 『무정(無情)』(《매일신보》)·『개척자』(《매일신보》)
연재.

1918년   이광수, 장편소설 『무정』(광익서관) 출간. 문예지 《태서문예신보》 창
간.

1919년   김동인·전영택·주요한 등, 최초의 문예동인지 《창조》 창간. 주요
한, 산문시 「불놀이」 발표. 동경 유학생 중심의 문예지 《삼광(三光)》
창간(편집 겸 발행인 홍난파).

1920년   〈조선일보〉 창간. 〈동아일보〉 창간. 월간 잡지 《개벽》 창간. 문예 동
인지 《폐허》 창간.

1921년   김억, 번역시집 『오뇌(懊惱)의 무도(舞蹈)』(광익서관) 출간.

1922년   이광수, 「민족 개조론」(《개벽》) 발표.

1923년   나도향 소설집 『진정(眞情)』(영창서관) 출간. 현진건 소설집 『타락
자』(한성도서주식회사) 출간. 김억, 시집 『해파리의 노래』(한성도서
주식회사) 출간. 김동인, 창작집 『목숨』 출간. 김기진, 문학평론 「클

라르테 운동의 세계화」·「또 다시 클라르테에 대하여」·「마음의 폐
허」(《개벽》) 발표.

1924년 염상섭, 소설집 『견우화(牽牛花)』(박문서관) 출간. 김기진, 단편소설
「붉은 쥐」(《개벽》) 발표, 문학평론 「지배계급 교화, 피지배계급 교
화」·「금일의 문학, 명일의 문학」(《개벽》) 등을 발표.

1925년 김동환 서사시집 『국경의 밤』(한성도서주식회사) 출간. 김소월 시집
『진달래꽃』(매문사) 출간. 윤기정, 조선프롤레타리아예술가동맹 서
기국장·중앙위원. 조명희, 소설집 『그 전날 밤』 출간. 박영희, 단편
소설 「사냥개」(《개벽》) 발표. 「난파(難破)」·「산돼지」 등의 희곡을 쓴
김우진 죽음.

1926년 한용운 시집 『님의 침묵』(회동서관) 출간. 최남선 시조집 『백팔번뇌』
(동광사) 출간. 최서해 창작집 『혈흔(血痕)』(글벗집) 출간. 염상섭 창
작집 『금반지』(글벗집) 출간. 현진건 소설집 『조선의 얼굴』 출간. 양
대종, 조선프로롤레타리아예술가동맹의 준(準) 기관 잡지인 《문예운
동》(백열사) 발간. 단편소설 「벙어리 삼룡이」·「뽕」·「물레방아」 등
을 쓴 나도향 죽음. 김상용·김진섭·이하윤·정인섭 등 도쿄에서
해외문학연구회 조직.

1927년 이기영, 소설집 『민촌(民村)』(문예운동사) 출간. 박영희, 문학평론
「투쟁기에 있는 문예비평가의 태도」(《조선지광》) 발표.

1928년 홍명희, 대하소설 『임꺽정전(林巨正傳)』, 〈조선일보〉 연재. 조명희,
소설집 『낙동강』(백악사) 출간.

1929년 김동환, 월간 《삼천리》 창간. 잡지 《조선문예》 창간. 시전문지 《조선
시단》 창간. 임화, 시 「우리 옵바와 화로」·「네거리의 순이(順伊)」·
「어머니」·「병감(病監)에서 죽은 녀석」·「우산 받은 요꼬하마의 부
두」 등 발표.

1930년 《시문학》 창간. 잡지 《비판(批判)》 창간. 조선프롤레타리아예술가동

맹, 카프(KAPF: Korea Artista Proleta Federatio)로 약칭(略稱)하기로 함. 이효석, 단편소설 「노령근해(露嶺近海)」·「상륙(上陸)」·「북국사신(北國私信)」 발표. 김동인, 장편소설 『젊은 그들』(〈동아일보〉) 연재.

1931년 조선프롤레타리아예술가동맹 회원 70여 명 검거됨(제1차 카프 검거). 최서해, 창작집 『홍염(紅焰)』(삼천리사) 출간. 염상섭, 장편소설 『삼대』(〈조선일보〉) 연재.

1932년 이광수, 장편소설 『흙』(〈동아일보〉) 연재 시작.

1933년 이기영, 장편소설 『고향』(〈조선일보〉) 연재. 이종명·김유영·이효석·이무영·유치진·이태준·조용만·김기림·정지용 등 9인이 구인회 조직. 김태준, 『조선소설사』 간행. 김재철, 『조선연극사』 간행, 김소운 편 『조선구전민요선(朝鮮口傳民謠選)』 간행. 이태준, 단편소설 「달밤」(《중앙》) 발표.

1934년 강경애, 장편소설 『인간문제』(〈동아일보〉) 연재. 박태원, 중편소설 「소설가 구보 씨의 일일」(〈조선중앙일보〉) 연재. 황순원, 시집 『방가(放歌)』(동경학생예술좌) 출간. 이상, 시 「오감도(烏瞰圖)」(〈조선중앙일보〉) 발표. 박용철, 《문학》 창간. 조선프롤레타리아예술가동맹 회원 80명이 제2차 카프 사건(일명 신건설사 사건)으로 검거됨. 조선프롤레타리아예술가동맹(KAPF) 해산. 《신인문학》 창간(주간 노자영). 문학동인지 《삼사문학》 창간. 이무영, 《조선지광》 창간. 시전문지 《시원(詩苑)》 창간(주간 오일도). 채만식, 단편소설 〈레디메이드 인생〉(《신동아》) 발표.

1935년 심훈, 장편소설 『상록수』 〈동아일보〉 창간 15주년기념 현상소설에 당선. 김유정, 중편소설 「만무방」(〈조선일보〉) 연재. 최남선 편, 『시조유취(時調類聚)』 출간. 전조선 9개도(道) 교화단체연합회와 그에 소속된 7천2백 75개 친일교화 단체를 망라하는 중앙조직인 조선교

화단체연합회(朝鮮教化團體聯合會) 출현. 이용악, 시집 『분수령』(삼문사) 출간. 정지용, 시집 『정지용시집』(시문학사) 출간. 이무영 등, 《조선문학》 창간.

1936년 　박태원, 『천변풍경(川邊風景)』(《조광》) 연재. 황순원 시집 『골동품(骨董品)』(동경학생예술좌) 출간. 서정주 · 김동리 · 오장환 · 함형수 · 김달진 · 여상현 등 《시인부락》 창간. 백석, 시집 『사슴』(선광인쇄주식회사) 출간. 김기림, 시집 『기상도』(창문사) 출간. 이효석, 단편소설 「산」 · 「들」 · 「메밀꽃 필 무렵」 발표. 김동리, 단편소설 「무녀도(巫女圖)」 · 「바위」 등 발표. 이태준, 단편소설 「가마귀」(《조광》) 발표. 함형수, 시 「해바라기의 비명」(《시인부락》) 발표. 김정한, 단편소설 「사하촌(寺下村)」(〈조선일보〉) 발표. 단편소설 「웃음소리」 · 「크리스마스 캐럴」 · 「국도의 끝」 · 「정오」, 장편소설 『광장』 · 『화두』 · 『구운몽』 · 『태풍』 · 『가면고』 · 『회색인』 · 『서유기』 · 『소설가 구보 씨의 일일』 등을 쓴 최인훈 출생.

1937년 　오장환, 시집 『성벽(城壁)』(아문각) 출간. 이기영, 소설집 『서화(鼠火)』 출간. 채만식, 장편소설 『탁류(濁流)』(〈조선일보〉) 연재. 채만식, 장편소설 『태평천하』(《조광》) 연재. 최명익, 유항림 · 김이석 등과 함께 동인지 『단층(斷層)』 주관. 「소낙비」 · 「노다지」 · 「금 따는 콩밭」 · 「봄봄」 · 「산골 나그네」 · 「동백꽃」 · 「따라지」 · 「봄과 따라지」 등을 쓴 김유정 죽음. 시 「오감도」 · 「이런 시」 · 「거울」, 단편소설 「날개」 · 「지주회시(蜘蛛會豕)」 · 「동해(童骸)」 수필 「권태(倦怠)」 · 「산촌여정(山村餘情)」 등을 쓴 이상 죽음. 황국신민의 서사(皇国臣民ノ誓詞) 제정. 신사 참배 강요.

1938년 　조선총독부, 학교 교육과정에서 국어교육 폐지(한글 교육 금지). 민족운동 또는 사회주의운동을 했던 사람 중 친일로 변절한 자를 맹원으로 한 시국대응전선사상보국연맹(時局對應全鮮思想報國聯盟) 창설.

임화, 시집 『현해탄』(동광당서점) 출간. 최재서, 평론집 『문학과 지성』(인문사) 출간. 채만식, 단편소설 〈치숙(痴叔)〉(〈동아일보〉) 발표. 김동인, 산문 「국기」(〈매일신보〉) 발표.

1939년 이태준, 문예지 『문장』 창간. 최재서, 문예지 『인문평론』 창간. 김기림, 시집 『태양의 풍속』(인문사) 출간. 신석정 시집 『촛불』(인문사) 출간. 김남천, 장편소설 『대하』, 창작집 『소년행』 출간. 유진오(柳鎭午), 『유진오 단편집』(학예사) 출간.

친일단체 황군위문작가단 발족. 김동인·임학수와 함께 1개월 예정으로 베이징 등을 방문하여 황군을 위문하고 돌아와서 박영희가 집필한 『전선기행:황군위문조선문단사절보고서(戰線紀行:皇軍慰問朝鮮文壇使節報告書)』(박문서관) 발간. 조선총독부 어용문인단체인 조선문인협회 결성됨(박영희·최재서·이광수 등 참가). 김동환, 조선문인협회 간사. 한설야, 장편소설 『황혼(黃昏)』(영창서관) 출간. 한설야, 장편소설 『청춘기(靑春期)』(중앙인서관) 출간. 조지훈, 시 「승무(僧舞)」(《문장》) 발표. 유치환, 시집 『청마시초(靑馬詩抄)』 발간.

1940년 황순원 『황순원단편집』(한성도서주식회사) 출간. 일제, 창씨 개명, 민족 말살 정책 강화. 〈동아일보〉·〈조선일보〉 강제 폐간. 안수길, 단편소설 「벼」 발표. 주요한, 시조 「여객기」 발표. 이태준, 단편소설 「밤길」 발표. 조지훈, 시 「봉황수(鳳凰愁)」(《문장》) 발표. 김달진, 시집 『청시(靑柿)』(청색지사) 발간. 한설야, 『한설야단편선(韓雪野短篇選)』(박문서관)·『한설야단편집』(인문사) 출간. 조선총독부 차원에서 조직된 친일단체인 국민총력조선연맹(國民總力朝鮮聯盟) 결성. 김동환, 『애국대연설집』 편집·발간. 박영희, 국민총력조선연맹 문화위원. 한설야, 국민총력조선인연맹(國民總力朝鮮人聯盟) 등 단체 활동. 주요한, 황도학회(皇道學會) 발기인. 이태준, 문장론 『문장강화(文章講話)』(문장사) 간행.

1941년 　서정주 시집 『화사집(花蛇集)』(남만서점) 출간. 정지용, 시집 『백록
　　　　　담』(문장사) 출간. 한설야, 장편소설 『초향(草鄕)』(박문서관) 출간. 이
　　　　　광수, 단편소설 「가가와교장(加川校長)」(《국민문학》) 발표. 채만식,
　　　　　『아름다운 새벽』(《매일신보》) · 『여인전기(女人戰記)』(《매일신보》) 연
　　　　　재. 장편소설 『산 너머 남촌』 · 『매월당 김시습』, 연작소설 『관촌수
　　　　　필』 · 『우리 동네』, 중단편집 『내 몸은 너무 오래 서 있거나 걸어왔
　　　　　다』 · 『해벽』 등을 출간한 이문구 출생. 《문장》 폐간. 친일 시인들,
　　　　　국민시가연맹 조직. 최재서, 친일문학지 『국민문학』 창간. 최재서,
　　　　　조선임전보국단 발기인으로 참여. 김기진, 시 「아세아의 피」 발표.
　　　　　주요한, 조선임전보국단 경성지부 발기인.

1942년 　이무영, 일문 장편소설 『청기와집(靑瓦の家)』(《부산일보》) 연재. 전
　　　　　쟁협력운동을 목적으로 임전대책협의회와 흥아보국단준비위원회가
　　　　　통합되어 조직된 조선임전보국단(朝鮮臨戰報國團) 결성. 대동아공영
　　　　　권 구상을 선전하기 위해 대동아공영권의 문학건설이라는 기만적인
　　　　　목표를 위해 대동아문학자대회(大東亞文學者大會)를 개최(~1944년).
　　　　　김교신, 수필 「조와(弔蛙)」(『성서조선』) 발표. 한설야, 장편소설 『탑
　　　　　(塔)』(《매일신보사》) 연재. 김동인, 산문 「감격과 긴장」(《매일신문》)
　　　　　발표.

1943년 　이무영, 단편소설 「역전(驛前)」(《조광》) 발표. 이무영, 장편소설 『향
　　　　　가(鄕歌)』(《매일신보》) 연재. 조선문인협회, 조선하이쿠작가협회, 조
　　　　　선센류협회, 국민시가연맹이 통합하여 친일문인단체인 조선문인보
　　　　　국회 결성. 시인 윤동주, 사상범으로 일본 교토(京都)에서 체포됨. 이
　　　　　무영 · 이태준, 『대동아전기(大東亞戰記)』(인문사) 출간. 이무영, 『청
　　　　　기와 집(靑瓦の家)』으로 일본의 신태양사가 주관하는 제4회 조선예
　　　　　술상 수상. 서정주, 수필 「징병 적령기의 아들을 둔 조선의 어머니에
　　　　　게」 · 「인보(隣保)의 정신」 · 「스무 살 된 벗에게」, 일본어 시 「항공일

에」·「헌시(獻詩)」, 단편소설 『최제부의 군속 지망』 등 발표. 김기진, 시 「님의 부르심을 받들고서」·「나도 가겠습니다」·「가라! 군기(軍旗) 아래로 어버이들을 대신해서」 등 발표. 김용제, 일문 시집 『아세아시집』으로 국민총력조선연맹에서 제정한 제1회 국어총독문예상 수상. 「빈처」·「운수 좋은 날」·「고향」 등을 쓴 현진건 죽음.

1944년   안수길 『북향보』(만선일보) 연재. 이육사(이활), 중국 베이징에서 옥사(獄死). 최남선, 「아세아의 해방」·「성전(聖戰)의 설문(說文)」 발표. 서정주, 시 「오장 마쓰이 송가」 발표. 최재서, 평론집 『전환기의 조선문학』으로 국어문학 총독상을 수상.

1945년   한국과 일본의 언론 출판계 인사들이 대연합군 전쟁을 독려하기 위해 조직한 친일 단체인 조선언론보국회(朝鮮言論報國會) 결성. 조선인을 총알받이로 내모는 일제의 말기적 동원체제인 조선국민의용대(朝鮮國民義勇隊) 조직. 8·15 광복. 계용묵, 창작집 『백치아다다』(조선출판사) 출간.

1946년   정지용, 시집 『지용시선』, 을유문화사에서 출간. 박목월·조지훈·박두진 공동시집 『청록집』(을유문화사) 출간. 이육사 시집 『육사시집』(서울출판사) 출간. 김광균, 시집 『와사등(瓦斯燈)』(정음사) 출간. 김동리, 소설집 『무녀도(巫女圖)』(백민문화사) 출간. 이태준, 단편소설 「해방전후(解放前後)」(《문학》), 장편소설 『사상(思想)의 월야(月夜)』 발표. 허준, 소설집 『잔등(殘燈)』 출간. 한설야, 소설집 『이녕(泥濘)』(건설출판사) 출간.

1947년   김동리, 창작집 『황토기(黃土記)』(인간사) 출간. 유치환, 시집 『생명(生命)의 서(書)』(행문사) 출간. 이용악, 시집 『오랑캐꽃』(아문각) 출간. 임화, 시집 『찬가(讚歌)』(백양당) 출간. 신석정, 시집 『슬픈 목가(牧歌)』(낭주문화사) 출간. 염상섭, 장편소설 『삼대』(을유문화사) 출간. 최명익, 창작집 『장삼이사(張三李四)』(을유문화사) 발간. 김남천,

창작집 『삼일운동』·『맥(麥)』 출간. 백석, 문학예술총동맹 외국문학 분과위원.

1948년   윤동주 시집 『하늘과 바람과 별과 시』(정음사) 출간. 김동리, 단편소설 「역마(驛馬)」(《백민》) 발표. 서정주, 시집 『귀촉도』(선문사) 발간.

1949년   박두진, 시집 『해』(청만사) 출간. 한용운 시집 『님의 침묵』(한성도서주식회사) 출간. 심훈 시집 『그날이 오면』(한성도서주식회사) 출간. 김광섭, 시집 『마음』(중앙문화협회) 출간. 유진오(俞鎭五), 시집 『창(窓)』(정음사) 출간. 정인보, 시조집 『담원시조』(을유문화사) 출간. 김동리, 단편집 『황토기(黃土記)』 출간. 김영랑, 『영랑시선』(중앙문화사) 출간. 백석, 시 「남신의주 유동 박시봉방」(《학풍》) 발표.

1950년   황순원, 장편소설 『별과 같이 살다』(정음사) 출간.

집필 작가 소개(작품 게재순)

이진   2001년 무등일보 신춘문예 단편소설 당선. 전남대 생물학과 및 광
주여대 대학원 문예창작과와 목포대 대학원 국문학과 졸업(문학박
사). 소설집 『창』·『알레그로 마에스토소』·『꽁지를 위한 방법서설』,
장편소설 『너는 하늘 꽃 한송이』·『허균, 불의 향기』, 연구서 『'토지'
의 가족서사 연구』 등 출간. 전 광주여대 교수. 현 오월문예연구소
사무처장.

정우련   1996년 국제신문 신춘문예 단편소설 당선. 부산소설문학상·부산
작가상 수상. 부산여대 문예창작과 및 경성대 대학원 박사과정 국문
학과 수료. 소설집 『빈집』·『팔팔 끓고 나서 4분간』, 산문집 『구텐
탁, 동백아가씨』 등 출간. 전 부산외국어대 겸임교수.

박선욱   1982년 계간 《실천문학》 신인문학상 시 당선. 롯데출판문화대상 본
상 수상. 시집 『회색빛 베어지다』·『눈물의 깊이』·『풍찬노숙』, 청
소년소설 『고주몽: 고구려를 세우다』, 장편소설 『조선의 별빛: 젊은
날의 홍대용』, 평전 『윤이상평전: 거장의 귀환』 등 출간. 전 도서출
판 풀빛 상임 편집위원.

김종성   1986년 월간 《동서문학》 신인문학상 중편소설 당선. 경희문학상 소
설 부문 수상. 고려대 국문과 및 경희대 대학원 국문과와 고려대 대
학원 국문과 졸업(문학박사). 소설집 『마을』, 『탄(炭)』, 『연리지가 있
는 풍경』, 『말 없는 놀이꾼들』, 『금지된 문』 등 출간. 연구서 『한국환
경생태소설연구』, 『글쓰기의 원리와 방법』, 『글쓰기와 서사의 방법』,
『한국어 어휘와 표현 I · II · III · IV』 등 출간. 전 경희대 국문과 겸

임교수 및 고려대 세종캠퍼스 문화창의학부 교수. 현 한국작가회의 소설분과 위원회 위원장. 계간 《내일을 여는 작가》 편집위원.

박숙희   1995년 한국일보 신춘문예 단편소설 당선. 부산대 사회학과 졸업. 장편소설 『쾌활한 광기』, 『키스를 찾아서』, 『이기적인 유전자』, 『사르트르는 세 명의 여자가 필요했다』, 『아직 집에 가고 싶지 않다』 등 출간. 산문집 『너도 예술가』 출간. 전 도서출판 풀빛 편집장.

김찬기   1991년 세계일보 신춘문예 단편소설 당선. 고려대 국문과 및 같은 학교 대학원 국문과 석사과정과 박사과정 졸업(**문학박사**). 소설집 『달마시안을 한 번 보러와 봐』, 연구서 『한국 근대문학과 전통』·『한국 근대소설의 형성과 전(傳)』·『서사란 무엇이었는가』, 역서 『고등소학독본』, 공저 『근대 국어 교과서를 읽는다』 등 출간. 현 한경국립대학교 교수. 한국현대소설학회 회장.

김주성   1986년 서울신문 신춘문예 단편소설 당선. 삼성문학상 수상. 황순원문학연구상 수상. 중앙대 문예창작과 및 동 대학원 문예창작과와 경희대 대학원 국문학과 졸업(문학박사). 소설집 『어느 똥개의 여름』, 『공명조가 사는 나라』(공저), 장편소설 『사랑해 수니야』, 대표작품집 『불울음』 출간. 전 경희대 후마니타스 칼리지 강사.

김현주   1998년 계간 《문학과 사회》 단편소설 당선. 송순문학상 수상. 광주대 대학원 문예창작과 졸업. 소설집 『물속의 정원사』, 장편소설 『붉은 모란주머니』, 산문집 『네번째 찻물』 출간. 전 장성도서관 독서토론강사.

김세인 1997년 계간《21세기문학》신인문학상에 단편소설 「옥탑방」 당선.
중앙대학교 예술대학원 문학예술학과 졸업. 소설집 『무녀리』·『동숙
의 노래』, 장편소설 『오, 탁구!』·『어린 새들이 울고 있다』 출간. 전
숭의여대, 장안대 강사. 현 세종시교육청평생학습관에서 문예창작
강의.

.